U0905801

汉书

[东汉] 班固 撰

中州古籍出版社
·郑州·

汉书卷二十四下

食货志第四下

凡货，金、钱、布、帛之用，夏、殷以前其详靡记云。太公为周立九府圜法：黄金方寸，而重一斤；钱圜函方，轻重以铢；布帛广二尺二寸为幅，长四丈为匹。故货宝于金，利于刀，流于泉，布于布，束于帛。

太公退，又行之于齐。至管仲相桓公，通轻重之权，曰："岁有凶穰，故谷有贵贱；令有缓急，故物有轻重。人君不理，则蓄贾游于市，乘民之不给，百倍其本矣。故万乘之国必有万金之贾，千乘之国必有千金之贾者，利有所并也。计本量委则足矣，然而民有饥饿者，谷有所臧也。民有余则轻之，故人君敛之以轻；民不足则重之，故人君散之以重。凡轻重敛散之以时，则准平。守准平，使万室之邑必有万钟之臧，臧繦千万；千室之邑必有千钟之臧，臧繦百万。春以奉耕，夏以奉耘，耒耜器械，种饷粮食，必取澹焉。故大贾蓄家不得豪夺吾民矣。"桓公遂用区区之齐合诸侯，显伯名。

其后百余年，周景王时患钱轻，将更铸大钱，单穆公曰："不可。古者天降灾戾，于是乎量资币，权轻重，以救民。民患轻，则为之作重币以行之，于是有母权子而行，民皆得焉。若不堪重，则多作轻而行之，亦不废重，于是乎有子权母而行，小大利之。今王废轻而作重，民失其资，能无匮乎？民若匮，王用将有所乏，乏将厚取于民，民不给，将有远志，是离民也。且绝民用以实王府，犹塞川原为潢洿也，竭亡日矣。王其图之。”弗听，卒铸大钱，文曰“宝货”，肉好皆有周郭，以劝农澹不足，百姓蒙利焉。

秦兼天下，币为二等：黄金以溢为名，上币；铜钱质如周钱，文曰“半两”，重如其文。而珠、玉、龟、贝、银、锡之属为器饰宝臧，不为币，然各随时而轻重无常。

汉兴，以为秦钱重难用，更令民铸荚钱。黄金一斤。而不轨逐利之民蓄积余赢以稽市物，痛腾跃，米至石万钱，马至匹百金。天下已平，高祖乃令贾人不得衣丝乘车，重税租以困辱之。孝惠、高后时，为天下初定，复弛商贾之律，然市井子孙亦不得为官吏。孝文五年，为钱益多而轻，乃更铸四铢钱，其文为“半两”。除盗铸钱令，使民放铸。贾谊谏曰：

法使天下公得顾租铸铜锡为钱，敢杂以铅铁为它巧者，其罪黥。然铸钱之情，非殽杂为巧，则不可得赢；而殽之甚微，为利甚厚。夫事有召祸而法有起奸，今令细民人操造币之势，各隐屏而铸作，因欲禁其厚利微奸，虽黥罪日报，其势不止。乃者，民人抵罪，多者一县百数，及吏之所疑，榜笞奔走者甚众。夫县法以诱民，使入陷井，孰积如此！曩禁铸钱，死罪积下；今公铸钱，黥罪积下。为法若此，上何赖焉？

又，民用钱，郡县不同：或用轻钱，百加若干；或用重钱，平称不受。法钱不立，吏急而壹之呼，则大为烦苛，而力不能胜；纵而弗呵呼，则市肆异用，钱文大乱。苟非其术，何乡而可哉！

今农事弃捐而采铜者日蕃，释其耒耨，冶镕炊炭，奸钱日多，五谷不为多。善人怵而为奸邪，愿民陷而之刑戮，刑戮将甚不详，奈何而忽！国知患此，吏议必曰禁之。禁之不得其术，其伤必大。令禁铸钱，则钱必重。重则其利深，盗铸如云而起，弃市之罪又不足以禁矣！奸数不胜而法禁数溃，铜使之然也。故铜布于天下，其为祸博矣。

今博祸可除，而七福可致也。何谓七福？上收铜勿令布，则民不铸钱，黥罪不积，一矣。伪钱不蕃，民不相疑，二矣。采铜铸作者反于耕田，三矣。铜毕归于上，上挟铜积以御轻重，钱轻则以术敛之，重则以术散之，货物必平，四矣。以作兵器，以假贵臣，多少有制，用别贵贱，五矣。以临万货，以调盈虚，以收奇羡，则官富实而末民困，六矣。制吾弃财，以与匈奴逐争其民，则敌必怀，七矣。故善为天下者，因祸而为福，转败而为功。今久退七福而行博祸，臣诚伤之。

上不听。是时，吴以诸侯即山铸钱，富埒天子，后卒叛逆。邓通，大夫也，以铸钱财过王者。故吴、邓钱布天下。

武帝因文、景之蓄，忿胡、粤之害，即位数年，严助、朱买臣等招徕东瓯，事两粤，江、淮之间萧然烦费矣。唐蒙、司马相如始开西南夷，凿山通道千余里，以广巴、蜀，巴、蜀之民罢焉。彭吴穿秽貊、朝鲜，置沧海郡，则燕、齐之间靡然发动。及王恢谋马邑，匈奴绝和亲，侵扰北边，兵连而不解，天下共其劳。干戈日滋，行者赍，居者送，中外骚扰相奉，百姓抏敝以巧法，财赂衰耗而不澹。入物者补官，出货者除罪，选举陵夷，廉耻相冒，武力进用，法严令具。兴利之臣自此而始。

其后，卫青岁以数万骑出击匈奴，遂以河南地，筑朔方。时又通西南夷道，作者数万人，千里负担馈饷，率十余钟致一石，散币于邛、僰以辑之。数岁而道不通，蛮夷因以数攻，吏发兵诛之。悉巴、蜀租赋不足以更之，乃募豪民田南夷，入粟县官，而内受钱于都内。东置沧海郡，人徒之费疑于南夷。又兴十余万人筑卫朔方，转漕甚远，自山东咸被其劳，费数十百巨万，府库并虚。乃募民能入奴婢得以终身复，为郎增秩，及入羊为郎，始于此。

此后四年，卫青比岁十余万众击胡，斩捕首虏之士受赐黄金二十余万斤，而汉军士马死者十余万，兵甲转漕之费不与焉。于是大司农陈臧钱经用赋税既竭，不足以奉战士。有司请令民得买爵及赎禁锢免减罪；请置赏官，名曰武功爵，级十七万，凡值三十余万金。诸买武功爵官首者试补吏，先除；千夫如五大夫；其有罪又减二等；爵得至乐卿，以显军功。军功多用超等，大者封侯、卿大夫，小者郎。吏道杂而多端，则官职秏废。

自公孙弘以《春秋》之义绳臣下取汉相，张汤以峻文决理为廷尉，于是见知之法生，而废格沮诽穷治之狱用矣。其明年，淮南、衡山、江都王谋反迹见，而公卿寻端治之，竟其党与，坐而死者数万人，吏益惨急而法令察。当是时，招尊方正贤良文学之士，或至公卿大夫。公孙弘以宰相，布被，食不重味，为下先，然而无益于俗，稍务于功利矣。

其明年，票骑仍再出击胡，大克获。浑邪王率数万众来降，于是汉发车三万辆迎之。既至，受赏，赐及有功之士。是岁费凡百余巨万。

先是十余岁，河决，灌梁、楚地，固已数困，而缘河之郡堤塞河，辄坏决，费不可胜计。其后番系欲省底柱之漕，穿汾、河渠以为溉田；郑当时为渭漕回远，凿漕直渠自长安至华阴；而朔方亦穿溉渠。作者各数万人，历二三期而功未就，费亦各以巨万十数。

天子为伐胡故，盛养马，马之往来食长安者数万匹，卒掌者关中不足，乃调旁近郡。而胡降者数万人皆得厚赏，衣食仰给县官，县官不给，天子乃损膳，解乘舆驷，出御府禁臧以澹之。

其明年，山东被水灾，民多饥乏，于是天子遣使虚郡国仓廪以振贫。犹不足，又募豪富人相假贷。尚不能相救，乃徙贫民于关以西，及充朔方以南新秦中，七十余万口，衣食皆仰给于县官。数岁，贷与产业，使者分部护，冠盖相望，费以亿计，县官大空。而富商贾或滞财役贫，转毂百数，废居居邑，封君皆氐首仰给焉。冶铸煮盐，财或累万金，而不佐公家之急，黎民重困。

于是天子与公卿议，更造钱币以澹用，而摧浮淫并兼之徒。是时禁苑有白鹿而少府多银、锡。自孝文更造四铢钱，至是岁四十余年，从建元以来，用少，县官往往即多铜山而铸钱，民亦盗铸，不可胜数。钱益多而轻，物益少而贵。有司言曰："古者皮币，诸侯以聘享。金有三等，黄金为上，白金为中，赤金为下。今半两钱法重四铢，而奸或盗摩钱质而取鋊，钱益轻薄而物贵，则远方用币烦费不省。"乃以白鹿皮方尺，缘以缋，为皮币，值四十万。王侯宗室朝觐聘享，必以皮币荐璧，然后得行。

又造银锡白金。以为天用莫如龙，地用莫如马，人用莫如龟，故白金三品：其一曰重八两，圜之，其文龙，名“白撰”，值三千；二曰以重差小，方之，其文马，值五百；三曰复小，椭之，其文龟，值三百。令县官销半两钱，更铸三铢钱，重如其文。盗铸诸金钱罪皆死，而吏民之犯者不可胜数。

于是以东郭咸阳、孔仅为大农丞，领盐铁事，而桑弘羊贵幸。咸阳，齐之大煮盐；孔仅，南阳大冶，皆至产累千金，故郑当时进言之。弘羊，洛阳贾人之子，以心计，年十三侍中。故三人言利事析秋豪矣。

法既益严，吏多废免。兵革数动，民多买复及五大夫、千夫，征发之士益鲜。于是除千夫、五大夫为吏，不欲者出马；故吏皆適令伐棘上林，作昆明池。

其明年，大将军、票骑大出击胡，赏赐五十万金，军马死者十余万匹，转漕、车甲之费不与焉。是时财匮，战士颇不得禄矣。

有司言三铢钱轻，轻钱易作奸诈，乃更请郡国铸五铢钱，周郭其质，令不可得摩取鋊。

大农上盐铁丞孔仅、咸阳言：“山海，天地之臧，宜属少府，陛下弗私，以属大农佐赋。愿募民自给费，因官器作煮盐，官与牢盆。浮食奇民欲擅斡山海之货，以致富羡，役利细民。其沮事之议，不可胜听。敢私铸铁器、煮盐者，釱左趾，没入其器物。郡不出铁者，置小铁官，使属在所县。”使仅、咸阳乘传举行天下盐、铁，作官府，除故盐、铁家富者为吏。吏益多贾人矣。

商贾以币之变，多积货逐利。于是公卿言：“郡国颇被灾害，贫民无产业者，募徙广饶之地。陛下损膳省用，出禁钱以振元元，宽贷，而民不齐出南亩，商贾滋众。贫者蓄积无有，皆仰县官。异时算轺车、贾人之缗钱皆有差小，请算如故。诸贾人末作贳贷卖买，居邑贮积诸物，及商以取利者，虽无市籍，各以其物自占，率缗钱二千而算一。诸作有租及铸，率缗钱四千算一。非吏比者、三老、北边骑士，轺车一算；商贾人轺车二算；船五丈以上一算。匿不自占，占不悉，戍边一岁，没入缗钱。有能告者，以其半畀之。贾人有市籍，及家属，皆无得名田，以便农。敢犯令，没入田货。”

是时，豪富皆争匿财，唯卜式数求入财以助县官。天子乃超拜式为中郎，赐爵左庶长，田十顷，布告天下，以风百姓。初，式不愿为官，上强拜之，稍迁至齐相。语自在其《传》。

孔仅使天下铸作器，三年中至大司农，列于九卿。而桑弘羊为大司农中丞，管诸会计事，稍稍置均输以通货物。始令吏得入谷补官，郎至六百石。

自造白金、五铢钱后五岁，而赦吏民之坐盗铸金钱死者数十万人。其不发觉相杀者，不可胜计。赦自出者百余万人。然不能半自出，天下大氐无虑皆铸金钱矣。犯法者众，吏不能尽诛，于是遣博士褚大、徐偃等分行郡国，举并兼之徒守、相为利者。而御史大夫张汤方贵用事，减宣、杜周等为中丞，义纵、尹齐、王温舒等用惨急苛刻为九卿，直指夏兰之属始出。而大农颜异诛矣。

初，异为济南亭长，以廉直稍迁至九卿。上与汤既造白鹿皮币，问异。异曰：“今王侯朝贺以仓璧，直数千，而其皮荐反四十万，本末不相称。”天子不说。汤又与异有隙，及人有告异以它议，事下汤治。异与客语，客语初令下有不便者，异不应，微反唇。汤奏当异九卿见令不便，不入言而腹非，论死。自是后有腹非之法比，而公卿大夫多谄谀取容。

天子既下缗钱令而尊卜式，百姓终莫分财佐县官，于是告缗钱纵矣。

郡国铸钱，民多奸铸，钱多轻，而公卿请令京师铸官赤仄，一当五，赋官用非赤仄不得行。白金稍贱，民弗宝用，县官以令禁之，无益，岁余终废不行。

是岁，汤死而民不思。

其后二岁，赤仄钱贱，民巧法用之，不便，又废。于是悉禁郡国毋铸钱，专令上林三官铸。钱既多，而令天下非三官钱不得行，诸郡国前所铸钱皆废销之，输入其铜三官。而民之铸钱益少，计其费不能相当，唯真工大奸乃盗为之。

杨可告缗遍天下，中家以上大氐皆遇告。杜周治之，狱少反者。乃分遣御史、廷尉正监分曹往，即治郡国缗钱，得民财物以亿计；奴婢以千万数；田，大县数百顷，小县百余顷；宅亦如之。于是商贾中家以上大氐破，民媮甘食好衣，不事畜臧之业，而县官以盐、铁、缗钱之故，用少饶矣。益广关，置左右辅。

初，大农斡盐铁官布多，置水衡，欲以主盐铁。及杨可告缗，上林财物众，乃令水衡主上林。上林既充满，益广。是时粤欲与汉用船战逐，乃大修昆明池，列馆环之。治楼船，高十余丈，旗织加其上，甚壮。于是天子感之，乃作柏梁台，高数十丈。宫室之修，由此日丽。

乃分缗钱诸官，而水衡、少府、太仆、大农各置农官，往往即郡县比没入田田之。其没入奴婢，分诸苑养狗马禽兽，及与诸官。官益杂置多，徒奴婢众，而下河漕度四百万石，及官自籴乃足。

所忠言：“世家子弟富人或斗鸡走狗马，弋猎博戏，乱齐民。”乃征诸犯令，相引数千人，名曰“株送徒”。入财者得补郎，郎选衰矣。

是时山东被河灾，乃岁不登数年，人或相食，方二三千里。天子怜之，令饥民得流就食江淮间，欲留，留处。使者冠盖相属于道护之，下巴蜀粟以赈焉。

明年，天子始出巡郡国。东度河，河东守不意行至，不辩，自杀。行西逾陇，卒，从官不得食，陇西守自杀。于是上北出萧关，从数万骑行猎新秦中，以勒边兵而归。新秦中或千里无亭徼，于是诛北地太守以下，而令民得畜边县，官假马母，三岁而归，及息什一，以除告缗，用充入新秦中。

既得宝鼎，立后土、泰一祠，公卿白议封禅事，而郡国皆豫治道，修缮故宫，及当驰道县，县治宫储，设共具，而望幸。

明年，南粤反，西羌侵边。天子为山东不澹，赦天下囚，因南方楼船士二十余万人击粤，发三河以西骑击羌，又数万人度河筑令居。初置张掖、酒泉郡，而上郡、朔方、西河、河西开田官，斥塞卒六十万人戍田之。中国缮道馈粮，远者三之，近者千余里，皆仰给大农。边兵不足，乃发武库工官兵器以澹之。车骑马乏，县官钱少，买马难得，乃著令，令封君以下至三百石吏以上差出牝马天下亭，亭有畜字马，岁课息。

齐相卜式上书，愿父子死南粤。天子下诏褒扬，赐爵关内侯，黄金四十斤，田十顷。布告天下，天下莫应。列侯以百数，皆莫求从军。至饮酎，少府省金，而列侯坐酎金失侯者百余人。乃拜卜式为御史大夫。式既在位，见郡国多不便县官作盐铁，器苦恶，贾贵，或强令民买之。而船有算，商者少，物贵，乃因孔仅言船算事。上不说。

汉连出兵三岁，诛羌，灭两粤，番禺以西至蜀南者置初郡十七，且以其故俗治，无赋税。南阳、汉中以往，各以地比给初郡吏卒奉食币物，传车马被具。而初郡又时时小反，杀吏，汉发南方吏卒往诛之，间岁万余人，费皆仰大农。大农以均输调盐铁助赋，故能澹之。然兵所过县，县以为訾给毋乏而已，不敢言轻赋法矣。

其明年，元封元年，卜式贬为太子太傅。而桑弘羊为治粟都尉，领大农，尽代仅斡天下盐铁。弘羊以诸官各自市相争，物以故腾跃，而天下赋输或不偿其僦费，乃请置大农部丞数十人，分部主郡国，各往往置均输盐铁官，令远方各以其物如异时商贾所转贩者为赋，而相灌输。置平准于京师，都受天下委输。召工官治车诸器，皆仰给大农。大农诸官尽笼天下之货物，贵则卖之，贱则买之。如此，富商大贾亡所牟大利则反本，而万物不得腾跃。故抑天下之物，名曰“平准”。天子以为然而许之。于是天子北至朔方，东封泰山，巡海上，旁北边以归。所过赏赐，用帛百余万匹，钱、金以巨万计，皆取足大农。

弘羊又请令民得入粟补吏，及罪以赎。令民入粟甘泉各有差，以复终身，不复告缗。它郡各输急处，而诸农各致粟，山东漕益岁六百万石。一岁之中，太仓、甘泉仓满。边余谷，诸均输帛五百万匹。民不益赋而天下用饶。于是弘羊赐爵左庶长，黄金者再百焉。

是岁小旱，上令百官求雨。卜式言曰：“县官当食租衣税而已，今弘羊令吏坐市列，贩物求利。亨弘羊，天乃雨。”久之，武帝疾病，拜弘羊为御史大夫。

昭帝即位六年，诏郡国举贤良文学之士，问以民所疾苦，教化之要。皆对愿罢盐铁酒榷均输官，毋与天下争利，视以俭节，然后教化可兴。弘羊难，以为此国家大业，所以制四夷，安边足用之本，不可废也。乃与丞相千秋共奏罢酒酤。弘羊自以为国兴大利，伐其功，欲为子弟得官，怨望大将军霍光，遂与上官桀等谋反，诛灭。

宣、元、成、哀、平五世，无所变改。元帝时尝罢盐铁官，三年而复之。贡禹言：“铸钱采铜，一岁十万人不耕，民坐盗铸陷刑者多。富人臧钱满室，犹无厌足。民心动摇，弃本逐末，耕者不能半，奸邪不可禁，原起于钱。疾其末者绝其本，宜罢采珠、玉、金、银、铸钱之官，毋复以为币，除其贩卖租铢之律，租税禄赐皆以布帛及谷，使百姓一意农桑。”议者以为交易待钱，布帛不可尺寸分裂。禹议亦寝。

自孝武元狩五年三官初铸五铢钱，至平帝元始中，成钱二百八十亿万余云。

王莽居摄，变汉制，以周钱有子母相权，于是更造大钱，径寸二分，重十二铢，文曰：“大钱五十。”又造契刀、错刀。契刀，其环如大钱，身形如刀，长二寸，文曰“契刀五百”。错刀，以黄金错其文，曰“一刀直五千”。与五铢钱凡四品，并行。

莽即真，以为书“刘”字有“金”、“刀”，乃罢错刀、契刀及五铢钱，而更作金、银、龟、贝、钱、布之品，名曰“宝货”。小钱径六分，重一铢，文曰“小钱直一”。次七分，三铢，曰“幺钱一十”。次八分，五铢，曰“幼钱二十”。次九分，七铢，曰“中钱三十”。次一寸，九铢，曰“壮钱四十”。因前“大钱五十”，是为钱货六品，直各如其文。

黄金重一斤，直钱万。朱提银重八两为一流，直一千五百八十。它银一流直千。是为银货二品。

元龟岠冉长尺二寸，直二千一百六十，为大贝十朋。公龟九寸，直五百，为壮贝十朋。侯龟七寸以上，直三百，为幺贝十朋。子龟五寸以上，直百，为小贝十朋。是为龟宝四品。

大贝四寸八分以上，二枚为一朋，直二百一十六。壮贝三寸六分以上，二枚为一朋，直五十。幺贝二寸四分以上，二枚为一朋，直三十。小贝寸二分以上，二枚为一朋，直十。不盈寸二分，漏度不得为朋，率枚直钱三。是为贝货五品。

大布、次布、弟布、壮布、中布、差布、厚布、幼布、幺布、小布。小布长寸五分，重十五铢，文曰“小布一百”。自小布以上，各相长一分，相重一铢，文各为其布名，直各加一百。上至大布，长二寸四分，重一两，而直千钱矣。是为布货十品。

凡宝货五物，六名，二十八品。

铸作钱布皆用铜，淆以连锡，文质周郭放汉五铢钱云。其金、银与它物杂，色不纯好，龟不盈五寸，贝不盈六分，皆不得为宝货。元龟为蔡，非四民所得居，有者，入大卜受直。

百姓愦乱，其货不行。民私以五铢钱市买。莽患之，下诏：“敢非井田、挟五铢钱者为惑众，投诸四裔以御魑魅。”于是农、商失业，食、货俱废，民涕泣于市道。坐卖买田宅奴婢铸钱抵罪者，自公卿大夫至庶人，不可称数。莽知民愁，乃但行小钱直一，与大钱五十，二品并行，龟、贝、布属且寝。

莽性躁扰，不能无为，每有所兴造，必欲依古得经文。国师公刘歆言周有泉府之官，收不雠，与欲得，即《易》所谓“理财正辞，禁民为非”者也。莽乃下诏曰：“夫《周礼》有赊贷，《乐语》有五均，传记各有斡焉。今开赊贷，张五均，设诸斡者，所以齐众庶，抑并兼也。”遂于长安及五都立五均官，更名长安东西市令及洛阳、邯郸、临菑、宛、成都市长皆为五均司市师。东市称京，西市称畿，洛阳称中，余四都各用东、西、南、北为称，皆置交易丞五人，钱府丞一人。工商能采金银铜连锡，登龟、取贝者，皆自占司市钱府，顺时气而取之。

又以《周官》税民：凡田不耕为不殖，出三夫之税；城郭中宅不树艺者为不毛，出三夫之布；民浮游无事，出夫布一匹。其不能出布者，冗作，县官衣食之。诸取众物鸟兽鱼鳖百虫于山林水泽及畜牧者，嫔妇桑蚕织纴纺绩补缝，工匠医巫卜祝及它方技商贩贾人坐肆列里区谒舍，皆各自占所为于其所之县官，除其本，计其利，十一分之，而以其一为贡。敢不自占、自占不以实者，尽没入所采取，而作县官一岁。

诸司市常以四时中月实定所掌，为物上中下之贾，各自用为其市平，毋拘它所。众民卖买五谷布帛丝绵之物，周于民用而不雠者，均官有以考检厥实，用其本贾取之，毋令折钱。万物卬贵，过平一钱，则以平贾卖与民。其贾氐贱，减平者，听民自相与市，以防贵庾者。民欲祭祀、丧纪而无用者，钱府以所入工、商之贡但赊之，祭祀无过旬日，丧纪毋过三月。民或乏绝，欲贷以治产业者，均授之，除其费，计所得受息，毋过岁什一。

羲和鲁匡言："名山大泽，盐铁钱布帛，五均赊贷，斡在县官，唯酒酤独未斡。酒者，天之美禄，帝王所以颐养天下，享祀祈福，扶衰养疾。百礼之会，非酒不行。故《诗》曰'无酒酤我'，而《论语》曰'酤酒不食'，二者非相反也。夫《诗》据承平之世，酒酤在官，和旨便人，可以相御也。《论语》孔子当周衰乱，酒酤在民，薄恶不诚，是以疑而弗食。今绝天下之酒，则无以行礼相养；放而亡限，则费财伤民。请法古，令官作酒，以二千五百石为一均，率开一卢以卖，雠五十酿为准。一酿用粗米二斛，曲一斛，得成酒六斛六斗。各以其市月朔米曲三斛，并计其贾而参分之，以其一为酒一斛之平。除米曲本贾，计其利而什分之，以其七入官，其三及糟截灰炭给工器薪樵之费。"

羲和置命士督五均六斡，郡有数人，皆用富贾。洛阳薛子仲、张长叔、临菑姓伟等，乘传求利，交错天下，因与郡县通奸，多张空簿，府臧不实，百姓俞病。莽知民苦之，复下诏曰："夫盐，食肴之将；酒，百药之长，嘉会之好；铁，田农之本；名山、大泽，饶衍之臧；五均赊贷，百姓所取平，卬以给澹；铁布、铜冶，通行有无，备民用也。此六者，非编户齐民所能家作，必卬于市，虽贵数倍，不得不买。豪民富贾，即要贫弱，先圣知其然也，故斡之。每一斡为设科条防禁，犯者罪至死。"奸吏猾民并侵，众庶各不安生。

后五岁，天凤元年，复申下金银龟贝之货，颇增减其贾直。而罢大小钱，改作货布，长二寸五分，广一寸，首长八分有奇，广八分，其圜好径二分半，足枝长八分，间广二分，其文右曰“货”，左曰“布”，重二十五铢，直货泉二十五。货泉径一寸，重五铢，文右曰“货”，左曰“泉”，枚直一，与货布二品并行。又以大钱行久，罢之，恐民挟不止，乃令民且独行大钱，与新货泉俱枚直一，并行尽六年，毋得复挟大钱矣。每一易钱，民用破业，而大陷刑。莽以私铸钱死，及非沮宝货投四裔，犯法者多，不可胜行，乃更轻其法：私铸作泉布者，与妻子没入为官奴婢；吏及比伍，知而不举告，与同罪；非沮宝货，民罚作一岁，吏免官。犯者俞从，及五人相坐皆没入，郡国槛车铁锁，传送长安钟官，愁苦死者什六七。

作货布后六年，匈奴侵寇甚，莽大募天下囚徒、人奴，名曰猪突豨勇，一切税吏民，訾三十而取一。又令公卿以下至郡县黄绶吏，皆保养军马，吏尽复以与民。民摇手触禁，不得耕桑，徭役烦剧，而枯旱蝗虫相因。又用制作未定，上自公侯，下至小吏，皆不得奉禄，而私赋敛，货赂上流，狱讼不决。吏用苛暴立威，旁缘莽禁，侵刻小民。富者不得自保，贫者无以自存，起为盗贼，依阻山泽，吏不能禽而覆蔽之，浸淫日广，于是青、徐、荆楚之地往往万数。战斗死亡，缘边四夷所系虏，陷罪，饥疫，人相食，及莽未诛，而天下户口减半矣。

自发猪突豨勇后四年，而汉兵诛莽。后二年，世祖受命，荡涤烦苛，复五铢钱，与天下更始。

赞曰：《易》称“裒多益寡，称物平施”，《书》云“茂迁有无”，周有泉府之官，而《孟子》亦非“狗彘食人之食不知敛，野有饿殍而弗知发”。故管氏之轻重，李悝之平籴，弘羊均输，寿昌常平，亦有从徕。顾古为之有数，吏良而令行，故民赖其利，万国作乂。及孝武时，国用饶给，而民不益赋，其次也。至于王莽，制度失中，奸轨弄权，官民俱竭，亡次矣。

汉书卷二十五上

郊祀志第五上

《洪范》八政，三曰祀。祀者，所以昭孝事祖，通神明也。旁及四夷，莫不修之；下至禽兽，豺獭有祭。是以圣王为之典礼。民之精爽不贰，斋肃聪明者，神或降之，在男曰觋，在女曰巫，使制神之处位，为之牲器。使先圣之后，能知山川，敬于礼仪，明神之事者，以为祝；能知四时牺牲，坛场上下，氏姓所出者，以为宗。故有神民之官，各司其序，不相乱也。民神异业，敬而不黩，故神降之嘉生，民以物序，灾祸不至，所求不匮。

及少昊之衰，九黎乱德，民神杂扰，不可放物。家为巫史，享祀无度，黩斋明而神弗蠲。嘉生不降，祸灾荐臻，莫尽其气。颛顼受之，乃命南正重司天以属神，命火正黎司地以属民，使复旧常，亡相侵黩。

自共工氏霸九州，其子曰句龙，能平水土，死为社祠。有烈山氏王天下，其子曰柱，能殖百谷，死为稷祠。故郊祀社稷，所以来尚矣。

《虞书》曰：舜在璇玑玉衡，以齐七政。遂类于上帝，禋于六宗，望秩于山川，遍于群神。揖五瑞，择吉月日，见四岳诸牧，班瑞。岁二月，东巡狩，至于岱宗。岱宗，泰山也。柴，望秩于山川。遂见东后。东后者，诸侯也。合时月正日，同律度量衡，修五礼五乐，三帛二生一死为贽。五月，巡狩至南岳。南岳者，衡山也。八月，巡狩至西岳。西岳者，华山也。十一月，巡狩至北岳。北岳者，恒山也。皆如岱宗之礼。中岳，嵩高也。五载一巡狩。

禹遵之。后十三世，至帝孔甲，淫德好神，神黩，二龙去之。其后十三世，汤伐桀，欲迁夏社，不可，作《夏社》。乃迁烈山子柱，而以周弃代为稷祠。后八世，帝太戊有桑穀生于廷，一暮大拱，惧。伊陟曰："祆不胜德。"太戊修德，桑穀死。伊陟赞巫咸。后十三世，帝武丁得傅说为相，殷复兴焉，称高宗。有雉登鼎耳而雊，武丁惧。祖己曰："修德。"武丁从之，位以永宁。后五世，帝乙嫚神而震死。后三世，帝纣淫乱，武王伐之。由是观之，始未尝不肃祗，后稍怠嫚也。

周公相成王，王道大洽，制礼作乐，天子曰明堂辟雍，诸侯曰泮宫。郊祀后稷以配天，宗祀文王于明堂以配上帝。四海之内各以其职来助祭。天子祭天下名山大川，怀柔百神，咸秩无文。五岳视三公，四渎视诸侯。而诸侯祭其疆内名山大川，大夫祭门、户、井、灶、中霤五祀，士、庶人祖考而已。各有典礼，而淫祀有禁。

后十三世，世益衰，礼乐废。幽王无道，为犬戎所败，平王东徙雒邑。秦襄公攻戎救周，列为诸侯，而居西，自以为主少昊之神，作西畤，祠白帝，其牲用骝驹、黄牛、羝羊各一云。

其后十四年，秦文公东猎汧、渭之间，卜居之而吉。文公梦黄蛇自天下属地，其口止于鄜衍。文公问史敦，敦曰："此上帝之征，君其祠之。"于是作鄜畤，用三牲郊祭白帝焉。

自未作鄜畤，而雍旁故有吴阳武畤，雍东有好畤，皆废无祀。或曰："自古以雍州积高，神明之隩，故立畤郊上帝，诸神祠皆聚云。盖黄帝时尝用事，虽晚周亦郊焉。"其语不经见，缙绅者弗道。

作鄜畤后九年，文公获若石云，于陈仓北阪城祠之。其神或岁不至，或岁数。来也常以夜，光辉若流星，从东方来，集于祠城，若雄雉，其声殷殷云，野鸡夜鸣。以一牢祠之，名曰陈宝。

作陈宝祠后七十一年，秦德公立，卜居雍。子孙饮马于河，遂都雍。雍之诸祠自此兴。用三百牢于鄜畤。作伏祠。磔狗邑四门，以御蛊灾。

后四年，秦宣公作密畤于渭南，祭青帝。

后十三年，秦穆公立，病卧五日不寤，寤，乃言梦见上帝，上帝命穆公平晋乱。史书而藏之府。而后世皆曰上天。

穆公立九年，齐桓公既霸，会诸侯于葵丘，而欲封禅。管仲曰："古者封泰山禅梁父者七十二家，而夷吾所记者十有二焉。昔无怀氏封泰山，禅云云；虙羲封泰山，禅云云；神农氏封泰山，禅云云；炎帝封泰山，禅云云；黄帝封泰山，禅亭亭；颛顼封泰山，禅云云；帝喾封泰山，禅云云；尧封泰山，禅云云；舜封泰山，禅云云；禹封泰山，禅会稽；汤封泰山，禅云云；周成王封泰山，禅于社首：皆受命然后得封禅。"桓公曰："寡人北伐山戎，过孤竹；西伐，束马县车，上卑耳之山；南伐至召陵，登熊耳山，以望江汉。兵车之会三，乘车之会六，九合诸侯，一匡天下，诸侯莫违我。昔三代受命，亦何以异乎？”于是管仲睹桓公不可穷以辞，因设之以事，曰：“古之封禅，鄗上黍，北里禾，所以为盛；江、淮间一茅三脊，所以为藉也。东海致比目之鱼，西海致比翼之鸟。然后物有不召而自至者十有五焉。今凤凰麒麟不至，嘉禾不生，而蓬蒿藜莠茂，鸱枭群翔，而欲封禅，无乃不可乎？”于是桓公乃止。

是岁，秦穆公纳晋君夷吾。其后三置晋国之君，平其乱。穆公立三十九年而卒。

后五十年，周灵王即位。时诸侯莫朝周，苌弘乃明鬼神事，设射不来。不来者，诸侯之不来朝者也。依物怪，欲以致诸侯。诸侯弗从，而周室愈微。后二世，至敬王时，晋人杀苌弘。

是时，季氏专鲁，旅于泰山，仲尼讥之。

自秦宣公作密畤后二百五十年，而秦灵公于吴阳作上畤，祭黄帝；作下畤，祭炎帝。

后四十八年，周太史儋见秦献公曰：“周始与秦国合而别，别五百载当复合，合七十年而伯王出焉。”儋见后七年，栎阳雨金，献公自以为得金瑞，故作畦畤栎阳，而祀白帝。

后百一十岁，周赧王卒，九鼎入于秦。或曰，周显王之四十二年，宋大丘社亡，而鼎沦没于泗水彭城下。

自赧王卒后七年，秦庄襄王灭东周，周祀绝。后二十八年，秦并天下，称皇帝。

秦始皇帝既即位，或曰：“黄帝得土德，黄龙地螾见。夏得木德，青龙止于郊，草木畅茂。殷得金德，银自山溢。周得火德，有赤乌之符。今秦变周，水德之时。昔文公出猎，获黑龙，此其水德之瑞。”于是秦更名河曰“德水”，以冬十月为年首，色尚黑，度以六为名，音上大吕，事统上法。

即帝位三年，东巡狩郡县，祠驺峄山，颂功业。于是从齐、鲁之儒生博士七十人，至于泰山下。诸儒生或议曰：“古者封禅为蒲车，恶伤山之土石草木；扫地而祠，席用苴秸，言其易遵也。”始皇闻此议各乖异，难施用，由此黜儒生。而遂除车道，上自泰山阳。至颠，立石颂德，明其得封也。从阴道下，禅于梁父。其礼颇采泰祝之祀雍上帝所用，而封臧皆秘之，世不得而记。

始皇之上泰山，中阪遇暴风雨，休于大树下。诸儒既黜，不得与封禅，闻始皇遇风雨，即讥之。

于是始皇遂东游海上，行礼祠名山川及八神，求仙人羡门之属。八神将自古而有之，或曰太公以来作之。齐所以为齐，以天齐也。其祀绝，莫知起时。八神：一曰天主，祠天齐。天齐渊水，居临菑南郊山下下者。二曰地主，祠泰山梁父。盖天好阴，祠之必于高山之下畤，命曰“畤”；地贵阳，祭之必于泽中圜丘云。三曰兵主，祠蚩尤。蚩尤在东平陆监乡，齐之西竟也。四曰阴主，祠三山；五曰阳主，祠之罘山；六曰月主，祠莱山：皆在齐北，并勃海。七曰日主，祠盛山。盛山斗入海，最居齐东北阳，以迎日出云。八曰四时主，祠琅邪。琅邪在齐东北，盖岁之所始。皆各用牢具祠，而巫祝所损益，圭、币杂异焉。

自齐威、宣时，驺子之徒论著终始五德之运，及秦帝而齐人奏之，故始皇采用之。而宋毋忌、正伯侨、元尚、羡门高最后，皆燕人，为方仙道，刑解销化，依于鬼神之事。驺衍以阴阳主运显于诸侯，而燕、齐海上之方士传其术不能通，然则怪迂阿谀苟合之徒自此兴，不可胜数也。

自威、宣、燕昭使人入海求蓬莱、方丈、瀛洲。此三神山者，其传在勃海中，去人不远。盖尝有至者，诸仙人及不死之药皆在焉。其物禽兽尽白，而黄金银为宫阙。未至，望之如云；及到，三神山反居水下，水临之。患且至，则风辄引船而去，终莫能至云。世主莫不甘心焉。

及秦始皇至海上，则方士争言之。始皇如恐弗及，使人赍童男女入海求之。船交海中，皆以风为解，曰未能至，望见之焉。其明年，始皇复游海上，至琅邪，过恒山，从上党归。后三年，游碣石，考入海方士，从上郡归。后五年，始皇南至湘山，遂登会稽，并海上，几遇海中三神山之奇药。不得，还到沙丘崩。

二世元年，东巡碣石，并海，南历泰山，至会稽，皆礼祠之，而胡亥刻勒始皇所立石书旁，以章始皇之功德。其秋，诸侯叛秦。三年而二世弑死。

始皇封禅之后十二年而秦亡。诸儒生疾秦皇焚《诗》、《书》，诛灭文学，百姓怨其法，天下叛之，皆说曰："始皇上泰山，为风雨所击，不得封禅云。"此岂所谓无其德而用其事者邪？

昔三代之居，皆河、洛之间，故嵩高为中岳，而四岳各如其方，四渎咸在山东。至秦称帝，都咸阳，则五岳、四渎皆并在东方。自五帝以至秦，迭兴迭衰，名山、大川或在诸侯，或在天子，其礼损益世殊，不可胜记。及秦并天下，令祠官所常奉天地、名山、大川、鬼神可得而序也。

于是自崤以东，名山五，大川祠二。曰太室。太室，嵩高也。

恒山、泰山、会稽、湘山。水曰泲，曰淮。春以脯酒为岁祷，因泮冻；秋涸冻；冬寒祷祠。其牲用牛犊各一，牢具圭币各异。

自华以西，名山七，名川四。曰华山、薄山。薄山者，襄山也。岳山、岐山、吴山、鸿冢、渎山。渎山，蜀之岷山也。水曰河，祠临晋；沔，祠汉中；湫渊，祠朝那；江水，祠蜀。亦春秋泮涸祷塞如东方山川。而牲亦牛犊，牢具圭币各异。而四大冢鸿、岐、吴、岳，皆有尝禾。陈宝节来祠，其河加有尝醪。此皆雍州之域，近天子都，故加车一乘，骝驹四。霸、产、丰、涝、泾、渭、长水，皆不在大山川数，以近咸阳，尽得比山川祠，而无诸加。

汧、洛二渊，鸣泽、蒲山、岳壻山之属，为小山川，亦皆祷塞泮涸祠，礼不必同。

而雍有日、月、参、辰、南北斗、荧惑、太白、岁星、填星、辰星、二十八宿、风伯、雨师、四海、九臣、十四臣、诸布、诸严、诸逐之属，百有余庙。西亦有数十祠。于湖有周天子祠。于下邽有天神。丰、镐有昭明、天子辟池。于杜、亳有五杜主之祠、寿星祠；而雍、菅庙祠亦有杜主。杜主，故周之右将军，其在秦中最小鬼之神者也。各以岁时奉祠。

唯雍四畤上帝为尊；其光景动人民，唯陈宝。故雍四畤，春以为岁祠祷，因泮冻，秋涸冻，冬赛祠，五月尝驹，及四中之月月祠，陈宝节来一祠。春、夏用骍，秋、冬用骝。畤驹四匹，木寓龙一驷，木寓车马一驷，各如其帝色。黄犊羔各四，圭币各有数，皆生瘗埋，无俎豆之具。三年一郊。秦以十月为岁首，故常以十月上宿郊见，通权火，拜于咸阳之旁，而衣上白，其用如经祠云。西畤、畦畤，祠如其故，上不亲往。

诸此祠皆太祝常主，以岁时奉祠之。至如它名山川诸神及八神之属，上过则祠，去则已。郡县远方祠者，民各自奉祠，不领于天子之祝官。祝官有秘祝，即有灾祥，辄祝祠移过于下。

汉兴，高祖初起，杀大蛇，有物曰："蛇，白帝子，而杀者赤帝子。"及高祖祷丰枌榆社，徇沛，为沛公，则祀蚩尤，衅鼓旗。遂以十月至霸上，立为汉王。因以十月为年首。色上赤。

二年，东击项籍而还入关，问："故秦时上帝祠何帝也？"对曰："四帝，有白、青、黄、赤帝之祠。"高祖曰："吾闻天有五帝，而四，何也？"莫知其说。于是高祖曰："吾知之矣，乃待我而具五也。"乃立黑帝祠，名曰北畤。有司进祠，上不亲往。悉召故秦祀官，复置太祝、太宰，如其故仪礼。因令县为公社。下诏曰："吾甚重祠而敬祭。今上帝之祭及山川诸神当祠者，各以其时礼祠之如故。"

后四岁，天下已定，诏御史令丰治枌榆社，常以时，春以羊、彘祠之。令祝立蚩尤之祠于长安。长安置祠祀官、女巫。其梁巫祠天、地、天社、天水、房中、堂上之属；晋巫祠五帝、东君、云中君、巫社、巫祠、族人炊之属；秦巫祠杜主、巫保、族累之属；荆巫祠堂下、巫先、司命、施糜之属；九天巫祠九天：皆以岁时祠宫中。其河巫祠河于临晋，而南山巫祠南山、秦中。秦中者，二世皇帝也。各有时日。

其后二岁，或言曰周兴而邑立后稷之祠，至今血食天下。于是高祖制诏御史："其令天下立灵星祠，常以岁时祠以牛。"

高祖十年春，有司请令县常以春二月及腊祠稷以羊、彘，民里社各自裁以祠。制曰：“可。”

文帝即位十三年，下诏曰：“秘祝之官移过于下，朕甚弗取，其除之。”始，名山大川在诸侯，诸侯祝各自奉祠，天子官不领。及齐、淮南国废，令太祝尽以岁时致礼如故。

明年，以岁比登，诏有司增雍五畤路车各一乘，驾被具；西畤、畦畤寓车各一乘，寓马四匹，驾被具；河、湫、汉水，玉加各二；及诸祀皆广坛场，圭币俎豆以差加之。

鲁人公孙臣上书曰：“始秦得水德，及汉受之，推终始传，则汉当土德，土德之应黄龙见。宜改正朔，服色上黄。”时丞相张苍好律历，以为汉乃水德之时，河决金堤，其符也。年始冬十月，色外黑内赤，与德相应。公孙臣言非是，罢之。明年，黄龙见成纪。文帝召公孙臣，拜为博士，与诸生申明土德，草改历、服色事。其夏，下诏曰：“有异物之神见于成纪，毋害于民，岁以有年。朕几郊祀上帝诸神，礼官议，毋讳以朕劳。”有司皆曰：“古者天子夏亲郊祀上帝于郊，故曰郊。”于是，夏四月，文帝始幸雍郊见五畤，祠衣皆上赤。

赵人新垣平以望气见上，言“长安东北有神气，成五采，若人冠冕焉。或曰东北，神明之舍；西方，神明之墓也。天瑞下，宜立祠上帝，以合符应。”于是作渭阳五帝庙，同宇，帝一殿，面五门，各如其帝色。祠所用及仪亦如雍五畤。

明年夏四月，文帝亲拜霸渭之会，以郊见渭阳五帝。五帝庙临渭，其北穿蒲池沟水。权火举而祠，若光辉然属天焉。于是贵平至上大夫，赐累千金。而使博士诸生刺《六经》中作《王制》，谋议巡狩封禅事。

文帝出长门，若见五人于道北，遂因其直立五帝坛，祠以五牢。

其明年，平使人持玉杯，上书阙下献之。平言上曰："阙下有宝玉气来者。"已视之，果有献玉杯者，刻曰"人主延寿"。平又言"臣候日再中"。居顷之，日却复中。于是始更以十七年为元年，令天下大酺。平言曰："周鼎亡在泗水中，今河决通于泗，臣望东北汾阴直有金宝气，意周鼎其出乎？兆见不迎则不至。"于是上使使治庙汾阴南，临河，欲祠出周鼎。人有上书告平所言皆诈也。下吏治，诛夷平。是后，文帝怠于改正服鬼神之事，而渭阳、长门五帝使祠官领，以时致礼，不往焉。

明年，匈奴数入边，兴兵守御。后，岁少不登。数岁而孝景即位。十六年，祠官各以岁时祠如故，无有所兴。

武帝初即位，尤敬鬼神之祀。汉兴已六十余岁矣，天下艾安，缙绅之属皆望天子封禅改正度也，而上乡儒术，招贤良。赵绾、王臧等以文学为公卿，欲议古立明堂城南，以朝诸侯，草巡狩封禅、改历服色事，未就。窦太后不好儒术，使人微伺赵绾等奸利事，按绾臧，绾臧自杀，诸所兴为皆废。六年，窦太后崩。其明年，征文学之士。

明年，上初至雍，郊见五畤。后常三岁一郊。是时上求神君，舍之上林中磃氏馆。神君者，长陵女子，以乳死，见神于先后宛若。宛若祠之其室，民多往祠。平原君亦往祠，其后子孙以尊显。及上即位，则厚礼置祠之内中。闻其言，不见其人云。

是时，李少君亦以祠灶、谷道、却老方见上，上尊之。少君者，故深泽侯人，主方。匿其年及所生长。常自谓七十，能使物，却老。其游以方遍诸侯。无妻子。人闻其能使物及不死，更馈遗之，常余金钱、衣食。人皆以为不治产业而饶给，又不知其何所人，愈信，争事之。少君资好方，善为巧发奇中。常从武安侯宴，坐中有年九十余老人，少君乃言与其大父游射处，老人为儿从其大父，识其处，一坐尽惊。少君见上，上有故铜器，问少君。少君曰："此器齐桓公十年陈于柏寝。"已而按其刻，果齐桓公器。一宫尽骇，以为少君神，数百岁人也。少君言上："祠灶皆可致物，致物而丹沙可化为黄金，黄金成以为饮食器则益寿，益寿而海中蓬莱仙者乃可见之，以封禅则不死，黄帝是也。臣尝游海上，见安期生，安期生食臣枣，大如瓜。安期生仙者，通蓬莱中，合则见人，不合则隐。"于是天子始亲祠灶，遣方士入海求蓬莱安期生之属，而事化丹沙诸药齐为黄金矣。久之，少君病死。天子以为化去不死也，使黄锤史宽舒受其方，而海上燕、齐怪迂之方士多更来言神事矣。

亳人谬忌奏祠泰一方，曰："天神贵者泰一，泰一佐曰五帝。古者天子以春秋祭泰一东南郊，日一太牢，七日，为坛开八通之鬼道。"于是，天子令太祝立其祠长安城东南郊，常奉祠如忌方。其后，人上书言："古者天子三年一用太牢祠三一：天一、地一、泰一。"天子许之，令太祝领祠之于忌泰一坛上，如其方。后人复有言："古天子常以春解祠，祠黄帝用一枭、破镜；冥羊用羊祠；马行用一青牡马；泰一、皋山山君用牛；武夷君用干鱼；阴阳使者以一牛。"令祠官领之如其方，而祠泰一于忌泰一坛旁。

后二年，郊雍，获一角兽，若麃然。有司曰："陛下肃祇郊祀，上帝报享，锡一角兽，盖麟云。"于是以荐五畤，畤加一牛以燎。赐诸侯白金，以风符应合于天也。于是济北王以为天子且封禅，上书献泰山及其旁邑，天子以它县偿之。常山王有罪，迁，天子封其弟真定，以续先王祀，而以常山为郡。然后五岳皆在天子之郡。

明年，齐人少翁以方见上。上有所幸李夫人，夫人卒，少翁以方盖夜致夫人及灶鬼之貌云，天子自帷中望见焉。乃拜少翁为文成将军，赏赐甚多，以客礼礼之。文成言："上即欲与神通，宫室被服非象神，神物不至。"乃作画云气车，及各以胜日驾车辟恶鬼。又作甘泉宫，中为台室，画天地泰一诸鬼神，而置祭具以致天神。居岁余，其方益衰，神不至。乃帛书以饭牛，阳不知，言此牛腹中有奇。杀视得书，书言甚怪。天子识其手，问之，果为书。于是诛文成将军，隐之。

其后又作柏梁、铜柱、承露仙人掌之属矣。

文成死明年，天子病鼎湖甚，巫医无所不致。游水发根言上郡有巫，病而鬼下之。上召置祠之甘泉。及病，使人问神君，神君言曰："天子无忧病。病少愈，强与我会甘泉。"于是上病愈，遂起，幸甘泉，病良已。大赦，置寿宫神君。神君最贵者曰太一，其佐曰太禁、司命之属，皆从之。非可得见，闻其言，言与人音等。时去时来，来则风肃然。居室帷中，时昼言，然常以夜。天子祓，然后入。因巫为主人，关饮食，所欲言，行下。又置寿宫、北宫，张羽旗，设共具，以礼神君。神君所言，上使受书，其名曰"画法"。其所言，世俗之所知也，无绝殊者，而天子心独熹。其事秘，世莫知也。

后三年，有司言元宜以天瑞，不宜以一二数。一元曰"建"，二元以长星曰"光"，今郊得一角兽曰"狩"云。

其明年，天子郊雍，曰："今上帝朕亲郊，而后土无祀，则礼不答也。"有司与太史令谈、祠官宽舒议："天地牲，角茧栗。今陛下亲祠后土，后土宜于泽中圜丘为五坛，坛一黄犊牢具，已祠尽瘗。而从祠衣上黄。"于是天子东幸汾阴。汾阴男子公孙滂洋等见汾旁有光如绛，上遂立后土祠于汾阴脽上，如宽舒等议。上亲望拜，如上帝礼。礼毕，天子遂至荥阳。还过雒阳，下诏封周后，令奉其祀。语在《武纪》。上始巡幸郡县，寖寻于泰山矣。

其春，乐成侯上书言栾大。栾大，胶东宫人，故尝与文成将军同师，已而为胶东王尚方。而乐成侯姊为康王后，无子。王死，它姬子立为王，而康后有淫行，与王不相中，相危以法。康后闻文成死，而欲自媚于上，乃遣栾大人，因乐成侯求见言方。天子既诛文成，后悔其方不尽，及见栾大，大说。大为人长美，言多方略，而敢为大言，处之不疑。大言曰："臣常往来海中，见安期、羡门之属，顾以臣为贱，不信臣。又以为康王诸侯耳，不足与方。臣数以言康王，康王又不用臣。臣之师曰：'黄金可成，而河决可塞，不死之药可得，仙人可致也。'然臣恐效文成，则方士皆掩口，恶敢言方哉！"上曰："文成食马肝死耳。子诚能修其方，我何爱乎！"大曰："臣师非有求人，人者求之。陛下必欲致之，则贵其使者，令为亲属，以客礼待之，勿卑，使各佩其信印，乃可使通言于神人，神人尚肯邪不邪，尊其使然后可致也。"于是上使验小方，斗棋，棋自相触击。

是时，上方忧河决而黄金不就，乃拜大为五利将军。居月余，得四印，得天士将军、地士将军、大通将军印。制诏御史："昔禹疏九河，决四渎。间者，河溢皋陆，堤繇不息。朕临天下二十有八年，天若遗朕士而大通焉。《乾》称‘飞龙’，‘鸿渐于般’，朕意庶几与焉。其以二千户封地士将军大为乐通侯。”赐列侯甲第，童千人。乘舆斥车马帷帐器物以充其家。又以卫长公主妻之，赍金十万斤，更名其邑曰当利公主。天子亲如五利之弟，使者存问共给，相属于道。自大主将相以下，皆置酒其家，献遗之。天子又刻玉印曰“天道将军”，使使衣羽衣。夜立白茅上，五利将军亦衣羽衣，立白茅上受印，以视不臣也。而佩“天道”者，且为天子道天神也。于是五利常夜祠其家，欲以下神。后装治行，东入海求其师云。大见数月，佩六印，贵震天下。而海上燕、齐之间，莫不扼掔而自言有禁方能神仙矣。

其夏六月，汾阴巫锦为民祠魏脽后土营旁，见地如钩状，掊视得鼎。鼎大异于众鼎，文镂无款识，怪之，言吏。吏告河东太守胜，胜以闻。天子使验问巫得鼎无奸诈，乃以礼祠，迎鼎至甘泉，从上行，荐之。至中山，晏温，有黄云焉。有鹿过，上自射之，因之以祭云。至长安，公卿大夫皆议尊宝鼎。天子曰：“间者河溢，岁数不登，胡巡祭后土，祈为百姓育谷。今年丰茂未报，鼎曷为出哉？”有司皆言：“闻昔泰帝兴神鼎一，一者一统，天地万物所系象也。黄帝作宝鼎三，象天、地、人。禹收九牧之金，铸九鼎，象九州。皆尝鬺享上帝鬼神。其空足曰鬲，以象三德，飨承天祜。夏德衰，鼎迁于殷；殷德衰，鼎迁于周；周德衰，鼎迁于秦；秦德衰，宋之社亡，鼎乃沦伏而不见。《周颂》曰：‘自堂徂基，自羊徂牛，鼐鼎及鼒。’‘不吴不敖，胡考之休。’今鼎至甘泉，以光润龙变，承休无疆。合兹中山，有黄白云降，盖若兽之为符，路弓乘矢，集获坛下，报祠大亨。唯受命而帝者心知其意而合德焉。鼎宜视宗祢庙，臧于帝庭，以合明应。”制曰：“可。”

入海求蓬莱者，言蓬莱不远，而不能至者，殆不见其气。上乃遣望气佐候其气云。

其秋，上雍，且郊。或曰“五帝，泰一之佐也，宜立泰一而上亲郊之”。上疑未定。

齐人公孙卿曰：“今年得宝鼎，其冬辛巳朔旦冬至，与黄帝时等。”卿有札书曰：“黄帝得宝鼎冕候，问于鬼臾区，鬼臾区对曰：‘黄帝得宝鼎神策，是岁己酉朔旦冬至，得天之纪，终而复始。’于是黄帝迎日推策，后率二十岁复朔旦冬至，凡二十推，三百八十年，黄帝仙登于天。”卿因所忠欲奏之。所忠视其书不经，疑其妄言，谢曰：“宝鼎事已决矣。尚何以为！”卿因嬖人奏之。上大说，乃召问卿。对曰：“受此书申公，申公已死。”上曰：“申公何人也？”卿曰：“齐人，与安期生通，受黄帝言，无书，独有此鼎书。曰‘汉兴复当黄帝之时’。曰：‘汉之圣者，在高祖之孙且曾孙也。宝鼎出而与神通，封禅。封禅七十二王，唯黄帝得上泰山封。’申公曰：‘汉帝亦当上封，上封则能仙登天矣。黄帝万诸侯，而神灵之封君七千。天下名山八，而三在蛮夷，五在中国。中国华山、首山、太室山、泰山、东莱山，此五山黄帝之所常游，与神会。黄帝且战且学仙，患百姓非其道，乃断斩非鬼神者。百余岁然后得与神通。黄帝郊雍上帝，宿三月。鬼臾区号大鸿，死葬雍，故鸿冢是也。其后黄帝接万灵明庭。明庭者，甘泉也。所谓寒门者，谷口也。黄帝采首山铜，铸鼎于荆山下。鼎既成，有龙垂大胡髯下迎黄帝。黄帝上骑，群臣后宫从上龙七十余人，龙乃上去。余小臣不得上，乃悉持龙髯，龙髯拔，堕，堕黄帝之弓。百姓印望黄帝既上天，乃抱其弓与龙髯号，故后世因名其处曰鼎湖，其弓曰乌号。’”于是天子曰：“嗟乎！诚得如黄帝，吾视去妻子如脱屣耳。”拜卿为郎，使东候神于太室。

上遂郊雍，至陇西，登空桐，幸甘泉。令祠官宽舒等具泰一祠坛，祠坛放亳忌泰一坛，三陔。五帝坛环居其下，各如其方。黄帝西南，除八通鬼道。泰一所用，如雍一畤物，而加醴枣脯之属，杀一牦牛以为俎豆牢具。而五帝独有俎豆醴进。其下四方地，为腏，食群神从者及北斗云。已祠，胙余皆燎之。其牛色白，白鹿居其中，彘在鹿中，鹿中水而酒之。祭日以牛，祭月以羊彘特。泰一祝宰则衣紫及绣，五帝各如其色，日赤，月白。

十一月辛巳朔旦冬至，昒爽，天子始郊拜泰一。朝朝日，夕夕月，则揖；而见泰一如雍郊礼。其赞飨曰：“天始以宝鼎神策授皇帝，朔而又朔，终而复始，皇帝敬拜见焉。”而衣上黄。其祠列火满坛，坛旁亨炊具。有司云“祠上有光”。公卿言：“皇帝始郊见泰一云阳，有司奉瑄玉嘉牲荐飨，是夜有美光，及昼，黄气上属天。”太史令谈、祠官宽舒等曰：“神灵之休，祐福兆祥，宜因此地光域立泰畤坛以明应。令太祝领，秋及腊间祠。三岁天子一郊见。”

其秋，为伐南越，告祷泰一，以牡荆画幡日、月、北斗、登龙，以象太一三星，为泰一鏠，命曰“灵旗”。为兵祷，则太史奉以指所伐国。而五利将军使不敢入海，之泰山祠。上使人随验，实无所见。五利妄言见其师，其方尽，多不雠。上乃诛五利。

其冬，公孙卿候神河南，言见仙人迹缑氏城上，有物如雉，往来城上。天子亲幸缑氏视迹，问卿："得毋效文成、五利乎？"卿曰："仙者非有求人主，人主者求之。其道非少宽暇，神不来。言神事，如迂诞，积以岁，乃可致。"于是郡国各除道，缮治宫馆名山神祠所，以望幸矣。

其春，既灭南越，嬖臣李延年以好音见。上善之，下公卿议，曰："民间祠有鼓舞乐，今郊祀而无乐，岂称乎？"公卿曰："古者祠天地皆有乐，而神祇可得而礼。"或曰："泰帝使素女鼓五十弦瑟，悲，帝禁不止，故破其瑟为二十五弦。"于是塞南越，祷祠泰一、后土，始用乐舞。益召歌儿，作二十五弦及空侯瑟自此起。

其来年冬，上议曰："古者先振兵释旅，然后封禅。"及遂北巡朔方，勒兵十余万骑，还祭黄帝冢桥山，释兵凉如。上曰："吾闻黄帝不死。有冢，何也？"或对曰："黄帝以仙上天，君臣葬其衣冠。"既至甘泉，为且用事泰山，先类祠泰一。

自得宝鼎，上与公卿诸生议封禅。封禅用希旷绝，莫知其仪体，而群儒采封禅《尚书》、《周官》、《王制》之望祀射牛事。齐人丁公年九十余，曰："封禅者，古不死之名也。秦皇帝不得上封。陛下必欲上，稍上即无风雨，遂上封矣。"上于是乃令诸儒习射牛，草封禅仪。数年，至且行。天子既闻公孙卿及方士之言，黄帝以上封禅皆致怪物与神通，欲放黄帝以接神人蓬莱，高世比德于九皇，而颇采儒术以文之。群儒既已不能辩明封禅事，又拘于《诗》、《书》古文而不敢骋。上为封祠器视群儒，群儒或曰"不与古同"，徐偃又曰"太常诸生行礼不如鲁善"，周霸属图封事，于是上黜偃、霸，而尽罢诸儒弗用。

三月，乃东幸缑氏，礼登中岳太室。从官在山上闻若有言“万岁”云。问上，上不言；问下，下不言。乃令祠官加增太室祠，禁毋伐其山木，以山下户凡三百封崇高，为之奉邑，独给祠，复无有所与。上因东上泰山，泰山草木未生，乃令人上石立之泰山颠。

上遂东巡海上，行礼祠八神。齐人之上疏言神怪、奇方者以万数，乃益发船，令言海中神山者数千人求蓬莱神人。公孙卿持节常先行候名山，至东莱，言夜见大人，长数丈，就之则不见，见其迹甚大，类禽兽云。群臣有言见一老父牵狗，言“吾欲见巨公”，已忽不见。上既见大迹，未信，及群臣又言老父，则大以为仙人也。宿留海上，与方士传车，及间使求神仙人以千数。

四月，还至奉高。上念诸儒及方士言封禅人殊，不经，难施行。天子至梁父，礼祠地主。至乙卯，令侍中儒者皮弁缙绅，射牛行事。封泰山下东方，如郊祠泰一之礼。封广丈二尺，高九尺，其下则有玉牒书，书秘。礼毕，天子独与侍中奉车子侯上泰山，亦有封。其事皆禁。明日，下阴道。丙辰，禅泰山下阯东北肃然山，如祭后土礼。天子皆亲拜见，衣上黄用尽而乐焉。江、淮间一茅三脊为神藉。五色土益杂封。纵远方奇兽飞禽及白雉诸物，颇以加祠。兕牛象犀之属不用。皆至泰山，然后去。封禅祠，其夜若有光，昼有白云出封中。

天子从禅还，坐明堂，群臣更上寿。下诏改元封元年。语在《武纪》。又曰：“古者天子五载一巡狩，用事泰山，诸侯有朝宿地。其令诸侯各治邸泰山下。”

天子既已封泰山，无风雨，而方士更言蓬莱诸神若将可得，于是上欣然庶几遇之，复东至海上望焉。奉车子侯暴病，一日死。上乃遂去，并海上，北至碣石，巡自辽西，历北边至九原。五月，乃至甘泉，周万八千里云。

其秋，有星孛于东井。后十余日，有星孛于三能。望气王朔言："候独见填星出如瓜，食顷，复入。"有司皆曰："陛下建汉家封禅，天其报德星云。"

其来年冬，郊雍五帝。还，拜祝祠泰一。赞飨曰："德星昭衍，厥维休祥。寿星乃出，渊耀光明。信星昭见，皇帝敬拜泰祝之享。"

其春，公孙卿言见神人东莱山，若云"欲见天子"。天子于是幸缑氏城，拜卿为中大夫。遂至东莱，宿，留之数日，毋所见，见大人迹云。复遣方士求神人采药以千数。是岁旱。天子既出亡名，乃祷万里沙，过祠泰山。还至瓠子，自临塞决河，留二日，湛祠而去。

汉书卷二十五下

郊祀志第五下

是时既灭两粤，粤人勇之乃言："粤人俗鬼，而其祠皆见鬼，数有效。昔东瓯王敬鬼，寿百六十岁。后世怠嫚，故衰耗。"乃命粤巫立粤祝祠，安台无坛，亦祠天神帝百鬼，而以鸡卜。上信之，粤祠鸡卜自此始用。

公孙卿曰："仙人可见，上往常遽，以故不见。今陛下可为馆如缑氏城，置脯枣，神人宜可致。且仙人好楼居。"于是上令长安则作飞廉、桂馆，甘泉则作益寿、延寿馆，使卿持节设具而候神人。乃作通天台，置祠具其下，将招来神仙之属。于是甘泉更置前殿，始广诸宫室。夏，有芝生甘泉殿房内中。天子为塞河，兴通天，若有光云，乃下诏："甘泉房中生芝九茎，赦天下，毋令复作。"

其明年，伐朝鲜。夏，旱。公孙卿曰："黄帝时，封则天旱，干封三年。"上乃下诏："天旱，意干封乎？其令天下尊祠灵星焉。"

明年，上郊雍五畤，通回中道，遂北出萧关，历独鹿、鸣泽，自西河归，幸河东祠后土。

明年冬，上巡南郡，至江陵而东。登礼灊之天柱山，号曰南岳。浮江，自浔阳出枞阳，过彭蠡，礼其名山川。北至琅邪，并海上。四月，至奉高修封焉。

初，天子封泰山，泰山东北阯古时有明堂处，处险不敞。上欲治明堂奉高旁，未晓其制度。济南人公玉带上黄帝时明堂图。明堂中有一殿，四面无壁，以茅盖。通水，水圜宫垣。为复道，上有楼，从西南入，名曰昆仑，天子从之入，以拜祀上帝焉。于是上令奉高作明堂汶上，如带图。及是岁修封，则祠泰一、五帝于明堂上坐，合高皇帝祠坐对之。祠后土于下房，以二十太牢。天子从昆仑道入，始拜明堂如郊礼。毕，燎堂下。而上又上泰山，自有秘祠其颠。而泰山下祠五帝，各如其方，黄帝并赤帝所，有司侍祠焉。山上举火，下悉应之。还幸甘泉，郊泰畤。春幸汾阴，祠后土。

明年，幸泰山，以十一月甲子朔旦冬至日祀上帝于明堂，毋修封。其赞飨曰："天增授皇帝泰元神策，周而复始。皇帝敬拜泰一。"东至海上，考入海及方士求神者，莫验，然益遣，几遇之。乙酉，柏梁灾。十二月甲午朔，上亲禅高里，祠后土。临勃海，将以望祀蓬莱之属，几至殊庭焉。

上还，以柏梁灾故，受计甘泉。公孙卿曰："黄帝就青灵台，十二日烧，黄帝乃治明庭。明庭，甘泉也。"方士多言古帝王有都甘泉者。其后天子又朝诸侯甘泉，甘泉作诸侯邸。勇之乃曰："粤俗有火灾，复起屋，必以大，用胜服之。"于是作建章宫，度为千门万户。前殿度高未央。其东则凤阙，高二十余丈。其西则商中，数十里虎圈。其北治大池，渐台高二十余丈，名曰泰液，池中有蓬莱、方丈、瀛洲、壶梁，象海中神山龟鱼之属。其南有玉堂璧门大鸟之属。立神明台、井干楼，高五十丈，辇道相属焉。

夏，汉改历，以正月为岁首，而色上黄，官更印章以五字，因为太初元年。是岁，西伐大宛，蝗大起。丁夫人、雒阳虞初等以方祠诅匈奴、大宛焉。

明年，有司言雍五畤无牢孰具，芬芳不备。乃令祠官进畤犊牢具，色食所胜，而以木寓马代驹云。及诸名山川用驹者，悉以木寓马代。独行过亲祠，乃用驹，它礼如故。

明年，东巡海上，考神仙之属，未有验者。方士有言：黄帝时为五城十二楼，以候神人于执期，名曰迎年。上许作之如方，名曰明年。上亲礼祠，上犊黄焉。

公玉带曰："黄帝时虽封泰山，然风后、封巨、岐伯令黄帝封东泰山，禅凡山，合符，然后不死。"天子既令设祠具，至东泰山，东泰山卑小，不称其声，乃令祠官礼之而不封焉。其后令带奉祠候神物。复还泰山，修五年之礼如前，而加禅祠石闾。石闾者，在泰山下阯南方，方士言仙人闾也，故上亲禅焉。

其后五年，复至泰山修封，还过祭恒山。

自封泰山后，十三岁而周遍于五岳、四渎矣。

后五年，复至泰山修封。东幸琅邪，礼日成山，登之罘，浮大海，用事八神延年。又祠神人于交门宫，若有乡坐拜者云。

后五年，上复修封于泰山。东游东莱，临大海。是岁，雍县无云如雷者三，或如虹气苍黄，若飞鸟集棫阳宫南，声闻四百里。陨石二，黑如鷖，有司以为美祥，以荐宗庙。而方士之候神入海求蓬莱者终无验，公孙卿犹以大人之迹为解。天子犹羁縻不绝，几遇其真。

诸所兴，如薄忌泰一及三一、冥羊、马行、赤星，五。宽舒之祠官以岁时致礼。凡六祠，皆大祝领之。至如八神，诸明年、凡山它名祠，行过则祠，去则已。方士所兴祠，各自主，其人终则已，祠官不主。它祠皆如故。甘泉泰一、汾阴后土，三年亲郊祠，而泰山五年一修封。武帝凡五修封。昭帝即位，富于春秋，未尝亲巡祭云。

宣帝即位，由武帝正统兴，故立三年，尊孝武庙为世宗，行所巡狩郡国皆立庙。告祠世宗庙日，有白鹤集后庭。以立世宗庙告祠孝昭寝，有雁五色集殿前。西河筑世宗庙，神光兴于殿旁，有鸟如白鹤，前赤后青。神光又兴于房中，如烛状。广川国世宗庙殿上有钟音，门户大开，夜有光，殿上尽明。上乃下诏赦天下。

时，大将军霍光辅政，上共已正南面，非宗庙之祀不出。十二年，乃下诏曰："盖闻天子尊事天地，修祀山川，古今通礼也。间者，上帝之祠阙而不亲十有余年，朕甚惧焉。朕亲饬躬斋戒，亲奉祀，为百姓蒙嘉气，获丰年焉。"

明年正月，上始幸甘泉，郊见泰畤，数有美祥。修武帝故事，盛车服，敬斋祠之礼，颇作诗歌。

其三月，幸河东，祠后土，有神爵集，改元为神爵。制诏太常："夫江海，百川之大者也，今阙焉无祠。其令祠官以礼为岁事，以四时祠江海雒水，祈为天下丰年焉。"自是五岳、四渎皆有常礼。东岳泰山于博，中岳泰室于嵩高，南岳灊山于灊，西岳华山于华阴，北岳常山于上曲阳，河于临晋，江于江都，淮于平氏，济于临邑界中，皆使者持节侍祠。唯泰山与河岁五祠，江水四，余皆一祷而三祠云。

时，南郡获白虎，献其皮牙爪，上为立祠。又以方士言，为随侯、剑宝、玉宝璧、周康宝鼎立四祠于未央宫中。又祠太室山于即墨，三户山于下密，祠天封苑火井于鸿门。又立岁星、辰星、太白、荧惑、南斗祠于长安城旁。又祠参山八神于曲城，蓬山石社、石鼓于临朐，之罘山于腄，成山于不夜，莱山于黄。成山祠日，莱山祠月。又祠四时于琅邪，蚩尤于寿良。京师近县鄠，则有劳谷、五床山、日月、五帝、仙人、玉女祠；云阳有径路神祠，祭休屠王也。又立五龙山仙人祠及黄帝、天神帝、原水凡四祠于肤施。

或言益州有金马、碧鸡之神，可醮祭而致，于是遣谏大夫王褒使持节而求之。

大夫刘更生献淮南枕中洪宝苑秘之方，令尚方铸作。事不验，更生坐论。京兆尹张敞上疏谏曰："愿明主时忘车马之好，斥远方士之虚语，游心帝王之术，太平庶几可兴也。"后尚方待诏皆罢。

是时，美阳得鼎，献之。下有司议，多以为宜荐见宗庙，如元鼎时故事。张敞好古文字，桉鼎铭勒而上议曰："臣闻周祖始乎后稷，后稷封于斄，公刘发迹于豳，大王建国于郊、梁，文、武兴于丰、镐。由此言之，则郊、梁、丰、镐之间周旧居也，固宜有宗庙、坛场祭祀之臧。今鼎出于郊东，中有刻书曰：王命尸臣：'官此栒邑，赐尔旂鸾、黼黻、琱戈。'尸臣拜手稽首曰：'敢对扬天子丕显休命。'臣愚不足以迹古文，窃以传记言之，此鼎殆周之所以褒赐大臣，大臣子孙刻铭其先功，臧之于宫庙也。昔宝鼎之出于汾脽也，河东太守以闻，诏曰：‘朕巡祭后土，祈为百姓蒙丰年，今谷嗛未报，鼎焉为出哉？’博问耆老，意旧藏与，诚欲考得事实也。有司验脽上非旧臧处，鼎大八尺一寸，高三尺六寸，殊异于众鼎。今此鼎细小，又有款识，不宜荐见于宗庙。”制曰：“京兆尹议是。”

上自幸河东之明年正月，凤凰集祋祤，于所集处得玉宝，起步寿宫，乃下诏赦天下。后间岁，凤凰、神爵、甘露降集京师，赦天下。其冬，凤凰集上林，乃作凤凰殿，以答嘉瑞。明年正月复幸甘泉，郊泰畤，改元曰五凤。明年，幸雍祠五畤。其明年春，幸河东，祠后土，赦天下。后间岁，改元为甘露。正月，上幸甘泉，郊泰畤。其夏，黄龙见新丰。建章、未央、长乐宫钟虡铜人皆生毛，长一寸所，时以为美祥。后间岁正月，上郊泰畤，因朝单于于甘泉宫。后间岁，改元为黄龙。正月，复幸甘泉，郊泰畤，又朝单于于甘泉宫。至冬而崩。凤凰下郡国凡五十余所。

元帝即位，遵旧仪，间岁正月，一幸甘泉郊泰畤，又东至河东祠后土，西至雍祠五畤。凡五奉泰畤、后土之祠。亦施恩泽，时所过毋出田租，赐百户牛酒，或赐爵，赦罪人。

元帝好儒，贡禹、韦玄成、匡衡等相继为公卿。禹建言汉家宗庙祭祀多不应古礼，上是其言。后韦玄成为丞相，议罢郡国庙，自太上皇、孝惠帝诸园寝庙皆罢。后元帝寝疾，梦神灵谴罢诸庙祠，上遂复焉。后或罢或复，至哀、平不定。语在《韦玄成传》。

成帝初即位，丞相衡、御史大夫谭奏言：“帝王之事莫大乎承天之序，承天之序莫重于郊祀，故圣王尽心极虑以建其制。祭天于南郊，就阳之义也；瘗地于北郊，即阴之象也。天之于天子也，因其所都而各飨焉。往者，孝武皇帝居甘泉宫，即于云阳立泰畤，祭于宫南。今行常幸长安，郊见皇天，反北之泰阴，祠后土，反东之少阳，事与古制殊。又至云阳，行溪谷中，厄狭且百里，汾阴则渡大川，有风波舟楫之危，皆非圣主所宜数乘，郡县治道共张，吏民困苦，百官烦费。劳所保之民，行危险之地，难以奉神灵而祈福祐，殆未合于承天子民之意。昔者周文武郊于丰、镐，成王郊于雒邑。由此观之，天随王者所居而飨之，可见也。甘泉泰畤、河东后土之祠宜可徙置长安，合于古帝王。愿与群臣议定。”奏可。大司马车骑将军许嘉等八人以为：所从来久远，宜如故。右将军王商、博士师丹、议郎翟方进等五十人以为《礼记》曰“燔柴于太坛，祭天也；瘗薶于大折，祭地也。”兆于南郊，所以定天位也。祭地于大折，在北郊，就阴位也。郊处各在圣王所都之南北。《书》曰：“越三日丁巳，用牲于郊，牛二。”周公加牲，告徙新邑，定郊礼于雒。明王圣主，事天明，事地察。天地明察，神明章矣。天地以王者为主，故圣王制祭天地之礼必于国郊。长安，圣主之居，皇天所观视也。甘泉、河东之祠非神灵所飨，宜徙就正阳大阴之处。违俗复古，循圣制，定天位，如礼便。于是衡、谭奏议曰：“陛下圣德，忽明上通，承天之大，典览群下，使各悉心尽虑，议郊祀之处，天下幸甚。臣闻广谋从众，则合于天心，故《洪范》曰‘三人占，则从二人言’，言少从多之义也。论当往古，宜于万民，则依而从之；违道寡与，则废而不行。今议者五十八人，其五十人言当徙之义，皆著于经传，同于上世，便于吏民；八人不案经艺考古制，而以为不宜，无法之议，难以定吉凶。《太誓》曰：‘正稽古立功立事，可以永年，丕天之大律。’《诗》曰‘毋曰高高在上，陟降厥士，日监在兹’，言天之日监王者之处也。又曰‘乃眷西顾，此维予宅’，言天以文王之都为居也。宜于长安定南北郊，为万世基。”天子从之。

既定，衡言：“甘泉泰畤紫坛，八觚宣通象八方。五帝坛周环其下，又有群神之坛。以《尚书》禋六宗、望山川、遍群神之义，紫坛有文章、采镂、黼黻之饰及玉、女乐，石坛、仙人祠，瘗鸾路、骍驹、寓龙马，不能得其象于古。臣闻郊柴飨帝之义，埽地而祭，上质也。歌大吕舞《云门》以俟天神，歌太簇舞《咸池》以俟地祇，其牲用犊，其席槁秸，其器陶匏，皆因天地之性，贵诚上质，不敢修其文也。以为神祇功德至大，虽修精微而备庶物，犹不足以报功，唯至诚为可，故上质不饰，以章天德。紫坛伪饰女乐、鸾路、骍驹、龙马、石坛之属，宜皆勿修。”

衡又言：“王者各以其礼制事天地，非因异世所立而继之。今雍鄜、密、上下畤，本秦侯各以其意所立，非礼之所载术也。汉兴之初，仪制未及定，即且因秦故祠，复立北畤。今既稽古，建定天地之大礼，郊见上帝，青、赤、白、黄、黑五方之帝皆毕陈，各有位馔，祭祀备具。诸侯所妄造，王者不当长遵。及北畤，未定时所立，不宜复修。”天子皆从焉。及陈宝祠，由是皆罢。

明年，上始祀南郊，赦奉郊之县及中都官耐罪囚徒。是岁，衡、谭复条奏：“长安厨官、县官给祠郡国候神方士使者所祠，凡六百八十三所，其二百八所应礼，及疑无明文，可奉祠如故。其余四百七十五所不应礼，或复重，请皆罢。”奏可。本雍旧祠二百三所，唯山川诸星十五所为应礼云。若诸布、诸严、诸逐，皆罢。杜主有五祠，置其一。又罢高祖所立梁、晋、秦、荆巫、九天、南山、莱中之属，及孝文渭阳、孝武薄忌泰一、三一、黄帝、冥羊、马行、泰一、皋山山君、武夷、夏后启母石、万里沙、八神、延年之属，及孝宣参山、蓬山、之罘、成山、莱山、四时、蚩尤、劳谷、五床、仙人、玉女、径路、黄帝、天神、原水之属，皆罢。候神方士使者副佐、本草待诏七十余人皆归家。

明年，匡衡坐事免官爵。众庶多言不当变动祭祀者。又初罢甘泉泰畤作南郊日，大风坏甘泉竹宫，折拔畤中树木十围以上百余。天子异之，以问刘向。对曰："家人尚不欲绝种祠，况于国之神宝旧畤！且甘泉、汾阴及雍五畤始立，皆有神祇感应，然后营之，非苟而已也。武、宣之世，奉此三神，礼敬敕备，神光尤著。祖宗所立神祇旧位，诚未易动。及陈宝祠，自秦文公至今七百余岁矣，汉兴世世常来，光色赤黄，长四五丈，直祠而息，音声砰隐，野鸡皆雊。每见雍太祝祠以太牢，遣候者乘传驰诣行在所，以为福祥。高祖时五来，文帝二十六来，武帝七十五来，宣帝二十五来，初元元年以来亦二十来，此阳气旧祠也。及汉宗庙之礼，不得擅议，皆祖宗之君与贤臣所共定。古今异制，经无明文，至尊至重，难以疑说正也。前始纳贡禹之议，后人相因，多所动摇。《易大传》曰：'诬神者殃及三世。'恐其咎不独止禹等。"上意恨之。

后上以无继嗣故，令皇太后诏有司曰："盖闻王者承事天地，交接泰一，尊莫著于祭祀。孝武皇帝大圣通明，始建上下之祀，营泰畤于甘泉，定后土于汾阴，而神祇安之，飨国长久，子孙蕃滋，累世遵业，福流于今。今皇帝宽仁孝顺，奉循圣绪，靡有大愆，而久无继嗣。思其咎职，殆在徙南北郊，违先帝之制，改神祇旧位，失天地之心，以妨继嗣之福。春秋六十，未见皇孙，食不甘味，寝不安席，朕甚悼焉。《春秋》大复古，善顺祀。其复甘泉泰畤、汾阴后土如故，及雍五畤、陈宝祠在陈仓者。”天子复亲郊礼如前。又复长安、雍及郡国祠著明者且半。

成帝末年颇好鬼神，亦以无继嗣故，多上书言祭祀方术者，皆得待诏，祠祭上林苑中长安城旁，费用甚多，然无大贵盛者。谷永说上曰：“臣闻：明于天地之性，不可惑以神怪；知万物之情，不可罔以非类。诸背仁义之正道，不遵《五经》之法言，而盛称奇怪鬼神，广崇祭祀之方，求报无福之祠，及言世有仙人，服食不终之药，遥兴轻举，登遐倒景，览观县圃，浮游蓬莱，耕耘五德，朝种暮获，与山石无极，黄冶变化，坚冰淖溺，化色五仓之术者，皆奸人惑众，挟左道，怀诈伪，以欺罔世主。听其言，洋洋满耳，若将可遇；求之，荡荡如系风捕景，终不可得。是以明王距而不听，圣人绝而不语。昔周史苌弘欲以鬼神之术辅尊灵王会朝诸侯，而周室愈微，诸侯愈叛。楚怀王隆祭祀，事鬼神，欲以获福助，却秦师，而兵挫地削，身辱国危。秦始皇初并天下，甘心于神仙之道，遣徐福、韩终之属多赍童男童女入海求神采药，因逃不还，天下怨恨。汉兴，新垣平、齐人少翁、公孙卿、栾大等，皆以仙人、黄冶、祭祠、事鬼使物、入海求神采药贵幸，赏赐累千金。大尤尊盛，至妻公主，爵位重累，震动海内。元鼎、元封之际，燕、齐之间方士瞋目扼掔，言有神仙、祭祠致福之术者以万数。其后，平等皆以术穷诈得，诛夷伏辜。至初元中，有天渊玉女、巨鹿神人、轑阳侯师张宗之奸，纷纷复起。夫周、秦之末，三五之隆，已尝专意散财，厚爵禄，竦精神，举天下以求之矣。旷日经年，靡有毫厘之验，足以揆今。《经》曰：‘享多仪，仪不及物，惟曰不享。’《论语》说曰：‘子不语怪神。’唯陛下距绝此类，毋令奸人有以窥朝者。”上善其言。

后成都侯王商为大司马卫将军辅政，杜邺说商曰：“‘东邻杀牛，不如西邻之瀹祭’，言奉天之道，贵以诚质大得民心也。行秽祀丰，犹不蒙祐；德修荐薄，吉必大来。古者坛场有常处，燎禋有常用，赞见有常礼；牺牲玉帛虽备而财不匮，车舆臣役虽动而用不劳。是故每举其礼，助者欢说，大路所历，黎元不知。今甘泉、河东天地郊祀，咸失方位，违阴阳之宜。及雍五畤皆旷远，奉尊之役，休而复起，缮治共张，无解已时，皇天著象，殆可略知。前上甘泉，先驱失道；礼月之夕，奉引复迷。祠后土还，临河当渡，疾风起波，船不可御。又雍大雨，坏平阳宫垣。乃三月甲子，震电灾林光宫门。祥瑞未著，咎征仍臻。迹三郡所奏，皆有变故。不答不飨，何以甚此！《诗》曰‘率由旧章’。旧章，先王法度，文王以之，交神于祀，子孙千亿。宜如异时公卿之议，复还长安南北郊。”

后数年，成帝崩，皇太后诏有司曰：“皇帝即位，思顺天心，遵经义，定郊礼，天下说喜。惧未有皇孙，故复甘泉泰畤、汾阴后土，庶几获福。皇帝恨难之，卒未得其祐。其复南、北郊长安如故，以顺皇帝之意也。”

哀帝即位，寝疾，博征方术士，京师诸县皆有侍祠使者，尽复前世所常兴诸神祠官，凡七百余所，一岁三万七千祠云。

明年，复令太皇太后诏有司曰：“皇帝孝顺，奉承圣业，靡有解怠，而久疾未瘳。夙夜唯思，殆继体之君不宜改作。其复甘泉泰畤、汾阴后土祠如故。”上亦不能亲至，遣有司行事而礼祠焉。后三年，哀帝崩。

平帝元始五年，大司马王莽奏言：“王者父事天，故爵称天子。孔子曰：‘人之行莫大于孝，孝莫大于严父，严父莫大于配天。’王者尊其考，欲以配天，缘考之意，欲尊祖，推而上之，遂及始祖。是以周公郊祀后稷以配天，宗祀文王于明堂以配上帝。《礼记》：天子祭天地及山川，岁遍。《春秋穀梁传》以十二月下辛卜，正月上辛郊。高皇帝受命，因雍四畤起北畤，而备五帝，未共天地之祀。孝文十六年用新垣平，初起渭阳五帝庙，祭泰一、地祇，以太祖高皇帝配。日冬至祠泰一，夏至祠地祇，皆并祠五帝，而共一牲，上亲郊拜。后平伏诛，乃不复自亲，而使有司行事。孝武皇帝祠雍，曰：‘今上帝朕亲郊，而后土无祠，则礼不答也。’于是元鼎四年十一月甲子始立后土祠于汾阴。或曰，五帝，泰一之佐，宜立泰一。五年十一月癸未始立泰一祠于甘泉，二岁一郊，与雍更祠，亦以高祖配，不岁事天，皆未应古制。建始元年，徙甘泉泰畤、河东后土于长安南北郊。永始元年三月，以未有皇孙，复甘泉、河东祠。绥和二年，以卒不获祐，复长安南北郊。建平三年，惧孝哀皇帝之疾未瘳，复甘泉、汾阴祠，竟复无福。臣谨与太师孔光、长乐少府平晏、大司农左咸、中垒校尉刘歆、太中大夫朱阳、博士薛顺，议郎国由等六十七人议，皆曰宜如建始时丞相衡等议，复长安南、北郊如故。”

莽又颇改其祭礼，曰：“《周官》天地之祀，乐有别有合。其合乐曰‘以六律、六钟、五声、八音、六舞大合乐’，祀天神，祭地祇，祀四望，祭山川，享先妣先祖。凡六乐，奏六歌，而天地神祇之物皆至。四望，盖谓日、月、星、海也。三光高而不可得亲，海广大无限界，故其乐同。祀天则天文从，祭地则地理从。三光，天文也；山川，地理也。天地合祭，先祖配天，先妣配地，其谊一也。天地合精，夫妇判合。祭天南郊，则以地配，一体之谊也。天地位皆南乡，同席，地在东，共牢而食。高帝、高后配于坛上，西乡，后在北，亦同席共牢。牲用茧栗，玄酒陶匏。《礼记》曰天子籍田千亩以事天地，由是言之，宜有黍、稷。天地用牲一，燔燎、瘗薶用牲一，高帝、高后用牲一。天用牲左，及黍、稷燔燎南郊；地用牲右，及黍、稷瘗于北郊。其旦，东乡再拜明日；其夕，西乡再拜夕月。然后孝弟之道备，而神祇嘉享，万福降辑。此天地合祀，以祖、妣配者也。其别乐曰'冬日至，于地上之圜丘奏乐六变，则天神皆降；夏日至，于泽中之方丘奏乐八变，则地祇皆出'。天地有常位，不得常合，此其各特祀者也。阴阳之别于日冬、夏至；其会也，以孟春正月上辛若丁。天子亲合祀天地于南郊，以高帝、高后配。阴阳有离合，《易》曰'分阴分阳，迭用柔刚'。以日冬至使有司奉祠南郊，高帝配而望群阳；日夏至使有司奉祭北郊，高后配而望群阴。皆以助致微气，通道幽弱。当此之时，后不省方，故天子不亲而遣有司，所以正承天顺地，复圣王之制，显太祖之功也。渭阳祠勿复修。群望未悉定，定复奏。"奏可。三十余年间，天地之祠五徙焉。

后莽又奏言："《书》曰'类于上帝，禋于六宗'。欧阳、大小夏侯三家说六宗，皆曰上不及天，下不及地，旁不及四方，在六者之间，助阴阳变化，实一而名六，名实不相应。《礼记》祀典，功施于民则祀之。天文：日、月、星、辰，所昭仰也；地理：

山、川、海、泽，所生殖也。《易》有八卦，‘乾’、‘坤’六子，水火不相逮，雷风不相悖，山泽通气，然后能变化，既成万物也。臣前奏徙甘泉泰畤、汾阴后土皆复于南北郊。谨案《周官》‘兆五帝于四郊’，山川各因其方，今五帝兆居在雍五畤，不合于古。又日、月、雷、风、山、泽，《易》卦六子之尊气，所谓六宗也。星、辰、水、火、沟、渎，皆六宗之属也。今或未特祀，或无兆居。谨与太师光、大司徒宫、羲和歆等八十九人议，皆曰：天子父事天，母事地。今称天神曰皇天上帝，泰一兆曰泰畤，而称地祇曰后土，与中央黄灵同，又兆北郊，未有尊称。宜令地祇称皇地后祇，兆曰广畤。《易》曰‘方以类聚，物以群分’。分群神以类相从为五部，兆天地之别神：中央帝黄灵后土畤及日庙、北辰、北斗、填星、中宿中宫于长安城之未地兆；东方帝太昊青灵勾芒畤及雷公、风伯庙、岁星、东宿东宫于东郊兆；南方炎帝赤灵祝融畤及荧惑星、南宿南宫于南郊兆；西方帝少皞白灵蓐收畤及太白星、西宿西宫于西郊兆；北方帝颛顼黑灵玄冥畤及月庙、雨师庙、辰星、北宿北宫于北郊兆。”奏可。于是长安旁诸庙兆畤甚盛矣。

莽又言：“帝王建立社稷，百王不易。社者，土也。宗庙，王者所居。稷者，百谷之主，所以奉宗庙，共粢盛，人所食以生活也。王者莫不尊重亲祭，自为之主，礼如宗庙。《诗》曰‘乃立冢土’。又曰‘以御田祖，以祈甘雨’。《礼记》曰‘唯祭宗庙社稷，为越绋而行事’。圣汉兴，礼仪稍定，已有官社，未立官稷。”遂于官社后立官稷，以夏禹配食官社，后稷配食官稷。稷种榖树。徐州牧岁贡五色土各一斗。

莽篡位二年，兴神仙事，以方士苏氏言，起八风台于宫中。台成万金，作乐其上，顺风作液汤。又种五粱禾于殿中，各顺色置其方面，先煮鹤髓、毒冒、犀玉二十余物渍种，计粟斛成一金，言此黄帝谷仙之术也。以乐为黄门郎，令主之。莽遂崇鬼神淫祀，至其末年，自天地六宗以下至诸小鬼神，凡千七百所，用三牲鸟兽三千余种。后不能备，乃以鸡当鹜雁，犬当麋鹿。数下诏自以当仙，语在其《传》。

赞曰：汉兴之初，庶事草创，唯一叔孙生略定朝廷之仪。若乃正朔、服色、郊望之事，数世犹未章焉。至于孝文，始以夏郊，而张苍据水德，公孙臣、贾谊更以为土德，卒不能明。孝武之世，文章为盛，太初改制，而兒宽、司马迁等犹从臣、谊之言，服色数度，遂顺黄德。彼以五德之传，从所不胜，秦在水德，故谓汉据土而克之。刘向父子以为帝出于《震》，故包羲氏始受木德，其后以母传子，终而复始，自神农、黄帝下历唐、虞三代而汉得火焉。故高祖始起，神母夜号，著赤帝之符，旗章遂赤，自得天统矣。昔共工氏以水德间于木、火，与秦同运，非其次序，故皆不永。由是言之，祖宗之制盖有自然之应，顺时宜矣。究观方士祠官之变，谷永之言，不亦正乎！不亦正乎！

汉书卷二十六

天文志第六

凡天文在图籍昭昭可知者，经星常宿中外官凡百一十八名，积数七百八十三星，皆有州国官宫物类之象。其伏见早晚，邪正存亡，虚实阔狭，及五星所行，合散犯守，陵历斗食，彗孛飞流，日月薄食，晕适背穴，抱珥虹蜺，迅雷风袄，怪云变气：此皆阴阳之精，其本在地，而上发于天者也。政失于此，则变见于彼，犹景之象形，乡之应声。是以明君睹之而寤，饬身正事，思其咎谢，则祸除而福至，自然之符也。

中宫天极星，其一明者，泰一之常居也，旁三星三公，或曰子属。后句四星，末大星正妃，余三星后宫之属也。环之匡卫十二星，藩臣。皆曰紫宫。

前列直斗口三星，随北耑锐，若见若不见，曰阴德，或曰天一。紫宫左三星曰天枪，右四星曰天棓。后十七星绝汉抵营室，曰客道。

北斗七星，所谓“旋、玑、玉衡，以齐七政”。杓携龙角，衡殷南斗，魁枕参首。用昏建者杓；杓，自华以西南。夜半建者衡；衡，殷中州河、济之间。平旦建者魁；魁，海岱以东北也。斗为帝车，运于中央，临制四海。分阴阳，建四时，均五行，移节度，定诸纪，皆系于斗。

斗魁戴筐六星，曰文昌宫：一曰上将，二曰次将，三曰贵相，四曰司命，五曰司禄，六曰司灾。在魁中，贵人之牢。魁下六星两两而比者，曰三能。三能色齐，君臣和；不齐，为乖戾。柄辅星，明近，辅臣亲强；斥小，疏弱。

杓端有两星：一内为矛，招摇；一外为盾，天蜂。有句圜十五星，属杓，曰贱人之牢。牢中星实则囚多，虚则开出。

天一、枪、棓、矛、盾动摇，角大，兵起。

东宫苍龙，房、心。心为明堂，大星天王，前后星子属。不欲直，直，王失计。房为天府，曰天驷。其阴，右骖。旁有两星曰衿。衿北一星曰辖。东北曲十二星曰旗。旗中四星曰天市。天市中星众者实，其中虚则耗。房南众星曰骑官。

左角，理；右角，将。大角者，天王帝坐廷。其两旁各有三星，鼎足句之，曰摄提。摄提者，直斗杓所指，以建时节，故曰“摄提格”。亢为宗庙，主疾。其南北两大星，曰南门。氐为天根，主疫。尾为九子，曰君臣；斥绝，不和。箕为敖客，后妃之府，曰口舌。火犯守角，则有战。房、心，王者恶之。

南宫朱鸟，权、衡。衡、太微，三光之廷。筐卫十二星，藩臣：西，将；东，相；南四星，执法；中，端门；左右，掖门。掖门内六星，诸侯。其内五星，五帝坐。后聚十五星，曰哀乌郎位；旁一大星，将位也。月、五星顺入，轨道，司其出，所守，天子所诛也。其逆入，若不轨道，以所犯名之；中坐，成形，皆群下不从谋也。金、火尤甚。廷藩西有随星四，名曰少微，士大夫。权，轩辕，黄龙体。前大星，女主象；旁小星，御者后宫属。月、五星守犯者，如衡占。

东井为水事。火入之，一星居其左右，天子且以火为败。东井西曲星曰戉；北，北河；南，南河；两河、天阙间为关梁。舆鬼，鬼祠事；中白者为质。火守南北河，兵起，谷不登。故德成衡，观成潢，伤成戉，祸成井，诛成质。

柳为鸟喙，主木草。七星，颈，为员宫，主急事。张，嗉，为厨，主觞客。翼为羽翮，主远客。

轸为车，主风。其旁有一小星，曰长沙，星星不欲明；明与四星等，若五星入轸中，兵大起。轸南众星曰天库，库有五车。车星角，若益众，及不具，亡处车马。

西宫咸池，曰天五潢。五潢，五帝车舍。火入，旱；金，兵；水，水。中有三柱；柱不具，兵起。

奎曰封豨，为沟渎。娄为聚众。胃为天仓。其南众星曰廥积。

昴曰旄头，胡星也，为白衣会。毕曰罕车，为边兵，主弋猎。其大星旁小星为附耳。附耳摇动，有谗乱臣在侧。昴、毕间为天街。其阴，阴国；阳，阳国。

参为白虎，三星直者，是为衡石。下有三星，锐，曰罚，为斩艾事。其外四星，左右肩股也。小三星隅置，曰觜觿，为虎首，主葆旅事。其南有四星，曰天厕。天厕下一星，曰天矢。矢黄则吉；青、白、黑，凶。其西有句曲九星，三处罗列：一曰天旗，二曰天苑，三曰九斿。其东有大星曰狼，狼角变色，多盗贼。下有四星曰弧，直狼。比地有大星，曰南极老人。老人见，治安；

不见，兵起。常以秋分时候之南郊。

北宫玄武，虚、危。危为盖屋；虚为哭泣之事。其南有众星，曰羽林天军。军西为垒，或曰戉。旁一大星，北落。北落若微亡，军星动角益稀，及五星犯北落，入军，军起。火、金、水尤甚。火入，军忧；水，水患；木、土，军吉。危东六星，两两而比，曰司寇。

营室为清庙，曰离宫、阁道。汉中四星，曰天驷。旁一星，曰王梁。王梁策马，车骑满野。旁有八星，绝汉，曰天横。天横旁，江星。江星动，以人涉水。

杵、臼四星，在危南。匏瓜，有青黑星守之，鱼盐贵。

南斗为庙，其北建星。建星者，旗也。牵牛为牺牲，其北河鼓。河鼓大星，上将；左，左将；右，右将。婺女，其北织女。织女，天女孙也。

岁星曰东方，春，木；于人五常，仁也；五事，貌也。仁亏貌失，逆春令，伤木气，罚见岁星。岁星所在，国不可伐，可以伐人。超舍而前为赢，退舍为缩。赢，其国有兵不复；缩，其国有忧，其将死，国倾败。所去，失地；所之，得地。一曰，当居不居，国亡；所之，国昌；已居之，又东西去之，国凶，不可举事用兵。安静中度，吉。出入不当其次，必有天祆见其舍也。

岁星赢而东南，《石氏》“见彗星”，《甘氏》“不出三月乃生彗，本类星，末类彗，长二丈”。赢东北，《石氏》“见觉星”，《甘氏》“不出三月乃生天棓，本类星，末锐，长四尺”。缩西南，《石氏》“见欃云，如牛”，《甘氏》“不出三月乃生天枪，左右锐，长数丈”。缩西北，《石氏》“见枪云，如马”，《甘氏》“不出三月乃生天欃，本类星，末锐，长数丈”。《石氏》“枪、欃、棓、彗异状，其殃一也，必有破国乱君，伏死其辜，余殃不尽，为旱、凶、饥、暴疾”。至日行一尺，出二十余日乃入，《甘氏》“其国凶，不可举事用兵”。出而易，“所当之国，是受其殃”。又曰“祆星，不出三年，其下有军，及失地，若国君丧”。

荧惑曰南方，夏，火；礼也，视也。礼亏视失，逆夏令，伤火气，罚见荧惑。逆行一舍二舍为不祥，居之三月国有殃，五月受兵，七月国半亡地，九月地太半亡。因与俱出入，国绝祀。荧惑为乱为贼，为疾为丧，为饥为兵，所居之宿国受殃。殃还至者，虽大当小；居之久殃乃至者，当小反大。已去复还居之，若居之而角者，若动者，绕环之，及乍前乍后，乍左乍右，殃愈甚。一曰，荧惑出则有大兵，入则兵散。周还止息，乃为其死丧。寇乱在其野者亡地，以战不胜。东行疾则兵聚于东方，西行疾则兵聚于西方；其南为丈夫丧，北为女子丧。荧惑，天子理也，故曰虽有明天子，必视荧惑所在。

太白曰西方，秋，金；义也，言也。义亏言失，逆秋令，伤金气，罚见太白。日方南太白居其南，日方北太白居其北，为赢，侯王不宁，用兵进吉退凶。日方南太白居其北，日方北太白居其南，为缩，侯王有忧，用兵退吉进凶。当出不出，当入不入，为失舍，不有破军，必有死王之墓，有亡国。一曰，天下匽兵，野有兵者，所当之国大凶。当出不出，未当入而入，天下匽兵，兵在外，入。未当出而出，当入而不入，天下起兵，有至破国。未当出而出，未当入而入，天下举兵，所当之国亡。当期而出，其国昌。出东为东方，入为北方；出西为西方，入为南方。所居久，其国利；易，其乡凶。入七日复出，将军战死。入十日复出，相死之。入又复出，人君恶之。已出三日而复微入，三日乃复盛出，是为耎而伏，其下国有军，其众败将北。已入三日，又复微出，三日乃复盛入，其下国有忧，帅师虽众，敌食其粮，用其兵，虏其帅。出西方，失其行，夷狄败；出东方，失其行，中国败。一曰，出蚤为月食，晚为天袄及彗星，将发于亡道之国。

太白出而留桑榆间，病其下国。上而疾，未尽期日过参天，病其对国。太白经天，天下革，民更王，是为乱纪，人民流亡。昼见与日争明，强国弱，小国强，女主昌。

太白，兵象也。出而高，用兵深吉浅凶；埤，浅吉深凶。行疾，用兵疾吉迟凶；行迟，用兵迟吉疾凶。角，敢战吉，不敢战凶；击角所指吉，逆之凶。进退左右，用兵进退左右吉，静凶。圜以静，用兵静吉趮凶。出则兵出，入则兵入。象太白吉，反之凶。赤角，战。

太白者，犹军也，而荧惑，忧也。故荧惑从太白，军忧；离之，军舒。出太白之阴，有分军；出其阳，有偏将之战。当其行，太白还之，破军杀将。

辰星，杀伐之气，战斗之象也。与太白俱出东方，皆赤而角，夷狄败，中国胜；与太白俱出西方，皆赤而角，中国败，夷狄胜。

五星分天之中，积于东方，中国大利；积于西方，夷狄用兵者利。

辰星不出，太白为客；辰星出，太白为主人。辰星与太白不相从，虽有军不战。辰星出东方，太白出西方。若辰星出西方，太白出东方，为格，野虽有兵，不战。辰星入太白中，五日乃出，及入而上出，破军杀将，客胜；下出，客亡地。辰星来抵，太白不去，将死。正其上出，破军杀将，客胜；下出，客亡地。视其所指，以名破军。辰星绕环太白，若斗，大战，客胜，主人吏死。辰星过太白，间可槭剑，小战，客胜；居太白前旬三日，军罢；出太白左，小战；历太白右，数万人战，主人吏死；出太白右，去三尺，军急约战。

凡太白所出所直之辰，其国为得位，得位者战胜。所直之辰顺其色而角者胜，其色害者败。太白白比狼，赤比心，黄比参右肩，青比参左肩，黑比奎大星。色胜位，行胜色，行得尽胜之。

辰星曰北方，冬，水；知也，听也。知亏听失，逆冬令，伤水气，罚见辰星。出蚤为月食，晚为彗星及天祆。一时不出，其时不和；四时不出，天下大饥。失其时而出，为当寒反温，当温反寒。当出不出，是谓击卒，兵大起。与它星遇而斗，天下大乱。出于房、心间，地动。

填星曰中央，季夏，土，信也，思心也。仁义礼智以信为主，貌言视听以心为正，故四星皆失，填星乃为之动。填星所居，国吉。未当居而居之，若已去而复还居之，国得土，不乃得女子。当居不居，既已居之，又东西去之，国失土，不乃失女，不，有土事若女之忧。居宿久，国福厚；易，福薄。当居不居，为失填，其下国可伐；得者，不可伐。其赢，为王不宁；缩，有军不复。一曰，既已居之又东西去之，其国凶，不可举事用兵。失次而上一舍三舍，有王命不成，不乃大水；失次而下二舍，有后戚，其岁不复，不乃天裂若地动。

凡五星，岁与填合则为内乱，与辰合则为变谋而更事，与荧惑合则为饥，为旱，与太白合则为白衣之会，为水。太白在南，岁在北，名曰牝牡，年谷大孰。太白在北，岁在南，年或有或亡。荧惑与太白合则为丧，不可举事用兵；与填合则为忧，主孽卿；与辰合则为北军，用兵举事大败。填与辰合则将有覆军下师；与太白合则为疾，为内兵。辰与太白合则为变谋，为兵忧。凡岁、荧惑、填、太白四星与辰斗，皆为战，兵不在外，皆为内乱。一曰，火与水合为淬，与金合为铄，不可举事用兵。土与金合国亡地，与木合则国饥，与水合为雍沮，不可举事用兵。木与金合斗，国有内乱。同舍为合，相陵为斗。二星相近者其殃大，二星相远者殃无伤也，从七寸以内必之。

凡月食五星，其国皆亡：岁以饥，荧惑以乱，填以杀，太白强国以战，辰以女乱。月食大角，王者恶之。

凡五星所聚宿，其国王天下：从岁以义，从荧惑以礼，从填以重，从太白以兵，从辰以法。以法者，以法致天下也。三星若合，是谓惊立绝行，其国外内有兵与丧，民人乏饥，改立王公。四星若合，是谓大汤，其国兵丧并起，君子忧，小人流。五星若合，是谓易行：有德受庆，改立王者，掩有四方，子孙蕃昌；亡德受罚，离其国家，灭其宗庙，百姓离去，被满四方。五星皆大，其事亦大；皆小，其事亦小也。

凡五星色：皆圜，白为丧为旱，赤中不平为兵，青为忧为水，黑为疾为多死，黄吉；皆角，赤犯我城，黄地之争，白哭泣之声，青有兵忧，黑水。五星同色，天下匽兵，百姓安宁，歌舞以行，不见灾疾，五谷蕃昌。

凡五星，岁，缓则不行，急则过分，逆则占。荧惑，缓则不出，急则不入，违道则占。填，缓则不建，急则过舍，逆则占。太白，缓则不出，急则不入，逆则占。辰，缓则不出，急则不入，非时则占。五星不失行，则年谷丰昌。

凡以宿星通下之变者，维星散，句星信，则地动。有星守三渊，天下大水，地动，海鱼出。纪星散者山崩，不即有丧。龟、鳖星不居汉中，川有易者。辰星入五车，大水。荧惑入积水，水，兵起；入积薪，旱，兵起；守之，亦然。极后有四星，名曰句星。斗杓后有三星，名曰维星。散者，不相从也。三渊，盖五车之三柱也。天纪属贯索。积薪在北戍西北。积水在北戍东北。

角、亢、氐，沇州。房、心，豫州。尾、箕，幽州。斗，江、湖。牵牛、婺女，扬州。虚、危，青州。营室、东壁，并州。奎、娄、胃，徐州。昴、毕，冀州。觜觿、参，益州。东井、舆鬼，雍州。柳、七星、张，三河。翼、轸，荆州。

甲乙，海外，日月不占。丙丁，江、淮、海、岱。戊己，中州河、济。庚辛，华山以西。壬癸，常山以北。一曰，甲齐，乙东夷，丙楚，丁南夷，戊魏，己韩，庚秦，辛西夷，壬燕、赵，癸北夷。子周，丑翟，寅赵，卯郑，辰邯郸，巳卫，午秦，未中山，申齐，酉鲁，戌吴、越，亥燕、代。

秦之疆，候太白，占狼、弧。吴、楚之疆，候荧惑，占鸟衡。燕、齐之疆，候辰星，占虚、危。宋、郑之疆，候岁星，占房、心。晋之疆，亦候辰星，占参、罚。及秦并吞三晋、燕、代，自河、山以南者中国。中国于四海内则在东南，为阳，阳则日、岁星、荧惑、填星，占于街南，毕主之。其西北则胡、貉、月氏旃裘引弓之民，为阴，阴则月、太白、辰星，占于街北，昴主之。

故中国山川东北流，其维，首在陇、蜀，尾没于渤海碣石。是以秦、晋好用兵，复占太白。太白主中国，而胡、貉数侵掠，独占辰星。辰星出入趮疾，常主夷狄，其大经也。

凡五星，早出为赢，赢为客；晚出为缩，缩为主人。五星赢缩，必有天应见杓。

太岁在寅曰摄提格。岁星正月晨出东方，《石氏》曰名监德，在斗、牵牛。失次，杓，早水，晚旱。《甘氏》在建星、婺女。《太初历》在营室、东壁。

在卯曰单阏。二月出，《石氏》曰名降入，在婺女、虚、危。《甘氏》在虚、危。失次，杓，有水灾。《太初》在奎、娄。

在辰曰执徐。三月出，《石氏》曰名青章，在营室、东壁。失次，杓，早旱，晚水。《甘氏》同。《太初》在胃、昴。

在巳曰大荒落。四月出，《石氏》曰名路踵，在奎、娄。《甘氏》同，《太初》在参、罚。

在午曰敦牂。五月出，《石氏》曰名启明，在胃、昴、毕。失次，杓，早旱，晚水。《甘氏》同。《太初》在东井、舆鬼。

在未曰协洽。六月出，《石氏》曰名长烈，在觜觿、参。《甘氏》在参、罚。《太初》在注、张、七星。

在申曰涒滩。七月出。《石氏》曰名天晋，在东井、舆鬼。《甘氏》在弧。《太初》在翼、轸。

在酉曰作詻。八月出。《石氏》曰名长壬，在柳、七星、张。失次，杓，有女丧、民疾。《甘氏》在注、张。失次，杓，有火。《太初》在角、亢。

在戌曰掩茂。九月出，《石氏》曰名天睢，在翼、轸。失次，杓，水。《甘氏》在七星、翼。《太初》在氐、房、心。

在亥曰大渊献。十月出，《石氏》曰名天皇，在角、亢始。《甘氏》在轸、角、亢。《太初》在尾、箕。

在子曰困敦。十一月出，《石氏》曰名天宗，在氐、房始。《甘氏》同。《太初》在建星、牵牛。

在丑曰赤奋若。十二月出，《石氏》曰名天昊，在尾、箕。《甘氏》在心、尾。《太初》在婺女、虚、危。

《甘氏》、《太初历》所以不同者，以星赢缩在前，各录后所见也。其四星亦略如此。

古历五星之推，亡逆行者，至甘氏、石氏《经》，以荧惑、太白为有逆行。夫历者，正行也。古人有言曰："天下太平，五星循度，亡有逆行。日不食朔，月不食望。"夏氏《日月传》曰："日月食尽，主位也；不尽，臣位也。"《星传》曰："日者德也，月者刑也，故曰日食修德，月食修刑。"然而历纪推月食，与二星之逆亡异。荧惑主内乱，太白主兵，月主刑。自周室衰，乱臣贼子师旅数起，刑罚失中，虽其亡乱臣贼子师旅之变，内臣犹不治，四夷犹不服，兵革犹不寝，刑罚犹不错，故二星与月为之失度，三变常见；及有乱臣贼子伏尸流血之兵，大变乃出。甘、石氏见其常然，因以为纪，皆非正行也。《诗》云："彼月而食，则惟其常；此日而食，于何不臧？"《诗传》曰："月食非常也，比之日食犹常也，日食则不臧矣。"谓之小变，可也；谓之正行，非也。故荧惑必行十六舍，去日远而颛恣。太白出西方，进在日前，气盛乃逆行。及月必食于望，亦诛盛也。

国皇星，大而赤，状类南极。所出，其下起兵。兵强，其冲不利。

昭明星，大而白，无角，乍上乍下。所出国，起兵多变。

五残星，出正东，东方之星。其状类辰，去地可六丈，大而黄。

六贼星，出正南，南方之星。去地可六丈，大而赤，数动，有光。

司诡星，出正西，西方之星。去地可六丈，大而白，类太白。

咸汉星，出正北，北方之星。去地可六丈，大而赤，数动，察之中青。

此四星所出非其方，其下有兵，冲不利。

四填星，出四隅，去地可四丈。地维臧光，亦出四隅，去地可二丈，若月始出。所见下，有乱者亡，有德者昌。

烛星，状如太白，其出也不行，见则灭。所烛，城邑乱。

如星非星，如云非云，名曰归邪。归邪出，必有归国者。

星者，金之散气，其本曰人。星众，国吉，少则凶。汉者亦金散气，其本曰水。星多，多水，少则旱，其大经也。

天鼓，有音如雷非雷，音在地而下及地。其所住者，兵发其下。

天狗，状如大流星，有声，其下止地，类狗。所坠及，望之如火光炎炎中天，其下圜如数顷田处，上锐见则有黄色，千里破军杀将。

格泽者，如炎火之状，黄白，起地而上，下大上锐。其见也，不种而获。不有土功，必有大客。

蚩尤之旗，类彗而后曲，象旗。见则王者征伐四方。

旬始，出于北斗旁，状如雄鸡。其怒，青黑色，象伏鳖。

枉矢，状类大流星，蛇行而苍黑，望如有毛目然。

长庚，广如一匹布著天。此星见，起兵。

星坠至地，则石也。

天晖而见景星。景星者，德星也，其状无常，常出于有道之国。

日有中道，月有九行。

中道者，黄道，一曰光道。光道北至东井，去北极近；南至牵牛，去北极远；东至角，西至娄，去极中。夏至至于东井，北近极，故晷短；立八尺之表，而晷景长尺五寸八分。冬至至于牵牛，远极，故晷长；立八尺之表，而晷景长丈三尺一寸四分。春秋分日至娄、角，去极中，而晷中；立八尺之表，而晷景长七尺三寸六分。此日去极远近之差，晷景长短之制也。去极远近难知，要以晷景。晷景者，所以知日之南北也。日，阳也。阳用事则日进而北，昼进而长，阳胜，故为温暑；阴用事则日退而南，昼退而短，阴胜，故为凉寒也。故日进为暑，退为寒。若日之南北失节，晷过而长为常寒，退而短为常燠。此寒燠之表也，故曰为寒暑。一曰，晷长为潦，短为旱，奢为扶。扶者，邪臣进而正臣疏，君子不足，奸人有余。

月有九行者：黑道二，出黄道北；赤道二，出黄道南；白道二，出黄道西；青道二，出黄道东。立春、春分，月东从青道；立秋、秋分，西从白道；立冬、冬至，北从黑道；立夏、夏至，南从赤道。然用之，一决房中道。青赤出阳道，白黑出阴道。若月失节度而妄行，出阳道则旱风，出阴道则阴雨。

凡君行急则日行疾，君行缓则日行迟。日行不可指而知也，故以二至二分之星为候。日东行，星西转。冬至昏，奎八度中；夏至，氐十三度中；春分，柳一度中；秋分，牵牛三度七分中：此其正行也。日行疾，则星西转疾，事势然也。故过中则疾，君行急之感也；不及中则迟，君行缓之象也。

至月行，则以晦朔决之。日冬则南，夏则北；冬至于牵牛，夏至于东井。日之所行为中道，月、五星皆随之也。

箕星为风，东北之星也。东北地事，天位也，故《易》曰“东北丧朋”。及《巽》在东南，为风；风，阳中之阴，大臣之象也，其星，轸也。月去中道，移而东北入箕，若东南入轸，则多风。西方为雨；雨，少阴之位也。月去中道，移而西入毕，则多雨。故《诗》云“月离于毕，俾滂沱矣”，言多雨也。《星传》曰“月入毕则将相有以家犯罪者”，言阴盛也。《书》曰“星有好风，星有好雨，月之从星，则以风雨”，言失中道而东西也。故《星传》曰：“月南入牵牛南戒，民间疾疫；月北入太微，出坐北，若犯坐，则下人谋上。”

一曰月为风雨，日为寒温。冬至日南极，晷长，南不极则温为害；夏至日北极，晷短，北不极则寒为害。故《书》曰“日月之行，则有冬有夏”也。政治变于下，日月运于上矣。月出房北，为雨为阴，为乱为兵；出房南，为旱为夭丧。水旱至冲而应，及五星之变，必然之效也。

两军相当，日晕等，力均；厚长大，有胜；薄短小，亡胜。重抱，大破亡。抱为和，背为不和，为分离相去。直为自立，立兵破军，若曰杀将。抱且戴，有喜。围在中，中胜；在外，外胜。

青外赤中，以和相去；赤外青中，以恶相去。气晕先至而后去，居军胜。先至先去，前有利，后有病；后至后去，前病后利；后至先去，前后皆病，居军不胜。见而去，其后发疾，虽胜亡功。见半日以上，功大。白虹屈短，上下锐，有者下大流血。日晕制胜，近期三十日，远期六十日。

其食，食所不利；复生，生所利；不然，食尽为主位。以其直及日所躔加日时，用名其国。

凡望云气，仰而望之，三四百里；平望，在桑榆上，千余里，二千里；登高而望之，下属地者居三千里。云气有居上者，胜。

自华以南，气下黑上赤。嵩高、三河之郊，气正赤。常山以北，气下黑上青。勃、碣、海、岱之间，气皆黑。江、淮之间，气皆白。

徒气白。土功气黄。车气乍高乍下，往往而聚。骑气卑而布。卒气抟。前卑而后高者，疾；前方而后高者，锐；后锐而卑者，却。其气平者其行徐。前高后卑者，不止而反。气相遇者，卑胜高，锐胜方。气来卑而循车道者，不过三四日，去之五六里见。气来高七八尺者，不过五六日，去之十余二十里见。气来高丈余二丈者，不过三四十日，去之五六十里见。

捎云精白者，其将悍，其士怯。其大根而前绝远者，战。精白，其芒低者，战胜；其前赤而印者，战不胜。陈云如立垣。杼云类杼。柚云抟而耑锐。杓云如绳者，居前竟天，其半半天。蜺云者，类斗旗故。钩云句曲。诸此云见，以五色占。而泽抟密，其见动人，乃有占；兵必起，斗其直。

王朔所候，决于日旁。日旁云气，人主象。皆如其形以占。

故北夷之气如群畜穹闾，南夷之气类舟船幡旗。大水处，败军场，破国之虚，下有积泉，金宝上，皆有气，不可不察。海旁蜃气象楼台，广野气成宫阙然。云气各象其山川人民所聚积。故候息耗者，入国邑，视封疆田畴之整治，城郭室屋门户之润泽，次至车服畜产精华。实息者吉，虚耗者凶。

若烟非烟，若云非云，郁郁纷纷，萧索轮囷，是谓庆云。庆云见，喜气也。若雾非雾，衣冠不濡，见则其城被甲而趋。

夫雷电、赮虹、辟历、夜明者，阳气之动者也，春夏则发，秋冬则藏，故候书者亡不司。

天开县物，地动坼绝。山崩及陁，川塞溪垘；水澹地长，泽竭见象。城郭门闾，润息槁枯；宫庙廊第，人民所次。谣俗车服，观民饮食。五谷草木，观其所属。仓府厩库，四通之路。六畜禽兽，所产去就；鱼鳖鸟鼠，观其所处。鬼哭若呼，与人逢遌。讹言，诚然。

凡候岁美恶，谨候岁始。岁始或冬至日，产气始萌。腊明日，人众卒岁，壹会饮食，发阳气，故曰初岁。正月旦，王者岁首；立春，四时之始也。四始者，候之日。

而汉魏鲜集腊明正月旦决八风。风从南，大旱；西南，小旱；西方，有兵；西北，戎叔为，小雨，趣兵；北方，为中岁；东北，为上岁；东方，大水；东南，民有疾疫，岁恶。故八风各与其冲对，课多者为胜。多胜少，久胜亟，疾胜徐。旦至食，为麦；食至日跌，为稷；跌至晡，为黍；晡至下晡，为叔；下晡至日入，为麻。欲终日有云，有风，有日，当其时，深而多实；亡云，有风日，当其时，浅而少实；有云风，亡日，当其时，深而少实；

有日，亡云，不风，当其时者稼有败。如食顷，小败；孰五斗米顷，大败。风复起，有云，其稼复起。各以其时用云色占种所宜。雨雪，寒，岁恶。

是日光明，听都邑人民之声。声宫，则岁美，吉；商，有兵；徵，旱；羽，水；角，岁恶。

或从正月旦比数雨。率日食一升，至七升而极；过之，不占。数至十二日，直其月，占水旱。为其环域千里内占，即为天下候，竟正月。月所离列宿，日、风、云，占其国。然必察太岁所在。金，穰；水，毁；木，饥；火，旱。此其大经也。

正月上甲，风从东方来，宜蚕；从西方来，若旦有黄云，恶。

冬至短极，县土炭，炭动，麋鹿解角，兰根出，泉水踊，略以知日至，要决晷景。

夫天运三十岁一小变，百年中变，五百年大变，三大变一纪，三纪而大备，此其大数也。

春秋二百四十二年间，日食三十六，彗星三见，夜常星不见，夜中星陨如雨者各一。当是时，祸乱辄应，周室微弱，上下交怨，杀君三十六，亡国五十二，诸侯奔走不得保其社稷者不可胜数。自是之后，众暴寡，大并小。秦、楚、吴、粤，夷狄也，为强伯。田氏篡齐，三家分晋，并为战国，争于攻取，兵革递起，城邑数屠，因以饥馑疾疫愁苦，臣主共忧患，其察禨祥候星气尤急。近世十二诸侯七国相王，言从横者继踵，而占天文者因时务论书传，故其占验鳞杂米盐，亡可录者。

周卒为秦所灭。始皇之时，十五年间彗星四见，久者八十日，长或竟天。后秦遂以兵内兼六国，外攘四夷，死人如乱麻。又荧惑守心，及天市芒角，色赤如鸡血。始皇既死，適、庶相杀，二世即位，残骨肉，戮将相，太白再经天。因以张楚并兴，兵相跆籍，秦遂以亡。

项羽救巨鹿，枉矢西流。枉矢所触，天下之所伐射，灭亡象也。物莫直于矢，今蛇行不能直而枉者，执矢者亦不正，以象项羽执政乱也。羽遂合从，坑秦人，屠咸阳。凡枉矢之流，以乱伐乱也。

汉元年十月，五星聚于东井，以历推之，从岁星也。此高皇帝受命之符也。故客谓张耳曰："东井秦地，汉王入秦，五星从岁星聚，当以义取天下。"秦王子婴降于枳道，汉王以属吏，宝器妇女亡所取，闭宫封门，还军次于霸上，以候诸侯。与秦民约法三章，民亡不归心者，可谓能行义矣，天之所予也。五年遂定天下，即帝位。此明岁星之崇义，东井为秦之地明效也。

三年秋，太白出西方，有光几中，乍北乍南，过期乃入。辰星出四孟。是时，项羽为楚王，而汉已定三秦，与相距荥阳。太白出西方，有光几中，是秦地战将胜，而汉国将兴也。辰星出四孟，易主之表也。后二年，汉灭楚。

七年，月晕，围参、毕七重。占曰："毕、昴间，天街也；街北，胡也；街南，中国也。昴为匈奴，参为赵，毕为边兵。"是岁高皇帝自将兵击匈奴，至平城，为冒顿单于所围，七日乃解。

十二年春，荧惑守心。四月，宫车晏驾。

孝惠二年，天开东北，广十余丈，长二十余丈。地动，阴有余；天裂，阳不足：皆下盛强将害上之变也。其后有吕氏之乱。

孝文后二年正月壬寅，天欃夕出西南。占曰："为兵丧乱。"

其六年十一月，匈奴入上郡、云中，汉起三军以卫京师。其四月乙巳，水、木、火三合于东井。占曰："外内有兵与丧，改立王公。东井，秦也。"八月，天狗下梁野，是岁诛反者周殷长安市。其七年六月，文帝崩。其十一月戊戌，土、水合于危。占曰："为雍沮，所当之国不可举事用兵，必受其殃。一曰将覆军。危，齐也。"其七月，火东行，行毕阳，环毕东北，出而西，逆行至昴，即南乃东行。占曰："为丧死寇乱。毕、昴，赵也。"

孝景元年正月癸酉，金、水合于婺女。占曰："为变谋，为兵忧。婺女，粤也，又为齐。"其七月乙丑，金、木、水三合于张。占曰："外内有兵与丧，改立王公。张，周地，今之河南也，又为楚。"其二年七月丙子，火与水晨出东方，因守斗。占曰："其国绝祀。"至其十二月，水、火合于斗。占曰："为淬，不可举事用兵，必受其殃。"一曰："为北军，用兵举事大败。斗，吴也，又为粤。"是岁彗星出西南。其三月，立六皇子为王，王淮阳、汝南、河间、临江、长沙、广川。其三年，吴、楚、胶西、胶东、淄川、济南、赵七国反。吴、楚兵先至攻梁，胶西、胶东、淄川三国攻围齐。汉遣大将军周亚夫等戍止河南，以候吴、楚之敝，遂败之。吴王亡走粤，粤攻而杀之。平阳侯败三国之师于齐，咸伏其辜，齐王自杀。汉兵以水攻赵城，城坏，王自杀。六月，立皇子二人、楚元王子一人为王，王胶西、中山、楚。徙济北为淄川王，淮阳为鲁王，汝南为江都王。七月，兵罢。天狗下，占为："破军杀将。狗，又守御类也，天狗所降，以戒守御。"吴、楚攻梁，梁坚城守，遂伏尸流血其下。

三年，填星在娄，几入，还居奎。奎，鲁也。占曰："其国得地为得填。”是岁鲁为国。

四年七月癸未，火入东井，行阴，又以九月己未入舆鬼，戊寅出。占曰：“为诛罚，又为火灾。”后二年，有栗氏事。其后未央东阙灾。

中元年，填星当在觜觿、参，去居东井。占曰：“亡地，不乃有女忧。”其二年正月丁亥，金、木合于觜觿，为白衣之会。三月丁酉，彗星夜见西北，色白，长丈，在觜觿，且去益小，十五日不见。占曰：“必有破国乱君，伏死其辜。觜觿，梁也。”其五月甲午，金、木俱在东井。戊戌，金去木留，守之二十日。占曰：“伤成于戍。木为诸侯，诛将行于诸侯也。”其六月壬戌，蓬星见西南，在房南，去房可二丈，大如二斗器，色白；癸亥，在心东北，可长丈所；甲子，在尾北，可六丈；丁卯，在箕北，近汉，稍小，且去时，大如桃。壬申去，凡十日。占曰：“蓬星出，必有乱臣。房、心间，天子宫也。”是时，梁王欲为汉嗣，使人杀汉争臣袁盎。汉按诛梁大臣，斧戉用。梁王恐惧，布车入关，伏斧戉谢罪，然后得免。

中三年十一月庚午夕，金、火合于虚，相去一寸。占曰：为铄，为丧。虚，齐也。”

四年四月丙申，金、木合于东井。占曰：“为白衣之会。井，秦也。”其五年四月乙巳，水、火合于参。占曰：“国不吉。参，梁也。”其六年四月，梁孝王死。五月，城阳王、济阴王死。六月，成阳公主死。出入三月，天子四衣白，临邸第。

后元年五月壬午，火、金合于舆鬼之东北，不至柳，出舆鬼北可五寸。占曰：“为铄，有丧。舆鬼，秦也。”丙戌，地大动，铃铃然，民大疫死，棺贵，至秋止。

孝武建元三年三月，有星孛于注、张，历太微，干紫宫，至于天汉。《春秋》“星孛于北斗，齐、宋、晋之君皆将死乱”。今星孛历五宿，其后济东、胶西、江都王皆坐法削黜自杀，淮阳、衡山谋反而诛。

三年四月，有星孛于天纪，至织女。占曰：“织女有女变，天纪为地震。”至四年十月而地动，其后陈皇后废。

六年，荧惑守舆鬼。占曰：“为火变，有丧。”是岁高园有火灾，窦太后崩。

元光元年六月，客星见于房。占曰：“为兵起。”其二年十一月，单于将十万骑入武州，汉遣兵三十余万以待之。

元光中，天星尽摇，上以问候星者。对曰：“星摇者，民劳也。”后伐四夷，百姓劳于兵革。

元鼎五年，太白入于天苑。占曰：“将以马起兵也。”一曰：“马将以军而死耗。”其后以天马故诛大宛，马大死于军。

元鼎中，荧惑守南斗。占曰：“荧惑所守，为乱贼丧兵；守之久，其国绝祀。南斗，越分也。”其后越相吕嘉杀其王及太后，汉兵诛之，灭其国。

元封中，星孛于河戍。占曰：“南戍为越门，北戍为胡门。”其后汉兵击拔朝鲜，以为乐浪、玄菟郡。朝鲜在海中，越之象也；居北方，胡之域也。

太初中，星孛于招摇。《星传》曰：“客星守招摇，蛮夷有乱，民死君。”其后汉兵击大宛，斩其王。招摇，远夷之分也。

孝昭始元中，汉宦者梁成恢及燕王候星者吴莫如见蓬星出西方天市东门，行过河鼓，入营室中。恢曰：“蓬星出六十日，不出三年，下有乱臣戮死于市。”后太白出西方，下行一舍，复上行二舍而下去。太白主兵，上复下，将有戮死者。后太白出东方、入咸池，东下入东井。人臣不忠，有谋上者。后太白入太微西藩第一星，北出东藩第一星，北东下去。太微者，天廷也，太白行其中，宫门当闭，大将被甲兵，邪臣伏诛。荧惑在娄，逆行至奎，法曰“当有兵”。后太白入昴。莫如曰：“蓬星出西方，当有大臣戮死者。太白星入东井、太微廷，出东门，汉有死将。”后荧惑出东方，守太白。兵当起，主人不胜。后流星下燕万载宫极，东去，法曰“国恐，有诛”。其后左将军桀、骠骑将军安与长公主、燕刺王谋作乱，咸伏其辜，兵诛乌桓。

元凤四年九月，客星在紫宫中斗枢极间。占曰：“为兵。”其五年六月，发三辅郡国少年诣北军。五年四月，烛星见奎、娄间。占曰：“有土功，胡人死，边城和。”其六年正月，筑辽东、玄菟城。二月，度辽将军范明友击乌桓还。

元平元年正月庚子，日出时有黑云，状如猋风乱鬊，转出西北，东南行，转而西，有顷亡。占曰：“有云如众风，是谓风师，法有大兵。”其后兵起乌孙，五将征匈奴。

二月甲申，晨有大星如月，有众星随而西行，乙酉，牂云如狗，赤色，长尾三枚，夹汉西行。大星如月，大臣之象，众星随之，众皆随从也。天文以东行为顺，西行为逆，此大臣欲行权以安社稷。占曰：“太白散为天狗，为卒起。卒起见，祸无时，臣运柄。牂云为乱君。”到其四月，昌邑王贺行淫辟，立二十七日，大将军霍光白皇太后废贺。

三月丙戌，流星出翼、轸东北，干太微，入紫宫。始出小，且入大，有光。入有顷，声如雷，三鸣止。占曰："流星入紫宫，天下大凶。"其四月癸未，宫车晏驾。

孝宣本始元年四月壬戌甲夜，辰星与参出西方。其二年七月辛亥夕，辰星与翼出，皆为蚤。占曰："大臣诛。"其后荧惑守房之钩钤。钩钤，天子之御也。占曰："不太仆，则奉车，不黜即死也。房、心，天子宫也。房为将相，心为子属也。其地宋，今楚彭城也。"四年七月甲辰，辰星在翼，月犯之。占曰："兵起，上卿死，将相也。"是日，荧惑入舆鬼天质。占曰："大臣有诛者，名曰天贼在大人之侧。"

地节元年正月戊午乙夜，月食荧惑，荧惑在角、亢。占曰："忧在宫中，非贼而盗也。有内乱，谗臣在旁。"其辛酉，荧惑入氐中。氐，天子之宫，荧惑入之，有贼臣。其六月戊戌甲夜，客星又居左右角间，东南指，长可二尺，色白。占曰："有奸人在宫廷间。"其丙寅，又有客星见贯索东北，南行，至七月癸酉夜入天市，芒炎东南指，其色白。占曰："有戮卿。"一曰："有戮王。期皆一年，远二年。"是时，楚王延寿谋逆自杀。四年，故大将军霍光夫人显、将军霍禹、范明友、奉车霍山及诸昆弟宾婚为侍中、诸曹、九卿、郡守皆谋反，咸伏其辜。

黄龙元年三月，客星居王梁东北可九尺，长丈余，西指，出阁道间，至紫宫。其十二月，宫车晏驾。

元帝初元元年四月，客星大如瓜，色青白，在南斗第二星东可四尺，占曰："为水饥。"其五月，勃海水大溢。六月，关东大饥，民多饿死，琅邪郡人相食。

二年五月，客星见昴分，居卷舌东可五尺，青白色，炎长三寸。占曰："天下有妄言者。"其十二月，巨鹿都尉谢君男诈为神人，论死，父免官。

五年四月，彗星出西北，赤黄色，长八尺所，后数日长丈余，东北指，在参分。后二岁余，西羌反。

孝成建始元年九月戊子，有流星出文昌，色白，光烛地，长可四丈，大一围，动摇如龙蛇形。有顷，长可五六丈，大四围所，诎折委曲，贯紫宫西，在斗西北子亥间。后诎如环，北方不合，留一刻所。占曰："文昌为上将贵相。"是时，帝舅王凤为大将军，其后宣帝舅子王商为丞相，皆贵重任政。凤妒商，谮而罢之。商自杀，亲属皆废黜。

四年七月，荧惑逾岁星，居其东北半寸所如连李。时岁星在关星西四尺所，荧惑初从毕口大星东东北往，数日至，往疾去迟。占曰："荧惑与岁星斗，有病君饥岁。"至河平元年三月，旱，伤麦，民食榆皮。二年十二月壬申，太皇太后避时昆明东观。

十一月乙卯，月食填星，星不见，时在舆鬼西北八九尺所。占曰："月食填星，流民千里。"

河平元年三月，流民入函谷关。

河平二年十月下旬，填星在东井轩辕南耑大星尺余，岁星在其西北尺所，荧惑在其西北二尺所，皆从西方来。填星贯舆鬼，先到岁星次，荧惑亦贯舆鬼。十一月上旬，岁星、荧惑西去填星，皆西北逆行。占曰："三星若合，是谓惊位，是谓绝行，外内有兵与丧，改立王公。"其十一月丁巳，夜郎王歆大逆不道，牂柯太守立捕杀歆。三年九月甲戌，东郡庄平男子侯母辟兄弟五人群党为盗，攻燔官寺，缚县长吏，盗取印绶，自称将军。三月辛卯，左将军千秋卒，右将军史丹为左将军。四年四月戊申，梁王贺薨。

阳朔元年七月壬子，月犯心星。占曰："其国有忧，若有大丧。房、心为宋，今楚地。"十一月辛未，楚王友薨。

四年闰月庚午，飞星大如缶，出西南，入斗下。占曰："汉使匈奴。"明年，鸿嘉元年正月，匈奴单于雕陶莫皋死。五月甲午，遣中郎将杨兴使吊。

永始二年二月癸未夜，东方有赤色，大三四围，长二三丈，索索如树，南方有大四五围，下行十余丈，皆不至地灭。占曰："东方客之变气，状如树木，以此知四方欲动者。"明年十二月己卯，尉氏男子樊并等谋反，贼杀陈留太守严普及吏民，出囚徒，取库兵，劫略令丞，自称将军，皆诛死。庚子，山阳铁官亡徒苏令等杀伤吏民，篡出囚徒，取库兵，聚党数百人为大贼，逾年经历郡国四十余。一日有两气同时起，并见，而并、令等同月俱发也。

元延元年四月丁酉日餔时，天曜晏，殷殷如雷声，有流星头大如缶，长十余丈，皎然赤白色，从日下东南去。四面或大如盂，或如鸡子，耀耀如雨下，至昏止。郡国皆言星陨。《春秋》星陨如雨为王者失势诸侯起伯之异也。其后王莽遂颛国柄。王氏之兴萌于成帝时，是以有星陨之变，后莽遂篡国。

绥和元年正月辛未，有流星从东南入北斗，长数十丈，二刻所息。占曰："大臣有系者。"其年十一月庚子，定陵侯淳于长坐执左道下狱死。

二年春，荧惑守心。二月乙丑，丞相翟方进欲塞灾异，自杀。

三月丙戌，宫车晏驾。

哀帝建平元年正月丁未日出时，有著天白气，广如一匹布，长十余丈，西南行，讙如雷，西南行一刻而止，名曰天狗。传曰："言之不从，则有犬祸诗妖。"到其四年正月、二月、三月，民相惊动，讙哗奔走，传行诏筹祠西王母，又曰"从目人当来"。十二月，白气出西南，从地上至天，出参下，贯天厕，广如一匹布，长十余丈，十余日去。占曰："天子有阴病。"其三年十一月壬子，太皇太后诏曰："皇帝宽仁孝顺，奉承圣绪，靡有解怠，而久病未瘳。夙夜惟思，殆继体之君不宜改作。《春秋》大复古，其复甘泉泰畤、汾阴后土如故。"

二年二月，彗星出牵牛七十余日。传曰："彗所以除旧布新也。牵牛，日、月、五星所从起，历数之元，三正之始。彗而出之，改更之象也。其出久者，为其事大也。"其六月甲子，夏贺良等建言当改元易号，增漏刻，诏书改建平二年为太初元年，号曰陈圣刘太平皇帝，刻漏以百二十为度。八月丁巳，悉复蠲除之，贺良及党与皆伏诛流放。其后卒有王莽篡国之祸。

元寿元年十一月，岁星入太微，逆行干右执法。占曰："大臣有忧，执法者诛，若有罪。"二年十月戊寅，高安侯董贤免大司马位，归第自杀。

汉书卷二十七上

五行志第七上

《易》曰："天垂象，见吉凶，圣人象之；河出图，雒出书，圣人则之。"刘歆以为虙羲氏继天而王，受《河图》，则而画之，八卦是也；禹治洪水，赐《雒书》，法而陈之，《洪范》是也。圣人行其道而宝其真。降及于殷，箕子在父师位而典之。周既克殷，以箕子归，武王亲虚己而问焉。故经曰："惟十有三祀，王访于箕子，王乃言曰：'乌呼，箕子！惟天阴骘下民，相协厥居，我不知其彝伦逌叙。'箕子乃言曰："我闻在昔，鲧陻洪水，汩陈其五行，帝乃震怒，弗畀《洪范》九畴，彝伦逌斁。鲧则殛死，禹乃嗣兴，天乃锡禹《洪范》九畴，彝伦逌叙。' "此武王问《雒书》于箕子，箕子对禹得《雒书》之意也。

"初一曰五行；次二曰羞用五事；次三曰农用八政；次四曰叶用五纪；次五曰建用皇极；次六曰艾用三德；次七曰明用稽疑；次八曰念用庶征；次九曰向用五福，畏用六极。"凡此六十五字，皆《雒书》本文，所谓天乃锡禹大法九章常事所次者也。以为《河图》、《雒书》相为经纬，八卦、九章相为表里。昔殷道弛，文王演《周易》；周道敝，孔子述《春秋》。则《乾》、《坤》之阴阳，效《洪范》之咎征，天人之道粲然著矣。

汉兴，承秦灭学之后，景、武之世，董仲舒治《公羊春秋》，始推阴阳，为儒者宗。宣、元之后，刘向治《穀梁春秋》，数其祸福，传以《洪范》，与仲舒错。至向子歆治《左氏传》，其《春秋》意亦已乖矣；言《五行传》，又颇不同。是以揽仲舒，别向、歆，传载眭孟、夏侯胜、京房、谷永、李寻之徒，所陈行事，讫于王莽，举十二世，以傅《春秋》，著于篇。

经曰："初一曰五行。五行：一曰水，二曰火，三曰木，四曰金，五曰土。水曰润下，火曰炎上，木曰曲直，金曰从革，土爰稼穑。"

传曰："田猎不宿，饮食不享，出入不节，夺民农时，及有奸谋，则木不曲直。"

说曰："木，东方也。于《易》，地上之木为《观》。其于王事，威仪容貌亦可观者也。故行步有佩玉之度，登车有和鸾之节，田狩有三驱之制，饮食有享献之礼，出入有名，使民以时，务在劝农桑，谋在安百姓：如此，则木得其性矣。若乃田猎驰骋不反宫室，饮食沉湎不顾法度，妄兴徭役以夺民时，作为奸诈以伤民财，则木失其性矣。盖工匠之为轮矢者多伤败，乃木为变怪，是为木不曲直。

《春秋》成公十六年"正月，雨，木冰"。刘歆以为上阳施不下通，下阴施不上达，故雨，而木为之冰，雰气寒，木不曲直也。刘向以为冰者阴之盛而水滞者也，木者少阳，贵臣卿大夫之象也。此人将有害，则阴气胁木，木先寒，故得雨而冰也。是时，叔孙乔如出奔，公子偃诛死。一曰，时晋执季孙行父，又执公，此执辱之异。或曰，今之长老名木冰为“木介”。介者，甲。甲，兵象也，是岁晋有鄢陵之战，楚王伤目而败。属常雨也。

传曰：“弃法律，逐功臣，杀太子，以妾为妻，则火不炎上。”

说曰：火，南方，扬光辉为明者也。其于王者，南面乡明而治。《书》云：“知人则哲，能官人。”故尧、舜举群贤而命之朝，远四佞而放诸野。孔子曰：“浸润之谮、肤受之诉不行焉，可谓明矣。”贤佞分别，官人有序，帅由旧章，敬重功勋，殊别適庶，如此则火得其性矣。若乃信道不笃，或耀虚伪，谗夫昌，邪胜正，则火失其性矣。自上而降，及滥炎妄起，灾宗庙，烧宫馆，虽兴师众，弗能救也，是为火不炎上。

《春秋》桓公十四年“八月壬申，御廪灾”。董仲舒以为先是四国共伐鲁，大破之于龙门。百姓伤者未瘳，怨咎未复，而君臣俱惰，内怠政事，外侮四邻，非能保守宗庙终其天年者也，故天灾御廪以戒之。刘向以为御廪，夫人八妾所舂米之臧以奉宗庙者也，时夫人有淫行，挟逆心，天戒若曰，夫人不可以奉宗庙。桓不寤，与夫人俱会齐，夫人谮桓公于齐侯，齐侯杀桓公。刘歆以为御廪，公所亲耕籍田以奉粢盛者也，弃法度亡礼之应也。

严公二十年“夏，齐大灾”。刘向以为齐桓好色，听女口，以妾为妻，適庶数更，故致大灾。桓公不寤，及死，適庶分争，九月不得葬。《公羊传》曰，大灾，疫也。董仲舒以为，鲁夫人淫于齐，齐桓姊妹不嫁者七人。国君，民之父母；夫妇，生化之本。本伤则末夭，故天灾所予也。

釐公二十年“五月乙巳，西宫灾”。《榖梁》以为愍公宫也。以谥言之则若疏，故谓之西宫。刘向以为釐立妾母为夫人以入宗庙，故天灾愍宫，若曰，去其卑而亲者，将害宗庙之正礼。董仲舒以为釐娶于楚，而齐媵之，胁公使立以为夫人。西宫者，小寝，夫人之居也。若曰，妾何为此宫！诛去之意也。以天灾之，故大之曰西宫也。《左氏》以为西宫者，公宫也。言西，知有东。东宫，太子所居。言宫，举区皆灾也。

宣公十六年“夏，成周宣榭火”。榭者，所以臧乐器，宣其名也。董仲舒、刘向以为十五年王札子杀召伯、毛伯，天子不能诛。天戒若曰，不能行政令，何以礼乐为而臧之？《左氏经》曰：“成周宣榭火，人火也。人火曰火，天火曰灾。”榭者，讲武之坐屋。

成公三年“二月甲子，新宫灾”。《榖梁》以为宣宫，不言谥，恭也。刘向以为时鲁三桓子孙始执国政，宣公欲诛之，恐不能，使大夫公孙归父如晋谋。未反，宣公死。三家谮归父于成公。成公父丧未葬，听谗而逐其父之臣，使奔齐，故天灾宣宫，明不用父命之象也。一曰，三家亲而亡礼，犹宣公杀子赤而立。亡礼而亲，天灾宣庙，欲示去三家也。董仲舒以为成居丧亡哀戚心，数兴兵战伐，故天灾其父庙，示失子道，不能奉宗庙也。一曰，宣杀君而立，不当列于群祖也。

襄公九年“春，宋灾”。刘向以为先是宋公听谗，逐其大夫华弱，出奔鲁。《左氏传》曰，宋灾，乐喜为司城，先使火所未至彻小屋，涂大屋，陈畚藿，具绠缶，备水器，畜水潦，积土涂，缮守备，表火道，储正徒。郊保之民，使奔火所。又饬众官，各慎其职。晋侯闻之，问士弱曰：“宋灾，于是乎知有天道，何故？”对曰：“古之火正，或食于心，或食于咮，以出入火。是故咮为鹑火，心为大火。陶唐氏之火正阏伯，居商丘，祀大火，而火纪时焉。相土因之，故商主大火。商人阅其祸败之衅必始于火，是以知有天道。”公曰：“可必乎？”对曰：“在道。国乱亡象，不可知也。”说曰：古之火正，谓火官也，掌祭火星，行火政。季春昏，心星出东方，而咮、七星、鸟首正在南方，则用火；季秋，星入，则止火，以顺天时，救民疾。帝喾则有祝融，尧时有阏伯，民赖其德，死则以为火祖，配祭火星，故曰“或食于心，或食于咮也”。相土，商祖契之曾孙，代阏伯后主火星。宋，其后也，世司其占，故先知火灾。贤君见变，能修道以除凶；乱君亡象，天不谴告，故不可必也。

三十年“五月甲午，宋灾”。董仲舒以为伯姬如宋五年，宋恭公卒，伯姬幽居守节三十余年，又忧伤国家之患祸，积阴生阳，故火生灾也。刘向以为先是宋公听谗而杀太子痤，应火不炎上之罚也。

《左氏传》昭公六年“六月丙戌，郑灾”。是春三月，郑人铸刑书。士文伯曰：“火见，郑其火乎？火未出而作火以铸刑器，臧争辟焉。火而象之，不火何为？”说曰：火星出于周五月，而郑以三月作火铸鼎，刻刑辟书，以为民约，是为刑器争辟，故火星出，与五行之火争明为灾，其象然也，又弃法律之占也。不书于经，时不告鲁也。

九年“夏四月，陈火”。董仲舒以为陈夏征舒杀君，楚严王托欲为陈讨贼，陈国辟门而待之，至因灭陈。陈臣子尤毒恨甚，极阴生阳，故致火灾。刘向以为先是陈侯弟招杀陈太子偃师，皆外事，不因其宫馆者，略之也。八年十月壬午，楚师灭陈，《春秋》不与蛮夷灭中国，故复书陈火也。《左氏经》曰“陈灾”。《传》曰：“郑裨灶曰：‘五年，陈将复封，封五十二年而遂亡。’子产问其故，对曰：‘陈，水属也。火，水妃也，而楚所相也。今火出而火陈，逐楚而建陈也。妃以五成，故曰五年。岁五及鹑火，而后陈卒亡，楚克有之，天之道也。’”说曰：颛顼以水王，陈其族也。今兹岁在星纪，后五年在大梁。大梁，昴也。金为水宗，得其宗而昌，故曰“五年陈将复封”。楚之先为火正，故曰“楚所相也”。天以一生水，地以二生火，天以三生木，地以四生金，天以五生土。五位皆以五而合，而阴阳易位，故曰“妃以五成”。然则水之大数六，火七，木八，金九，土十。故水以天一为火二牡，木以天三为土十牡，土以天五为水六牡，火以天七为金四牡，金以天九为木八牡。阳奇为牡，阴耦为妃。故曰“水，火之牡也；火，水妃也。”于《易》，“坎”为水，为中男，“离”为火，为中女，盖取诸此也。自大梁四岁而及鹑火，四周四十八岁，凡五及鹑火，五十二年而陈卒亡。火盛水衰，故曰“天之道也”。哀公十七年七月己卯，楚灭陈。

昭十八年“五月壬午，宋、卫、陈、郑灾”。董仲舒以为象王室将乱，天下莫救，故灾四国，言亡四方也。又宋、卫、陈、郑之君皆荒淫于乐，不恤国政，与周室同行。阳失节则火灾出，是以同日灾也。刘向以为宋、陈，王者之后；卫、郑，周同姓也。时周景王老，刘子、单子事王子猛，尹氏、召伯、毛伯事王子鼂。子鼂，楚之出也。及宋、卫、陈、郑亦皆外附于楚，亡尊周室之心。后三年，景王崩，王室乱，故天灾四国。天戒若曰，不救周，反从楚，废世子，立不正，以害王室，明同罪也。

定公二年“五月，雉门及两观灾”。董仲舒、刘向以为此皆奢僭过度者也。先是，季氏逐昭公，昭公死于外。定公即位，既不能诛季氏，又用其邪说，淫于女乐，而退孔子。天戒若曰，去高显而奢僭者。一曰，门阙，号令所由出也，今舍大圣而纵有罪，亡以出号令矣。京房《易传》曰：“君不思道，厥妖火烧宫。”

哀公三年“五月辛卯，桓、釐宫灾”。董仲舒、刘向以为此二宫不当立，违礼者也。哀公又以季氏之故不用孔子。孔子在陈闻鲁灾，曰：“其桓、釐之宫乎！”以为桓，季氏之所出，釐，使季氏世卿者也。

四年“六月辛丑，亳社灾”。董仲舒、刘向以为亡国之社，所以为戒也。天戒若曰，国将危亡，不用戒矣。《春秋》火灾，屡于定、哀之间，不用圣人而纵骄臣，将以亡国，不明甚也。一曰，天生孔子，非为定、哀也，盖失礼不明，火灾应之，自然象也。

高后元年五月丙申，赵丛台灾。刘向以为，是时吕氏女为赵王后，嫉妒，将为谗口以害赵王。王不寤焉，卒见幽杀。

惠帝四年十月乙亥，未央宫凌室灾；丙子，织室灾。刘向以为元年吕太后杀赵王如意，残戮其母戚夫人。是岁十月壬寅，太后立帝姊鲁元公主女为皇后。其乙亥，凌室灾，明日，织室灾。凌室所以供养饮食，织室所以奉宗庙衣服，与《春秋》御廪同义。天戒若曰，皇后亡奉宗庙之德，将绝祭祀。其后，皇后亡子，后宫美人有男，太后使皇后名之，而杀其母。惠帝崩，嗣子立，有怨言，太后废之，更立吕氏子弘为少帝。赖大臣共诛诸吕而立文帝，惠后幽废。

文帝七年六月癸酉，未央宫东阙罘思灾。刘向以为，东阙所以朝诸侯之门也，罘思在其外，诸侯之象也。汉兴，大封诸侯王，连城数十。文帝即位，贾谊等以为违古制度，必将叛逆。先是，济北、淮南王皆谋反，其后吴、楚七国举兵而诛。

景帝中五年八月己酉，未央宫东阙灾。先是，栗太子废为临江王，以罪征诣中尉，自杀。丞相条侯周亚夫以不合旨称疾免，后二年下狱死。

武帝建元六年六月丁酉，辽东高庙灾。四月壬子，高园便殿火。董仲舒对曰："《春秋》之道举往以明来，是故天下有物，视《春秋》所举与同比者，精微眇以存其意，通伦类以贯其理，天地之变，国家之事，粲然皆见，亡所疑矣。按《春秋》鲁定公、哀公时，季氏之恶已孰，而孔子之圣方盛。夫以盛圣而易孰恶，季孙虽重，鲁君虽轻，其势可成也。故定公二年五月两观灾。两观，僭礼之物。天灾之者，若曰，僭礼之臣可以去。已见罪征，而后告可去，此天意也。定公不知省。至哀公三年五月，桓宫、釐宫灾。二者同事，所为一也，若曰燔贵而去不义云尔。哀公未能见，故四年六月亳社灾。两观、桓、釐庙、亳社，四者皆不当立，天皆燔其不当立者以示鲁，欲其去乱臣而用圣人也。季氏亡道久矣，前是天不见灾者，鲁未有贤圣臣，虽欲去季孙，其力不能，昭公是也。至定、哀乃见之，其时可也。不时不见，天之道也。今高庙不当居辽东，高园殿不当居陵旁，于礼亦不当立，与鲁所灾同。其不当立久矣，至于陛下时天乃灾之者，殆亦其时可也。昔秦受亡周之敝，而亡以化之；汉受亡秦之敝，又亡以化之。

夫继二敝之后，承其下流，兼受其猥，难治甚矣。又多兄弟亲戚骨肉之连，骄扬奢侈，恣睢者众，所谓重难之时者也。陛下正当大敝之后，又遭重难之时，甚可忧也。故天灾若语陛下：‘当今之世，虽敝而重难，非以太平至公，不能治也。视亲戚贵属在诸侯远正最甚者，忍而诛之，如吾燔辽东高庙乃可；视近臣在国中处旁仄及贵而不正者，忍而诛之，如吾燔高园殿乃可’云尔。在外而不正者，虽贵如高庙，犹灾燔之。况诸侯乎！在内不正者，虽贵如高园殿，犹燔灾之，况大臣乎！此天意也。罪在外者天灾外，罪在内者天灾内，燔甚罪当重，燔简罪当轻，承天意之道也。”

先是，淮南王安入朝，始与帝舅太尉武安侯田蚡有逆言。其后胶西于王、赵敬肃王、常山宪王皆数犯法，或至夷灭人家，药杀二千石，而淮南、衡山王遂谋反。胶东、江都王皆知其谋，阴治兵弩，欲以应之。至元朔六年，乃发觉而伏辜。时田蚡已死，不及诛。上思仲舒前言，使仲舒弟子吕步舒持斧钺治淮南狱，以《春秋》谊颛断于外，不请。既还奏事，上皆是之。

太初元年十一月乙酉，未央宫柏梁台灾。先是，大风发其屋，夏侯始昌先言其灾日。后有江充巫蛊卫太子事。

征和二年春，涿郡铁官铸铁，铁销，皆飞上去，此火为变使之然也。其三月，涿郡太守刘屈氂为丞相。后月，巫蛊事兴，帝女诸邑公主、阳石公主、丞相公孙贺、子太仆敬声、平阳侯曹宗等皆下狱死。七月，使者江充掘蛊太子宫，太子与母皇后议，恐不能自明，乃杀充，举兵与丞相刘屈氂战，死者数万人，太子败走，至湖自杀。明年，屈氂复坐祝诅要斩，妻枭首也。成帝河平二年正月，沛郡铁官铸铁，铁不下，隆隆如雷声，又如鼓音，工十三人惊走。音止，还视地，地陷数尺，炉分为十，一炉中销铁散如流星，皆上去，与征和二年同象。其夏，帝舅五人封列侯，号五侯。元舅王凤为大司马大将军秉政。后二年，丞相王商与凤有隙，凤谮之，免官，自杀。明年，京兆尹王章讼商忠直，言凤颛权，凤诬章以大逆罪，下狱死。妻子徙合浦。后许皇后坐巫蛊废，而赵飞燕为皇后，妹为昭仪，贼害皇子，成帝遂亡嗣。皇后、昭仪皆伏辜。一曰，铁飞属金不从革。

昭帝元凤元年，燕城南门灾。刘向以为时燕王使邪臣通于汉，为谗贼，谋逆乱。南门者，通汉道也。天戒若曰，邪臣往来，为奸谗于汉，绝亡之道也。燕王不寤，卒伏其辜。

元凤四年五月丁丑，孝文庙正殿灾。刘向以为，孝文，太宗之君，与成周宣榭火同义。先是，皇后父车骑将军上官安、安父左将军桀谋为逆，大将军霍光诛之。皇后以光外孙，年少不知，居位如故。光欲后有子，因上侍疾医言，禁内后宫皆不得进，唯皇后专寝。皇后年六岁而立，十三年而昭帝崩，遂绝继嗣。光执朝政，犹周公之摄也。是岁正月，上加元服，通《诗》、《尚书》，有明哲之性。光亡周公之德，秉政九年，久于周公，上既已冠而不归政，将为国害。故正月加元服，五月而灾见。古之庙皆在城中，孝文庙始出居外，天戒若曰，去贵而不正者。宣帝既立，光犹摄政，骄溢过制，至妻显杀许皇后，光闻而不讨，后遂诛灭。

宣帝甘露元年四月丙申，中山太上皇庙灾。甲辰，孝文庙灾。元帝初元三年四月乙未，孝武园白鹤馆灾。刘向以为，先是前将军萧望之、光禄大夫周堪辅政，为佞臣石显、许章等所谮，望之自杀，堪废黜。明年，白鹤馆灾。园中五里驰逐走马之馆，不当在山陵昭穆之地。天戒若曰，去贵近逸游不正之臣，将害忠良。后章坐走马上林下烽驰逐，免官。

永光四年六月甲戌，孝宣杜陵园东阙南方灾。刘向以为，先是上复征用周堪为光禄勋，及堪弟子张猛为太中大夫，石显等复谮毁之，皆出外迁。是岁，上复征堪领尚书，猛给事中，石显等终欲害之。园陵小于朝廷，阙在司马门中，内臣石显之象也。孝宣，亲而贵；阙，法令所从出也。天戒若曰，去法令，内臣亲而贵者必为国害。后堪希得进见，因显言事，事决显口。堪病不能言。显诬告张猛，自杀于公车。成帝即位，显卒伏辜。

成帝建始元年正月乙丑，皇考庙灾。初，宣帝为昭帝后而立父庙，于礼不正。是时，大将军王凤颛权擅朝，甚于田蚡，将害国家，故天于元年正月而见象也。其后浸盛，五将世权，遂以亡道。

鸿嘉三年八月乙卯，孝景庙北阙灾。十一月甲寅，许皇后废。

永始元年正月癸丑，大官凌室灾。戊午，戾后园南阙灾。是时，赵飞燕大幸，许后既废，上将立之，故天见象于凌室，与惠帝四年同应。戾后，卫太子妾，遭巫蛊之祸，宣帝既立，追加尊号，于礼不正。又戾后起于微贱，与赵氏同应。天戒若曰，微贱亡德之人不可以奉宗庙，将绝祭祀，有凶恶之祸至。其六月丙寅，赵皇后遂立，姊妹骄妒，贼害皇子，卒皆受诛。

永始四年四月癸未，长乐宫临华殿及未央宫东司马门灾。六月甲午，孝文霸陵园东阙南方灾。长乐宫，成帝母王太后之所居也。未央宫，帝所居也。霸陵，太宗盛德园也。是时，太后三弟相续秉政，举宗居位，充塞朝廷，两宫亲属将害国家，故天象仍见。明年，成都侯商薨，弟曲阳侯根代为大司马秉政。后四年，根乞骸骨，荐兄子新都侯莽自代，遂覆国焉。

哀帝建平三年正月癸卯，桂宫鸿宁殿灾，帝祖母傅太后之所居也。时，傅太后欲与成帝母等号齐尊，大臣孔光、师丹等执政，以为不可，太后皆免官爵，遂称尊号。后三年，帝崩，傅氏诛灭。

平帝元始五年七月己亥，高皇帝原庙殿门灾尽。高皇帝庙在长安城中，后以叔孙通讥复道，故复起原庙于渭北，非正也。是时，平帝幼，成帝母王太后临朝，委任王莽，将篡绝汉，堕高祖宗庙，故天象见也。其冬，平帝崩。明年，莽居摄，因以篡国，后卒夷灭。

传曰："治宫室，饰台榭，内淫乱，犯亲戚，侮父兄，则稼穑不成。"

说曰：土，中央，生万物者也。其于王者，为内事。宫室、夫妇、亲属，亦相生者也。古者天子诸侯，宫庙大小高卑有制，后夫人媵妾多少进退有度，九族亲疏长幼有序。孔子曰："礼，与其奢也，宁俭。"故禹卑官室，文王刑于寡妻，此圣人之所以昭教化也。如此则土得其性矣。若乃奢淫骄慢，则土失其性。亡水旱之灾而草木百谷不孰，是为稼穑不成。

严公二十八年"冬，大亡麦禾"。董仲舒以为，夫人哀姜淫乱，逆阴气，故大水也。刘向以为，水旱当书，不书水旱而曰"大亡麦禾"者，土气不养，稼穑不成者也。是时，夫人淫于二叔，内外亡别，又因凶饥，一年而三筑台，故应是而稼穑不成，饰台榭内淫乱之罚云。遂不改寤，四年而死，祸流二世，奢淫之患也。

传曰：“好战攻，轻百姓，饰城郭，侵边境，则金不从革。”

说曰：金，西方，万物既成，杀气之始也。故立秋而鹰隼击，秋分而微霜降。其于王事，出军行师，把旄杖钺，誓士众，抗威武，所以征畔逆、止暴乱也。《诗》云：“有虔秉钺，如火烈烈。”又曰：“载戢干戈，载櫜弓矢。”动静应谊，“说以犯难，民忘其死”。如此则金得其性矣。若乃贪欲恣睢，务立威胜，不重民命，则金失其性。盖工冶铸金铁，金铁冰滞涸坚，不成者众，及为变怪，是为金不从革。

《左氏传》曰昭公八年“春，石言于晋”。晋平公问于师旷，对曰：“石不能言，神或冯焉。作事不时，怨讟动于民，则有非言之物而言。今宫室崇侈，民力雕尽，怨讟并兴，莫信其性，石之言不亦宜乎！”于是晋侯方筑虒祁之宫。叔向曰：“君子之言，信而有征。”刘歆以为金石同类，是为金不从革，失其性也。刘向以为石白色为主，属白祥。

成帝鸿嘉三年五月乙亥，天水冀南山大石鸣，声隆隆如雷，有顷止，闻平襄二百四十里，野鸡皆鸣。石长丈三尺，广厚略等，旁著岸胁，去地二百余丈，民俗名曰石鼓。石鼓鸣，有兵。是岁，广汉钳子谋攻牢，篡死罪囚郑躬等，盗库兵，劫略吏民，衣绣衣，自号曰山君，党与浸广。明年冬，乃伏诛，自归者三千余人。后四年，尉氏樊並等谋反，杀陈留太守严普，自称将军，山阳亡徒苏令等党与数百人盗取库兵，经历郡国四十余，皆逾年乃伏诛。是时起昌陵，作者数万人，徙郡国吏民五千余户以奉陵邑。作治五年不成，乃罢昌陵，还徙家。石鸣，与晋石言同应，师旷所谓“民力雕尽”，传云“轻百姓”者也。虒祁离宫去绛都四十里，昌陵亦在郊野，皆与城郭同占。城郭属金，宫室属土，外内之别云。

传曰："简宗庙，不祷祠，废祭祀，逆天时，则水不润下。"

说曰：水，北方，终臧万物者也。其于人道，命终而形臧，精神放越，圣人为之宗庙以收魂气，春秋祭祀，以终孝道。王者即位，必郊祀天地，祷祈神祇，望秩山川，怀柔百神，亡不宗事。慎其斋戒。致其严敬，鬼神歆飨，多获福助。此圣王所以顺事阴气，和神人也。至发号施令，亦奉天时。十二月咸得其气，则阴阳调而终始成。如此则水得其性矣。若乃不敬鬼神，政令逆时，则水失其性。雾水暴出，百川逆溢，坏乡邑，溺人民，及淫雨伤稼穑，是为水不润下，京房《易传》曰："颛事有知，诛罚绝理，厥灾水，其水也，雨杀人以陨霜，大风天黄。饥而不损兹谓泰，厥灾水，水杀人。辟遏有德兹谓狂，厥灾水，水流杀人，已水则地生虫。归狱不解，兹谓追非，厥水寒，杀人。追诛不解，兹谓不理，厥水五谷不收。大败不解，兹谓皆阴。解，舍也，王者于大败，诛首恶，赦其众，不则皆函阴气，厥水流入国邑，陨霜杀叔草。"

桓公元年"秋，大水"。董仲舒、刘向以为桓弑兄隐公，民臣痛隐而贱桓。后宋督弑其君，诸侯会，将讨之，桓受宋赂而归，又背宋。诸侯由是伐鲁，仍交兵结仇，伏尸流血，百姓愈怨，故十三年夏复大水。一曰，夫人骄淫，将弑君，阴气盛，桓不寤，卒弑死。刘歆以为桓易许田，不祀周公，废祭祀之罚也。

严公七年"秋，大水，亡麦苗"。董仲舒、刘向以为，严母文姜与兄齐襄公淫，共杀桓公，严释父仇，复取齐女，未入，先与之淫，一年再出，会于道逆乱，臣下贱之之应也。

十一年“秋，宋大水”。董仲舒以为时鲁、宋比年为乘丘、鄑之战，百姓愁怨，阴气盛，故二国俱水。刘向以为时宋愍公骄慢，睹灾不改，明年与其臣宋万博戏，妇人在侧，矜而骂万，万杀公之应。

二十四年，“大水”。董仲舒以为夫人哀姜淫乱不妇，阴气盛也。刘向以为哀姜初入，公使大夫宗妇见，用币，又淫于二叔，公弗能禁。臣下贱之，故是岁、明年仍大水。刘歆以为先是严饰宗庙，刻桷丹楹，以夸夫人，简宗庙之罚也。

宣公十年“秋，大水，饥”。董仲舒以为，时比伐邾取邑，亦见报复，兵仇连结，百姓愁怨。刘向以为，宣公杀子赤而立，子赤，齐出也，故惧，以济西田赂齐。邾子貜且亦齐出也，而宣比与邾交兵。臣下惧齐之威，创邾之祸，皆贱公行而非其正也。

成公五年“秋，大水”。董仲舒、刘向以为，时成幼弱，政在大夫，前此一年再用师，明年复城郓以强私家，仲孙蔑、叔孙侨如专会宋、晋，阴胜阳。

襄公二十四年“秋，大水”。董仲舒以为，先是一年齐伐晋，襄使大夫帅师救晋，后又侵齐，国小兵弱，数敌强大，百姓愁怨，阴气盛。刘向以为，先是襄慢邻国，是以邾伐其南，齐伐其北，莒伐其东，百姓骚动，后又仍犯强齐也。大水，饥，谷不成，其灾甚也。

高后三年夏，汉中、南郡大水，水出流四千余家。四年秋，河南大水，伊、雒流千六百余家，汝水流八百余家。八年夏，汉中、南郡水复出，流六千余家。南阳沔水流万余家。是时，女主独治，诸吕相王。

文帝后三年秋，大雨，昼夜不绝三十五日。蓝田山水出，流九百余家。汉水出，坏民室八千余所，杀三百余人。先是，赵人新垣平以望气得幸，为上立渭阳五帝庙，欲出周鼎，以夏四月，郊见上帝。岁余惧诛，谋为逆，发觉，要斩，夷三族。是时，比再遣公主配单于，赂遗甚厚，匈奴愈骄，侵犯北边，杀略多至万余人，汉连发军征讨戍边。

元帝永光五年夏及秋，大水。颍川、汝南、淮阳、庐江雨，坏乡聚民舍，及水流杀人。先是一年，有司奏罢郡国庙，是岁又定迭毁，罢太上皇、孝惠帝寝庙，皆无复修，通儒以为违古制。刑臣石显用事。

成帝建始三年夏，大水，三辅霖雨三十余日，郡国十九雨，山谷水出，凡杀四千余人，坏官寺民舍八万三千余所。元年，有司奏徙甘泉泰畤、河东后土于长安南北郊。二年，又罢雍五畤、郡国诸旧祀，凡六所。

汉书卷二十七中之上

五行志第七中之上

经曰："羞用五事。五事：一曰貌，二曰言，三曰视，四曰听，五曰思。貌曰恭，言曰从，视曰明，听曰聪，思曰睿。恭作肃，从作艾，明作哲，聪作谋，睿作圣。休征：曰肃，时雨若；艾，时阳若；哲，时奥若；谋，时寒若；圣，时风若。咎征：曰狂，恒雨若；僭，恒阳若；舒，恒奥若；急，恒寒若；霿，恒风若。"

传曰："貌之不恭，是谓不肃，厥咎狂，厥罚恒雨，厥极恶。时则有服妖，时则有龟孽，时则有鸡祸，时则有下体生上之疴，时则有青眚青祥。唯金沴木。"

说曰：凡草木之类谓之妖。妖犹夭胎，言尚微。虫豸之类谓之孽。孽则牙孽矣。及六畜，谓之祸，言其著也。及人，谓之疴。疴，病貌，言浸深也。甚则异物生，谓之眚；自外来，谓之祥，祥犹祯也。气相伤，谓之沴。沴犹临莅，不和意也。每一事云"时则"以绝之，言非必俱至，或有或亡，或在前或在后也。

孝武时，夏侯始昌通《五经》，善推《五行传》，以传族子夏侯胜，下及许商，皆以教所贤弟子。其传与刘向同，唯刘歆传独异。貌之不恭，是谓不肃。肃，敬也。内曰恭，外曰敬。人君行己，体貌不恭，怠慢骄蹇，则不能敬万事，失在狂易，故其咎狂也。上嫚下暴，则阴气胜，故其罚常雨也。水伤百谷，衣食不足，则奸轨并作，故其极恶也。一曰，民多被刑，或形貌丑恶，亦是也。风俗狂慢，变节易度，则为剽轻奇怪之服，故有服妖。水类动，故有龟孽。于《易》，“巽”为鸡，鸡有冠距文武之貌。不为威仪，貌气毁，故有鸡祸。一曰，水岁鸡多死及为怪，亦是也。上失威仪，则下有强臣害君上者，故有下体生于上之痾。木色青，故有青眚青祥。凡貌伤者病木气，木气病则金沴之，冲气相通也。于《易》，“震”在东方，为春为木也；“兑”在西方，为秋为金也；“离”在南方，为夏为火也；“坎”在北方，为冬为水也。春与秋，日夜分，寒暑平，是以金木之气易以相变，故貌伤则致秋阴常雨，言伤则致春阳常旱也。至于冬夏，日夜相反，寒暑殊绝，水火之气不得相并，故视伤常奥，听伤常寒者，其气然也。逆之，其极曰恶；顺之，其福曰攸好德。刘歆貌传曰有鳞虫之孽，羊祸，鼻痾。说以为于天文东方辰为龙星，故为鳞虫；于《易》，“兑”为羊，木为金所病，故致羊祸，与常雨同应。此说非是。春与秋，气阴阳相敌，木病金盛，故能相并，唯此一事耳。祸与妖、痾、祥、眚同类，不得独异。

史记成公十六年，公会诸侯于周，单襄公见晋厉公视远步高，告公曰：“晋将有乱。”鲁侯曰：“敢问天道也？抑人故也？”对曰：“吾非瞽史，焉知天道？吾见晋君之容，殆必祸者也。夫君子目以定体，足以从之，是以观其容而知其心矣。目以处谊，足以步目。晋侯视远而足高，目不在体，而足不步目，其心必异矣。目、体不相从，何以能久？夫合诸侯，民之大事也，于是乎观存亡。故国将无咎，其君在会，步、言、视、听必皆无谪，则可以知德矣。视远，曰绝其谊；足高，曰弃其德；言爽，曰反其信；听淫，曰离其名。夫目以处谊，足以践德，口以庇信，耳以听名者也，故不可不慎。偏丧有咎；既丧，则国从之。晋侯爽二，吾是以云。”后二年，晋人杀厉公。凡此属，皆貌不恭之咎云。

《左氏传》桓公十三年，楚屈瑕伐罗，斗伯比送之，还谓其驭曰：“莫嚣必败，举趾高，心不固矣。”遽见楚子以告。楚子使赖人追之，弗及。莫嚣行，遂无次，且不设备。及罗，罗人军之，大败。莫嚣缢死。

釐公十一年，周使内史过赐晋惠公命，受玉，惰。过归告王曰：“晋侯其无后乎！王赐之命，而惰于受瑞，先自弃也已，其何继之有！礼，国之干也；敬，礼之舆也。不敬则礼不行，礼不行则上下昏，何以长世！”二十一年，晋惠公卒，子怀公立，晋人杀之，更立文公。

成公十三年，晋侯使郤锜乞师于鲁，将事不敬。孟献子曰：郤氏其亡乎！礼，身之干也；敬，身之基也。郤子无基。且先君之嗣卿也，受命以求师，将社稷是卫，而惰弃君命也，不亡何为！”十七年，郤氏亡。

成公十三年，诸侯朝王，遂从刘康公伐秦。成肃公受脤于社，不敬。刘子曰：“吾闻之曰，民受天地之中以生，所谓命也。是以有礼义动作威仪之则，以定命也。能者养以之福，不能者败以取祸，是故君子勤礼，小人尽力。勤礼莫如致敬，尽力莫如惇笃。

敬在养神，笃在守业。国之大事，在祀与戎。祀有执膰，戎有受脤，神之大节也。今成子惰，弃其命矣，其不反乎！”五月，成肃公卒。

成公十四年，卫定公享苦成叔，甯惠子相。苦成叔敖，甯子曰：“苦成家其亡乎！古之为享食也，以观威仪省祸福也。故《诗》曰：‘兕觥其觩，旨酒思柔，匪儌匪傲，万福来求。’今夫子傲，取祸之道也。”后三年，苦成家亡。

襄公七年，卫孙文子聘于鲁，君登亦登。叔孙穆子相，趋进曰：“诸侯之会，寡君未尝后卫君。今吾子不后寡君，寡君未知所过，吾子其少安！”孙子亡辞，亦亡悛容。穆子曰：“孙子必亡，为臣而君，过而不悛，亡之本也。”十四年，孙子逐其君而外叛。

襄公二十八年，蔡景侯归自晋，入于郑。郑伯享之，不敬。子产曰：“蔡君其不免乎！日其过此也，君使子展往劳于东门，而敖。吾曰：‘犹将更之。’今还，受享而惰，乃其心也。君小国，事大国，而惰傲以为己心，将得死乎？君若不免，必由其子。淫而不父，如是者必有子祸。”三十年，为世子般所杀。

襄公三十一年，公薨。季武子将立公子裯，穆叔曰：“是人也，居丧而不哀，在戚而有嘉容，是谓不度，不度之人，鲜不为患。若果立，必为季氏忧。”武子弗听，卒立之。比及葬，三易衰，衰衽如故衰。是为昭公。立二十五年，听谗攻季氏。兵败，出奔，死于外。

襄公三十一年，卫北宫文子见楚令尹围之仪，言于卫侯曰：“令尹似君矣，将有它志；虽获其志，弗能终也。”公曰：“子何以知之？”对曰：“《诗》云‘敬慎威仪，惟民之则’，令尹无威仪，民无则焉。民所不则，以在民上，不可以终。”

昭公十一年夏，周单子会于戚，视下言徐。晋叔向曰：“单子其死乎！朝有著定，会有表，衣有襘，带有结。会朝之言必闻于表著之位，所以昭事序也；视不过结襘之中，所以道容貌也。言以命之，容貌以明之，失则有阙。今单子为王官伯，而命事于会，视不登带，言不过步，貌不道容而言不昭矣。不道不恭，不昭不从，无守气矣。”十二月，单成公卒。

昭公二十一年三月，葬蔡平公，蔡太子朱失位，位在卑。鲁大夫送葬者归告昭子。昭子叹曰：“蔡其亡乎！若不亡，是君也必不终。《诗》曰：‘不解于位，民之攸塈。’今始即位而适卑，身将从之。”十月，蔡侯朱出奔楚。

晋魏舒合诸侯之大夫于翟泉，将以城成周。魏子莅政，卫彪傒曰：“将建天子，而易位以令，非谊也。大事奸谊，必有大咎。晋不失诸侯，魏子其不免乎！”是行也，魏献子属役于韩简子，而田于大陆，焚焉而死。

定公十五年，邾隐公朝于鲁，执玉高，其容仰。公受玉卑，其容俯。子赣观焉，曰：“以礼观之，二君者皆有死亡焉。夫礼，死生存亡之体也。将左右周旋，进退俯仰，于是乎取之；朝祀丧戎，于是乎观之。今正月相朝，而皆不度，心已亡矣。嘉事不体，何以能久？高仰，骄也；卑俯，替也。骄近乱，替近疾。君为主，其先亡乎！”

庶征之恒雨，刘歆以为《春秋》大雨也。刘向以为大水。

隐公九年“三月癸酉，大雨，震电；庚辰，大雨雪”。大雨，雨水也；震，雷也。刘歆以为三月癸酉，于历数春分后一日，始震电之时也，当雨，而不当大雨。大雨，常雨之罚也。于始震电八日之间而大雨雪，常寒之罚也。刘向以为周三月，今正月也，当雨水，雪杂雨，雷电未可以发也。既已发也，则雪不当复降。皆失节，故谓之异。于《易》，雷以二月出，其卦曰“豫”，言万物随雷出地，皆逸豫也。以八月入，其卦曰“归妹”，言雷复归。入地则孕毓根核，保藏蛰虫，避盛阴之害；出地则养长华实，发扬隐伏，宣盛阳之德。入能除害，出能兴利，人君之象也。是时，隐以弟桓幼，代而摄立。公子翚见隐居位已久，劝之遂立。隐既不许，翚惧而易辞，遂与桓共杀隐。天见其将然，故正月大雨水而雷电。是阳不闭阴，出涉危难而害万物。天戒若曰，为君失时，贼弟佞臣将作乱矣。后八日大雨雪，阴见间隙而胜阳，篡杀之祸将成也。公不寤，后二年而杀。

昭帝始元元年七月，大水雨，自七月至十月。成帝建始三年秋，大雨三十余日；四年九月，大雨十余日。

《左氏传》愍公二年，晋献公使太子申生帅师，公衣之偏衣，佩之金玦。狐突叹曰：“时，事之征也；衣，身之章也；佩，衷之旗也。故敬其事，则命以始；服其身，则衣之纯；用其衷，则佩之度。今命以时卒，闷其事也；衣以龙服，远其躬也；佩以金玦，弃其衷也。服以远之，时以闷之，龙凉冬杀，金寒玦离，胡可恃也！”梁馀子养曰：“帅师者，受命于庙，受脤于社，有常服矣。弗获而龙，命可知也。死而不孝，不如逃之。”罕夷曰：“龙奇无常，金玦不复，君有心矣。”后四年，申生以谗自杀。近服妖也。

《左氏传》曰，郑子臧好聚鹬冠，郑文公恶之，使盗杀之，刘向以为近服妖者也。一曰，非独为子臧之身，亦文公之戒也。

初，文公不礼晋文，又犯天子命而伐滑，不尊尊敬上。其后晋文伐郑，几亡国。

昭帝时，昌邑王贺遣中大夫之长安，多治仄注冠，以赐大臣，又以冠奴。刘向以为近服妖也。时王贺狂悖，闻天子不豫，弋猎驰骋如故，与驺奴、宰人游居娱戏，骄嫚不敬。冠者尊服，奴者贱人，贺无故好作非常之冠，暴尊象也。以冠奴者，当自至尊坠至贱也。其后帝崩，无子，汉大臣征贺为嗣。即位，狂乱无道，缚戮谏者夏侯胜等。于是大臣白皇太后，废贺为庶人。贺为王时，又见大白狗冠方山冠而无尾，此服妖，亦犬祸也。贺以问郎中令龚遂，遂曰："此天戒，言在仄者尽冠狗也。去之则存，不去则亡矣。"贺既废数年，宣帝封之为列侯，复有罪，死不得置后，又犬祸无尾之效也。京房《易传》曰："行不顺，厥咎人奴冠，天下乱，辟无適，妾子拜。"又曰："君不正，臣欲篡，厥妖狗冠出朝门。"

成帝鸿嘉、永始之间，好为微行出游，选从期门郎有材力者，及私奴客，多至十余，少五六人，皆白衣袒帻，带持刀剑。或乘小车，御者在茵上，或皆骑，出入市里郊野，远至旁县。时，大臣车骑将军王音及刘向等数以切谏。谷永曰："《易》称'得臣无家'，言王者臣天下，无私家也。今陛下弃万乘之至贵，乐家人之贱事；厌高美之尊称，好匹夫之卑字；崇聚票轻无谊之人，以为私客；置私田于民间，畜私奴车马于北宫；数去南面之尊，离深宫之固，挺身独与小人晨夜相随，乌集醉饱吏民之家，乱服共坐，混肴亡别，闵勉遁乐，昼夜在路。典门户奉宿卫之臣执干戈守空宫，公卿百寮不知陛下所在，积数年矣。昔虢公为无道，有神降曰‘赐尔土田’，言将以庶人受土田也。诸侯梦得土田，为失国祥，而况王者畜私田财物，为庶人之事乎！”

《左氏传》曰，周景王时大夫宾起见雄鸡自断其尾。刘向以为近鸡祸也。是时，王有爱子子晁，王与宾起阴谋欲立之。田于北山，将因兵众杀適子之党，未及而崩。三子争国，王室大乱。其后，宾起诛死，子晁奔楚而败。京房《易传》曰：“有始无终，厥妖雄鸡自啮断其尾。”

宣帝黄龙元年，未央殿辂軨中雌鸡化为雄，毛衣变化而不鸣，不将，无距。元帝初元中，丞相府史家雌鸡伏子，渐化为雄，冠距鸣将。永光中，有献雄鸡生角者。京房《易传》曰：“鸡知时，知时者当死。”房以为己知时，恐当之。刘向以为房失鸡占。鸡者，小畜，主司时，起居人，小臣执事为政之象也。言小臣将秉君威，以害正事，犹石显也。竟宁元年，石显伏辜，此其效也。一曰，石显何足以当此？昔武王伐殷，至于牧野，誓师曰：“古人有言曰‘牝鸡无晨；牝鸡之晨，惟家之索’。今殷王纣惟妇言用。”由是论之，黄龙、初元、永光鸡变，乃国家之占，妃后象也。孝元王皇后以甘露二年生男，立为太子。妃，王禁女也。黄龙元年，宣帝崩，太子立，是为元帝。王妃将为皇后，故是岁未央殿中雌鸡为雄，明其占在正宫也。不鸣不将无距，贵始萌而尊未成也。至元帝初元元年，将立王皇后，先以为婕妤。三月癸卯制书曰：“其封婕妤父丞相少史王禁为阳平侯，位特进。”丙午，立王婕妤为皇后。明年正月，立皇后子为太子。故应是，丞相府史家雌鸡为雄，其占即丞相少史之女也。伏子者，明已有子也。冠距鸣将者，尊已成也。永光二年，阳平顷侯禁薨，子凤嗣侯，为侍中卫尉。元帝崩，皇太子立，是为成帝。尊皇后为皇太后，以后弟凤为大司马大将军，领尚书事，上委政，无所与。王氏之权自凤起，故于凤始受爵位时，雄鸡有角，明视作威颛君害上危国者，从此人始也。其后群弟世权，以至于莽，遂篡天下。即位五年，王太后乃崩，此其效也。京房《易传》曰："贤者居明夷之世，知时而伤，或众在位，厥妖鸡生角。鸡生角，时主独。"又曰："妇人颛政，国不静；牝鸡雄鸣，主不荣。"故房以为己亦在占中矣。

成公七年"正月，鼷鼠食郊牛角；改卜牛，又食其角"。刘向以为，近青祥，亦牛祸也，不敬而傋霿之所致也。昔周公制礼乐，成周道，故成王命鲁郊祀天地，以尊周公。至成公时，三家始专政，鲁将从此衰。天愍周公之德，痛其将有败亡之祸，故于郊祭而见戒云。鼠，小虫，性盗窃；鼷，又其小者也。牛，大畜，祭天尊物也。角，兵象，在上，君威也。小小鼷鼠，食至尊之牛角，象季氏乃陪臣盗窃之人，将执国命以伤君威而害周公之祀也。改卜牛，鼷鼠又食其角，天重语之也。成公怠慢昏乱，遂君臣更执于晋。至于襄公，晋为溴梁之会，天下大夫皆夺君政。其后三家逐昭公，卒死于外，几绝周公之祀。董仲舒以为，鼷鼠食郊牛，皆养牲不谨也。京房《易传》曰："祭天不慎。厥妖鼷鼠啮郊牛角。"

定公十五年"正月，鼷鼠食郊牛，牛死"。刘向以为定公知季氏逐昭公，罪恶如彼，亲用孔子为夹谷之会，齐人俫归郓、讙、龟阴之田，圣德如此，反用季桓子，淫于女乐，而退孔子，无道甚矣。《诗》曰："人而亡仪，不死何为！"是岁五月，定公薨，牛死之应也。京房《易传》曰："子不子，鼠食其郊牛。"

哀公元年"正月，鼷鼠食郊牛"。刘向以为，天意汲汲于用圣人，逐三家，故复见戒也。哀公年少，不亲见昭公之事，故见败亡之异。已而哀不寤，身奔于粤，此其效也。

昭帝元凤元年九月，燕有黄鼠衔其尾舞王宫端门中，王往视之，鼠舞如故。王使吏以酒脯祠，鼠舞不休，一日一夜死。近黄祥，时燕剌王旦谋反将死之象也。其月，发觉伏辜。京房《易传》曰："诛不原情，厥妖鼠舞门。"

成帝建始四年九月，长安城南有鼠衔黄蒿、柏叶，上民冢柏及榆树上为巢，桐柏尤多。巢中无子，皆有干鼠矢数十。时议臣以为恐有水灾。鼠，盗窃小虫，夜出昼匿；今昼去穴而登木，象贱人将居显贵之位也。桐柏，卫思后园所在也。其后，赵皇后自微贱登至尊，与卫后同类。赵后终无子而为害。明年，有鸢焚巢，杀子之异也。天象仍见，甚可畏也。一曰，皆王莽窃位之象云。京房《易传》曰："臣私禄罔辟，厥妖鼠巢。"

文公十三年，"大室屋坏"。近金沴木，木动也。先是，冬，釐公薨，十六月乃作主。后六月，又吉禘于太庙而致釐公，《春秋》讥之。经曰："大事于太庙，跻釐公。"《左氏》说曰：太庙，周公之庙，飨有礼义者也；祀，国之大事也。恶其乱国之大事于太庙，故言大事也。跻，登也，登釐公于愍公上，逆祀也。釐虽愍之庶兄，尝为愍臣，臣子一例，不得在愍上。又未三年而吉禘，前后乱贤父圣祖之大礼，内为貌不恭而狂，外为言不从而僭。故是岁自十二月不雨，至于秋七月。后年，若是者三，而太室屋坏矣。前堂曰太庙，中央曰太室；屋，其上重屋尊高者也，象鲁自是陵夷，将隳周公之祀也。《穀梁》、《公羊经》曰，世室，鲁公伯禽之庙也。周公称太庙，鲁公称世室。大事者，袷祭也。跻釐公者，先祢后祖也。

景帝三年十二月，吴二城门自倾，大船自覆。刘向以为，近金沴木，木动也。先是，吴王濞以太子死于汉，称疾不朝，阴与楚王戊谋为逆乱。城犹国也，其一门名曰楚门，一门曰鱼门。吴地以船为家，以鱼为食。天戒若曰，与楚所谋，倾国覆家。吴王不寤，正月，与楚俱起兵，身死国亡。京房《易传》曰："上下咸诗，厥妖城门坏。"

宣帝时，大司马霍禹所居第门自坏。时，禹内不顺，外不敬，见戒有改，卒受灭亡之诛。

哀帝时，大司马董贤第门自坏。时，贤以私爱居大位，赏赐无度，骄嫚不敬，大失臣道，见戒不改。后贤夫妻自杀，家徙合浦。

传曰："言之不从，是谓不艾，厥咎僭，厥罚恒阳，厥极忧，时则有诗妖，时则有介虫之孽，时则有犬祸，时则有口舌之痾，时则有白眚白祥。惟木沴金。"

"言之不从"，从，顺也。"是谓不乂"，乂，治也。孔子曰："君子居其室，出其言不善，则千里之外违之，况其迩者乎！"《诗》云："如蜩如螗，如沸如羹。"言上号令不顺民心，虚哗愦乱，则不能治海内，失在过差，故其咎僭。僭，差也。刑罚妄加，群阴不附，则阳气胜，故其罚常阳也。旱伤百谷，则有寇难，上下俱忧，故其极忧也。君炕阳而暴虐，臣畏刑而柑口，则怨谤之气发于歌谣，故有诗妖。介虫孽者，谓小虫有甲飞扬之类，阳气所生也，于《春秋》为蠡，今谓之蝗，皆其类也。于《易》，“兑”为口，犬以吠守，而不可信，言气毁故有犬祸。一曰，旱岁犬多狂死及为怪，亦是也。及人，则多病口喉咳者，故有口舌痾。金色白，故有白眚白祥。凡言伤者，病金气；金气病，则木沴之。其极忧者，顺之，其福曰康宁。刘歆言传曰时有毛虫之孽，说以为于天文西方参为虎星，故为毛虫。

史记周单襄公与晋郤锜、郤犨、郤至、齐国佐语，告鲁成公曰：“晋将有乱，三郤其当之乎！夫郤氏，晋之宠人也，三卿而五大夫，可以戒惧矣。高位实疾颠，厚味实腊毒。今郤伯之语犯，叔迂，季伐。犯则陵人，迂则诬人，伐则掩人。有是宠也。而益之以三怨，其谁能忍之！虽齐国子亦将与焉。立于淫乱之国，而好尽言以招人过，怨之本也。唯善人能受尽言，齐其有乎?”十七年，晋杀三郤。十八年，齐杀国佐。凡此属，皆言不从之咎云。

晋穆侯以条之役生太子，名之曰仇；其弟以千畮之战生，名之曰成师。师服曰：“异哉，君之名子也！夫名以制谊，谊以出礼，礼以体政，政以正民，是以政成而民听；易则生乱。嘉耦曰妃，怨耦曰仇，古之命也。今君名太子曰仇，弟曰成师，始兆乱矣，兄其替乎！”及仇嗣立，是为文侯。文侯卒，子昭侯立，封成师于曲沃，号桓叔。后晋人杀昭侯而纳桓叔，不克。复立昭侯子孝侯，桓叔子严伯杀之。晋人立其弟鄂侯。鄂侯生哀侯，严伯子武公复杀哀侯及其弟，灭之，而代有晋国。

宣公六年，郑公子曼满与王子伯廖语，欲为卿。伯廖告人曰：“无德而贪，其在《周易》‘丰’之‘离’，弗过之矣。”间一岁，郑人杀之。

襄公二十九年，齐高子容与宋司徒见晋知伯，汝齐相礼。宾出，汝齐语知伯曰：“二子皆将不免！子容专，司徒侈，皆亡家之主也。专则速及，侈将以其力敝，专则人实敝之，将及矣。”九月，高子出奔燕。

襄公三十一年正月，鲁穆叔会晋归，告孟孝伯曰：“赵孟将死矣！其语偷，不似民主；且年未盈五十，而谆谆焉如八九十者，弗能久矣。若赵孟死，为政者其韩子乎？吾子盍与季孙言之？可以树善，君子也。”孝伯曰：“民生几何，谁能毋偷！朝不及夕，将焉用树！”穆叔告人曰：“孟孙将死矣！吾语诸赵孟之偷也，而又甚焉。”九月，孟孝伯卒。

昭公元年，周使刘定公劳晋赵孟，因曰：“子弁冕以临诸侯，盍亦远绩禹功，而大庇民乎？”对曰：“老夫罪戾是惧，焉能恤远？吾侪偷食，朝不谋夕，何其长也？”刘子归，以语王曰：“谚所谓老将知而耄及之者，其赵孟之谓乎！为晋正卿以主诸侯，而侪于隶人，朝不谋夕，弃神人矣。神怒民畔，何以能久？赵孟不复年矣！”是岁，秦景公弟后子奔晋，赵孟问：“秦君何如？”对曰：“无道。”赵孟曰：“亡乎？”对曰：“何为？一世无道，国未艾也。国于天地，有与立焉。不数世淫，弗能敝也。”赵孟曰：“夭乎？”对曰：“有焉。”赵孟曰：“其几何？”对曰：“鍼闻国无道而年谷和孰，天赞之也，鲜不五稔。”赵孟视荫，曰：“朝夕不相及，谁能待五？”后子出而告人曰：“赵孟将死矣！主民玩岁而愒日，其与几何？”冬，赵孟卒。昭五年，秦景公卒。

昭公元年，楚公子围会盟，设服离卫。鲁叔孙穆子曰：“楚公子美矣君哉！”伯州犁曰：“此行也，辞而假之寡君。”郑行人子羽曰："假不反矣。"伯州犁曰："子姑忧子晳之欲背诞也。"子羽曰："假而不反，子其无忧乎？"齐国子曰："吾代二子闵矣。"陈公子招曰："不忧何成？二子乐矣！"卫齐子曰："苟或知之，虽忧不害。"退会，子羽告人曰："齐、卫、陈大夫其不免乎！国子代人忧，子招乐忧，齐子虽忧弗害。夫弗及而忧，与可忧而乐，与忧而弗害，皆取忧之道也。《太誓》曰：'民之所欲，天必从之。'三大夫兆忧矣，能无至乎！言以知物，其是之谓矣。"

昭公十五年，晋籍谈如周葬穆后。既除丧而燕，王曰："诸侯皆有以填抚王室，晋独无有，何也？"籍谈对曰："诸侯之封也，皆受明器于王室，故能荐彝器。晋居深山，戎翟之与邻，拜戎不暇，其何以献器？"王曰："叔氏其忘诸乎！叔父唐叔，成王之母弟，其反亡分乎？昔而高祖司晋之典籍，以为大正，故曰籍氏。女，司典之后也，何故忘之？"籍谈不能对。宾出，王曰："籍父其无后乎！数典而忘其祖。"籍谈归，以语叔向。叔向曰："王其不终乎！吾闻所乐必卒焉。今王乐忧，若卒以忧，不可谓终。王一岁而有三年之丧二焉，于是乎以丧宾燕，又求彝器，乐忧甚矣。三年之丧，虽贵遂服，礼也。王虽弗遂，燕乐已早。礼，王之大经也；一动而失二礼，无大经矣。言以考典，典以志经。忘经而多言举典，将安用之！"

哀公十六年，孔丘卒，公诔之曰："旻天不吊，不憖遗一老，俾屏予一人。"子赣曰："君其不殁于鲁乎？夫子之言曰：'礼失则昏，名失则愆。'失志为昏，失所为愆。生弗能用，死而诔之，非礼也；称'予一人'，非名也。君两失之。"二十七年，公孙于邾，遂死于越。

庶征之恒阳，刘向以为《春秋》大旱也。其夏旱雩祀，谓之大雩。不伤二谷，谓之不雨。京房《易传》曰："欲德不用兹谓张，厥灾荒。荒，旱也，其旱阴云不雨，变而赤，因而除。师出过时兹谓广，其旱不生。上下皆蔽兹谓隔，其旱天赤三月，时有雹杀飞禽。上缘求妃兹谓僭，其旱三月大温亡云。居高台府，兹谓犯阴侵阳，其旱万物根死，数有火灾。庶位逾节兹谓僭，其旱泽物枯，为火所伤。"

釐公二十一年"夏，大旱"。董仲舒、刘向以为，齐桓既死，诸侯从楚，釐尤得楚心。楚来献捷，释宋之执。外倚强楚，炕阳失众，又作南门，劳民兴役。诸雩旱不雨，略皆同说。

宣公七年"秋，大旱"。是夏，宣与齐侯伐莱。

襄公五年"秋，大雩"。先是，宋鱼石奔楚，楚伐宋，取彭城以封鱼石。郑畔于中国而附楚，襄与诸侯共围彭城，城郑虎牢以御楚。是岁郑伯使公子发来聘，使大夫会吴于善道。外结二国，内得郑聘，有炕阳动众之应。

八年"九月，大雩"。时作三军，季氏盛。

二十八年"八月，大雩"。先是，比年晋使荀吴、齐使庆封来聘，是夏邾子来朝。襄有炕阳自大之应。

昭公三年"八月，大雩"。刘歆以为，昭公即位年十九矣，犹有童心，居丧不哀，炕阳失众。

六年"九月，大雩"。先是，莒牟夷以二邑来奔，莒怒伐鲁，叔弓帅师，距而败之，昭得入晋。外和大国，内获二邑，取胜邻国，有炕阳动众之应。

十六年"九月，大雩"。先是，昭公母夫人归氏薨，昭不戚，又大搜于比蒲。晋叔向曰："鲁有大丧而不废搜。国不恤丧，不忌君也；君亡戚容，不顾亲也。殆其失国。"与三年同占。

二十四年"八月，大雩"。刘歆以为，《左氏传》二十三年邾师城翼，还经鲁地，鲁袭取邾师，获其三大夫。邾人诉于晋，晋人执我行人叔孙婼，是春乃归之。

二十五年"七月上辛大雩，季辛又雩"，旱甚也。刘歆以为时后氏与季氏有隙。又季氏之族有淫妻为谗，使季平子与族人相恶，皆共谮平子。子家驹谏曰："谗人以君徼幸，不可。"昭公遂伐季氏，为所败，出奔齐。

定公七年"九月，大雩"。先是，定公自将侵郑，归而城中城。二大夫帅师围郓。

严公三十一年"冬，不雨"。是岁，一年而三筑台，奢侈不恤民。

釐公二年"冬十月不雨"，三年"春正月不雨，夏四月不雨，""六月雨"。先是者，严公夫人与公子庆父淫，而杀二君。国人攻之，夫人逊于邾，庆父奔莒。釐公即位，南败邾，东败莒，获其大夫。有炕阳之应。

文公二年，"自十有二月不雨，至于秋七月"。文公即位，天子使叔服会葬，毛伯赐命。又会晋侯于戚。公子遂如齐纳币。又与诸侯盟。上得天子，外得诸侯，沛然自大。跻釐公主。大夫始颛事。

十年，"自正月不雨，至于秋七月"。先是，公子遂会四国而救郑。楚使越椒来聘。秦人归禭。有炕阳之应。

十三年，"自正月不雨，至于秋七月"。先是，曹伯、杞伯、滕子来朝，郕伯来奔，秦伯使遂来聘，季孙行父城诸及郓。二年之间，五国趋之，内城二邑。炕阳失众。一曰，不雨而五谷皆孰，异也。文公时，大夫始颛盟会，公孙敖会晋侯，又会诸侯盟于垂陇。故不雨而生者，阴不出气而私自行，以象施不由上出，臣下作福而私自成。一曰，不雨近常阴之罚，君弱也。

惠帝五年夏，大旱，江河水少，溪谷绝。先是，发民男女十四万六千人城长安，是岁城乃成。

文帝三年秋，天下旱。是岁夏，匈奴右贤王寇侵上郡，诏丞相灌婴发车骑士八万五千人诣高奴，击右贤王走出塞。其秋，济北王兴居反，使大将军讨之，皆伏诛。

后六年春，天下大旱。先是，发车骑材官屯广昌。是岁二月，复发材官屯陇西。后匈奴大入上郡、云中，烽火通长安，三将军屯边，又三将军屯京师。

景帝中三年秋，大旱。

武帝元光六年夏，大旱。是岁，四将军征匈奴。

元朔五年春，大旱。是岁，六将军众十余万征匈奴。

元狩三年夏，大旱。是岁，发天下故吏伐棘上林，穿昆明池。

天汉元年夏，大旱；其三年夏，大旱。先是，贰师将军征大宛还。天汉元年，发谪民。二年夏，三将军征匈奴，李陵没不还。

征和元年夏，大旱。是岁，发三辅骑士闭长安城门，大搜，始治巫蛊。明年，卫皇后、太子败。

昭帝始元六年，大旱。先是，大鸿胪田广明征益州，暴师连年。

宣帝本始三年夏，大旱，东西数千里。先是，五将军众二十万征匈奴。

神爵元年秋，大旱。是岁，后将军赵充国征西羌。

成帝永始三年、四年夏，大旱。

《左氏传》晋献公时童谣曰："丙子之晨，龙尾伏辰，袀服振振，取虢之旂。鹑之贲贲，天策焞焞，火中成军，虢公其奔。"是时，虢为小国，介夏阳之厄，怙虞国之助，亢衡于晋，有炕阳之节，失臣下之心。晋献伐之，问于卜偃曰："吾其济乎?"偃以童谣对曰："克之。十月朔丙子旦，日在尾，月在策，鹑火中，必此时也。"冬十二月丙子朔，晋师灭虢，虢公丑奔周。周十二月，夏十月也。言天者以夏正。

史记晋惠公时童谣曰："恭太子更葬兮，后十四年，晋亦不昌，昌乃在其兄。"是时，惠公赖秦力得立，立而背秦，内杀二大夫，国人不说。及更葬其兄恭太子申生而不敬，故诗妖作也。后与秦战，为秦所获，立十四年而死。晋人绝之，更立其兄重耳，是为文公，遂伯诸侯。

《左氏传》文、成之世童谣曰："鸲之鹆之，公出辱之。鸲鹆之羽，公在外野，往馈之马。鸲鹆鸲，公在乾侯，征褰与襦。鸲鹆之巢，远哉摇摇，裯父丧劳，宋父以骄。鸲鹆鸲鹆，往歌来哭。"至昭公时，有鸲鹆来巢。公攻季氏，败，出奔齐，居外野，次乾侯。八年，死于外，归葬鲁。昭公名裯。公子宋立，是为定公。

元帝时童谣曰："井水溢，灭灶烟，灌玉堂，流金门。"至成帝建始二年三月戊子，北宫中井泉稍上，溢出南流，象春秋时先有鸲鹆之谣，而后有来巢之验。井水，阴也；灶烟，阳也；玉堂、金门，至尊之居，象阴盛而灭阳，窃有宫室之应也。王莽生于元帝初元四年，至成帝封侯，为三公辅政，因以篡位。

成帝时童谣曰：“燕燕尾涎涎，张公子，时相见。木门仓琅根，燕飞来，啄皇孙。皇孙死，燕啄矢。”其后帝为微行出游，常与富平侯张放俱称富平侯家人，过阳阿主作乐，见舞者赵飞燕而幸之，故曰“燕燕尾涎涎”，美好貌也。“张公子”，谓富平侯也。“木门仓琅根”，谓宫门铜锾，言将尊贵也。后遂立为皇后。弟昭仪贼害后宫皇子，卒皆伏辜，所谓“燕飞来，啄皇孙，皇孙死，燕啄矢”者也。

成帝时歌谣又曰：“邪径败良田，谗口乱善人。桂树华不实，黄爵巢其颠。故为人所羡，今为人所怜。”桂，赤色，汉家象。华不实，无继嗣也。王莽自谓黄象，黄爵巢其颠也。

严公十七年“冬，多麋”。刘歆以为毛虫之孽为灾。刘向以为麋色青，近青祥也。麋之为言迷也，盖牝兽之淫者也。是时，严公将取齐之淫女，其象先见。天戒若曰，勿取齐女，淫而迷国。严不寤，遂取之。夫人既入，淫于二叔，终皆诛死，几亡社稷，董仲舒指略同。京房《易传》曰：“废正作淫，大不明，国多麋。”又曰：“‘震’遂泥，厥咎国多麋。”

昭帝时，昌邑王贺闻人声曰“熊”，视而见大熊。左右莫见，以问郎中令龚遂，遂曰：“熊，山野之兽，而来入宫室，王独见之，此天戒大王，恐宫室将空，危亡象也。”贺不改寤，后卒失国。

《左氏传》襄公十七年十一月甲午，宋国人逐猘狗，猘狗入于华臣氏，国人从之。臣惧，遂奔陈。先是，臣兄阅为宋卿，阅卒，臣使贼杀阅家宰，遂就其妻。宋平公闻之，曰："臣不唯其宗室是暴，大乱宋国之政。"欲逐之。左师向戌曰："大臣不顺，国之耻也，不如盖之。"公乃止。华臣炕暴失义，内不自安，故犬祸至，以奔亡也。

高后八年三月，祓霸上，还过枳道，见物如仓狗，橶高后掖，忽而不见。卜之，赵王如意作祟。遂病掖伤而崩。先是，高后鸩杀如意，支断其母戚夫人手足，搉其眼，以为人彘。

文帝后五年六月，齐雍城门外有狗生角。先是，帝兄齐悼惠王亡后，帝分齐地，立其庶子七人皆为王。兄弟并强，有炕阳心，故犬祸见也。犬守御，角兵象，在前而上乡者也。犬不当生角，犹诸侯不当举兵乡京师也。天之戒人蚤矣，诸侯不寤。后六年，吴、楚畔，济南、胶西、胶东三国应之，举兵至齐。齐王犹与城守，三国围之。会汉破吴、楚，因诛四王。故天狗下梁而吴、楚攻梁，狗生角于齐而三国围齐。汉卒破吴、楚于梁，诛四王于齐。京房《易传》曰："执政失，下将害之。厥妖狗生角。君子苟免，小人陷之，厥妖狗生角。"

景帝三年二月，邯郸狗与彘交。悖乱之气，近犬豕之祸也。是时，赵王遂悖乱，与吴、楚谋为逆，遣使匈奴求助兵，卒伏其辜。犬，兵革失众之占；豕，北方匈奴之象。逆言失听，交于异类，以生害也。京房《易传》曰："夫妇不严，厥妖狗与豕交。兹谓反德，国有兵革。"

成帝河平元年，长安男子石良、刘音相与同居，有如人状在其室中，击之，为狗，走出。去后，有数人被甲持兵弩至良家，良等格击，或死或伤，皆狗也。自二月至六月乃止。

鸿嘉中，狗与彘交。

《左氏》昭公二十四年十月癸酉，王子鼂以成周之宝圭湛于河，几以获神助。甲戌，津人得之河上，阴不佞取将卖之，则为石。是时，王子鼂篡天子位，万民不乡，号令不从，故有玉变，近白祥也。癸酉入而甲戌出，神不享之验云。玉化为石，贵将为贱也。后二年，子鼂奔楚而死。

史记秦始皇帝三十六年，郑客从关东来，至华阴，望见素车白马从华山上下，知其非人，道住止而待之。遂至，持璧与客曰："为我遗镐池君。"因言"今年祖龙死"。忽不见。郑客奉璧，即始皇二十八年过江所湛璧也。与周子鼂同应。是岁，石陨于东郡，民或刻其石曰："始皇死而地分。"此皆白祥，炕阳暴虐，号令不从，孤阳独治，群阴不附之所致也。一曰，石，阴类也，阴持高节，臣将危君，赵高、李斯之象也。始皇不畏戒自省，反夷灭其旁民，而燔烧其石。是岁始皇死，后三年而秦灭。

孝昭元凤三年正月，泰山莱芜山南匈匈有数千人声。民视之，有大石自立，高丈五尺，大四十八围，入地深八尺，三石为足。石立处，有白乌数千集其旁。眭孟以为，石阴类，下民象，泰山岱宗之岳，王者易姓告代之处，当有庶人为天子者。孟坐伏诛。京房《易传》曰："'《复》，崩来无咎。'自上下者为崩，厥应泰山之石颠而下，圣人受命人君虏。"又曰："石立如人，庶士为天下雄。立于山，同姓；平地，异姓。立于水，圣人；于泽，小人。"

天汉元年三月，天雨白毛；三年八月，天雨白氂。京房《易传》曰："前乐后忧，厥妖天雨羽。"又曰："邪人进，贤人逃，天雨毛。"

史记周威烈王二十三年，九鼎震。金震，木动之也。是时，周室衰微，刑重而虐，号令不从，以乱金气。鼎者，宗庙之宝器也。宗庙将废，宝鼎将迁，故震动也。是岁，晋三卿韩、魏、赵篡晋君而分其地，威烈王命以为诸侯。天子不恤同姓，而爵其贼臣，天下不附矣。后三世，周致德祚于秦。其后秦遂灭周，而取九鼎。九鼎之震，木沴金，失众甚。

成帝元延元年正月，长安章城门门牡自亡，函谷关次门牡亦自亡。京房《易传》曰："饥而不损兹谓泰，厥灾水，厥咎牡亡。"《妖辞》曰："关动牡飞，辟为亡道臣为非，厥咎乱臣谋篡。"故谷永对曰："章城门通路寝之路，函谷关距山东之险，城门关守国之固，固将去焉，故牡飞也。"

汉书卷二十七中之下

五行志第七中之下

传曰："视之不明，是谓不哲，厥咎舒，厥罚恒奥，厥极疾。时则有草妖，时则有蠃虫之孽，时则有羊祸，时则有目痾，时则有赤眚赤祥。惟水沴火。"

"视之不明，是谓不哲"，哲，知也。《诗》云："尔德不明，以亡陪亡卿；不明尔德，以亡背亡仄。"言上不明，暗昧蔽惑，则不能知善恶，亲近习，长同类，亡功者受赏，有罪者不杀，百官废乱，失在舒缓，故其咎舒也。盛夏日长，暑以养物，政弛缓，故其罚常奥也。奥则冬温，春夏不和，伤病民人，故极疾也。诛不行则霜不杀草，由臣下则杀不以时，故有草妖。凡妖，貌则以服，言则以诗，听则以声。视则以色者，五色物之大分也，在于眚祥，故圣人以为草妖，失秉之明者也。温奥生虫，故有蠃虫之孽，谓螟螣之类当死不死，未当生而生，或多于故而为灾也。刘歆以为属思心不容。于《易》，刚而包柔为"离"，"离"为火为目。羊上角下蹄，刚而包柔，羊大目而不精明，视气毁故有羊祸。一曰，暑岁羊多疫死，及为怪，亦是也。及人，则多病目者，故有目痾，火色赤，故有赤眚赤祥。凡视伤者病火气，火气伤则水沴之。其极疾者，顺之，其福曰寿。刘歆视传曰有羽虫之孽，鸡祸。说以为于天文南方喙为鸟星，故为羽虫；祸亦从羽，故为鸡；鸡于《易》自在“巽”。说非是。庶征之恒奥，刘向以为《春秋》亡冰也。小奥不书，无冰然后书，举其大者也。京房《易传》曰：“禄不遂行兹谓欺，厥咎奥，雨雪四至而温。臣安禄乐逸兹谓乱，奥而生虫。知罪不诛兹谓舒，其奥，夏则暑杀人，冬则物华实。重过不诛，兹谓亡征，其咎当寒而奥六日也。”

桓公十五年“春，亡冰”。刘向以为周春，今冬也。先是，连兵邻国，三战而再败也，内失百姓，外失诸侯，不敢行诛罚，郑伯突篡兄而立，公与相亲，长养同类，不明善恶之罚也。董仲舒以为象夫人不正，阴失节也。

成公元年“二月，无冰”。董仲舒以为方有宣公之丧，君臣无悲哀之心，而炕阳，作丘甲。刘向以为时公幼弱，政舒缓也。

襄公二十八年“春，无冰”。刘向以为先是公作三军，有侵陵用武之意，于是邻国不和，伐其三鄙，被兵十有余年，因之以饥馑，百姓怨望，臣下心离，公惧而弛缓，不敢行诛罚，楚有夷狄行，公有从楚心，不明善恶之应。董仲舒指略同。一曰，水旱之灾，寒暑之变，天下皆同，故曰“无冰”，天下异也。桓公杀兄弑君，外成宋乱，与郑易邑，背畔周室。成公时，楚横行中国，王札子杀召伯、毛伯，晋败天子之师于贸戎，天子皆不能讨。襄公时，天下诸侯之大夫皆执国权，君不能制。渐将日甚，善恶不明，诛罚不行，周失之舒，秦失之急，故周衰亡寒岁，秦灭亡奥年。

武帝元狩六年冬，亡冰。先是，比年遣大将军卫青、霍去病攻祁连，绝大幕，穷追单于，斩首十余万级，还，大行庆赏。乃闵海内勤劳，是岁遣博士褚大等六人持节巡行天下，存赐鳏寡，假与乏困，举遗逸独行君子诣行在所。郡国有以为便宜者，上丞相、御史以闻。天下咸喜。

昭帝始元二年冬，亡冰。是时上年九岁，大将军霍光秉政，始行宽缓，欲以说下。

僖公三十三年“十二月，陨霜不杀草”。刘歆以为草妖也。刘向以为今十月，周十二月。于《易》，五为天位，君位，九月阴气至，五通于天位，其卦为“剥”，剥落万物，始大杀矣，明阴从阳命，臣受君令而后杀也。今十月陨霜而不能杀草，此君诛不行，舒缓之应也。是时，公子遂颛权，三桓始世官，天戒若曰，自此之后，将皆为乱矣。文公不寤，其后遂杀子赤，三家逐昭公。董仲舒指略同。京房《易传》曰：“臣有缓兹谓不顺，厥异霜不杀也。”

《书序》曰：“伊陟相太戊，亳有祥桑榖共生。”传曰：“俱生乎朝，七日而大拱。伊陟戒以修德，而木枯。”刘向以为殷道既衰，高宗承敝而起，尽凉阴之哀，天下应之，既获显荣，怠于政事，国将危亡，故桑榖之异见。桑犹丧也，榖犹生也，杀生之秉失而在下，近草妖也。一曰，野木生朝而暴长，小人将暴在大臣之位，危亡国家，象朝将为虚之应也。

《书序》又曰：“高宗祭成汤，有蜚雉登鼎耳而雊。”祖己曰：“惟先假王，正厥事。”刘向以为雉雊鸣者雄也。以赤色为主。于《易》，“离”为雉，雉，南方，近赤祥也。刘歆以为羽虫之孽。

《易》有“鼎卦”，鼎，宗庙之器，主器奉宗庙者长子也。野鸟自外来，入为宗庙器主，是继嗣将易也。一曰，鼎三足，三公象，而以耳行。野鸟居鼎耳，小人将居公位，败宗庙之祀。野木生朝，野鸟入庙，败亡之异也。武丁恐骇，谋于忠贤，修德而正事，内举傅说，授以国政，外伐鬼方，以安诸夏，故能攘木。鸟之妖，致百年之寿，所谓“六沴作见，若是共御，五福乃降，用章于下”者也。一曰，金沴木曰木不曲直。

僖公三十三年“十二月，李梅实”。刘向以为周十二月，今十月也，李梅当剥落，今反华实，近草妖也。先华而后实，不书华，举重者也。阴成阳事，象臣颛君作威福。一曰，冬当杀，反生，象骄臣当诛，不行其罚也。故冬华者，象臣邪谋有端而不成，至于实，则成矣。是时僖公死，公子遂专权，文公不寤，后有子赤之变。一曰，君舒缓甚，奥气不臧，则华实复生。董仲舒以为李梅实，臣下强也。记曰：“不当华而华，易大夫；不当实而实，易相室。”冬，水王，木相，故象大臣。刘歆以为庶征皆以虫为孽，思心蠃虫孽也。李梅实，属草妖。

惠帝五年十月，桃李华，枣实。昭帝时，上林苑中大柳树断仆地，一朝起立，生枝叶，有虫食其叶，成文字，曰“公孙病已立”。又，昌邑王国社有枯树复生枝叶。眭孟以为，木阴类，下民象，当有故废之家公孙氏从民间受命为天子者。昭帝富于春秋，霍光秉政，以孟妖言，诛之。后昭帝崩，无子，征昌邑王贺嗣位，狂乱失道，光废之，更立昭帝兄卫太子之孙，是为宣帝。宣帝本名病已。京房《易传》曰：“枯杨生梯，枯木复生，人君亡子。”

元帝初元四年，皇后曾祖父济南东平陵王伯墓门梓柱卒生枝叶，上出屋。刘向以为王氏贵盛，将代汉家之象也。后王莽篡位，自说之曰："初元四年，莽生之岁也，当汉九世火德之厄，而有此祥兴于高祖考之门。门为开通，梓犹子也，言王氏当有贤子开通祖统，起于柱石大臣之位，受命而王之符也。"

建昭五年，兖州刺史浩赏禁民私所自立社。山阳橐茅乡社有大槐树，吏伐断之，其夜树复立其故处。成帝永始元年二月，河南街邮樗树生支如人头，眉、目、须皆具，亡发、耳。哀帝建平三年十月，汝南西平遂阳乡柱仆地，生支如人形，身青黄色，面白，头有髭发，稍长大，凡长六寸一分。京房《易传》曰："王德衰，下人将起，则有木生为人状。"

哀帝建平三年，零陵有树僵地，围丈六尺，长十丈七尺。民断其本，长九尺余，皆枯。三月，树卒自立故处。京房《易传》曰："弃正作淫，厥妖木断自属。妃后有专，木仆反立，断枯复生。天辟恶之。"

元帝永光二年八月，天雨草，而叶相摎结，大如弹丸。平帝元始三年正月，天雨草，状如永光时。京房《易传》曰："君吝于禄，信衰贤去，厥妖天雨草。"

昭公二十五年"夏，有鸲鹆来巢"。刘歆以为，羽虫之孽，其色黑，又黑祥也，视不明、听不聪之罚也。刘向以为，有蜚有蜮不言来者，气所生，所谓眚也；鸲鹆言来者，气所致，所谓祥也。鸲鹆，夷狄穴藏之禽，来至中国，不穴而巢，阴居阳位，象季氏将逐昭公，去宫室而居外野也。鸲鹆白羽，旱之祥也；穴居而好水，黑色，为主急之应也。天戒若曰，既失众，不可急暴；急暴，阴将持节阳以逐尔，去宫室而居外野矣。昭不寤，而举兵围季氏，为季氏所败，出奔于齐，遂死于外野。董仲舒指略同。

景帝三年十一月，有白颈乌与黑乌群斗楚国吕县，白颈不胜，堕泗水中，死者数千。刘向以为近白黑祥也。时楚王戊暴逆无道，刑辱申公，与吴王谋反。乌群斗者，师战之象也。白颈者小，明小者败也。堕于水者，将死水地。王戊不寤，遂举兵应吴，与汉大战，兵败而走，至于丹徒，为越人所斩，堕死于水之效也。京房《易传》曰："逆亲亲，厥妖白黑乌斗于国。"

昭帝元凤元年，有乌与鹊斗燕王宫中池上，乌堕池死，近黑祥也。时燕王旦谋为乱，遂不改寤，伏辜而死。楚、燕皆骨肉藩臣，以骄怨而谋逆，俱有乌鹊斗死之祥，行同而占合，此天人之明表也。燕一乌鹊斗于宫中而黑者死，楚以万数斗于野外而白者死，象燕阴谋未发，独王自杀于宫，故一乌水色者死，楚炕阳举兵，军师大败于野，故众乌金色者死，天道精微之效也。京房《易传》曰："专征劫杀，厥妖乌鹊斗。"

昭帝时有鹈鹕或曰秃鹙，集昌邑王殿下，王使人射杀之。刘向以为，水鸟色青，青祥也。时，王驰骋无度，慢侮大臣，不敬至尊，有服妖之象，故青祥见也。野鸟入处，宫室将空。王不寤，卒以亡。京房《易传》曰："辟退有德，厥咎狂，厥妖水鸟集于国中。"

成帝河平元年二月庚子，泰山山桑谷有䳚焚其巢。男子孙通等闻山中群鸟䳚鹊声，往视，见巢然，尽堕地中，有三䳚鷇烧死。树大四围，巢去地五丈五尺。太守平以闻。䳚色黑，近黑祥，贪虐之类也。《易》曰："鸟焚其巢，旅人先笑后号咷。"泰山，岱宗，五岳之长，王者易姓告代之处也。天戒若曰，勿近贪虐之人，听其贼谋，将生焚巢自害其子绝世易姓之祸。其后，赵蜚燕得幸，立为皇后，弟为昭仪，姊妹专宠，闻后宫许美人、曹伟能生皇子也，昭仪大怒，令上夺取而杀之，皆并杀其母。成帝崩，昭仪自杀，事乃发觉，赵后坐诛。此焚巢杀子后号咷之应也。一曰，王莽贪虐而任社稷之重，卒成易姓之祸云。京房《易传》曰：“人君暴虐，鸟焚其舍。”

鸿嘉二年三月，博士行大射礼，有飞雉集于庭，历阶登堂而雊。后雉又集太常、宗正、丞相、御史大夫、大司马车骑将军之府，又集未央宫承明殿屋上。时大司马车骑将军王音、待诏宠等上言：“天地之气，以类相应，谴告人君，甚微而著。雉者听察，先闻雷声，故《月令》以纪气。经载高宗雊雉之异，以明转祸为福之验。今雉以博士行礼之日大众聚会，飞集于庭，历阶登堂，万众睢睢，惊怪连日。径历三公之府，太常宗正典宗庙骨肉之官，然后入宫。其宿留告晓人，具备深切，虽人道相戒，何以过是！”后帝使中常侍晁闳诏音曰：“闻捕得雉，毛羽颇摧折，类拘执者，得无人为之？”音复对曰：“陛下安得亡国之语？不知谁主为佞谄之计，诬乱圣德如此者！左右阿谀甚众，不待臣音复谄而足。公卿以下，保位自守，莫有正言。如令陛下觉寤，惧大祸且至身，深责臣下，绳以圣法，臣音当先受诛，岂有以自解哉！今即位十五年，继嗣不立，日日驾车而出，失行流闻，海内传之，甚于京师。外有微行之害，内有疾病之忧，皇天数见灾异，欲人变更，终已不改。天尚不能感动陛下，臣子何望？独有极言待死，命在朝暮而已。如有不然，老母安得处所，尚何皇太后之有！高祖天下当以谁属乎！宜谋于贤知，克己复礼，以求天意，继嗣可立，灾变尚可销也。”

成帝绥和二年三月，天水平襄有燕生爵，哺食至大，俱飞去。京房《易传》曰：“贼臣在国，厥咎燕生爵，诸侯销。”一曰，生非其类，子不嗣世。

史记鲁定公时，季桓子穿井，得土缶，中得虫若羊，近羊祸也。羊者，地上之物，幽于土中，象定公不用孔子而听季氏，暗昧不明之应也。一曰，羊去野外而拘土缶者，象鲁君失其所而拘于季氏，季氏亦将拘于家臣也。是岁，季氏家臣阳虎囚季桓子。后三年，阳虎劫公伐孟氏，兵败，窃宝玉大弓而出亡。

《左氏传》鲁襄公时，宋有生女子赤而毛，弃之堤下，宋平公母共姬之御者见而收之，因名曰弃。长而美好，纳之平公，生子曰佐，后宋臣伊戾谗太子痤而杀之。先是，大夫华元出奔晋，华弱奔鲁，华臣奔陈，华合比奔卫。刘向以为时则火灾赤眚之明应也。京房《易传》曰：“尊卑不别，厥妖女生赤毛。”

惠帝二年，天雨血于宜阳，一顷所，刘向以为赤眚也，时又冬雷，桃李华，常奥之罚也。是时，政舒缓，诸吕用事，谗口妄行，杀三皇子，建立非嗣，及不当立之王，退王陵、赵尧、周昌。吕太后崩，大臣共诛灭诸吕，僵尸流血，京房《易传》曰：“归狱不解，兹谓追非，厥咎天雨血；兹谓不亲，民有怨心，不出三年，无其宗人。”又曰：“佞人禄，功臣僇，天雨血。”

哀帝建平四年四月，山阳湖陵雨血，广三尺，长五尺，大者如钱，小者如麻子。后二年，帝崩。王莽擅朝，诛贵戚丁、傅，大臣董贤等皆放徙远方，与诸吕同象。诛死者少，雨血亦少。

传曰：“听之不聪，是谓不谋，厥咎急，厥罚恒寒，厥极贫。

时则有鼓妖，时则有鱼孽，时则有豕祸，时则有耳痾，时则有黑眚黑祥。惟火沴水。”

“听之不聪，是谓不谋”，言上偏听不聪，下情隔塞，则不能谋虑利害，失在严急，故其咎急也。盛冬日短，寒以杀物，政促迫，故其罚常寒也。寒则不生百谷，上下俱贫，故其极贫也。君严猛而闭下，臣战栗而塞耳，则妄闻之气发于音声，故有鼓妖。寒气动，故有鱼孽。雨以龟为孽，龟能陆处，非极阴也；鱼去水而死，极阴之孽也。于《易》，“坎”为豕，豕大耳而不聪察，听气毁，故有豕祸也，一曰，寒岁豕多死，及为怪，亦是也。及人，则多病耳者，故有耳痾。水色黑，故有黑眚黑祥。凡听伤者病水气，水气病则火沴之。其极贫者，顺之，其福曰富。刘歆听传曰有介虫孽也，庶征之恒寒。刘向以为春秋无其应，周之末世舒缓微弱，政在臣下，奥暖而已，故籍秦以为验。秦始皇即位尚幼，委政太后，太后淫于吕不韦及嫪毐，封毐为长信侯，以太原郡为毐国，宫室苑囿自恣，政事断焉。故天冬雷，以见阳不禁闭，以涉危害，舒奥迫近之变也。始皇既冠，毐惧诛作乱，始皇诛之，斩首数百级，大臣二十人，皆车裂以徇，夷灭其宗，迁四千余家于房陵。是岁四月，寒，民有冻死者。数年之间，缓急如此，寒奥辄应，此其效也。刘歆以为大雨雪，及未当雨雪而雨雪，及大下雨雹，陨霜杀叔草，皆常寒之罚也。刘向以为常雨属貌不恭。京房《易传》曰：“有德遭险，兹谓逆命，厥异寒。诛过深，当奥而寒，尽六日，亦为雹。害正不诛，兹谓养贼，寒七十二日，杀飞禽。道人始去兹谓伤，其寒物无霜而死，涌水出。战不量敌，兹谓辱命，其寒虽雨物不茂。闻善不予，厥咎聋。”

桓公八年“十月，雨雪”。周十月，今八月也，未可以雪，刘向以为时夫人有淫齐之行，而桓有妒媢之心，夫人将杀，其象见也。桓不觉寤，后与夫人俱如齐而杀死。凡雨，阴也，雪又雨之阴也，出非其时，迫近象也。董仲舒以为象夫人专恣，阴气盛也。

釐公十年“冬，大雨雪”。刘向以为，先是釐公立妾为夫人，阴居阳位，阴气盛也。《公羊经》曰“大雨雹”。董仲舒以为，公胁于齐桓公，立妾为夫人，不敢进群妾，故专一之象见诸雹，皆为有所渐胁也，行专一之政云。

昭公四年“正月，大雨雪”。刘向以为，昭取于吴而为同姓，谓之吴孟子。君行于上，臣非于下。又三家已强，皆贱公行，慢侮之心生。董仲舒以为季孙宿任政，阴气盛也。

文帝四年六月，大雨雪。后三岁，淮南王长谋反，发觉，迁，道死。京房《易传》曰：“夏雨雪，戒臣为乱。”

景帝中六年三月，雨雪。其六月，匈奴入上郡取苑马，吏卒战死者二千余人。明年，条侯周亚夫下狱死。

武帝元狩元年十二月，大雨雪，民多冻死。是岁，淮南、衡山王谋反，发觉，皆自杀。使者行郡国，治党与，坐死者数万人。

元鼎二年三月，雪，平地厚五尺。是岁，御史大夫张汤有罪自杀，丞相严青翟坐与三长史谋陷汤，青翟自杀，三长史皆弃市。

元鼎三年三月水冰，四月雨雪，关东十余郡人相食。是岁，民不占缗钱有告者，以半畀之。

元帝建昭二年十一月，齐、楚地大雪，深五尺。是岁，魏郡太守京房为石显所告，坐与妻父淮阳王舅张博、博弟光劝视淮阳王以不义。博要斩，光、房弃市，御史大夫郑弘坐免为庶人。成帝即位，显伏辜，淮阳王上书冤博，辞语增加，家属徙者复得还。

建昭四年三月，雨雪，燕多死。谷永对曰："皇后桑蚕以治祭服，共事天地宗庙，正以是日疾风自西北，大寒雨雪，坏败其功，以章不乡。宜斋戒辟寝，以深自责，请皇后就宫，隔闭门户，毋得擅上。且令众妾人人更进，以时博施。皇天说喜，庶几可以得贤明之嗣。即不行臣言，灾异俞甚，天变成形，臣虽欲复捐身关策，不及事已。"其后许后坐祝诅废。

阳朔四年四月，雨雪，燕雀死。后十二年，许皇后自杀。

定公元年"十月，陨霜杀菽"。刘向以为，周十月，今八月也，消卦为"观"，阴气未至君位而杀，诛罚不由君出，在臣下之象也。是时，季氏逐昭公，公死于外，定公得立，故天见灾以视公也。釐公二年"十月，陨霜不杀草"，为嗣君微，失秉事之象也。其后卒在臣下，则灾为之生矣。异故言草，灾故言菽，重杀谷。一曰菽，草之难杀者也，言杀菽，知草皆死也；言不杀草，知菽亦不死也。董仲舒以为，菽，草之强者，天戒若曰，加诛于强臣。言菽，以微见季氏之罚也。

武帝元光四年四月，陨霜杀草木。先是二年，遣五将军三十万众伏马邑下，欲袭单于，单于觉之而去。自是始征伐四夷，师出三十余年，天下户口减半。京房《易传》曰："兴兵妄诛，兹谓亡法，厥灾霜，夏杀五谷，冬杀麦。诛不原情，兹谓不仁，其霜，夏先大雷风，冬行雨，乃陨霜，有芒角。贤圣遭害，其霜附木不下地。佞人依刑，兹谓私贼。其霜在草根土隙间。不教而诛兹谓虐，其霜反在草下。"

元帝永光元年三月，陨霜杀桑；九月二日，陨霜杀稼，天下大饥。是时，中书令石显用事专权，与《春秋》定公时陨霜同应。成帝即位，显坐作威福诛。

釐公二十九年“秋，大雨雹”。刘向以为，盛阳雨水，温暖而汤热，阴气胁之不相入，则转而为雹；盛阴雨雪，凝滞而冰寒，阳气薄之不相入，则散而为霰。故沸汤之在闭器，而湛于寒泉，则为冰，及雪之销，亦冰解而散，此其验也。故雹者阴胁阳也，霰者阳胁阴也，《春秋》不书霰者，犹月食也。釐公末年信用公子遂，遂专权自恣，将至于杀君，故阴胁阳之象见。釐公不寤，遂终专权，后二年杀子赤，立宣公。《左氏传》曰：“圣人在上无雹，虽有不为灾。”说曰：“凡物不为灾不书，书大，言为灾也。凡雹，皆冬之愆阳，夏之伏阴也。”

昭公三年，“大雨雹”。是时季氏专权，胁君之象见。昭公不寤，后季氏卒逐昭公。

元封三年十二月，雷雨雹，大如马头。宣帝地节四年五月，山阳济阴雨雹如鸡子，深二尺五寸，杀二十人，飞鸟皆死。其十月，大司马霍禹宗族谋反，诛，霍皇后废。

成帝河平二年四月，楚国雨雹，大如斧，飞鸟死。

《左传》曰釐公三十二年十二月己卯，“晋文公卒，庚辰，将殡于曲沃，出绛，柩有声如牛”。刘向以为近鼓妖也。丧，凶事；声如牛，怒象也。将有急怒之谋，以生兵革之祸。是时，秦穆公遣兵袭郑而不假道，还，晋大夫先轸谓襄公曰，秦师过不假涂，请击之。遂要崤厄，以败秦师，匹马觭轮无反者，操之急矣。晋不惟旧，而听虐谋，结怨强国，四被秦寇，祸流数世，凶恶之效也。

哀帝建平二年四月乙亥朔，御史大夫朱博为丞相，少府赵玄为御史大夫，临延登受策，有大声如钟鸣，殿中郎吏陛者皆闻焉。上以问黄门侍郎扬雄、李寻，寻对曰："《洪范》所谓鼓妖者也。师法以为人君不聪，为众所惑，空名得进，则有声无形，不知所从生。其传曰岁月日之中，则正卿受之。今以四月日加辰巳有异，是为中焉。正卿谓执政大臣也。宜退丞相、御史，以应天变。然虽不退，不出期年，其人自蒙其咎。"扬雄亦以为鼓妖，听失之象也。朱博为人强毅多权谋，宜将不宜相，恐有凶恶亟疾之怒。八月，博、玄坐为奸谋，博自杀，玄减死论。京房《易传》曰："令不修本，下不安，金毋故自动，若有音。"

史记秦二世元年，天无云而雷。刘向以为，雷当托于云，犹君托于臣，阴阳之合也。二世不恤天下，万民有怨畔之心，是岁，陈胜起，天下畔，赵高作乱，秦遂以亡。一曰，《易》，"震"为雷，为貌不恭也。

史记秦始皇八年，河鱼大上。刘向以为近鱼孽也。是岁，始皇弟长安君将兵击赵，反，死屯留，军吏皆斩，迁其民于临洮。明年，有嫪毐之诛。鱼阴类，民之象，逆流而上者，民将不从君令为逆行也。其在天文，鱼星中河而处，车骑满野。至于二世，暴虐愈甚，终用急亡。京房《易传》曰："众逆同志，厥妖河鱼逆流上。"

武帝元鼎五年秋，蛙与虾蟆群斗。是岁，四将军众十万征南越，开九郡。

成帝鸿嘉四年秋，雨鱼于信都，长五寸以下。成帝永始元年春，北海出大鱼，长六丈，高一丈，四枚。哀帝建平三年，东莱平度出大鱼，长八丈，高丈一尺，七枚，皆死。京房《易传》曰：“海数见巨鱼，邪人进，贤人疏。”

桓公五年“秋，螽”。刘歆以为贪虐取民则螽，介虫之孽也，与鱼同占。刘向以为介虫之孽属言不从。是岁，公获二国之聘，取鼎易邑，兴役起城。诸螽略皆从董仲舒说云。

严公二十九年“有蜚”。刘歆以为负蠜也，性不食谷，食谷为灾，介虫之孽。刘向以为蜚色青，近青眚也，非中国所有。南越盛暑，男女同川泽，淫风所生，为虫臭恶。是时，严公取齐淫女为夫人，既入，淫于两叔，故蜚至。天戒若曰，今诛绝之尚及，不将生臭恶，闻于四方。严不寤，其后夫人与两叔作乱，二嗣以杀，卒皆被辜。董仲舒指略同。

釐公十五年“八月，螽”。刘向以为，先是釐有咸之会，后城缘陵，是岁，复以兵车为牡丘会，使公孙敖帅师，及诸侯大夫救徐，兵比三年在外。

文公三年“秋，雨螽于宋”。刘向以为，先是宋杀大夫而无罪，有暴虐赋敛之应。《穀梁传》曰上下皆合，言甚。董仲舒以为宋三世内取，大夫专恣，杀生不中，故螽先死而至。刘歆以为，螽为谷灾，卒遇贼阴，坠而死也。

八年“十月，螽”。时公伐邾取须朐，城部。

宣公六年“八月，螽”。刘向以为，先是时宣伐莒向，后比再如齐，谋伐莱。

十三年“秋，螽”。公孙归父会齐伐莒。

十五年“秋，螽”。宣亡孰岁，数有军旅。

襄公七年“八月，螽”。刘向以为，先是襄兴师救陈，滕子、郯子、小邾子皆来朝。夏，城费。

哀公十二年“十二月，螽”。是时，哀用田赋。刘向以为春用田赋，冬而螽。

十三年“九月，螽；十二月，螽”。比三螽，虐取于民之效也。刘歆以为，周十二月，夏十月也。火星既伏，蛰虫皆毕，天之见变，因物类之宜，不得以螽，是岁，再失闰矣。周九月，夏七月，故传曰：“火犹西流，司历过也。”

宣公十五年“冬，蝝生”。刘歆以为，蝝，蚍蜉之有翼者，食谷为灾，黑眚也。董仲舒、刘向以为，蝝，螟始生也，一曰蝗始生。是时，民患上力役，解于公田。宣是时初税亩。税亩，就民田亩择美者税其什一，乱先王制而为贪利，故应是而蝝生，属蠃虫之孽。

景帝中三年秋，蝗。先是，匈奴寇边，中尉不害将车骑材官士屯代高柳。

武帝元光五年秋，螟；六年夏，蝗。先是，五将军众三十万伏马邑，欲袭单于也。是岁，四将军征匈奴。

元鼎五年秋，蝗。是岁，四将军征南越及西南夷，开十余郡。

元封六年秋，蝗。先是，两将军征朝鲜，开三郡。

太初元年夏，蝗从东方蜚至敦煌；三年秋，复蝗。元年，贰师将军征大宛，天下奉其役连年。

征和三年秋，蝗；四年夏，蝗。先是一年，三将军众十余万征匈奴。征和三年，贰师七万人没不还。

平帝元始二年秋，蝗，遍天下。是时，王莽秉政。

《左氏传》曰严公八年齐襄公田于贝丘，见豕。从者曰："公子彭生也。"公怒曰："射之！"豕人立而啼，公惧，坠车，伤足丧屦。刘向以为近豕祸也。先是，齐襄淫于妹鲁桓公夫人，使公子彭生杀桓公，又杀彭生以谢鲁。公孙无知有宠于先君，襄公绌之，无知帅怨恨之徒攻襄于田所，襄匿其户间，足见于户下，遂杀之。伤足丧屦，卒死于足，虐急之效也。

昭帝元凤元年，燕王宫永巷中豕出圂，坏都灶，衔其鬴六七枚置殿前。刘向以为近豕祸也。是时，燕王旦与长公主、左将军谋为大逆，诛杀谏者，暴急无道。灶者，生养之本，豕而败灶，陈鬴于庭，鬴灶将不用，宫室将废辱也。燕王不改，卒伏其辜。京房《易传》曰："众心不安君政，厥妖豕入居室。"

史记鲁襄公二十三年，穀、洛水斗，将毁王宫。刘向以为近火沴水也。周灵王将拥之，有司谏曰："不可。长民者不崇薮，不堕山，不防川，不窦泽。今吾执政毋乃有所辟，而滑夫二川之神，使至于争明，以防王宫室，王而饰之，毋乃不可乎！惧及子孙，王室愈卑。"王卒拥之。以传推之，以四渎比诸侯，穀、洛其次，卿大夫之象也，为卿大夫将分争以危乱王室也。是时，世卿专权，儋括将有篡杀之谋，如灵王觉寤，匡其失政，惧以承戒，则灾祸除矣。不听谏谋，简慢大异，任其私心，塞埤拥下，以逆水势而害鬼神。后数年有黑如日者五。是岁蚤霜，灵王崩。景王立二年，儋括欲杀王，而立王弟佞夫。佞夫不知，景王并诛佞夫。及景王死，五大夫争权，或立子猛，或立子朝，王室大乱。京房《易传》曰："天子弱，诸侯力政，厥异水斗。"

史记曰，秦武王三年渭水赤者三日，昭王三十四年渭水又赤三日。刘向以为近火沴水也。秦连相坐之法，弃灰于道者黥，罔密而刑虐，加以武伐横出，残贼邻国，至于变乱五行，气色谬乱。天戒若曰，勿为刻急，将致败亡。秦遂不改，至始皇灭六国，二世而亡。昔三代居三河，河洛出图书，秦居渭阳，而渭水数赤，瑞异应德之效也。京房《易传》曰："君湎于酒，淫于色，贤人潜，国家危，厥异流水赤也。"

汉书卷二十七下之上

五行志第七下之上

传曰："思心之不睿，是谓不圣，厥咎霿，厥罚恒风，厥极凶短折。时则有脂夜之妖，时则有华孽，时则有牛祸，时则有心腹之痾，时则有黄眚黄祥，时则有金木水火沴土。"

"思心之不睿，是谓不圣。"思心者，心思虑也；睿，宽也。孔子曰："居上不宽，吾何以观之哉！"言上不宽大包容臣下，则不能居圣位。貌言视听，以心为主，四者皆失，则区霿无识，故其咎霿也。雨旱寒奥，亦以风为本，四气皆乱，故其罚常风也。常风伤物，故其极凶短折也。伤人曰凶，禽兽曰短，草木曰折。一曰，凶，夭也；兄丧弟曰短，父丧子曰折。在人腹中，肥而包裹心者，脂也，心区露则冥晦，故有脂夜之妖。一曰，有脂物而夜为妖，若脂水夜污人衣，淫之象也。一曰，夜妖者，云风并起而杳冥，故与常风同象也。温而风则生螟螣，有裸虫之孽。刘向以为于《易》，"巽"为风为木，卦在三月、四月，继阳而治，主木之华实。风气盛，至秋冬木复华，故有华孽。一曰，地气盛则秋冬复华。一曰，华者色也，土为内事，为女孽也。于《易》，

“坤”为土为牛，牛大而心不能思虑，思心气毁，故有牛祸。一曰，牛多死及为怪，亦是也。及人，则多病心腹者，故有心腹之痾。土色黄，故有黄眚黄祥。凡思心伤者病土气，土气病则金木水火沴之，故曰“时则有金木水火沴土”。不言“惟”而独曰“时则有”者，非一冲气所沴，明其异大也。其极曰凶短折，顺之，其福曰考终命。刘歆思心传曰时则有裸虫之孽，谓螟螣之属也。庶征之常风，刘向以为《春秋》无其应。

釐公十六年“正月，六鹢退飞，过宋都”。《左氏传》曰“风也”。刘歆以为风发于它所，至宋而高，鹢高飞而逢之，则退。经以见者为文，故记退飞；传以实应著，言风，常风之罚也。象宋襄公区霿自用，不容臣下，逆司马子鱼之谏，而与强楚争盟，后六年为楚所执，应六鹢之数云。京房《易传》曰：“潜龙勿用，众逆同志，至德乃潜，厥异风。其风也，行不解物，不长，雨小而伤。政悖德隐兹谓乱，厥风先风不雨。大风暴起，发屋折木。守义不进兹谓耄，厥风与云俱起，折五谷茎。臣易上政，兹谓不顺，厥风大焱发屋。赋敛不理兹谓祸，厥风绝经纬，止即温，温即虫。侯专封兹谓不统，厥风疾，而树不摇，谷不成。辟不思道利，兹谓无泽，厥风不摇木，旱无云，伤禾。公常于利兹谓乱，厥风微而温，生虫蝗，害五谷。弃正作淫兹谓惑，厥风温，螟虫起，害有益人之物。侯不朝兹谓叛，厥风无恒，地变赤而杀人。”

文帝二年六月，淮南王都寿春大风毁民室，杀人。刘向以为，是岁南越反，攻〔淮南〕边，淮南王长破之，后年入朝，杀汉故丞相辟阳侯，上赦之，归聚奸人谋逆乱，自称东帝，见异不寤，后迁于蜀，道死廱。

文帝五年，吴暴风雨，坏城官府民室。时吴王濞谋为逆乱，天戒数见，终不改寤，后卒诛灭。

五年十月，楚王都彭城大风从东南来，毁市门，杀人。是月王戊初嗣立，后坐淫削国，与吴王谋反，刑僇谏者。吴在楚东南，天戒若曰，勿与吴为恶，将败市朝。王戊不寤，卒随吴亡。

昭帝元凤元年，燕王都蓟大风雨，拔宫中树七围以上十六枚，坏城楼。燕王旦不寤，谋反发觉，卒伏其辜。

釐公十五年“九月己卯晦，震夷伯之庙”。刘向以为，晦，暝也；震，雷也。夷伯，世大夫，正昼雷，其庙独冥。天戒若曰，勿使大夫世官，将专事暝晦。明年，公子季友卒，果世官，政在季氏。至成公十六年“六月甲午晦”，正昼皆暝，阴为阳，臣制君也。成公不寤，其冬季氏杀公子偃。季氏萌于釐公，大于成公，此其应也。董仲舒以为，夷伯，季氏之孚也，陪臣不当有庙。震者，雷也，晦暝，雷击其庙，明当绝去僭差之类也。向又以为此皆所谓夜妖者也。刘歆以为，《春秋》及朔言朔，及晦言晦，人道所不及，则天震之。展氏有隐慝，故天加诛于其祖夷伯之庙以谴告之也。

成公十六年“六月甲午晦，晋侯及楚子、郑伯战于鄢陵”。皆月晦云。

隐公五年“秋，螟”。董仲舒、刘向以为时公观渔于棠，贪利之应也。刘歆以为又逆臧釐伯之谏，贪利区霿，以生裸虫之孽也。

八年“九月，螟”。时郑伯以邴将易许田，有贪利心。京房《易传》曰：“臣安禄兹谓贪，厥灾虫，虫食根。德无常兹谓烦，虫食叶，不绌无德，虫食本。与东作争，兹谓不时，虫食节。蔽恶生孽，虫食心。”

严公六年“秋，螟”。董仲舒、刘向以为，先是，卫侯朔出奔齐，齐侯会诸侯纳朔，许诸侯赂。齐人归卫宝，鲁受之，贪利应也。

文帝后六年秋，螟。是岁，匈奴大入上郡、云中，烽火通长安，遣三将军屯边，三将军屯京师。

宣公三年，“郊牛之口伤，改卜牛，牛死”。刘向以为近牛祸也。是时，宣公与公子遂谋共杀子赤而立，又以丧娶，区霿昏乱。乱成于口，幸有季文子得免于祸，天犹恶之，生则不飨其祀，死则灾燔其庙。董仲舒指略同。

秦孝文王五年，斿朐衍，有献五足牛者。刘向以为近牛祸也。先是，文惠王初都咸阳，广大宫室，南临渭，北临泾，思心失，逆土气。足者，止也，戒秦建止奢泰，将致危亡。秦遂不改，至于离宫三百，复起阿房，未成而亡。一曰，牛以力为人用，足所以行也。其后秦大用民力转输，起负海至北边，天下叛之。京房《易传》曰：“兴繇役，夺民时，厥妖牛生五足。”

景帝中六年，梁孝王田北山，有献牛，足上出背上。刘向以为近牛祸。先是，孝王骄奢，起苑方三百里，宫馆阁道相连三十余里。纳于邪臣羊胜之计，欲求为汉嗣，刺杀议臣爰盎，事发，负斧归死。既退归国，犹有恨心，内则思虑霿乱，外则土功过制，故牛祸作。足而出于背，下奸上之象也。犹不能自解，发疾暴死，又凶短之极也。

《左氏传》昭公二十一年春，周景王将铸无射钟，泠州鸠曰：

“王其以心疾死乎！夫天子省风以作乐，小者不窕，大者不槬。槬则不容，心是以感，感实生疾。今钟槬矣，王心弗戓，其能久乎？”刘向以为，是时景王好听淫声，適庶不明，思心霿乱，明年以心疾崩，近心腹之痾，凶短之极者也。

昭二十五年春，鲁叔孙昭子聘于宋，元公与燕，饮酒乐，语相泣也。乐祁佐，告人曰：“今兹君与叔孙其皆死乎！吾闻之，哀乐而乐哀，皆丧心也。心之精爽，是谓魂魄，魂魄去之，何以能久？”冬十月，叔孙昭子死；十一月，宋元公卒。

昭帝元凤元年九月，燕有黄鼠衔其尾舞王宫端门中，往视之，鼠舞如故。王使夫人以酒脯祠，鼠舞不休，夜死。黄祥也。时，燕剌王旦谋反将败，死亡象也。其月，发觉伏辜。京房《易传》曰：“诛不原情，厥妖鼠舞门。”

成帝建始元年四月辛丑夜，西北有如火光。壬寅晨，大风从西北起，云气赤黄，四塞天下，终日夜下著地者黄土尘也。是岁，帝元舅大司马大将军王凤始用事；又封凤母弟崇为安成侯，食邑万户；庶弟谭等五人赐爵关内侯，食邑三千户。复益封凤五千户，悉封谭等为列侯，是为五侯。哀帝即位，封外属丁氏、傅氏、周氏、郑氏凡六人为列侯。杨宣对曰：“五侯封日，天气赤黄，丁、傅复然。此殆爵土过制，伤乱土气之祥也。”京房《易传》曰：“经称‘观其生’，言大臣之义，当观贤人，知其性行，推而贡之，否则为闻善不与，兹谓不知，厥异黄，厥咎聋，厥灾不嗣。黄者，日上黄光不散如火然，有黄浊气四塞天下。蔽贤绝道，故灾异至绝世也。经曰‘良马逐’。逐，进也，言大臣得贤者谋，当显进其人，否则为下相攘善，兹谓盗明，厥咎亦不嗣，至于身僇家绝。”

史记周幽王二年，周三川皆震。刘向以为金木水火沴土者也。伯阳甫曰：“周将亡矣！天地之气不过其序，若过其序，民乱之也。阳伏而不能出，阴迫而不能升，于是有地震。今三川实震，是阳失其所而填阴也。阳失而在阴，原必塞；原塞，国必亡。夫水，土演而民用也；土无所演，而民乏财用，不亡何待？昔伊、洛竭而夏亡，河竭而商亡，今周德如二代之季，其原又塞，塞必竭；川竭，山必崩。夫国必依山川，山崩川竭。亡之征也。若国亡，不过十年，数之纪也。”

是岁，三川竭，岐山崩。刘向以为阳失在阴者，谓火气来煎枯水，故川竭也。山川连体，下竭上崩，事势然也。时，幽王暴虐，妄诛伐，不听谏，迷于褒姒，废其正后，废后之父申侯与犬戎共攻杀幽王。一曰，其在天文，水为辰星，辰星为蛮夷。月食辰星，国以女亡。幽王之败，女乱其内，夷攻其外。京房《易传》曰：“君臣相背，厥异名水绝。”

文公九年“九月癸酉，地震”。刘向以为，先是时，齐桓、晋文、鲁釐二伯贤君新没，周襄王失道，楚穆王杀父，诸侯皆不肖，权倾于下，天戒若曰，臣下强盛者将动为害。后宋、鲁、晋、莒、郑、陈、齐皆杀君。诸震，略皆从董仲舒说也。京房《易传》曰：“臣事虽正，未必震，其震，于水则波，于木则摇，于屋则瓦落。大经在辟而易臣，兹谓阴动，厥震摇政宫。大经摇政，兹谓不阴，厥震摇山，山出涌水。嗣子无德专禄，兹谓不顺，厥震动丘陵，涌水出。”

襄公十六年“五月甲子，地震”。刘向以为，先是鸡泽之会，诸侯盟，大夫又盟。是岁三月，诸侯为溴梁之会，而大夫独相与盟。五月，地震矣。其后，崔氏专齐，栾盈乱晋，良霄倾郑，阍杀吴子，燕逐其君，楚灭陈、蔡。

昭公十九年“五月己卯，地震”。刘向以为，是时季氏将有逐君之变。其后，宋三臣、曹会皆以地叛，蔡、莒逐其君，吴败中国杀二君。

二十三年“八月乙未，地震”。刘向以为，是时周景王崩，刘、单立王子猛，尹氏立子朝。其后，季氏逐昭公，黑肱叛邾，吴杀其君僚，宋五大夫、晋二大夫皆以地叛。

哀公三年“四月甲午，地震”。刘向以为，是时诸侯皆信邪臣，莫能用仲尼，盗杀蔡侯、齐陈乞弑君。

惠帝二年正月，地震陇西，厌四百余家。武帝征和二年八月癸亥，地震，厌杀人。宣帝本始四年四月壬寅，城震河南以东四十九郡，北海琅邪坏祖宗庙城郭，杀六千余人。元帝永光三年冬，地震。绥和二年九月丙辰，地震，自京师至北边郡国三十余坏城郭，凡杀四百一十五人。

釐公十四年“秋八月辛卯，沙麓崩”。《穀梁传》曰：“林属于山曰麓，沙其名也。”刘向以为臣下背叛，散落不事上之象也。先是，齐桓行伯道，会诸侯，事周室。管仲既死，桓德日衰，天戒若曰，伯道将废，诸侯散落，政逮大夫，陪臣执命，臣下不事上矣。桓公不寤，天子蔽晦。及齐桓死，天下散而从楚。王札子杀二大夫，晋败天子之师，莫能征讨，从是陵迟。《公羊》以为，沙麓，河上邑也。董仲舒说略同。一曰，河，大川象；齐，大国；桓德衰，伯道将移于晋文，故河为徙也。《左氏》以为，沙麓，晋地；沙，山名也；地震而麓崩，不书震，举重者也。伯阳甫所谓“国必依山川，山崩川竭，亡之征也；不过十年，数之纪也。”至二十四年，晋怀公杀于高梁。京房《易传》曰：“小人剥庐，厥妖山崩，兹谓阴乘阳，弱胜强。”

成公五年“夏，梁山崩”。《穀梁传》曰廱河三日不流，晋君帅群臣而哭之，乃流。刘向以为，山，阳，君也；水，阴，民也。天戒若曰，君道崩坏，下乱，百姓将失其所矣。哭然后流，丧亡象也。梁山在晋地，自晋始而及天下也。后晋暴杀三卿，厉公以弑。溴梁之会，天下大夫皆执国政，其后孙、甯出卫献，三家逐鲁昭，单、尹乱王室，董仲舒说略同。刘歆以为，梁山，晋望也；崩，阤崩也。古者三代命祀，祭不越望，吉凶祸福，不是过也。国主山川，山崩川竭，亡之征也，美恶周必复。是岁，岁在鹑火，至十七年复在鹑火，栾书、中行偃杀厉公而立悼公。

高后二年正月，武都山崩，杀七百六十人，地震至八月乃止。文帝元年四月，齐、楚地山二十九所同日俱大发水，溃出。刘向以为，近水沴土也。天戒若曰，勿盛齐、楚之君，今失制度，将为乱。后十六年，帝庶兄齐悼惠王之孙文王则薨，无子，帝分齐地，立悼惠王庶子六人皆为王，贾谊、晁错谏，以为违古制，恐为乱。至景帝三年，齐、楚七国起兵百余万，汉皆破之。春秋四国同日灾，汉七国同日众山溃，咸被其害，不畏天威之明效也。

成帝河平三年二月丙戌，犍为柏江山崩，捐江山崩，皆廱江水，江水逆流坏城，杀十三人，地震积二十一日，百二十四动。元延三年正月丙寅，蜀郡岷山崩，廱江，江水逆流，三日乃通。刘向以为，周时岐山崩，三川竭，而幽王亡，岐山者，周所兴也。汉家本起于蜀、汉，今所起之地山崩川竭，星孛又及摄提、大角，从参至辰，殆必亡矣。其后，三世亡嗣，王莽篡位。

传曰："皇之不极，是谓不建，厥咎眊，厥罚恒阴，厥极弱。时则有射妖，时则有龙蛇之孽，时则有马祸，时则有下人伐上之疴，时则有日月乱行，星辰逆行。"

"皇之不极，是谓不建"，皇，君也。极，中；建，立也。人君貌言视听思心五事皆失，不得其中，则不能立万事，失在眊悖，故其咎眊也。王者自下承天理物，云起于山，而弥于天；天气乱，故其罚常阴也。一曰，上失中，则下强盛而蔽君明也。《易》曰"亢龙有悔，贵而亡位，高而亡民，贤人在下位而亡辅"，如此，则君有南面之尊，而亡一人之助，故其极弱也。盛阳动进轻疾。礼，春而大射，以顺阳气。上微弱则下奋动，故有射妖。《易》曰"云从龙"，又曰"龙蛇之蛰，以存身也"。阴气动，故有龙蛇之孽，于《易》，"乾"为君为马，马任用而强力，君气毁，故有马祸。一曰，马多死及为怪，亦是也。君乱且弱，人之所叛，天之所去，不有明王之诛，则有篡弑之祸，故有下人伐上之疴。凡君道伤者病天气，不言五行沴天，而曰"日月乱行，星辰逆行"者，为若下不敢沴天，犹《春秋》曰"王师败绩于贸戎"，不言败之者，以自败为文，尊尊之意也。刘歆皇极传曰，有下体生上之疴。说以为下人伐上，天诛已成。不得复为疴云。皇极之常阴，刘向以为，《春秋》亡其应。一曰，久阴不雨是也。刘歆以为，自属常阴。

昭帝元平元年四月崩，亡嗣，立昌邑王贺。贺即位，天阴，昼夜不见日月。贺欲出，光禄大夫夏侯胜当车谏曰："天久阴而不雨，臣下有谋上者，陛下欲何之？"贺怒，缚胜以属吏，吏白大将军霍光。光时与车骑将军张安世谋欲废贺。光让安世，以为泄语，安世实不泄，召问胜。胜上《洪范五行传》曰："'皇之不极，厥罚常阴，时则有下人伐上。'不敢察察言，故云臣下有谋。"光、安世读之，大惊，以此益重经术士。后数日，卒共废贺，此常阴之明效也。京房《易传》曰："有蜺、蒙、雾。雾，上下合也。蒙，如尘云。蜺，日旁气也。其占曰：后妃有专，蜺再重，赤而专，至冲旱。妻不壹顺，黑蜺四背，又白蜺双出日中。妻以贵高夫，兹谓擅阳，蜺四方，日光不阳，解而温。内取兹谓禽，蜺如禽，在日旁。以尊降妃，兹谓薄嗣，蜺直而塞，六辰乃除，夜星见而赤。女不变始，兹谓乘夫，蜺白在日侧，黑蜺果之，气正直。妻不顺正，兹谓擅阳，蜺中窥贯而外专。夫妻不严兹谓媟，蜺与日会。妇人擅国兹谓顷，蜺白贯日中，赤蜺四背。適不答兹谓不次，蜺直在左，蜺交在右。取于不专，兹谓危嗣，蜺抱日两未及。君淫外兹谓亡，蜺气左日交于外。取不达兹谓不知，蜺白夺明而大温，温而雨。尊卑不别兹谓媟，蜺三出三已，三辰除，除则日出且雨。臣私禄及亲，兹谓罔辟，厥异蒙，其蒙先大温，已蒙起，日不见。行善不请于上，兹谓作福，蒙一日五起五解。辟不下谋，臣辟异道，兹谓不见，上蒙下雾，风三变而俱解。立嗣子疑，兹谓动欲，蒙赤，日不明。德不序，兹谓不聪，蒙，日不明，温而民病。德不试，空言禄，兹谓主窳臣夭，蒙起而白。君乐逸人，兹谓放，蒙，日青，黑云夹日，左右前后行过日。公不任职，兹谓怙禄，蒙三日，又大风五日，蒙不解。利邪以食，兹谓闭上，蒙大起，白云如山行蔽日。公惧不言道，兹谓闭下，蒙大起，日不见，若雨不雨，至十二日解，而有大云蔽日。禄生于下，兹谓诬君，蒙微而小雨，已乃大雨。下相攘善，兹谓盗明，蒙黄浊。

下陈功，求于上，兹谓不知，蒙，微而赤，风鸣条，解复蒙。下专刑，兹谓分威，蒙而日不得明。大臣厌小臣，兹谓蔽，蒙微，日不明，若解不解，大风发，赤云起而蔽日。众不恶恶，兹谓闭，蒙，尊卦用事，三日而起，日不见。漏言亡喜，兹谓下厝用，蒙微，日无光，有雨云，雨不降。废忠惑佞，兹谓亡，蒙，天先清而暴，蒙微而日不明。有逸民，兹谓不明，蒙浊，夺日光。公不任职，兹谓不绌，蒙白，三辰止，则日青，青而寒，寒必雨。忠臣进善君不试，兹谓遏，蒙，先小雨，雨已蒙起，微而日不明。惑众在位，兹谓覆国，蒙微而日不明，一温一寒，风扬尘。知佞厚之，兹谓庳，蒙甚而温。君臣故弼，兹谓悖，厥灾风雨雾，风拔木，乱五谷，已而大雾。庶正蔽恶，兹谓生孽灾，厥异雾。”此皆阴云之类云。

严公十八年“秋，有蜮”。刘向以为蜮生南越。越地多妇人，男女同川，淫女为主，乱气所生，故圣人名之曰蜮。蜮犹惑也，在水旁，能射人，射人有处，甚者至死。南方谓之短弧，近射妖，死亡之象也。时严将取齐之淫女，故蜮至。天戒若曰，勿取齐女，将生淫惑篡弑之祸。严不寤，遂取之。入后淫于二叔，二叔以死，两子见弑，夫人亦诛。刘歆以为，蜮，盛暑所生，非自越来也。京房《易传》曰：“忠臣进善君不试，厥咎国生蜮。”

史记鲁哀公时，有隼集于陈廷而死，楛矢贯之，石砮，长尺有咫。陈闵公使使问仲尼，仲尼曰：“隼之来远矣！昔武王克商，通道百蛮，使各以方物来贡，肃慎贡楛矢，石砮长尺有咫。先王分异姓以远方职，使毋忘服，故分陈以肃慎矢。”试求之故府，果得之。刘向以为，隼近黑祥，贪暴类也；矢贯之，近射妖也；死于廷，国亡表也。象陈眊乱，不服事周，而行贪暴，将致远夷之祸，为所灭也。是时，中国齐、晋、南夷吴、楚为强，陈交晋不亲，附楚不固，数被二国之祸。后楚有白公之乱，陈乘而侵之，卒为楚所灭。

史记夏后氏之衰，有二龙止于夏廷，而言“余，褒之二君也”。夏帝卜杀之，去之，止之，莫吉；卜请其漦而藏之，乃吉。于是布币策告之。龙亡而漦在，乃椟去之。其后夏亡，传椟于殷、周，三代莫发，至厉王末，发而观之，漦流于廷，不可除也。厉王使妇人裸而噪之，漦化为玄鼋，入后宫，处妾遇之而孕。生子，惧而弃之。宣王立，女童谣曰：“檿弧萁服，实亡周国。”后有夫妇鬻是器者，宣王使执而僇之。既去，见处妾所弃妖子，闻其夜号，哀而收之，遂亡奔褒。后褒人有罪，入妖子以赎，是为褒姒，幽王见而爱之，生子伯服。王废申后及太子宜咎，而立褒姒、伯服代之。废后之父申侯与缯西畎戎共攻杀幽王。《诗》曰：“赫赫宗周，褒姒灭之。”刘向以为，夏后季世，周之幽、厉，皆悖乱逆天，故有龙鼋之怪，近龙蛇孽也。漦，血也，一曰沫也。檿弧，桑弓也。萁服，盖以萁草为箭服，近射妖也。女童谣者，祸将生于女，国以兵寇亡也。

《左氏传》昭公十九年，龙斗于郑时门之外洧渊。刘向以为近龙孽也。郑以小国摄乎晋、楚之间，重以强吴，郑当其冲，不能修德，将斗三国，以自危亡。是时，子产任政，内惠于民，外善辞令，以交三国，郑卒亡患，能以德消变之效也。京房《易传》曰：“众心不安，厥妖龙斗。”

惠帝二年正月癸酉旦，有两龙见于兰陵廷东里温陵井中，至乙亥夜去。刘向以为，龙贵象而困于庶人井中，象诸侯将有幽执之祸。其后吕太后幽杀三赵王，诸吕亦终诛灭。京房《易传》曰："有德遭害，厥妖龙见井中。"又曰："行刑暴恶，黑龙从井出。"

《左氏传》鲁严公时有内蛇与外蛇斗郑南门中，内蛇死。刘向以为近蛇孽也。先是，郑厉公劫相祭仲而逐兄昭公代立。后厉公出奔，昭公复入。死，弟子仪代立。厉公自外劫大夫傅瑕，使僇子仪。此外蛇杀内蛇之象也。蛇死六年，而厉公立。严公闻之，问申繻曰："犹有妖乎？"对曰："人之所忌，其气炎以取之，妖由人兴也。人亡舋焉，妖不自作。人弃常，故有妖。"京房《易传》曰："立嗣子疑，厥妖蛇居国门斗。"

《左氏传》文公十六年夏，有蛇自泉宫出，入于国，如先君之数，刘向以为近蛇孽也。泉宫在囿中，公母姜氏尝居之，蛇从之出，象宫将不居也。《诗》曰："维虺维蛇，女子之祥。"又蛇入国，国将有女忧也。如先君之数者，公母将薨象也。秋，公母薨。公恶之，乃毁泉台。夫妖孽应行而自见，非见而为害也。文不改行循正，共御厥罚，而作非礼，以重其过。后二年薨，公子遂杀文之二子恶、视，而立宣公。文公夫人大归于齐。

武帝太始四年七月，赵有蛇从郭外入，与邑中蛇斗孝文庙下，邑中蛇死。后二年秋，有卫太子事，事自赵人江充起。

《左氏传》定公十年，宋公子地有白马驷，公嬖向魋欲之，公取而朱其尾鬣以予之。地怒，使其徒抶魋而夺之。魋惧将走，公闭门而泣之，目尽肿。公弟辰谓地曰："子为君礼，不过出竟，君必止子。"地出奔陈，公弗止。辰为之请，不听。辰曰："是我迋吾兄也，吾以国人出，君谁与处？”遂与其徒出奔陈。明年，俱入于萧以叛，大为宋患，近马祸也。

史记秦孝公二十一年有马生人，昭王二十年牡马生子而死。刘向以为皆马祸也。孝公始用商君攻守之法，东侵诸侯，至于昭王，用兵弥烈。其象将以兵革抗极成功，而还自害也。牡马非生类，妄生而死，犹秦恃力强得天下，而还自灭之象也。一曰，诸畜生非其类，子孙必有非其姓者，至于始皇，果吕不韦子。京房《易传》曰：“方伯分威，厥妖牡马生子。亡天子，诸侯相伐，厥妖马生人。”

文帝十二年，有马生角于吴，角在耳前，上乡。右角长三寸，左角长二寸，皆大二寸。刘向以为马不当生角，犹吴不当举兵乡上也。是时，吴王濞封有四郡五十余城，内怀骄恣，变见于外，天戒早矣。王不寤，后卒举兵，诛灭。京房《易传》曰：“臣易上，政不顺，厥妖马生角，兹谓贤士不足。”又曰：“天子亲伐，马生角。”

成帝绥和二年二月，大厩马生角，在左耳前，围长各二寸。是时，王莽为大司马，害上之萌自此始矣。哀帝建平二年，定襄牡马生驹，三足，随群饮食，太守以闻。马，国之武用，三足，不任用之象也。后侍中董贤年二十二为大司马，居上公之位，天下不宗。哀帝暴崩，成帝母王太后召弟子新都侯王莽入，收贤印绶，贤恐，自杀，莽因代之，并诛外家丁、傅。又废哀帝傅皇后，令自杀，发掘帝祖母傅太后、母丁太后陵，更以庶人葬之。辜及至尊，大臣微弱之祸也。

文公十一年，“败狄于咸”。《穀梁》、《公羊传》曰，长狄兄弟三人，一者之鲁，一者之齐，一者之晋。皆杀之，身横九亩；断其首而载之，眉见于轼。何以书？记异也，刘向以为，是时周室衰微，三国为大，可责者也。天戒若曰，不行礼义，大为夷狄之行，将致危亡。其后三国皆有篡弑之祸，近下人伐上之痾也。刘歆以为人变，属黄祥。一曰，属裸虫之孽。一曰，天地之性人为贵，凡人为变，皆属皇极下人伐上之痾云。京房《易传》曰："君暴乱，疾有道，厥妖长狄入国。"又曰："丰其屋，下独苦。长狄生，世主虏。"

史记秦始皇帝二十六年，有大人长五丈，足履六尺，皆夷狄服，凡十二人，见于临洮。天戒若曰，勿大为夷狄之行，将受其祸。是岁，始皇初并六国，反喜以为瑞，销天下兵器，作金人十二以象之。遂自贤圣，燔《诗》、《书》，坑儒士；奢淫暴虐，务欲广地；南戍五岭，北筑长城，以备胡、越；堑山填谷，西起临洮，东至辽东，径数千里。故大人见于临洮，明祸乱之起。后十四年而秦亡，亡自戍卒陈胜发。

史记魏襄王十三年，魏有女子化为丈夫。京房《易传》曰："女子化为丈夫，兹谓阴昌，贱人为王；丈夫化为女子，兹谓阴胜，厥咎亡。"一曰，男化为女，宫刑滥也；女化为男，妇政行也。

哀帝建平中，豫章有男子化为女子，嫁为人妇，生一子，长安陈凤言此阳变为阴，将亡继嗣，自相生之象。一曰，嫁为人妇生一子者，将复一世乃绝。

哀帝建平四年四月，山阳方与女子田无啬生子。先未生二月，儿啼腹中，及生，不举，葬之陌上，三日，人过闻啼声，母掘收养。

平帝元始元年二月，朔方广牧女子赵春病死，敛棺积六日，出在棺外，自言见夫死父，曰："年二十七，不当死。"太守谭以闻。京房《易传》曰："'干父之蛊，有子，考亡咎。'子三年不改父道，思慕不皇，亦重见先人之非，不则为私，厥妖人死复生。"一曰，至阴为阳，下人为上。

六月，长安女子有生儿，两头异颈面相乡，四臂共匈俱前乡，尻上有目长二寸所。京房《易传》曰："'睽孤，见豕负涂'，厥妖人生两头。下相攘善，妖亦同。人若六畜首目在下，兹谓亡上，正将变更。凡妖之作，以谴失正，各象其类。二首，下不壹也；足多，所任邪也；足少，下不胜任，或不任下也。凡下体生于上，不敬也；上体生于下，媟渎也；生非其类，淫乱也；人生而大，上速成也；生而能言，好虚也。群妖推此类，不改乃成凶也。"

景帝二年九月，胶东下密人年七十余，生角，角有毛。时胶东、胶西、济南、齐四王有举兵反谋，谋由吴王濞起，连楚、赵，凡七国。下密，县居四齐之中；角，兵象，上乡者也；老人，吴王象也；年七十，七国象也。天戒若曰，人不当生角，犹诸侯不当举兵以乡京师也；祸从老人生，七国俱败云。诸侯不寤。明年，吴王先起，诸侯从之，七国俱灭。京房《易传》曰："冢宰专政，厥妖人生角。"

成帝建始三年十月丁未，京师相惊，言大水至。渭水虒上小女陈持弓年九岁，走入横城门，入未央宫尚方掖门，殿门门卫户者莫见，至句盾禁中而觉得。民以水相惊者，阴气盛也。小女而入宫殿中者，下人将因女宠而居有宫室之象也。名曰持弓，有似周家檿弧之祥。《易》曰："弧矢之利，以威天下。"是时，帝母王太后弟凤始为上将，秉国政，天知其后将威天下而入宫室，故象先见也。其后，王氏兄弟父子五侯秉权，至莽卒篡天下，盖陈氏之后云。京房《易传》曰："妖言动众，兹谓不信，路将亡人，司马死。"

成帝绥和二年八月庚申，郑通里男子王褒，衣绛衣小冠，带剑入北司马门殿东门，上前殿，入非常室中，解帷组结佩之，招前殿署长业等曰："天帝令我居此。"业等收缚考问，褒故公车大谁卒，病狂易，不自知入宫状，下狱死。是时，王莽为大司马，哀帝即位，莽乞骸骨就第，天知其必不退，故因是而见象也。姓名章服甚明，径上前殿路寝，入室取组而佩之，称天帝命，然时人莫察。后莽就国，天下冤之，哀帝征莽还京师。明年，帝崩，莽复为大司马，因是而篡国。

哀帝建平四年正月，民惊走，持稿或棷一枚，传相付与，曰行诏筹。道中相过逢多至千数，或被发徒践，或夜折关，或逾墙入，或乘车骑奔驰，以置驿传行，经历郡国二十六，至京师。其夏，京师郡国民聚会里巷阡陌，设张博具，歌舞祠西王母。又传书曰："母告百姓，佩此书者不死。不信我言，视门枢下，当有白发。"至秋止。是时，帝祖母傅太后骄，与政事，故杜邺对曰："《春秋》灾异，以指象为言语。筹，所以纪数。民，阴，水类也。水以东流为顺走，而西行，反类逆上。象数度放溢，妄以相予，违忤民心之应也。西王母，妇人之称。博弈，男子之事。于街巷阡陌，明离阃内，与疆外。临事盘乐，炕阳之意。白发，衰年之象，体尊性弱，难理易乱。门，人之所由；枢，其要也。居人之所由，制持其要也。其明甚著。今外家丁、傅并侍帷幄，布于列位，有罪恶者不坐辜罚，亡功能者毕受官爵。皇甫、三桓，诗人所刺，《春秋》所讥，亡以甚此。指象昭昭，以觉圣朝，奈何不应!”后哀帝崩，成帝母王太后临朝，王莽为大司马，诛灭丁、傅。一曰丁、傅所乱者小，此异乃王太后、莽之应云。

汉书卷二十七下之下

五行志第七下之下

隐公三年“二月己巳，日有食之”。《穀梁传》曰，言日不言朔，食晦。《公羊传》曰，食二日。董仲舒、刘向以为，其后戎执天子之使，郑获鲁隐，灭戴，卫、鲁、宋咸杀君。《左氏》刘歆以为正月二日，燕、越之分野也。凡日所躔而有变，则分野之国失政者受之。人君能修政，共御厥罚，则灾消而福至；不能，则灾息而祸生。故经书灾而不记其故，盖吉凶亡常，随行而成祸福也。周衰，天子不班朔，鲁历不正，置闰不得其月，月大小不得其度。史记日食，或言朔而实非朔，或不言朔而实朔，或脱不书朔与日，皆官失之也。京房《易传》曰：“亡师兹谓不御，厥异日食，其食也既，并食不一处。诛众失理，兹谓生叛，厥食既，光散。纵畔兹谓不明，厥食，先大雨三日，雨除而寒，寒即食。专禄不封，兹谓不安，厥食既，先日出而黑，光反外烛。君臣不通兹谓亡，厥蚀三既。同姓上侵，兹谓诬君，厥食四方有云，中央无云，其日大寒。公欲弱主位，兹谓不知，厥食中白青，四方赤，已食地震。诸侯相侵，兹谓不承，厥食三毁三复。君疾善，下谋上，兹谓乱，厥食既，先雨雹，杀走兽。弑君获位，兹谓逆，厥食既，先风雨折木，日赤。内臣外向，兹谓背，厥食食且雨，地中鸣。冢宰专政，兹谓因，厥食先大风，食时日居云中，四方亡云。伯正越职，兹谓分威，厥食日中分。诸侯争美于上，兹谓泰，厥食日伤月，食半，天营而鸣。赋不得，兹谓竭，厥食星随而下。受命之臣专征云试，厥食虽侵光犹明，若文王臣独诛纣矣。小人顺受命者征其君云杀，厥食五色，至大寒陨霜，若纣臣顺武王而诛纣矣。诸侯更制，兹谓叛，厥食三复三食，食已而风，地动。適让庶，兹谓生欲，厥食日失位，光晻晻，月形见。酒亡节兹谓荒，厥蚀乍青乍黑乍赤，明日大雨，发雾而寒。”凡食二十占，其形二十有四，改之辄除；不改三年，三年不改六年，六年不改九年。推隐三年之食，贯中央，上下竟而黑，臣弑从中成之形也。后卫州吁弑君而立。

桓公三年“七月壬辰朔，日有食之，既”。董仲舒、刘向以为，前事已大，后事将至者又大，则既。先是，鲁、宋弑君，鲁又成宋乱，易许田，亡事天子之心；楚僭称王。后郑岠王师，射桓王，又二君相篡。刘歆以为六月，赵与晋分。先是，晋曲沃伯再弑晋侯，是岁晋大乱，灭其宗国。京房《易传》以为桓三年日食贯中央，上下竟而黄，臣弑而不卒之形也。后楚严称王，兼地千里。

十七年“十月朔，日有食之”。《穀梁传》曰，言朔不言日，食二日也。刘向以为是时卫侯朔有罪出奔齐，天子更立卫君。朔借助五国，举兵伐之而自立，王命遂坏。鲁夫人淫失于齐，卒杀桓公。董仲舒以为，言朔不言日，恶鲁桓且有夫人之祸，将不终日也。刘歆以为楚、郑分。

严公十八年“三月，日有食之”。《穀梁传》曰，不言日，不言朔，夜食。史记推合朔在夜，明旦日食而出，出而解，是为夜食。刘向以为，夜食者，阴因日明之衰而夺其光，象周天子不明，齐桓将夺其威，专会诸侯而行伯道。其后遂九合诸侯，天子使世子会之，此其效也。《公羊传》曰食晦。董仲舒以为，宿在东壁，鲁象也。后公子庆父、叔牙果通于夫人以劫公。刘歆以为，晦鲁、卫分。

二十五年“六月辛未朔，日有食之”。董仲舒以为，宿在毕，主边兵夷狄象也。后狄灭邢、卫。刘歆以为，五月二日鲁、赵分。

二十六年“十二月癸亥朔，日有食之”。董仲舒以为，宿在心，心为明堂，文武之道废，中国不绝若线之象也。刘向以为，时戎侵曹，鲁夫人淫于庆父、叔牙，将以弑君，故比年再蚀以见戒。刘歆以为，十月二日楚、郑分。

三十年“九月庚午朔，日有食之”。董仲舒、刘向以为后鲁二君弑，夫人诛，两弟死，狄灭邢，徐取舒，晋杀世子，楚灭弦。刘歆以为，八月秦、周分。

僖公五年“九月戊申朔，日有食之”。董仲舒、刘向以为，先是齐桓行伯，江、黄自至，南服强楚。其后不内自正，而外执陈大夫，则陈、楚不附，郑伯逃盟，诸侯将不从桓政，故天见戒。其后晋灭虢，楚围许，诸侯伐郑，晋弑二君，狄灭温，楚伐黄，桓不能救。刘歆以为，七月秦、晋分。

十二年“三月庚午朔，日有食之”。董仲舒、刘向以为，是时楚灭黄，狄侵卫、郑，莒灭杞。刘歆以为，三月齐、卫分。

十五年“五月，日有食之”。刘向以为象晋文公将行伯道，后遂伐卫，执曹伯，败楚城濮，再会诸侯，召天王而朝之，此其效也。日食者臣之恶也，夜食者掩其罪也，以为上亡明王，桓、文能行伯道，攘夷狄，安中国，虽不正犹可，盖《春秋》实与而文不与之义也。董仲舒以为后秦获晋侯，齐灭项，楚败徐于娄林。刘歆以为，二月朔齐、越分。

文公元年“二月癸亥，日有食之”。董仲舒、刘向以为，先是大夫始执国政，公子遂如京师，后楚世子商臣杀父，齐公子商人弑君。皆自立，宋子哀出奔，晋灭江，楚灭六，大夫公孙敖、叔彭生并专会盟。刘歆以为，正月朔燕、越分。

十五年“六月辛丑朔，日有食之”。董仲舒、刘向以为，后宋、齐、莒、晋、郑八年之间五君杀死。楚灭舒蓼。刘歆以为，四月二日鲁、卫分。

宣公八年“七月甲子，日有食之，既”。董仲舒、刘向以为，先是楚商臣弑父而立，至于严王遂强。诸夏大国唯有齐、晋，齐、晋新有篡弑之祸，内皆未安，故楚乘弱横行，八年之间六侵伐而一灭国，伐陆浑戎，观兵周室；后又入郑，郑伯肉袒谢罪；北败晋师于邲，流血色水；围宋九月，析骸而炊之。刘歆以为，十月二日楚、郑分。

十年“四月丙辰，日有食之”。董仲舒、刘向以为，后陈夏征舒弑其君，楚灭萧，晋灭二国，王札子杀召伯、毛伯。刘歆以为，二月鲁、卫分。

十七年，“六月癸卯，日有食之”。董仲舒、刘向以为后邾支解鄫子，晋败王师于贸戎，败齐于鞌。刘歆以为，三月晦朓鲁、卫分。

成公十六年“六月丙寅朔，日有食之”。董仲舒、刘向以为，后晋败楚、郑于鄢陵，执鲁侯。刘歆以为，四月二日鲁、卫分。

十七年“十二月丁巳朔，日有食之”。董仲舒、刘向以为，后楚灭舒庸，晋弑其君，宋鱼石因楚夺君邑，莒灭鄫，齐灭莱，郑伯弑死。刘歆以为九月周、楚分。

襄公十四年“二月乙未朔，日有食之”。董仲舒、刘向以为，后卫大夫孙、甯共逐献公，立孙剽。刘歆以为，前年十二月二日宋、燕分。

十五年“八月丁巳朔，日有食之”。董仲舒、刘向以为，先是晋为鸡泽之会，诸侯盟，又大夫盟，后为溴梁之会，诸侯在而大夫独相与盟，君若缀斿，不得举手。刘歆以为，五月二日鲁、赵分。

二十年“十月丙辰朔，日有食之”。董仲舒以为，陈庆虎、庆寅蔽君之明，邾庶其有叛心，后庶其以漆、闾丘来奔，陈杀二庆。刘歆以为，八月秦、周分。

二十一年“九月庚戌朔，日有食之”。董仲舒以为晋栾盈将犯君，后入于曲沃。刘歆以为，七月秦、晋分。“十月庚辰朔，日有食之”。董仲舒以为，宿在轸、角，楚大国象也。后楚屈氏谮杀公子追舒，齐庆封胁君乱国。刘歆以为，八月秦、周分。

二十三年“二月癸酉朔，日有食之”。董仲舒以为，后卫侯入陈仪，甯喜弑其君剽。刘歆以为，前年十二月二日宋、燕分。

二十四年“七月甲子朔，日有食之，既”。刘歆以为，五月鲁、赵分。“八月癸巳朔，日有食之”。董仲舒以为，比食又既，象阳将绝，夷狄主上国之象也。后六君弑，楚子果从诸侯伐郑，灭舒鸠，鲁往朝之，卒主中国，伐吴讨庆封。刘歆以为，六月晋、赵分。

二十七年“十二月乙亥朔，日有食之”。董仲舒以为，礼义将大灭绝之象也。时，吴子好勇，使刑人守门；蔡侯通于世子之妻；莒不早立嗣。后阍戕吴子，蔡世子般弑其父，莒人亦弑君而庶子争。刘向以为，自二十年至此岁，八年间日食七作，祸乱将重起，故天仍见戒也。后齐崔杼弑君，宋杀世子，北燕伯出奔，郑大夫自外入而篡位，指略如董仲舒。刘歆以为，九月周、楚分。

昭公七年“四月甲辰朔，日有食之”。董仲舒、刘向以为，先是楚灵王弑君而立，会诸侯，执徐子，灭赖，后陈公子招杀世子，楚因而灭之，又灭蔡，后灵王亦弑死。刘歆以为，二月鲁、卫分。传曰晋侯问于士文伯曰：“谁将当日食？”对曰：“鲁、卫恶之，卫大鲁小。”公曰：“何故？”对曰：“去卫地，如鲁地，于是有灾，其卫君乎？鲁将上卿。”是岁，八月卫襄公卒，十一月鲁季孙宿卒。晋侯谓士文伯曰：“吾所问日食从矣，可常乎？”对曰：“不可。六物不同，民心不壹，事序不类，官职不则，同始异终，胡可常也？《诗》曰：‘或宴宴居息，或尽悴事国。’其异终也如是。”公曰：“何谓六物？”对曰：“岁、时、日、月、星、辰是谓。”公曰：“何谓辰？”对曰：“日月之会是谓。”公曰：“《诗》所谓‘此日而食，于何不臧’，何也？”对曰：“不善政之谓也。国无政，不用善，则自取適于日月之灾。故政不可不慎也，务三而已：一曰择人，二曰因民，三曰从时。”此推日食之占循变复之要也。《易》曰：“县象著明，莫大于日月。”是故圣人重之，载于三经。于《易》在“丰”之“震”曰：“丰其沛，日中见昧，折其右肱，亡咎。”于《诗·十月之交》，则著卿士、司徒，下至趣马、师氏，咸非其材。同于右肱之所折，协于三务之所择，明小人乘君子，阴侵阳之原也。

十五年“六月丁巳朔，日有食之”。刘歆以为，三月鲁、卫分。

十七年“六月甲戌朔，日有食之”。董仲舒以为时宿在毕，晋国象也。晋厉公诛四大夫，失众心，以弑死。后莫敢复责大夫，六卿遂相与比周，专晋国，君还事之。日比再食，其事在春秋后，故不载于经。刘歆以为鲁、赵分。《左氏传》平子曰：“唯正月朔，慝未作，日有食之，于是乎天子不举，伐鼓于社，诸侯用币于社，伐鼓于朝，礼也。其余则否。”太史曰：“在此月也，日过分而未至，三辰有灾，百官降物，君不举，避移时，乐奏鼓，祝用币，史用辞，啬夫驰，庶人走，此月朔之谓也。当夏四月，是谓孟夏。”说曰：正月谓周六月，夏四月，正阳纯乾之月也。慝谓阴爻也，冬至阳爻起初，胡曰复。至建巳之月为纯乾，亡阴爻，而阴侵阳，为灾重，故伐鼓用币，责阴之礼。降物，素服也。不举，去乐也。避移时，避正堂，须时移灾复也。啬夫，掌币吏。庶人，其徒役也。刘歆以为，六月二日鲁、赵分。

二十一年“七月壬午朔，日有食之”。董仲舒以为周景王老，刘子、单子专权，蔡侯朱骄，君臣不说之象也。后蔡侯朱果出奔，刘子、单子立王猛。刘歆以为，五月二日鲁、赵分。

二十二年“十二月癸酉朔，日有食之”。董仲舒以为，宿在心，天子之象也。后尹氏立王子朝，天王居于狄泉。刘歆以为，十月楚、郑分。

二十四年“五月乙未朔，日有食之”。董仲舒以为，宿在胃，鲁象也。后昭公为季氏所逐。刘向以为，自十五年至此岁，十年间天戒七见，人君犹不寤。后楚杀戎蛮子，晋灭陆浑戎，盗杀卫侯兄，蔡、莒之君出奔，吴灭巢，公子光杀王僚宋三臣以邑叛其君。它如仲舒。刘歆以为，二日鲁、赵分。是月斗建辰。《左氏传》梓慎曰：“将大水。”昭子曰：“旱也。日过分而阳犹不克，克必甚，能无旱乎！阳不克，莫将积聚也。”是岁秋，大雩，旱也。二至二分，日有食之，不为灾。日月之行也，春秋分日夜等，故同道；冬夏至长短极，故相过。相过同道而食轻，不为大灾，水旱而已。

三十一年“十二月辛亥朔，日有食之”。董仲舒以为，宿在心，天子象也。时京师微弱，后诸侯果相率而城周，宋中几亡尊天子之心，而不衰城。刘向以为，时吴灭徐，而蔡灭沈，楚围蔡，吴败楚入郢，昭王走出。刘歆以为，二日宋、燕分。

定公五年“三月辛亥朔，日有食之”。董仲舒、刘向以为，后郑灭许，鲁阳虎作乱，窃宝玉大弓，季桓子退仲尼，宋三臣以邑叛。刘歆以为，正月二日燕、赵分。

十二年“十一月丙寅朔，日有食之”。董仲舒、刘向以为，后晋三大夫以邑叛，薛弑其君，楚灭顿、胡，越败吴，卫逐世子。刘歆以为，十二月二日楚、郑分。

十五年“八月庚辰朔，日有食之”。董仲舒以为，宿在柳，周室大坏，夷狄主诸夏之象也。明年，中国诸侯果累累从楚而围蔡，蔡恐，迁于州来。晋人执戎蛮子归于楚，京师楚也。刘向以为，盗杀蔡侯，齐陈乞弑其君而立阳生，孔子终不用。刘歆以为，六月晋、赵分。

哀公十四年“五月庚申朔，日有食之”。在获麟后。刘歆以为，三月二日齐、卫分。

凡春秋十二公，二百四十二年，日食三十六。《穀梁》以为，朔二十六，晦七，夜二，二日一。《公羊》以为，朔二十七，二日七，晦二。《左氏》以为，朔十六，二日十八，晦一，不书日者二。

高帝三年十月甲戌晦，日有食之，在斗二十度，燕地也。后二年，燕王臧荼反，诛，立卢绾为燕王，后又反，败。

十一月癸卯晦，日有食之，在虚三度，齐地也。后二年，齐王韩信徙为楚王，明年废为列侯，后又反，诛。

九年六月乙未晦，日有食之，既，在张十三度。

惠帝七年正月辛丑朔，日有食之，在危十三度。谷永以为，岁首正月朔日，是为三朝，尊者恶之。

五月丁卯，先晦一日，日有食之，几尽，在七星初。刘向以为，五月微阴始起而犯至阳，其占重。至其八月，宫车晏驾，有吕氏诈置嗣君之害。京房《易传》曰：“凡日食不以晦、朔者，名曰薄。人君诛将不以理，或贼臣将暴起，日月虽不同宿，阴气盛，薄日光也。”

高后二年六月丙戌晦，日有食之。

七年正月己丑晦，日有食之，既，在营室九度，为宫室中。时高后恶之，曰：“此为我也！”明年应。

文帝二年十一月癸卯晦，日有食之，在婺女一度。

三年十月丁酉晦，日有食之，在斗二十二度。

十一月丁卯晦，日有食之，在虚八度。

后四年四月丙辰晦，日有食之，在东井十三度。

七年正月辛未朔，日有食之。

景帝三年二月壬午晦，日有食之。在胃二度。

七年十一月庚寅晦，日有食之，在虚九度。

中元年十二月甲寅晦，日有食之。

中二年九月甲戌晦，日有食之。

三年九月戊戌晦，日有食之，几尽，在尾九度。

六年七月辛亥晦，日有食之，在轸七度。

后元年七月乙巳，先晦一日，日有食之，在翼十七度。

武帝建元二年二月丙戌朔，日有食之，在奎十四度。刘向以为，奎为卑贱妇人，后有卫皇后自至微兴，卒有不终之害。

三年九月丙子晦，日有食之，在尾二度。

五年正月己巳朔，日有食之。

元光元年二月丙辰晦，日有食之。七月癸未，晦一日，日有食之，在翼八度。刘向以为，前年高园便殿灾，与春秋御廪灾后日食于翼、轸同。其占，内有女变，外为诸侯，其后陈皇后废，江都、淮南、衡山王谋反，诛。日中时食从东北，过半，晡时复。

元朔二年二月乙巳晦，日有食之，在胃三度。

六年十一月癸丑晦，日有食之。

元狩元年五月乙巳晦，日有食之，在柳六度。京房《易传》推以为，是时日食从旁右，法曰君失臣。明年丞相公孙弘薨。日食从旁左者，亦君失臣；从上者，臣失君；从下者，君失民。

元鼎五年四月丁丑晦，日有食之，在东井二十三度。

元封四年六月己酉朔，日有食之。

太始元年正月乙巳晦，日有食之。

四年十月甲寅晦，日有食之，在斗十九度。

征和四年八月辛酉晦，日有食之，不尽如钩，在亢二度。哺时食从西北，日下晡时复。

昭帝始元三年十一月壬辰朔，日有食之，在斗九度，燕地也。后四年，燕刺王谋反，诛。

元凤元年七月己亥晦，日有食之，几尽，在张十二度。刘向以为，己亥而既，其占重。后六年，宫车晏驾，卒以亡嗣。

宣帝地节元年十二月癸亥晦，日有食之，在营室十五度。

五凤元年十二月乙酉朔，日有食之，在婺女十度。

四年四月辛丑朔，日有食之，在毕十九度。是为正月朔，慝未作，《左氏》以为重异。

元帝永光二年三月壬戌朔，日有食之，在娄八度。

四年六月戊寅晦，日有食之，在张七度。

建昭五年六月壬申晦，日有食之，不尽如钩，因入。

成帝建始三年十二月戊申朔，日有食之，其夜未央殿中地震。谷永对曰："日食婺女九度，占在皇后。地震萧墙之内，咎在贵妾。二者俱发，明同事异人，共掩制阳，将害继嗣也。亶日食，则妾不见；亶地震，则后不见。异日而发，则似殊事；亡故动变，则恐不知。是月，后、妾当有失节之尤，故天因此两见其变。若曰，违失妇道，隔远众妾，妨绝继嗣者，此二人也。"杜钦对亦曰："日以戊申食，时加未。戊未，土也，中宫之部。其夜殿中地震，此必適妾将有争宠相害而为患者。人事失于下，变象见于上。能应之以德，则咎异消；忽而不戒，则祸败至。应之，非诚不立，非信不行。”

河平元年四月己亥晦，日有食之，不尽如钩，在东井六度。刘向对曰：“四月交于五月，月同孝惠，日同孝昭。东井，京师地，且既，其占恐害继嗣。”日蚤食时，从西南起。

三年八月己卯晦，日有食之，在房。

四年三月癸丑朔，日有食之，在昴。

阳朔元年二月丁未晦，日有食之，在胃。

永始元年九月丁巳晦，日有食之。谷永以京房《易占》对曰：“元年九月日蚀，酒亡节之所致也。独使京师知之，四国不见者，若曰，湛湎于酒，君臣不别，祸在内也。”

永始二年二月乙酉晦，日有食之。谷永以京房《易占》对曰：“今年二月日食，赋敛不得度，民愁怨之所致也。所以使四方皆见，京师阴蔽者，若曰，人君好治宫室，大营坟墓，赋敛兹重，而百姓屈竭，祸在上外也。”

三年正月己卯晦，日有食之。

四年七月辛未晦，日有食之。

元延元年正月己亥朔，日有食之。

哀帝元寿元年正月辛丑朔，日有食之，不尽如钩，在营室十度，与惠帝七年同月日。

二年三月壬辰晦，日有食之。

平帝元始元年五月丁巳朔，日有食之，在东井。

二年九月戊申晦，日有食之，既。

凡汉著纪十二世，二百一十二年，日食五十三，朔十四，晦三十六，先晦一日三。

成帝建始元年八月戊午，晨漏未尽三刻，有两月重见。京房《易传》曰：“‘妇贞厉，月几望，君子征，凶。’言君弱而妇强，为阴所乘，则月并出。晦而月见西方谓之朓，朔而月见东方谓之仄慝，仄慝则侯王其肃，朓则侯王其舒。”刘向以为，朓者疾也，君舒缓则臣骄慢，故日行迟而月行疾也。仄慝者不进之意，君肃急则臣恐惧，故日行疾而月行迟，不敢迫近君也。不舒不急，以正失之者，食朔日。刘歆以为，舒者侯王展意颛事，臣下促急，故月行疾也。肃者王侯缩朒不任事，臣下弛纵，故月行迟也。当春秋时，侯王率多缩朒不任事，故食二日仄慝者十八，食晦日朓者一，此其效也。考之汉家，食晦朓者三十六，终亡二日仄慝者，歆说信矣。此皆谓日月乱行者也。

元帝永光元年四月，日色青白，亡景，正中时有景亡光。是夏寒，至九月，日乃有光。京房《易传》曰：“美不上人，兹谓上弱，厥异日白，七日不温。顺亡所制兹谓弱，日白六十日，物亡霜而死。天子亲伐，兹谓不知，日白，体动而寒。弱而有任，兹谓不亡，日白不温，明不动。辟譻公行，兹谓不伸，厥异日黑，大风起，天无云，日光晻。不难上政，兹谓见过，日黑居仄，大如弹丸。”

成帝河平元年正月壬寅朔，日月俱在营室，时日出赤。二月癸未，日朝赤，且入又赤，夜月赤。甲申，日出赤如血，亡光，漏上四刻半，乃颇有光，烛地赤黄，食后乃复。京房《易传》曰：“辟不闻道兹谓亡，厥异日赤。”三月乙未，日出黄，有黑气大如钱，居日中央。京房《易传》曰：“祭天不顺兹谓逆，厥异日赤，其中黑。闻善不予，兹谓失知，厥异日黄。”夫大人者，与天地合其德，与日月合其明，故圣王在上，总命群贤，以亮天功，则日之光明，五色备具，烛耀亡主；有主则为异，应行而变也。色不虚改，形不虚毁，观日之五变，足以监矣。故曰：“县象著明，莫大乎日月。”此之谓也。

严公七年“四月辛卯夜，恒星不见，夜中星陨如雨”。董仲舒、刘向以为，常星二十八宿者，人君之象也；众星，万民之类也。列宿不见，象诸侯微也；众星陨坠，民失其所也。夜中者，为中国也。不及地而复，象齐桓起而救存之也。乡亡桓公，星遂至地，中国其良绝矣。刘向以为，夜中者，言不得终性命，中道败也。或曰象其叛也，言当中道叛其上也。天垂象以视下，将欲人君防恶远非，慎卑省微，以自全安也。如人君有贤明之材，畏天威命，若高宗谋祖己，成王泣《金縢》，改过修正，立信布德，存亡继绝，修废举逸，下学而上达，裁什一之税，复三日之役，节用俭服，以惠百姓，则诸侯怀德，士民归仁，灾消而福兴矣。遂莫肯改寤，法则古人，而各行其私意，终于君臣乖离，上下交怨。自是之后，齐、宋之君弑，谭、遂、邢、卫之国灭，宿迁于宋，蔡获于楚，晋相弑杀，五世乃定，此其效也。《左氏传》曰：“恒星不见，夜明也；星陨如雨，与雨偕也。”刘歆以为昼象中国，夜象夷狄。夜明，故常见之星皆不见，象中国微也。“星陨如雨”，如，而也，星陨而且雨，故曰“与雨偕也”，明雨与星陨，两变相成也。《洪范》曰：“庶民惟星。”《易》曰：“雷雨作，‘解’。”是岁，岁在玄枵，齐分野也。夜中而星陨，象庶民中离上也。雨以解过施，复从上下，象齐桓行伯，复兴周室也。周四月，夏二月也，日在降娄，鲁分野也。先是，卫侯朔奔齐，卫公子黔牟立，齐帅诸侯伐之，天子使使救卫。鲁公子溺专政，会齐以犯王命，严弗能止，卒从而伐卫，逐天王所立。不义至甚，而自以为功。民去其上，政由下作，尤著，故星陨于鲁，天事常象也。

成帝永始二年二月癸未，夜过中，星陨如雨，长一二丈，绎绎未至地灭，至鸡鸣止。谷永对曰："日月星辰烛临下土，其有食陨之异，则遐迩幽隐靡不咸睹。星辰附离于天，犹庶民附离王者也。王者失道，纲纪废顿，下将叛去，故星叛天而陨，以见其象。《春秋》记异，星陨最大，自鲁严以来，至今再见。臣闻三代所以丧亡者，皆由妇人群小，湛湎于酒。《书》云'乃用其妇人之言，四方之逋逃多罪，是信是使'。《诗》曰：'赫赫宗周，褒姒灭之。''颠覆厥德，荒沉于酒。'及秦所以二世而亡者，养生大奢，奉终大厚。方今国家兼而有之，社稷宗庙之大忧也。"京房《易传》曰："君不任贤，厥妖天雨星。"

文公十四年"七月，有星孛入于北斗"。董仲舒以为，孛者恶气之所生也。谓之孛者，言其孛孛有所妨蔽，暗乱不明之貌也。北斗，大国象。后齐、宋、鲁、莒、晋皆弑君。刘向以为，君臣乱于朝，政令亏于外，则上浊三光之精，五星赢缩，变色逆行，甚则为孛。北斗，人君象；孛星，乱臣类，篡杀之表也。《星传》曰："魁者，贵为之牢。"又曰"孛星见北斗中，大臣诸侯有受诛者"。一曰魁为齐、晋。夫彗星较然在北斗中，天之视人显矣，史之有占明矣，时君终不改寤。是后，宋、鲁、莒、晋、郑、陈六国咸弑其君，齐再弑焉。中国既乱，夷狄并侵，兵革从横，楚乘威席胜，深入诸夏，六侵伐，一灭国，观兵周室。晋外灭二国，内败王师，又连三国之兵大败齐师于鞌，追亡逐北，东临海水，威陵京师，武折大齐。皆孛星炎之所及，流至二十八年。《星传》又曰："彗星入北斗，有大战。其流入北斗中，得名人；不入，失名人。"宋华元，贤名大夫，大棘之战，华元获于郑，传举其效云。《左氏传》曰有星孛北斗，周史服曰："不出七年，宋、齐、晋之君皆将死乱。"刘歆以为，北斗有环域，四星入其中也。斗，天之三辰，纲纪星也。宋、齐、晋，天子方伯，中国纲纪。彗所以除旧布新也。斗七星，故曰不出七年。至十六年，宋人弑昭公；十八年，齐人弑懿公；宣公二年，晋赵穿弑灵公。

昭公十七年"冬，有星孛于大辰"。董仲舒以为，大辰心也，心为明堂，天子之象。后王室大乱，三王分争，此其效也。刘向以为，《星传》曰："心，大星，天王也。其前星，太子；后星，庶子也。尾为君臣乖离。"孛星加心，象天子適庶将分争也。其在诸侯，角、亢、氐，陈、郑也；房、心，宋也。后五年，周景王崩，王室乱，大夫刘子、单子立王猛，尹氏、召伯、毛伯立子晁。子晁，楚出也。时楚强，宋、卫、陈、郑皆南附楚。王猛既卒，敬王即位，子晁入王城，天王居狄泉，莫之敢纳。五年，楚平王居卒，子晁奔楚，王室乃定。后楚帅六国伐吴，吴败之于鸡父，杀获其君臣。蔡怨楚而灭沈，楚怒，围蔡。吴人救之，遂为柏举之战，败楚师，屠郢都，妻昭王母，鞭平王暮。此皆孛彗流炎所及之效也。《左氏传》曰："有星孛于大辰，西及汉。申繻曰：'彗，所以除旧布新也，天事恒象。今除于火，火出必布焉。诸侯其有火灾乎？’梓慎曰：‘往年吾见，是其征也。火出而见，今兹火出而章，必火入而伏，其居火也久矣，其与不然乎？火出，于夏为三月，于商为四月，于周为五月。夏数得天，若火作，其四国当之，在宋、卫、陈、郑乎？宋，大辰之虚；陈，太昊之虚；郑，祝融之虚；皆火房也。星孛及汉；汉，水祥也。卫，颛顼之虚，其星为大水。水，火之牡也。其以丙子若壬午作乎？水火所以合也。若火入而伏，必以壬午，不过见之月。’”明年“夏五月，火始昏见，丙子风。梓慎曰：‘是谓融风，火之始也。七日其火作乎？’戊寅风甚，壬午太甚，宋、卫、陈、郑皆火”。刘歆以为，大辰，房、心、尾也，八月心星在西方，孛从其西过心东及汉也。宋，大辰虚，谓宋先祖掌祀大辰星也。陈，太昊虚，虙羲木德，火所生也。郑，祝融虚，高辛氏火正也。故皆为火所舍。卫，颛顼虚，星为大水，营室也。天星既然，又四国失政相似，及为王室乱皆同。

哀公十三年“冬十一月，有星孛于东方”。董仲舒、刘向以为，不言宿名者，不加宿也。以辰乘日而出，乱气蔽君明也。明年，《春秋》事终。一曰，周之十一月，夏九月，日在氐。出东方者，轸、角、亢也。轸，楚；角、亢，陈、郑也。或曰角、亢大国象，为齐、晋也。其后楚灭陈，田氏篡齐，六卿分晋，此其效也。刘歆以为，孛，东方大辰也，不言大辰，旦而见与日争光，星入而彗犹见。是岁，再失闰，十一月实八月也。日在鹑火，周分野也。十四年冬，“有星孛”，在获麟后。刘歆以为不言所在，官失之也。

高帝三年七月，有星孛于大角，旬余乃入。刘向以为，是时项羽为楚王，伯诸侯，而汉已定三秦，与羽相距荥阳，天下归心于汉，楚将灭，故彗除王位也。一曰，项羽坑秦卒，烧宫室，弑义帝，乱王位，故彗加之也。

文帝后七年九月，有星孛于西方，其本直尾、箕，末指虚、危，长丈余，及天汉，十六日不见。刘向以为，尾宋地，今楚彭城也。箕为燕，又为吴、越、齐。宿在汉中，负海之国水泽地也。是时，景帝新立，信用晁错，将诛正诸侯王，其象先见。后三年，吴、楚、四齐与赵七国举兵反，皆诛灭云。

武帝建元六年六月，有星孛于北方。刘向以为，明年淮南王安入朝，与太尉武安侯田蚡有邪谋，而陈皇后骄恣。其后，陈后废；而淮南王反，诛。

八月，长星出于东方，长终天，三十日去。占曰："是为蚩尤旗，见则王者征伐四方。"其后，兵诛四夷，连数十年。

元狩四年四月，长星又出西北。是时，伐胡尤甚。

元封元年五月，有星孛于东井，又孛于三台。其后江充作乱，京师纷然。此明东井、三台为秦地效也。

宣帝地节元年正月，有星孛于西方，去太白二丈所。刘向以为，太白为大将，彗孛加之，扫灭象也。明年，大将军霍光薨，后二年家夷灭。

成帝建始元年正月，有星孛于营室，青白色，长六七丈，广尺余。刘向、谷永以为，营室为后宫怀任之象，彗星加之，将有害怀任绝继嗣者。一曰，后宫将受害也。其后，许皇后坐祝诅后宫怀妊者废。赵皇后立为妹昭仪，害两皇子，上遂无嗣。赵后姊妹卒皆伏辜。

元延元年七月辛未，有星孛于东井，践五诸侯，出河戍北率行轩辕、太微，后日六度有余，晨出东方。十三日夕见西方，犯次妃、长秋、斗、填，蜂炎再贯紫宫中。大火当后，达天河，除于妃后之域。南逝度犯大角、摄提，至天市而按节徐行，炎入市，中旬而后西去，五十六日与仓龙俱伏。谷永对曰："上古以来，大乱之极，所希有也。察其驰骋骤步，芒炎或长或短，所历奸犯，内为后宫女妾之害，外为诸夏叛逆之祸。"刘向亦曰："三代之亡，摄提易方；秦、项之灭，星孛大角。"是岁，赵昭仪害两皇子。后五年，成帝崩，昭仪自杀。哀帝即位，赵氏皆免官爵，徙辽西。哀帝亡嗣。平帝即位，王莽用事，追废成帝赵皇后、哀帝傅皇后，皆自杀。外家丁、傅皆免官爵，徙合浦，归故郡。平帝亡嗣，莽遂篡国。

釐公十六年"正月戊申朔，陨石于宋，五。是月，六鹢退飞过宋都"。董仲舒、刘向以为，象宋襄公欲行伯道将自败之戒也。石，阴类；五，阳数；自上而陨，此阴而阳行，欲高反下也。石与金同类，色以白为主，近白祥也。鹢，水鸟；六，阴数；退飞，欲进反退也。其色青，青祥也，属于貌之不恭。天戒若曰，德薄国小，勿持炕阳，欲长诸侯，与强大争，必受其害。襄公不寤，明年齐桓死，伐齐丧，执滕子，围曹，为盂之会，与楚争盟，卒为所执。后得反国，不悔过自责，复会诸侯伐郑，与楚战于泓，军败身伤，为诸侯笑。《左氏传》曰：陨石，星也；鹢退飞，风也。宋襄公以问周内史叔兴曰："是何祥也？吉凶何在？"对曰："今兹鲁多大丧，明年齐有乱，君将得诸侯而不终。"退而告人曰："是阴阳之事，非吉凶之所生也。吉凶由人，吾不敢逆君故也。”是岁，鲁公子季友、鄫季姬、公孙兹皆卒。明年，齐桓死，適庶乱。宋襄公伐齐行伯，卒为楚所败。刘歆以为，是岁岁在寿星，其冲降娄。降娄，鲁分野也，故为鲁多大丧。正月，日在星纪，厌在玄枵。玄枵，齐分野也。石，山物；齐，大岳后。五石象齐桓卒而五公子作乱，故为明年齐有乱。庶民惟星，陨于宋，象宋襄将得诸侯之众，而治五公子之乱。星陨而鹢退飞，故为得诸侯而不终。六鹢象后六年伯业始退，执于盂也。民反德为乱，乱则妖灾生，言吉凶繇人，然后阴阳冲厌受其咎。齐、鲁之灾非君所致，故曰“吾不敢逆君故也”。京房《易传》曰：“距谏自强，兹谓却行，厥异鹢退飞。适当黜，则鹢退飞。”

惠帝三年，陨石绵诸，一。

武帝征和四年二月丁酉，陨石雍，二，天晏亡云，声闻四百里。

元帝建昭元年正月戊辰，陨石梁国，六。

成帝建始四年正月癸卯，陨石槁，四，肥累，一。

阳朔三年二月壬戌，陨石白马，八。

鸿嘉二年五月癸未，陨石杜衍，三。

元延四年三月，陨石都关，二。

哀帝建平元年正月丁未，陨石北地，十。其九月甲辰，陨石虞，二。

平帝元始二年六月，陨石巨鹿，二。

自惠尽平，陨石凡十一，皆有光耀雷声，成、哀尤屡。

汉书卷二十八上

地理志第八上

昔在黄帝，作舟车以济不通，旁行天下，方制万里，画野分州，得百里之国万区。是故《易》称“先王建万国，亲诸侯”，《书》云“协和万国”，此之谓也。尧遭洪水，怀山襄陵，天下分绝，为十二州，使禹治之。水土既平，更制九州，列五服，任土作贡。

曰：禹敷土，随山刊木，奠高山大川。

冀州既载，壶口治梁及岐。既修太原，至于岳阳。覃怀底绩，至于衡章。厥土惟白壤。厥赋上上错，厥田中中。恒、卫既从，大陆既作。鸟夷皮服。夹右碣石，入于河。

泲、河惟兖州。九河既道，雷夏既泽，雍、沮会同，桑土既蚕，是降丘宅土。厥土黑坟，草繇木条。厥田中下，赋贞，作十有三年乃同。厥贡漆丝，厥棐织文。浮于泲、漯，通于河。

海、岱惟青州。嵎夷既略，惟、甾其道。厥土白坟，海濒广潟。田上下，赋中上。贡盐、絺，海物惟错，岱畎丝、枲、鈆、松、怪石，莱夷作牧，厥棐檿丝。浮于汶，达于泲。

海、岱及淮惟徐州。淮、沂其乂，蒙、羽其艺。大野既猪，东原底平。厥土赤埴坟，草木渐包。田上中，赋中中。贡土五色，羽畎夏狄，峄阳孤桐，泗濒浮磬，淮夷蠙珠臮鱼，厥棐玄纤缟。浮于淮、泗，达于河。

淮、海惟扬州。彭蠡既猪，阳鸟逌居。三江既入，震泽底定。篠簜既敷，草夭木乔。厥土涂泥。田下下，赋下上错。贡金三品，瑶、琨、篠簜，齿、革、羽毛，鸟夷卉服，厥棐织贝，厥包橘、柚，锡贡。均江海，通于淮、泗。

荆及衡阳惟荆州。江、汉朝宗于海。九江孔殷，沱、灊既道，云梦土作乂。厥土涂泥。田下中，赋上下。贡羽旄、齿、革，金三品，杶、干、栝、柏，厉、砥、砮、丹，惟箘簵，楛，三国底贡厥名，包匦菁茅，厥棐玄纁玑组，九江纳锡大龟。浮于江、沱、灊、汉，逾于洛，至于南河。

荆、河惟豫州。伊、洛、瀍、涧既入于河，荥、波既猪，道荷泽，被盟猪。厥土惟壤，下土坟垆。田中上，赋错上中，贡漆、枲、絺、纻、棐纤纩，锡贡磬错。浮于洛，入于河。

华阳、黑水惟梁州。岷、嶓既艺，沱、灊既道，蔡、蒙旅平，和夷底绩。厥土青黎。田下上，赋下中三错。贡璆、铁、银、镂、砮、磬，熊、罴、狐、狸、织皮。西顷因桓是俫，浮于灊，逾于沔，入于渭，乱于河。

黑水、西河惟雍州。弱水既西，泾属渭汭。漆、沮既从，酆水逌同。荆、岐既旅，终南、惇物，至于鸟鼠。原隰底绩，至于猪野。三危既宅，三苗丕叙。厥土黄壤。田上上，赋中下。贡球、琳、琅玕。浮于积石，至于龙门西河，会于渭汭。织皮昆仑、析支、渠叟，西戎即叙。

道汧及岐，至于荆山，逾于河；壶口、雷首，至于大岳；底柱、析城，至于王屋；太行、恒山，至于碣石，入于海。西倾、朱圉、鸟鼠，至于太华；熊耳、外方、桐柏，至于倍尾。道嶓冢，至于荆山；内方，至于大别；嶓山之阳，至于衡山，过九江，至于敷浅原。

道弱水，至于合藜，余波入于流沙。道黑水，至于三危，入于南海。道河积石，至于龙门，南至于华阴，东至于底柱，又东至于盟津，东过洛汭，至于大伾，北过降水，至于大陆，又北播为九河，同为逆河，入于海。嶓冢道漾，东流为汉，又东为沧浪之水，过三澨，至于大别，南入于江，东汇泽为彭蠡，东为北江，入于海。嶓山道江，东别为沱，又东至于醴，过九江，至于东陵，东迤北会于汇，东为中江，入于海。道沇水，东流为泲，入于河，轶为荥，东出于陶丘北，又东至于荷，又东北会于汶，又北东入于海。道淮自桐柏，东会于泗、沂，东入于海。道渭自鸟鼠同穴，东会于酆，又东至于泾，又东过漆、沮，入于河。道洛自熊耳，东北会于涧、瀍，又东会于伊，又东北入于河。

九州逌同，四奥既宅，九山刊旅，九川涤原，九泽既陂，四海会同。六府孔修，庶土交正，底慎财赋，咸则三壤，成赋中国。锡土姓："祗台德先，不距朕行。"

五百里甸服：百里赋内总，二百里内铚，三百里内戛服，四百里粟，五百里米。五百里侯服：百里采，二百里男国，三百里诸侯。五百里绥服：三百里揆文教，二百里奋武卫。五百里要服：三百里夷，二百里蔡。五百里荒服：三百里蛮，二百里流。东渐于海，西被于流沙，朔、南洎，声教讫于四海。

禹锡玄圭，告厥成功。

后受禅于虞，为夏后氏。

殷因于夏，亡所变改。周既克殷，监于二代而损益之，定官分职，改禹徐、梁二州合之于雍、青，分冀州之地以为幽、并。故《周官》有职方氏，掌天下之地，辩九州之国。

东南曰扬州：其山曰会稽，薮曰具区，川曰三江，浸曰五湖；其利金、锡、竹箭；民二男五女；畜宜鸟兽，谷宜稻。

正南曰荆州：其山曰衡，薮曰云梦，川曰江、汉，浸曰颍、湛；其利丹、银、齿、革；民一男二女；畜及谷宜，与扬州同。

河南曰豫州：其山曰华，薮曰圃田，川曰荥、洛，浸曰波、溠；其利林、漆、丝枲；民二男三女；畜宜六扰，其谷宜五种。

正东曰青州：其山曰沂，薮曰孟诸，川曰淮、泗，浸曰沂、沭；其利蒲、鱼；民二男三女；其畜宜鸡、狗，谷宜稻、麦。

河东曰兖州：其山曰岱，薮曰泰野，其川曰河、泲，浸曰卢、潍；其利蒲、鱼；民二男三女；其畜宜六扰，谷宜四种。

正西曰雍州：其山曰岳，薮曰弦蒲，川曰泾、汭，其浸曰渭、洛；其利玉、石；其民三男二女，畜宜牛、马，谷宜黍、稷。

东北曰幽州：其山曰医无闾，薮曰貕养，川曰河、泲，浸曰菑、时；其利鱼、盐；民一男三女；畜宜四扰，谷宜三种。

河内曰冀州：其山曰霍，薮曰扬纡，川曰漳，浸曰汾、潞；其利松、柏；民五男三女；畜宜牛、羊，谷宜黍、稷。

正北曰并州：其山曰恒山，薮曰昭余祁，川曰虖池、呕夷，浸曰涞、易；其利布帛；民二男三女；畜宜五扰，谷宜五种。

而保章氏掌天文，以星土辩九州之地，所封封域皆有分星，以视吉凶。

周爵五等，而土三等：公、侯百里，伯七十里，子、男五十里。不满为附庸，盖千八百国。而太昊、黄帝之后，唐、虞侯伯犹存，帝王图籍相踵而可知。周室既衰，礼乐征伐自诸侯出，转相吞灭，数百年间，列国耗尽。至春秋时，尚有数十国，五伯迭兴，总其盟会。陵夷至于战国，天下分而为七，合从连衡，经数十年。秦遂并兼四海。以为周制微弱，终为诸侯所丧，故不立尺土之封，分天下为郡县，荡灭前圣之苗裔，靡有孑遗者矣。

汉兴，因秦制度，崇恩德，行简易，以抚海内。至武帝攘却胡、越，开地斥境，南置交阯，北置朔方之州，兼徐、梁、幽，并夏、周之制，改雍曰凉，改梁曰益，凡十三部，置刺史。先王之迹既远，地名又数改易，是以采获旧闻，考迹《诗》、《书》，推表山川，以缀《禹贡》、《周官》、《春秋》，下及战国、秦、汉焉。

京兆尹，故秦内史，高帝元年属塞国，二年更为渭南郡，九年罢，复为内史。武帝建元六年分为右内史，太初元年更为京兆尹。元始二年，户十九万五千七百二，口六十八万二千四百六十八。县十二：长安，高帝五年置。惠帝元年初城，六年成。户八万八百，口二十四万六千二百。王莽曰常安。新丰，骊山在南，故骊戎国。秦曰骊邑。高祖七年置。船司空，莽曰船利。蓝田，山出美玉，有虎候山祠，秦孝公置也。华阴，故阴晋，秦惠文王五年更名宁秦，高帝八年更名华阴。太华山在南，有祠，豫州山。集灵宫，武帝起，莽曰华坛也。郑，周宣王弟郑桓公邑。有铁官。

湖，有周天子祠二所。故曰胡，武帝建元年更名湖。下邽，南陵，文帝七年置。沂水出蓝田谷，北至霸陵入霸水。霸水亦出蓝田谷，北入渭。古曰兹水，秦穆公更名以章霸功，视子孙。奉明，宣帝置也。霸陵，故芷阳，文帝更名。莽曰水章也。杜陵。故杜伯国，宣帝更名。有周右将军杜主祠四所。莽曰饶安也。

左冯翊，故秦内史，高帝元年属塞国，二年更名河上郡，九年罢，复为内史。武帝建元六年分为左内史，太初元年更名左冯翊。户二十三万五千一百一，口九十一万七千八百二十二。县二十四：高陵，左辅都尉治。莽曰千春。栎阳，秦献公自雍徙。莽曰师亭。翟道，莽曰涣。池阳，惠帝四年置。巀嶭山在北。夏阳，故少梁，秦惠文王十一年更名。《禹贡》梁山在西北，龙门山在北。有铁官。莽曰冀亭。衙，莽曰达昌。粟邑，莽曰粟城。谷口，九嵏山在西。有天齐公、五床山、仙人、五帝祠四所。莽曰谷喙。莲勺，鄜，莽曰修令。频阳，秦厉公置。临晋，故大荔，秦获之，更名。有河水祠。芮乡，故芮国。莽曰监晋。重泉，莽曰调泉。郃阳，祋祤，景帝二年置。武城，莽曰桓城。沈阳，莽曰制昌。褱德，《禹贡》北条荆山在南，下有强梁原。洛水东南入渭，雍州浸。莽曰德驩。徵，莽曰泛爱。云陵，昭帝置也。万年，高帝置。莽曰异赤。长陵，高帝置。户五万五十七，口十七万九千四百六十九。莽曰长平。阳陵，故弋阳，景帝更名。莽曰渭阳。云阳。有休屠、金人及径路神祠三所，越巫䲨䣢祠三所。

右扶风，故秦内史，高帝元年属雍国，二年更为中地郡。九年罢，复为内史。武帝建元六年分为右内史，太初元年更名主爵都尉为右扶风。户二十一万六千三百七十七，口八十三万六千七十。县二十一：渭城，故咸阳，高帝元年更名新城，七年罢，属长安。武帝元鼎三年更名渭城。有兰池宫。莽曰京城。槐里，周曰犬丘，懿王都之。秦更名废丘。高祖三年更名。有黄山宫，孝惠二年起。莽曰槐治。鄠，古国。有扈谷亭。扈，夏启所伐。酆水出东南，又有潏水，皆北过上林苑入渭。有萯阳宫，秦文王起。盩厔，有长杨宫，有射熊馆，秦昭王起。灵轵渠，武帝穿也。斄，周后稷所封。郁夷，《诗》“周道郁夷”。有汧水祠。莽曰郁平。美阳，《禹贡》岐山在西北。中水乡，周文王所邑。有高泉宫，秦宣太后起也。郿，成国渠首受渭，东北至上林入蒙笼渠。右辅都尉治。雍，秦惠公都之。有五畤，太昊、黄帝以下祠三百三所。橐泉宫，孝公起。祈年宫，惠公起。棫阳宫，昭王起。有铁官。漆，水在县西。有铁官。莽曰漆治。栒邑，有豳乡，《诗》豳国，公刘所都，隃麋，有黄帝子祠。莽曰扶亭。陈仓，有上公、明星、黄帝孙、舜妻育冢祠。有羽阳宫，秦武王起也。杜阳，杜水南入渭。《诗》曰“自杜”。莽曰通杜。汧，吴山在西，古文以为汧山。雍州山。北有蒲谷乡弦中谷，雍州弦蒲薮。汧水出西北，入渭。芮水出西北，东入泾。《诗》芮阮，雍州川也。好畤。垝山在东。有梁山宫，秦始皇起。莽曰好邑。虢，有黄帝子、周文武祠。虢宫，秦宣太后起也。安陵，惠帝置。莽曰嘉平。茂陵，武帝置。户六万一千八十七，口二十七万七千二百七十七。莽曰宣城。平陵，昭帝置。莽曰广利。武功，太壹山，古文以为终南。垂山，古文以为敦物。皆在县东。斜水出衙领山北，至郿入渭。褒水亦出衙领，至南郑入沔。有垂山、斜水、褒水祠三所。莽曰新光。

弘农郡，武帝元鼎四年置。莽曰右队。户十一万八千九十一，口四十七万五千九百五十四。有铁官，在黾池。县十一：弘农，故秦函谷关。衙山领下谷，爥水所出，北入河。卢氏，熊耳山在东。伊水出，东北入雒，过郡一，行四百五十里。又有育水，南至顺阳入沔。又有洱水，东南至鲁阳，亦入沔。皆过郡二，行六百里。莽曰昌富。陕，故虢国。有焦城，故焦国。北虢在大阳，东虢在荥阳，西虢在雍州。莽曰黄眉。宜阳，在黾池有铁官也。黾池，高帝八年复黾池中乡民。景帝中二年初城，徙万家为县。穀水出穀阳谷，东北至穀城入雒。莽曰陕亭。丹水，水出上雒冢领山，东至析入钧。密阳乡，故商密也。新安，《禹贡》涧水在东，南入雒。商，秦相卫鞅邑也。析，黄水出黄谷，鞠水出析谷，俱东至郦入湍水。莽曰君亭。陆浑，春秋迁陆浑戎于此。有关。上雒。《禹贡》雒水出冢领山，东北至巩入河，过郡二，行千七十里，豫州川。又有甲水，出秦领山，东南至钖入沔，过郡三，行五百七十里。熊耳、获舆山在东北。

河东郡，秦置。莽曰兆阳。有根仓、湿仓。户二十三万六千八百九十六，口九十六万二千九百一十二。县二十四：安邑，巫咸山在南，盐池在西南。魏绛自魏徙此，至惠王徙大梁。有铁官、盐官。莽曰河东。大阳，吴山在西，上有吴城，周武王封太伯后于此，是为虞公，为晋所灭。有天子庙。莽曰勤田。猗氏，解，蒲反，有尧山、首山祠。雷首山在南。故曰蒲，秦更名。莽曰蒲城。河北，《诗》魏国，晋献公灭之，以封大夫毕万，曾孙绛徙安邑也。左邑，莽曰兆亭。汾阴，介山在南。闻喜，故曲沃。晋武公自晋阳徙此。武帝元鼎六年行过，更名。濩泽，《禹贡》析城山在西南。端氏，临汾，垣，《禹贡》王屋山在东北，沇水所出，东南至武德入河，轶出荥阳北地中，又东至琅槐入海，过郡九，行千八百四十里。皮氏，耿乡，故耿国，晋献公灭之，以赐大夫赵夙。后十世献侯徙中牟。有铁官。莽曰延平。长脩，平阳，韩武子玄孙贞子居此。有铁官。莽曰香平。襄陵，有班氏乡亭。莽曰幹昌。彘，霍大山在东，冀州山，周厉王所奔。莽曰黄城。杨，莽曰有年亭。北屈，《禹贡》壶口山在东南。莽曰朕北。蒲子，绛，晋武公自曲沃徙此。有铁官。狐讘，骐。侯国。

太原郡，秦置。有盐官，在晋阳。属并州。户十六万九千八百六十三，口六十八万四百八十八。有家马官。县二十一：晋阳，故《诗》唐国，周成王灭唐，封弟叔虞。龙山在西北。有盐官。晋水所出，东入汾。葰人，界休，莽曰界美。榆次，涂水乡，晋大夫知徐吾邑。梗阳乡，魏戊邑。莽曰大原亭。中都，于离，莽曰于合。兹氏，莽曰兹同。狼孟，莽曰狼调。邬，九泽在北，是为昭馀祁，并州薮。晋大夫司马弥牟邑。盂，晋大夫孟丙邑。平陶，莽曰多穣。汾阳，北山，汾水所出，西南至汾阴入河，过郡二，行千三百四十里，冀州浸。京陵，莽曰致城。阳曲，大陵，有铁官。莽曰大宁。原平，祁，晋大夫贾辛邑。莽曰示。上艾，绵曼水，东至蒲吾，入虖池水。虑虒，阳邑，莽曰繁穣。广武。句注、贾屋山在北。都尉治。莽曰信桓。

上党郡，秦置，属并州。有上党关、壶口关、石研关、天井关。户七万三千七百九十八，口三十三万七千七百六十六。县十四：长子，周史辛甲所封。鹿谷山，浊漳水所出，东至邺入清漳。屯留，桑钦言“绛水出西南，东入海”。余吾，铜鞮，有上虒亭，下虒聚。沾，大黾谷，清漳水所出，东北至邑成入大河，过郡五，行千六百八十里，冀州川。涅氏，涅水也。襄垣，莽曰上党亭。壶关，有羊肠阪。沾水东至朝歌入淇。泫氏，杨谷，绝水所出，南至野王入沁。高都，莞谷，丹水所出，东南入泫水。有天井关。潞，故潞子国。陭氏，阳阿，穀远。羊头山世靡谷，沁水所出，东南至荥阳入河，过郡三，行九百七十里。莽曰穀近。

河内郡，高帝元年为殷国，二年更名。莽曰后队，属司隶。户二十四万一千二百四十六，口百六万七千九十七。县十八：怀，有工官。莽曰河内。汲，武德，波，山阳，东太行山在西北。河阳，莽曰河亭。州，共，故国。北山，淇水所出，东至黎阳入河。平皋，朝歌，纣所都。周武王弟康叔所封，更名卫。莽曰雅歌。修武，温，故国，己姓，苏忿生所封也。野王，太行山在西北。卫元君为秦所夺，自濮阳徙此。莽曰平野。获嘉，故汲之新中乡，武帝行过更名也。轵，沁水，隆虑，国水东北至信成入张甲河，过郡三，行千八百四十里。有铁官。荡阴。荡水东至内黄泽。西山，羑水所出，亦至内黄入荡。有羑里城，西伯所拘也。

河南郡，故秦三川郡，高帝更名。雒阳户五万二千八百三十九。莽曰保忠信乡，属司隶也。户二十七万六千四百四十四，口一百七十四万二百七十九。有铁官、工官。敖仓在荥阳。县二十二：雒阳，周公迁殷民，是为成周。《春秋》昭公三十二年，晋合诸侯于狄泉，以其地大成周之城，居敬王。莽曰宜阳。荥阳，卞水、冯池皆在西南。有狼汤渠，首受泲，东南至陈入颍，过郡四，行七百八十里。偃师，尸乡，殷汤所都。莽曰师成。京，平阴，中牟，圃田泽在西，豫州薮。有管叔邑，赵献侯自耿徙此。

平，莽曰治平。阳武，有博狼沙。莽曰阳桓。河南，故郏鄏地。周武王迁九鼎，周公致太平，营以为都，是为王城，至平王居之。缑氏，刘聚，周大夫刘子邑。有延寿城仙人祠。莽曰中亭。卷，原武，莽曰原桓。巩，东周所居。穀成，《禹贡》瀍水出朁亭北，东南入雒。故市，密，故国。有大騩山，潩水所出，南至临颍入颍。新成，惠帝四年置。蛮中，故戎蛮子国。开封，逢池在东北，或曰宋之逢泽也。成皋，故虎牢。或曰制。苑陵，莽曰左亭。梁，𨻰狐聚，秦灭西周徙其君于此。阳人聚，秦灭东周徙其君于此。新郑。《诗》郑国，郑桓公之子武公所国，后为韩所灭，韩自平阳徙都之。

东郡，秦置。莽曰治亭。属兖州。户四十万一千二百九十七，口百六十五万九千二十八。县二十二：濮阳，卫成公自楚丘徙此。故帝丘，颛顼虚。莽曰治亭。观，莽曰观治。聊城，顿丘，莽曰顺丘。发干，莽曰戢楯。范，莽曰建睦。茌平，莽曰功崇。东武阳，禹治漯水，东北至千乘入海，过郡三，行千二十里。莽曰武昌。博平，莽曰加睦。黎，莽曰黎治。清，莽曰清治。东阿，都尉治。离狐，莽曰瑞狐。临邑，有泲庙。莽曰穀城亭。利苗，须昌，故须句国，太昊后，风姓。寿良，蚩尤祠在西北泲上。有朐城。乐昌，阳平，白马，南燕，南燕国，姞姓，黄帝后。廪丘。

陈留郡，武帝元狩元年置。属兖州。户二十九万六千二百八十四，口一百五十万九千五十。县十七：陈留，鲁渠水首受狼汤渠，东至阳夏，入涡渠。小黄，成安，宁陵，莽曰康善。雍丘，故杞国也，周武王封禹后东楼公。先春秋时徙鲁东北，二十一世简公为楚所灭。酸枣，东昏，莽曰东明。襄邑，有服官，莽曰襄平。外黄，都尉治。封丘，濮渠水首受泲，东北至都关，入羊里水，过郡三，行六百三十里，长罗，侯国。莽曰惠泽。尉氏，傿，莽曰顺通。长垣，莽曰长固。平丘，济阳，莽曰济前。浚仪。故大梁。魏惠王自安邑徙此。睢水首受狼汤水，东至取虑入泗，过郡四，行千三百六十里。

颍川郡，秦置。高帝五年为韩国，六年复故。莽曰左队。阳翟有工官。属豫州。户四十三万二千四百九十一，口二百二十一万九百七十三。县二十：阳翟，夏禹国。周末，韩景侯自新郑徙此。户四万一千六百五十，口十万九千。莽曰颍川。昆阳，颍阳，定陵，有东不羹。莽曰定城。长社，新汲，襄城，有西不羹。莽曰相城。郾，郏，舞阳，颍阴，崇高，武帝置，以奉太室山，是为中岳。有太室、少室山庙。古文以崇高为外方山也。许，故国，姜姓，四岳后，太叔所封，二十四世为楚所灭。傿陵，户四万九千一百一，口二十六万一千四百一十八。莽曰左亭。临颍，莽曰监颍。父城，应乡，故国，周武王弟所封。成安，侯国也。周承休，侯国，元帝置，元始二年更名郑公。莽曰嘉美。阳城，阳城山，洧水所出，东南至长平入颍，过郡三，行五百里。阳乾山，颍水所出，东至下蔡入淮，过郡三，行千五百里，荆州浸。有铁官。纶氏。

汝南郡，高帝置。莽曰汝汾。分为赏都尉。属豫州。户四十六万一千五百八十七，口二百五十九万六千一百四十八。县三十七：平舆，阳安，阳城，侯国。莽曰新安。灈强，富波，女阳，鲖阳，吴房，安成，侯国。莽曰至成。南顿，故顿子国，姬姓。朗陵，细阳，莽曰乐庆。宜春，侯国。莽曰宣孱。女阴，故胡国。

都尉治。莽曰汝坟。新蔡，蔡平侯自蔡徙此，后二世徙下蔡。莽曰新迁。新息，莽曰新德。灈阳，期思，慎阳，慎，莽曰慎治。召陵，弋阳，侯国。西平，有铁官，莽曰新亭。上蔡，故蔡国，周武王弟叔度所封。度放，成王封其子胡，十八世徙新蔡。浸，莽曰闰治。西华，莽曰华望。长平，莽曰长正。宜禄，莽曰赏都亭。项，故国。新郪，莽曰新延。归德，侯国。宣帝置。莽曰归惠。新阳，莽曰新明。安昌，侯国。莽曰始成。安阳，侯国。莽曰均夏。博阳，侯国。莽曰乐家。成阳，侯国。莽曰新利。定陵。高陵山，汝水出，东南至新蔡入淮，过郡四，行千三百四十里。

南阳郡，秦置。莽曰前队。属荆州。户三十五万九千三百一十六，口一百九十四万二千五十一。县三十六：宛，故申伯国。有屈申城。县南有北筮山。户四万七千五百四十七。有工官、铁官。莽曰南阳。犨，杜衍，莽曰闰衍。酂，侯国。莽曰南庚。育阳，有南筮聚，在东北。博山，侯国。哀帝置。故顺阳。涅阳，莽曰前亭。阴，堵阳，莽曰阳城。雉，衡山，沣水所出，东至郾入汝。山都，蔡阳，莽之母功显君邑。新野，筑阳，故穀伯国。莽曰宜禾。棘阳，武当，舞阴，中阴山，瀙水所出，东至蔡入汝。西鄂，穰，莽曰农穰。郦，育水出西北，南入汉。安众，侯国。故宛西乡。冠军，武帝置。故穰卢阳乡、宛临駣聚。比阳，平氏，《禹贡》桐柏大复山在东南，淮水所出，东南至淮浦入海，过郡四，行三千二百四十里，青州川。莽曰平善。随，故国。厉乡，故厉国也。叶，楚叶公邑。有长城，号曰方城。邓，故国。都是尉治。朝阳，莽曰厉信。鲁阳，有鲁山。古鲁县，御龙氏所迁。鲁山，滍水所出，东北至定陵入汝。又有昆水，东南至定陵入汝。

春陵，侯国。故蔡阳白水乡。上唐乡，故唐国。新都，侯国。莽曰新林。湖阳，故廖国也。红阳，侯国。莽曰红俞。乐城，侯国。博望，侯国。莽曰宜乐。复阳。侯国。故湖阳乐乡。

南郡，秦置，高帝元年更为临江郡，五年复故。景帝二年复为临江，中二年复故。莽曰南顺。属荆州。户十二万五千五百七十九，口七十一万八千五百四十。有发弩官。县十八：江陵，故楚郢都，楚文王自丹阳徙此。后九世平王城之。后十世秦拔我郢，徙陈。莽曰江陆。临沮，《禹贡》南条荆山在东北，漳水所出，东至江陵入阳水，阳水入沔，行六百里。夷陵，都尉治。莽曰居利。华容，云梦泽在南，荆州薮。夏水首受江，东入沔，行五百里。宜城，故鄢，惠帝三年更名。郢，楚别邑，故郢。莽曰郢亭。邔，当阳，中庐，枝江，故罗国。江沱出西，东入江。襄阳，莽曰相阳。编，有云梦官。莽曰南顺。秭归，归乡，故归国。夷道，莽曰江南。州陵，莽曰江夏。若，楚昭王畏吴，自郢徙此，后复还郢。巫，夷水东至夷道入江，过郡二，行五百四十里。有盐官。高成。洈山，洈水所出，东入繇。繇水南至华容入江，过郡二，行五百里。莽曰言程。

江夏郡，高帝置。属荆州。户五万六千八百四十四，口二十一万九千二百一十八。县十四：西陵，有云梦官。莽曰江阳。竟陵，章山在东北，古文以为内方山。郧乡，楚郧公邑。莽曰守平。西阳，襄，莽曰襄非。邾，衡山王吴芮都。轪，故弦子国。鄂，安陆，横尾山在东北，古文以为陪尾山。沙羡，蕲春，鄳，云杜，下雉，莽曰闰光。钟武。侯国。莽曰当利。

庐江郡，故淮南，文帝十六年别为国。金兰西北有东陵乡，淮水出。属扬州。庐江出陵阳东南，北入江。户十二万四千三百八十三，口四十五万七千三百三十三。有楼船官。县十二：舒，故国。莽曰昆乡。居巢，龙舒，临湖，雩娄，决水北至蓼入淮，又有灌水，亦北至蓼入决，过郡二，行五百一十里。襄安，莽曰庐江亭也。枞阳，寻阳，《禹贡》九江在南，皆东合为大江。灊，天柱山在南。有祠。沘山，沘水所出，北至寿春入芍陂。晥，有铁官。湖陵邑，北湖在南。松兹。侯国。莽曰诵善。

九江郡，秦置，高帝四年更名为淮南国，武帝元狩元年复故。莽曰延平。属扬州。户十五万五十二，口七十八万五百二十五。有陂官、湖官。县十五：寿春邑，楚考烈王自陈徙此。浚遒，成德，莽曰平阿。橐皋，阴陵，莽曰阴陆。历阳，都尉治。莽曰明义。当涂，侯国。莽曰山聚。钟离，莽曰蚕富。合肥，东城，莽曰武城。博乡，侯国。莽曰扬陆。曲阳，侯国。莽曰延平亭。建阳，全椒，阜陵。莽曰阜陆。

山阳郡，故梁。景帝中六年别为山阳国。武帝建元五年别为郡。莽曰巨野。属兖州。户十七万二千八百四十七，口八十万一千二百八十八。有铁官。县二十三：昌邑，武帝天汉四年更山阳为昌邑国，有梁丘乡。《春秋传》曰“宋、齐会于梁丘”。南平阳，莽曰黾平。成武，有楚丘亭。齐桓公所城，迁卫文公于此。子成公徙濮阳。莽曰成安。湖陵，《禹贡》“浮于泗、淮，通于河”，水在南。莽曰湖陆。东缗，方与，橐，莽曰高平。巨野，大野泽在北，兖州薮。单父，都尉治。莽曰利父。薄，都关，城都，侯国。莽曰城穀。黄，侯国。爰戚，侯国。莽曰戚亭。郜成，侯国。莽曰告成。中乡，侯国。平乐，侯国。包水东北至沛入泗。

郑，侯国。瑕丘，甾乡，侯国。栗乡，侯国。莽曰足亭。曲乡，侯国。西阳。侯国。

济阴郡，故梁。景帝中六年别为济阴国。宣帝甘露二年更名定陶。《禹贡》荷泽在定陶东。属兖州。户二十九万二十五，口百三十八万六千二百七十八。县九：定陶，故曹国，周武王弟叔振铎所封。《禹贡》陶丘在西南。陶丘亭。冤句，莽改定陶曰济平，冤句县曰济平亭。吕都，莽曰祈都。葭密，成阳，有尧冢灵台。《禹贡》雷泽在西北。鄄城，莽曰鄄良。句阳，秺，莽曰万岁。乘氏。泗水东南至睢陵入淮，过郡六，行千一百一十里。

沛郡，故秦泗水郡。高帝更名。莽曰吾符。属豫州。户四十万九千七十九，口二百三万四百八十。县三十七：相，莽曰吾符亭。龙亢，竹，莽曰笃亭。縠阳，萧，故萧叔国，宋别封附庸也。向，故国。《春秋》曰“莒人入向”。姜姓，炎帝后。铚，广戚，侯国。莽曰力聚。下蔡，故州来国，为楚所灭，后吴取之，至夫差迁昭侯于此。后四世侯齐竟为楚所灭。丰，莽曰吾丰。郸，莽曰单城。谯，莽曰延成亭。蕲，垩乡。高祖破黥布。都尉治。莽曰蕲城。𨛦，莽曰贡。辄与，莽曰华乐。山桑，公丘，侯国。故滕国，周懿王子错叔绣所封，三十一世为齐所灭。符离，莽曰符合。敬丘，侯国。夏丘，莽曰归思。洨，侯国。垓下，高祖破项羽。莽曰育成。沛，有铁官。芒，莽曰博治。建成，侯国。城父，夏肥水东南至下蔡入淮，过郡二，行六百二十里。莽曰思善。建平，侯国，莽曰田平。酂，莽曰赞治。栗，侯国，莽曰成富。扶阳，侯国。莽曰合治。高，侯国。高柴，侯国。漂阳，平阿，侯国。莽曰平宁。东乡，临都，义成，祁乡。侯国。莽曰会縠。

魏郡，高帝置。莽曰魏城。属冀州。户二十一万二千八百四十九，口九十万九千六百五十五。县十八：邺，故大河在东北入海。馆陶，河水别出为屯氏河，东北至章武入海，过郡四，行千五百里。斥丘，莽曰利丘。沙，内黄，清河水出南。清渊，魏，都尉治。莽曰魏城亭。繁阳，元城，梁期，黎阳，莽曰黎蒸。即裴，侯国。莽曰即是。武始，漳水东至邯郸入漳，又有拘涧水，东北至邯郸入白渠。邯会，侯国。阴安，平恩，侯国。莽曰延平。邯沟，侯国。武安。钦口山，白渠水所出，东至列人入漳。又有浸水，东北至东昌入虖池河，过郡五，行六百一里。有铁官。莽曰桓安。

钜鹿郡，秦置。属冀州。户十五万五千九百五十一，口八十二万二千一百七十七。县二十：钜鹿，《禹贡》大陆泽在北。纣所作沙丘台在东北七十里。南䜌，莽曰富平。广阿，象氏，侯国。莽曰宁昌。廮陶，宋子，莽曰宜子。杨氏，莽曰功陆。临平，下曲阳，都尉治。贳鄡，莽曰秦聚。新市，侯国。莽曰市乐。堂阳，有盐官，尝分为经县。安定，侯国。敬武，历乡，侯国。莽曰历聚。乐信，侯国。武陶，侯国。柏乡，侯国。安乡，侯国。

常山郡，高帝置。莽曰井关。属冀州。户十四万一千七百四十一，口六十七万七千九百五十六。县十八：元氏，沮水首受中丘西山穷泉谷，东至堂阳入黄河。莽曰井关亭。石邑，井陉山在西，洨水所出，东南至廮陶入泜。桑中，侯国。灵寿，中山桓公居此。《禹贡》卫水出东北，东入虖池。蒲吾，有铁山。大白渠水首受绵曼水，东南至下曲阳入斯洨。上曲阳，恒山北谷在西北。有祠。并州山。《禹贡》恒水所出，东入滱。莽曰常山亭。九门，莽曰久门。井陉，房子，赞皇山，济水所出，东至廮陶入泜。莽曰多子。中丘，逢山长谷，渚水所出，东至张邑入浊。莽曰直聚。封斯，侯国。关，平棘，鄗，世祖即位，更名高邑。莽曰禾成亭。乐阳，侯国。莽曰畅苗。平台，侯国。莽曰顺台。都乡，侯国。有铁官。莽曰分乡。南行唐。牛饮山白陉谷，滋水所出，东至新入虖池水。都尉治。莽曰延亿。

清河郡，高帝置。莽曰平河。属冀州。户二十万一千七百七十四，口八十七万五千四百二十二。县十四：清阳，王都。东武城，绎幕，灵，河水别出为鸣犊河，东北至蓨入屯氏河。莽曰播。厝，莽曰厝治。鄃，莽曰善陆。贝丘，都尉治。信成，张甲河首受屯氏别河，东北至蓨入漳水，莎题，东阳，侯国。莽曰胥陵。信乡，侯国。缭，枣强，复阳。莽曰乐岁。

涿郡，高帝置。莽曰垣翰。属幽州。户十九万五千六百七，口七十八万二千七百六十四。有铁官。县二十九：涿，桃水首受涞水，分东至安次河。遒，莽曰遒屏，谷丘，故安，阎乡，易水所出，东至范阳入濡也，并州浸。水亦至范阳入涞。南深泽，范阳，莽曰顺阴。蠡吾，容城，莽曰深泽。易，广望，侯国。鄚，莽曰言符。高阳，莽曰高亭。州乡，侯国。安平，都尉治。莽曰广望亭。樊舆，侯国。莽曰握符。成，侯国。莽曰宜家。良乡，侯国。垣水南东至阳乡入桃。莽曰广阳。利乡，侯国。莽曰章符。临乡，侯国。益昌，侯国。莽曰有秩。阳乡，侯国。莽曰章武。西乡，侯国。莽曰移风。饶阳，中水，武垣，莽曰垣翰亭。阿陵，莽曰阿陆。阿武，侯国。高郭，侯国。莽曰广堤。新昌，侯国。

勃海郡，高帝置。莽曰迎河。属幽州。户二十五万六千三百七十七，口九十万五千一百一十九。县二十六：浮阳，莽曰浮城。阳信，东光，有胡苏亭。阜城，莽曰吾城。千童，重合，南皮，莽曰迎河亭。定，侯国。章武，有盐官。莽曰桓章。中邑，莽曰检阴。高成，都尉治也。高乐，莽曰为乡。参户，侯国。成平，虖池河，民曰徒骇河。莽曰泽亭。柳，侯国。临乐，侯国。莽曰乐亭。东平舒，重平，安次，脩市，侯国。莽曰居宁。文安，景成，侯国。東州，建成，章乡，侯国。蒲领，侯国。

平原郡，高帝置。莽曰河平。属青州。户十五万四千三百八十七，口六十六万四千五百四十三。县十九：平原，有笃马河，东北入海，五百六十里。鬲，平当以为鬲津。莽曰河平亭。高唐，桑钦言漯水所出。重丘，平昌，侯国。羽，侯国。莽曰羽贞。般，莽曰分明。乐陵，都尉治。莽曰美阳。祝阿，莽曰安成。瑗，莽曰东顺亭。阿阳，漯阴，莽曰翼成。朸，莽曰张乡。富平，侯国。莽曰乐安亭。安德，合阳，侯国。莽曰宜乡。楼虚，侯国。龙额，侯国。莽曰清乡。安，侯国。

千乘郡，高帝置。莽曰建信。属青州。户十一万六千七百二十七，口四十九万七百二十。有铁官、盐官、均输官。县十五：千乘，有铁官。东邹，湿沃，莽曰延亭。平安，侯国。莽曰鸿睦。博昌，时水东北至巨定入马车渎；幽州浸。蓼城，都尉治。莽曰施武。建信，狄，莽曰利居。琅槐，乐安，被阳，侯国。高昌，繁安，侯国。莽曰瓦亭。高宛，莽曰常乡。延乡。

济南郡，故齐。文帝十六年别为济南国。景帝二年为郡。莽曰乐安。属青州。户十四万七百六十一，口六十四万二千八百八十四。县十四：东平陵，有工官、铁官。邹平，台，莽曰台治。

梁邹，土鼓，於陵，都尉治。莽曰於陆。阳丘，般阳，莽曰济南亭。菅，朝阳，侯国。莽曰脩治。历城，有铁官。猇，侯国。莽曰利成。著，宜成。侯国。

泰山郡，高帝置。属兖州。户十七万二千八十六，口七十二万六千六百四。有工官。汶水出莱毋，西入济。县二十四：奉高，有明堂，在西南四里，武帝元封二年造。有工官。博，有泰山庙，岱山在西北，兖州山。茬，卢，都尉治。济北王都也。肥成，蛇丘，隧乡，故隧国。《春秋》曰“齐人歼于隧”也。刚，故阐。莽曰柔。柴，盖，临乐子山，洙水所出，西北至盖入池水。又沂水南至下邳入泗，过郡五，行六百里，青州浸。梁父，东平阳，南武阳，冠石山，治水所出，南至下邳入泗，过郡二，行九百四十里。莽曰桓宣。莱芜，原山，甾水所出，东至博昌入泲，幽州浸。又《禹贡》汶水出西南入泲。汶水，桑钦所言。巨平，有亭亭山祠。嬴，有铁官。牟，故国。蒙阴，《禹贡》蒙山在西南，有祠。颛臾国在蒙山下。莽曰蒙恩。华，莽曰翼阴。宁阳，侯国。莽曰宁顺。乘丘，富阳，桃山，侯国。莽曰裒鲁。桃乡，侯国。莽曰鄣亭。式。

齐郡，秦置。莽曰济南。属青州。户十五万四千八百二十六，口五十五万四千四百四十四。县十二：临淄，师尚父所封。如水西北至梁邹入泲。有服官、铁官。莽曰齐陵。昌国，德会水西北至西安入如。利，莽曰利治。西安，莽曰东宁。巨定，马车渎水首受巨定，东北至琅槐入海。广，为山，浊水所出，东北至广饶入巨定。广饶，昭南，临朐，有逢山祠。石膏山，洋水所出，东北至广饶入巨定。莽曰监朐。北乡，侯国。莽曰禺聚。平广，侯国。台乡。

北海郡，景帝中二年置。属青州。户十二万七千，口五十九万三千一百五十九。县二十六：营陵，或曰营丘。莽曰北海亭。剧魁，侯国。莽曰上符。安丘，莽曰诛郅。瓡，侯国。莽曰道德。淳于，益，莽曰探阳。平寿，剧，侯国。都昌，有盐官。平望，侯国。莽曰所聚。平的，侯国。柳泉，侯国。莽曰弘睦。寿光，有盐官。莽曰翼平亭。乐望，侯国。饶，侯国。斟，故国，禹后。桑犊，覆甑山，溉水所出，东北至都昌入海。平城，侯国。密乡，侯国。羊石，侯国。乐都，侯国。莽曰拔垄，（一作杖，一作枝也。）石乡，侯国，（一作正乡。）上乡，侯国。新成，侯国。成乡，侯国。莽曰石乐。胶阳。侯国。

东莱郡，高帝置。属青州。户十万三千二百九十二，口五十万二千六百九十三。县十七：掖，莽曰掖通。腄，有之罘山祠。居上山，声洋水所出，东北入海。平度，莽曰利卢。黄，有莱山松林莱君祠。莽曰意母。临朐，有海水祠。莽曰监朐。曲成，有参山万里沙祠。阳丘山，治水所出，南至沂入海。有盐官。牟平，莽曰望利。东牟，有铁官、盐官。莽曰弘德。㡉，有百支莱王祠。有盐官。育犁，昌阳，有盐官。莽曰夙敬亭。不夜，有成山日祠。莽曰夙夜。当利，有盐官。莽曰东莱亭。卢乡，阳乐，侯国。莽曰延乐。阳石，莽曰识命。徐乡。

琅邪郡，秦置。莽曰填夷。属徐州。户二十二万八千九百六十，口一百七万九千一百。有铁官。县五十一：东武，莽曰祥善。不其，有太一、仙人祠九所，及明堂，武帝所起。海曲，有盐官。赣榆，朱虚，凡山，丹水所出，东北至寿光入海。东泰山，汶水所出，东至安丘入维。有三山、五帝祠。诸，莽曰诸并。梧成，灵门，有高柘山。壶山，浯水所出，东北入淮。姑幕，都尉治。或曰薄姑。莽曰季睦。虚水，侯国。临原，侯国。莽曰填夷亭。琅邪，越王句践尝治此，起馆台。有四时祠。祓，侯国。柜，根艾水东入海。莽曰祓同。缾，侯国。邞，胶水东至平度入海。莽曰纯德。雩叚，侯国。黔陬，故介国也。云，侯国。计斤，莒子始起此，后徙莒。有盐官。稻，侯国。皋虞，侯国。莽曰盈庐。平昌，长广，有莱山莱王祠。奚养泽在西，秦地图曰剧清池，幽州薮。有盐官。横，故山，久台水所出，东南至东武入淮。莽曰令丘。东莞，术水南至下邳入泗，过郡三，行七百一十里，青州浸。魏其，侯国。莽曰青泉。昌，有环山祠。兹乡，侯国。箕，侯国。《禹贡》潍水北至都昌入海，过郡三，行五百二十里，兖州浸也。椑，夜头水南至海。莽曰识命。高广，侯国。高乡，侯国。柔，侯国。即来，侯国。莽曰盛睦。丽，侯国。武乡，侯国。莽曰顺理。伊乡，侯国。新山，侯国。高阳，侯国。昆山，侯国。参封，侯国。折泉，侯国。折泉水北至莫入淮。博石，侯国。房山，侯国。慎乡，侯国。驷望，侯国。莽曰泠乡。安丘，侯国。莽曰宁乡。高陵，侯国。莽曰蒲陆。临安，侯国。莽曰诚信。石山。侯国。

东海郡，高帝置。莽曰沂平。属徐州。户三十五万八千四百一十四，口百五十五万九千三百五十七。县三十八：郯，故国，少昊后，盈姓。兰陵，莽曰兰东。襄贲，莽曰章信。下邳，葛峄山在西，古文以为峄阳。有铁官。莽曰闰俭。良成，侯国。莽曰承翰。平曲，莽曰平端。戚，朐，秦始皇立石海上以为东门阙。

有铁官。开阳，故鄅国。莽曰厌虏。费，故鲁季氏邑。都尉治。莽曰顺从。利成，莽曰流泉。海曲，莽曰东海亭。兰祺，侯国。莽曰溥睦。缯，故国，禹后。莽曰缯治。南成，侯国。山乡，侯国。建乡，侯国。即丘，莽曰就信。祝其，《禹贡》羽山在南，鲧所殛。莽曰犹亭。临沂，厚丘，莽曰祝其亭。容丘，侯国。祠水东南至下邳入泗。东安，侯国。莽曰业亭。合乡，莽曰合聚。承，莽曰承治。建阳，侯国。莽曰建力。曲阳，莽曰从羊。司吾，莽曰息吾。于乡，侯国。平曲，侯国。莽曰端平。都阳，侯国。阴平，侯国。郚乡，侯国。莽曰徐亭。武阳，侯国。莽曰弘亭。新阳，侯国。莽曰博聚。建陵，侯国。莽曰付亭。昌虑，侯国。莽曰虑聚。都平。侯国。

临淮郡，武帝元狩六年置。莽曰淮平。户二十六万八千二百八十三，口百二十三万七千七百六十四。县二十九：徐，故国，盈姓。至春秋时徐子章禹为楚所灭。莽曰徐调。取虑，淮浦，游水北入海。莽曰淮敬。盱眙，都尉治。莽曰武匡。厹犹，莽曰秉义。僮，莽曰成信。射阳，莽曰监淮亭。开阳，赘其，高山，睢陵，莽曰睢陆。盐渎，有铁官。淮阴，莽曰嘉信。淮陵，莽曰淮陆。下相，莽曰从德。富陵，莽曰槩虏。东阳，播旌，莽曰著信。西平，莽曰永聚。高平，侯国。莽曰成丘。开陵，侯国。莽曰成乡。昌阳，侯国。广平，侯国。莽曰平宁。兰阳，侯国。莽曰建节。襄平，侯国。莽曰相平。海陵，有江海会祠。莽曰亭间。舆，莽曰美德。堂邑，有铁官。乐陵，侯国。

会稽郡，秦置。高帝六年为荆国，十二年更名吴。景帝四年属江都。属扬州。户二十二万三千三十八，口百三万二千六百四。

县二十六：吴，故国，周太伯所邑。具区泽在西，扬州薮，古文以为震泽。南江在南，东入海，扬州川。莽曰泰德。曲阿，故云阳。莽曰风美。乌伤，莽曰乌孝。毗陵，季札所居。江在北，东入海，扬州川。莽曰毗坛。余暨，萧山，潘水所出，东入海。莽曰馀衍。阳羡，诸暨，莽曰疏虏。无锡，有历山，春申君岁祠以牛。莽曰有锡。山阴，会稽山在南，上有禹冢、禹井，扬州山。越王句践本国。有灵文园。丹徒，余姚，娄，有南武城，阖闾所起以候越。莽曰娄治。上虞，有仇亭。柯水东入海。莽曰会稽。海盐，故武原乡。有盐官。莽曰展武。剡，莽曰尽忠。由拳，柴辟，故就李乡，吴、越战地。大末，谷水东北至钱唐入江。莽曰末治。乌程，有欧阳亭。句章，渠水东入海。余杭，莽曰进睦。鄞，有镇亭，有鲒埼亭。东南有天门水入海。有越天门山。莽曰谨。钱唐，西部都尉治。武林山，武林水所出，东入海，行八百三十里。莽曰泉亭。鄮，莽曰海治。富春，莽曰诛岁。冶，回浦。南部都尉治。

丹扬郡，故鄣郡。属江都。武帝元封二年更名丹扬。属扬州，户十万七千五百四十一，口四十万五千一百七十。有铜官。县十七：宛陵，彭泽聚在西南。清水西北至芜湖入江。莽曰无宛。於朁，江乘，莽曰相武。春穀，秣陵，莽曰宣亭。故鄣，莽曰候望。句容，泾，丹阳，楚之先熊绎所封，十八世，文王徙郢。石城，分江水首受江，东至余姚入海，过郡二，行千二百里。胡孰，陵阳，桑钦言淮水出东南，北入大江。芜湖，中江出西南，东至阳羡入海，扬州川。黝，渐江水出南蛮夷中，东入海。成帝鸿嘉二年为广德王国。莽曰愬虏。溧阳，歙，都尉治。宣城。

豫章郡，高帝置。莽曰九江。属扬州。户六万七千四百六十二，口三十五万一千九百六十五。县十八：南昌，莽曰宜善。庐陵，莽曰桓亭。彭泽，《禹贡》彭蠡泽在西。鄱阳，武阳乡右十余里有黄金采。鄱水西入湖汉。莽曰乡亭。历陵，傅易山、傅易川在南，古文以为傅浅原。莽曰蒲亭。馀汗，馀水在北，至鄡阳入湖汉。莽曰治干。柴桑，莽曰九江亭。艾，修水东北至彭泽入湖汉，行六百六十里。莽曰治翰。赣，豫章水出西南，北入大江。新淦，都尉治。莽曰偶亭。南城，盱水西北至南昌入湖汉。建成，蜀水东至南昌入湖汉。莽曰多聚。宜春，南水东至新淦入湖汉。莽曰修晓。海昏，莽曰宜生。雩都，湖汉水东至彭泽入江，行千九百八十里。鄡阳，莽曰豫章。南野，彭水东入湖汉。安平，侯国。莽曰安宁。

桂阳郡，高帝置。莽曰南平。属荆州。户二万八千一百一十九，口十五万六千四百八十八。有金官。县十一：郴，耒山，耒水所出，西南至湘南入湖。项羽所立义帝都此。莽曰宣风。临武，秦水东南至浈阳入汇，行七百里。莽曰大武。便，莽曰便屏。南平，耒阳，舂山，舂水所出，北至酃入湖，过郡二，行七百八十里。莽曰南平亭。桂阳，汇水南至四会入郁，过郡二，行九百里。阳山，侯国。曲江，莽曰除虏。含洭，浈阳，莽曰基武。阴山，侯国。

武陵郡，高帝置。莽曰建平。属荆州。户三万四千一百七十七，口十八万五千七百五十八。县十三：索，渐水东入沅。孱陵，莽曰孱陆。临沅，莽曰监元。沅陵，莽曰沅陆。镡成，康谷水南入海。玉山，潭水所出，东至阿林入郁，过郡二，行七百二十里。

无阳，无水首受故且兰，南入沅，八百九十里。迁陵，莽曰迁陆。辰阳，三山谷，辰水所出，南入沅，七百五十里。莽曰会亭。酉阳，义陵，鄜梁山，序水所出，西入沅，莽曰建平。佷山，零阳，充。酉原山，酉水所出，南至沅陵入沅，行千二百里。历山，澧水所出，东至下隽入沅，过郡二，行一千二百里。

零陵郡，武帝元鼎六年置。莽曰九疑。属荆州。户二万一千九十二，口十三万九千三百七十八。县十：零陵，阳海山，湘水所出，北至酃入江，过郡二，行二千五百三十里。又有离水，东南至广信入郁林，行九百八十里。营道，九疑山在南。莽曰九疑亭。始安，夫夷，营浦，都梁，侯国。路山，资水所出，东北至益阳入沅，过郡二，行千八百里。泠道，莽曰泠陵。泉陵，侯国。莽曰溥闰。洮阳，莽曰洮治。钟武。莽曰钟桓。

汉中郡，秦置。莽曰新成。属益州。户十万一千五百七十，口三十万六百一十四。县十二：西城，旬阳，北山，旬水所出，南入沔。南郑，旱山，池水所出，东北入汉。褒中，都尉治。汉阳乡。房陵，淮山，淮水所出，东至中庐入沔。又有筑水，东至筑阳亦入沔。东山，沮水所出，东至郢入江，行七百里。安阳，鬵谷水出西南，北入汉。在谷水出北，南入汉。成固，沔阳，有铁官。钖，莽曰钖治。武陵，上庸，长利。有郧关。

广汉郡，高帝置。莽曰就都。属益州。户十六万七千四百九十九，口六十六万二千二百四十九。有工官。县十三：梓潼，五妇山，驰水所出，南入涪，行五百五十里，莽曰子同。汁方，莽曰美信。涪，有瀼亭。莽曰统睦。雒，章山，雒水所出，南至新都谷入湔。有工官。莽曰吾雒。绵竹，紫岩山，绵水所出，东至新都北入雒。都尉治。广汉，莽曰广信。葭明，郪，新都，甸氐道，白水出徼外，东至葭明入汉，过郡一，行九百五十里，莽曰致治。白水，刚氐道，涪水出徼外，南至垫江入汉，过郡二，行千六十九里。阴平道。北部都尉治。莽曰摧虏。

蜀郡，秦置。有小江入，并行千九百八十里。《禹贡》桓水出蜀山西南，行羌中，入南海。莽曰导江。属益州。户二十六万八千二百七十九，口百二十四万五千九百二十九。县十五：成都，户七万六千二百五十六，有工官。郫，《禹贡》江沱在西，东入大江。繁，广都，莽曰就都亭。临邛，仆千水东至武阳入江，过郡二，行五百一十里。有铁官、盐官。莽曰监邛。青衣，《禹贡》蒙山溪大渡水东南至南安入渽。江原，𨛬水首受江，南至武阳入江。莽曰邛原。严道，邛来山，邛水所出，东入青衣。有木官。莽曰严治。绵虒，玉垒山，湔水所出，东南至江阳入江，过郡三，行千八百九十里。旄牛，鲜水出徼外，南入若水，若水亦出徼外，南至大莋入绳，过郡二，行千六百里。徙，湔氐道，《禹贡》崏山在西徼外，江水所出，东南至江都入海，过郡七，行二千六百六十里。汶江，渽水出徼外，南至南安，东入江，过郡三，行三千四十里。江沱在西南，东入江。广柔，蚕陵。莽曰步昌。

犍为郡，武帝建元六年开，莽曰西顺。属益州。户十万九千四百一十九，口四十八万九千四百八十六。县十二：僰道，莽曰僰治。江阳，武阳，有铁官，莽曰戢成。南安，有盐官、铁官。资中，符，温水南至鳖入黚水，黚水亦南至鳖入江。莽曰符信。牛鞞，南广，汾关山，符黑水所出，北至僰道入江。又有大涉水，北至符入江，过郡三，行八百四十里。汉阳，都尉治。山阘谷，汉水所出，东至鳖入延。莽曰新通。郁邬，莽曰屛邬。朱提，山出银。堂琅。

赵巂郡，武帝元鼎六年开。莽曰集巂。属益州。户六万一千二百八，口四十万八千四百五。县十五：邛都，南山出铜。有邛池泽。遂久，绳水出徼外，东至僰道入江，过郡二，行千四百里。灵关道，台登，孙水南至会无入若，行七百五十里。定莋，出盐。步北泽在南。都尉治。会无，东山出碧，莋秦，大莋，姑复，临池泽在南。三绛，苏示，尼江在西北。阑，卑水，灊街，青蛉。临池灊在北。仆水出徼外，东南至来惟入劳，过郡二，行千八百八十里。有禺同山，有金马、碧鸡。

益州郡，武帝元封二年开。莽曰就新。属益州。户八万一千九百四十六，口五十八万四百六十三。县二十四：滇池，大泽在西，滇池泽在西北。有黑水祠。双柏，同劳，铜濑，谈虏山，迷水所出，东至谈稿入温。连然，有盐官。俞元，池在南，桥水所出，东至毋单入温，行千九百里。怀山出铜。收靡，南山腊谷，涂水所出，西北至越巂入绳，过郡二，行千二十里。穀昌，秦臧，牛兰山，即水所出，南至双柏入仆，行八百二十里。邪龙，味，昆泽，叶榆，叶榆泽在东。贪水首受青蛉，南至邪龙入仆，行五百里。律高，西石空山出锡，东南盢町山出银、铅。不韦，云南，巂唐，周水首受徼外。又有类水，西南至不韦，行六百五十里。弄栋，东农山，毋血水出，北至三绛南入绳，行五百一十里。比苏，贲古，北采山出锡，西羊山出银、铅，南乌山出锡。毋棳，桥水首受桥山，东至中留入潭，过郡四，行三千一百二十里。莽曰有棳。胜休，河水东至毋棳入桥。莽曰胜僰。健伶，来唯。从陟山出铜。劳水出徼外，东至麋泠入南海，过郡三，行三千五百六十里。

牂柯郡，武帝元鼎六年开。莽曰同亭。有柱蒲关。属益州。户二万四千二百一十九，口十五万三千三百六十。县十七：故且兰，沅水东南至益阳入江，过郡二，行二千五百三十里。镡封，温水东至广郁入郁，过郡二，行五百六十里。鳖，不狼山，鳖水所出，东入沅，过郡二，行七百三十里。漏卧，平夷，同并，谈指，宛温，毋敛，刚水东至潭中入潭。莽曰有敛。夜郎，豚水东至广郁。都尉治。莽曰同亭。毋单，漏江，西随，麋水西受徼外，东至麋泠入尚龙溪，过郡二，行千一百六里。都梦，壶水东南至麋泠入尚龙溪，过郡二，行千一百六十里。谈稿，进桑，南部都尉治。有关。句町。文象水东至增食入郁。又有卢唯水、来细水、伐水。莽曰从化。

巴郡，秦置。属益州。户十五万八千六百四十三，口七十万八千一百四十八。县十一：江州，临江，莽曰监江。枳，阆中，彭道将池在南，彭道鱼池在西南。垫江，朐忍，容毋水所出，南入江。有橘官、盐官。安汉，是鱼池在南。莽曰安新。宕渠，符特山在西南。潜水西南入江。不曹水出东北徐谷，南入灊。鱼复，江关，都尉治。有橘官。充国，涪陵。莽曰巴亭。

汉书卷二十八下

地理志第八下

武都郡，武帝元鼎六年置。莽曰乐平。户五万一千三百七十六，口二十三万五千五百六十。县九：武都，东汉水受氐道水，一名沔，过江夏，谓之夏水，入江。天池大泽在县西。莽曰循虏。上禄，故道，莽曰善治。河池，泉街水南至沮入汉，行五百二十里。莽曰乐平亭。平乐道，沮，沮水出东狼谷，南至沙羡南入江，过郡五，行四千里，荆州川。嘉陵道，循成道，下辨道。莽曰杨德。

陇西郡，秦置。莽曰厌戎。户五万三千九百六十四，口二十三万六千八百二十四。有铁官、盐官。县十一：狄道，白石山在东。莽曰操虏。上邽，安故，氐道，《禹贡》养水所出，至武都为汉。莽曰亭道。首阳，《禹贡》鸟鼠同穴山在西南，渭水所出，东至船司空入河，过郡四，行千八百七十里，雍州浸。予道，莽曰德道。大夏，莽曰顺夏。羌道，羌水出塞外，南至阴平入白水，过郡三，行六百里。襄武，莽曰相桓。临洮，洮水出西羌中，北至枹罕东入河。《禹贡》西顷山在县西，南部都尉治也。西。《禹贡》嶓冢山，西汉所出，南入广汉白水，东南至江州入江，过郡四，行二千七百六十里。莽曰西治。

金城郡，昭帝始元六年置。莽曰西海。户三万八千四百七十，口十四万九千六百四十八。县十三：允吾，乌亭逆水出参街谷，东至枝阳入湟。莽曰修远。浩亹，浩亹水出西塞外，东至允吾入湟水。莽曰兴武。令居，涧水出西北塞外，至县西南，入郑伯津。莽曰罕虏。枝阳，金城，莽曰金屏。榆中，枹罕，白石，离水出西塞外，东至枹罕入河。莽曰顺砾。河关，积石山在西南羌中。河水行塞外，东北入塞内，至章武入海，过郡十六，行九千四百里。破羌，宣帝神爵二年置。安夷，允街，宣帝神爵二年置。莽曰修远。临羌。西北至塞外，有西王母石室、仙海、盐池。北则湟水所出，东至允吾入河。西有须抵池，有弱水、昆仑山祠。莽曰盐羌。

天水郡，武帝元鼎三年置。莽曰填戎。明帝改曰汉阳。户六万三百七十，口二十六万一千三百四十八。县十六：平襄，莽曰平相。街泉，戎邑道，莽曰填戎亭。望垣，莽曰望亭。罕幵，绵诸道，阿阳，略阳道，冀，《禹贡》朱圄山在县南梧中聚。莽曰冀治。勇士，属国都尉治满福。莽曰纪德。成纪，清水，莽曰识睦。奉捷，陇，豲道，骑都尉治密艾亭。兰干。莽曰兰盾。

武威郡，故匈奴休屠王地。武帝太初四年开。莽曰张掖。户万七千五百八十一，口七万六千四百一十九。县十：姑臧，南山，谷水所出，北至武威入海，行七百九十里。张掖，武威，休屠泽在东北，古文以为猪野泽。休屠，莽曰晏然。都尉治熊水障。北部都尉治休屠城。揟次，莽曰播德。鸾乌，朴劚，莽曰敷虏。媪围，苍松，南山，松陕水所出，北至揟次入海。莽曰射楚。宣威。

张掖郡，故匈奴昆邪王地，武帝太初元年开。莽曰设屏。户二万四千三百五十二，口八万八千七百三十一。县十：觻得，千金渠西至乐涫入泽中。羌谷水出羌中，东北至居延入海，过郡二，行二千一百里。莽曰官式。昭武，莽曰渠武。删丹，桑钦以为道弱水自此，西至酒泉合黎。莽曰贯虏。氐池，莽曰否武。屋兰，莽曰传武。日勒，都尉治泽索谷。莽曰勒治。骊靬，莽曰揭虏。番和，农都尉治。莽曰罗虏。居延，居延泽在东北，古文以为流沙。都尉治。莽曰居成。显美。

酒泉郡，武帝太初元年开。莽曰辅平。户万八千一百三十七，口七万六千七百二十六。县九：禄福，呼蚕水出南羌中，东北至会水入羌谷。莽曰显德。表是，莽曰载武。乐涫，莽曰乐亭。天陈，玉门，莽曰辅平亭。会水，北部都尉治偃泉障。东部都尉治东部障。莽曰萧武。池头，绥弥，乾齐。西部都尉治西部障。莽曰测虏。

敦煌郡，武帝后元年分酒泉置。正西关外有白龙堆沙，有蒲昌海。莽曰敦德。户万一千二百，口三万八千三百三十五。县六：敦煌，中部都尉治步广候官。杜林以为古瓜州地，生美瓜。莽曰敦德。冥安，南籍端水出南羌中，西北入其泽，溉民田。效穀，渊泉，广至，宜禾都尉治昆仑障。莽曰广桓。龙勒。有阳关、玉门关，皆都尉治。氐置水出南羌中，东北入泽，溉民田。

安定郡，武帝元鼎三年置。户四万二千七百二十五，口十四万三千二百九十四。县二十一：高平，莽曰铺睦。复累，安俾，抚夷，莽曰抚宁。朝那，有端旬祠十五所，胡巫祝。又有湫渊祠。

泾阳，幵头山在西，《禹贡》泾水所出，东南至阳陵入渭，过郡三，行千六十里，雍州川。临泾，莽曰监泾。卤，濯水出西。乌氏，乌水出西，北入河。都卢山在西。莽曰乌亭。阴密，《诗》密人国。有嚣安亭。安定，参䜌，主骑都尉治。三水，属国都尉治。有盐官。莽曰广延亭。阴槃，安武，莽曰安桓。祖厉，莽曰乡礼。爰得，眴卷，河水别出为河沟，东至富平北入河。彭阳，鹑阴，月氏道。莽曰月顺。

北地郡，秦置。莽曰威成。户六万四千四百六十一，口二十一万六百八十八。县十九：马领，直路，沮水出西，东入洛。灵武，莽曰威成亭。富平，北部都尉治神泉障。浑怀都尉治塞外浑怀障。莽曰特武。灵州，惠帝四年置。有河奇苑、号非苑。莽曰令周。眴衍，方渠，除道，莽曰通道。五街，莽曰吾街。鹑孤，归德，洛水出北蛮夷中，入河。有堵苑，白马苑。回获，略畔道，莽曰延年道。泥阳，莽曰泥阴。郁郅，泥水出北蛮夷中。有牧师菀官。莽曰功著。义渠道，莽曰义沟。弋居，有盐官。大要，廉。卑移山在西北。莽曰西河亭。

上郡，秦置，高帝元年更为翟国，七月复故。匈归都尉治塞外匈归障。属并州。户十万三千六百八十三，口六十万六千六百五十八。县二十三：肤施，有五龙山、帝、原水、黄帝祠四所。独乐，有盐官。阳周，桥山在南，有黄帝冢。莽曰上陵畤。木禾，平都，浅水，莽曰广信。京室，莽曰积粟。洛都，莽曰卑顺。白土，圜水出西，东入河。莽曰黄土。襄洛，莽曰上党亭。原都，漆垣，莽曰漆墙。奢延，莽曰奢节。雕阴，推邪，莽曰排邪。桢林，莽曰桢干。高望，北部都尉治。莽曰坚宁。雕阴道，龟兹，属国都尉治。有盐官。定阳，高奴，有洧水，可燃。莽曰利平。望松，北部都尉治。宜都。莽曰坚宁小邑。

西河郡，武帝元朔四年置。南部都尉治塞外翁龙、埤是。莽曰归新。属并州。户十三万六千三百九十，口六十九万八千八百三十六。县三十六：富昌，有盐官。莽曰富成。驺虞，鹄泽，平定，莽曰阴平亭。美稷，属国都尉治。中阳，乐街，莽曰截虏。徒经，莽曰廉耻。皋狼，大成，莽曰好成。广田，莽曰广翰。圜阴，惠帝五年置。莽曰方阴。益阑，莽曰香阑。平周，鸿门，有天封苑火井祠，火从地出也。蔺，宣武，莽曰讨貉。千章，增山，有道西出眩雷塞，北部都尉治。圜阳，广衍，武车，莽曰桓车。虎猛，西部都尉治。离石，穀罗，武泽在西北。饶，莽曰饶衍。方利，莽曰广德。隰成，莽曰慈平亭。临水，莽曰监水。土军，西都，莽曰五原亭。平陆，阴山，莽曰山宁。觬是，莽曰伏觬。博陵，莽曰助桓。盐官。

朔方郡，武帝元朔二年开。西部都尉治窳浑。莽曰沟搜。属并州。户三万四千三百三十八，口十三万六千六百二十八。县十：三封，武帝元狩三年城。朔方，金连盐泽、青盐泽皆在南。莽曰武符。修都，临河，莽曰监河。呼遒，窳浑，有道西北出鸡鹿塞。屠申泽在东。莽曰极武。渠搜，中部都尉治。莽曰沟搜。沃野，武帝元狩三年城。有盐官。莽曰绥武。广牧，东部都尉治。莽曰盐官。临戎。武帝元朔五年城。莽曰推武。

五原郡，秦九原郡，武帝元朔二年更名。东部都尉治稒阳。莽曰获降。属并州。户三万九千三百二十二，口二十三万一千三百二十八。县十六：九原，莽曰成平。固陵，莽曰固调。五原，莽曰填河亭。临沃，莽曰振武。文国，莽曰繁聚。河阴，蒲泽，属国都尉治。南兴，莽曰南利。武都，莽曰桓都。宜梁，曼柏，莽曰延柏。成宜，中部都尉治原高，西部都尉治田辟。有盐官。莽曰艾虏。稒阳，北出石门障得光禄城，又西北得支就城，又西北得头曼城，又西北得虖河城，又西得宿虏城。莽曰固阴。莫䵣，西安阳，莽曰鄣安。河目。

云中郡，秦置。莽曰受降。属并州。户三万八千三百三，口十七万三千二百七十。县十一：云中，莽曰远服。咸阳，莽曰贲武。陶林，东部都尉治。桢陵，缘胡山在西北。西部都尉治。莽曰桢陆。犊和，沙陵，莽曰希恩。原阳，沙南，北舆，中部都尉治。武泉，莽曰顺泉。阳寿。莽曰常得。

定襄郡，高帝置。莽曰得降。属并州。户三万八千五百五十九，口十六万三千一百四十四。县一十二：成乐，桐过，莽曰椅桐。都武，莽曰通德。武进，白渠水出塞外，西至沙陵入河。西部都尉治。莽曰伐蛮。襄阴，武皋，荒干水出塞外，西至沙陵入河。中部都尉治。莽曰永武。骆，莽曰遮要。定陶，莽曰迎符。武城，莽曰桓就。武要，东部都尉治。莽曰厌胡。定襄，莽曰著武。复陆。莽曰闻武。

雁门郡，秦置。句注山在阴馆。莽曰填狄。属并州。户七万三千一百三十八，口二十九万三千四百五十四。县十四：善无，莽曰阴馆。沃阳，盐泽在东北，有长丞。西部都尉治。莽曰敬阳。繁畤，莽曰当要。中陵，莽曰遮害。阴馆，楼烦乡。景帝后三年置。累头山，治水所出，东至泉州入海，过郡六，行千一百里。莽曰富代。楼烦，有盐官。武州，莽曰桓州。涅陶，剧阳，莽曰善阳。𨻸，莽曰𨻸张。平城，东部都尉治。莽曰平顺。埒，莽曰填狄亭。马邑，莽曰章昭。强阴。诸闻泽在东北。莽曰伏阴。

代郡，秦置。莽曰厌狄。有五原关、常山关。属幽州。户五万六千七百七十一，口二十七万八千七百五十四。县十八：桑乾，莽曰安德。道人，莽曰道仁。当城，高柳，西部都尉治。马城，东部都尉治。班氏，秦地图书班氏。莽曰班副。延陵，狋氏，莽曰狋聚。且如，于延水出塞外，东至宁入沽。中部都尉治。平邑，莽曰平胡。阳原，东安阳，莽曰竟安。参合，平舒，祁夷水北至桑乾入沽。莽曰平葆。代，莽曰厌狄亭。灵丘，滱河东至文安入大河，过郡五，行九百四十里。并州川。广昌，涞水东南至容城入河，过郡三，行五百里，并州浸。莽曰广屏。卤城。虖池河东至参户入虖池别，过郡九，行千三百四十里，并州川。从河东至文安入海，过郡六，行千三百七十里。莽曰鲁盾。

上谷郡，秦置。莽曰朔调。属幽州。户三万六千八，口十一万七千七百六十二。县十五：沮阳，莽曰沮阴。泉上，莽曰塞泉。潘，莽曰树武。军都，温馀水东至路，南入沽。居庸，有关。雊瞀，夷舆，莽曰朔调亭。宁，西部都尉治。莽曰博康。昌平，莽曰长昌。广宁，莽曰广康。涿鹿，莽曰抪陆。且居，阳乐水出东，南入沽。莽曰久居。茹，莽曰穀武。女祁，东部都尉治。莽曰祁。下落。莽曰下忠。

渔阳郡，秦置。莽曰通路。属幽州。户六万八千八百二，口二十六万四千一百一十六。县十二：渔阳，沽水出塞外，东南至泉州入海，行七百五十里。有铁官。莽曰得渔。狐奴，莽曰举符。路，莽曰通路亭。雍奴，泉州，有盐官。莽曰泉调。平谷，安乐，庢奚，莽曰敦德。犷平，莽曰平犷。要阳，都尉治，莽曰要术。白檀，洫水出北蛮夷。滑盐。莽曰匡德。

右北平郡，秦置。莽曰北顺。属幽州。户六万六千六百八十九，口三十二万七百八十。县十六：平刚，无终，故无终子国。浭水西至雍奴入海，过郡二，行六百五十里。石成，廷陵，莽曰铺武。俊靡，灅水南至无终东入庚。莽曰俊麻。竇，都尉治。莽曰裒睦。徐无，莽曰北顺亭。字，榆水出东。土垠，白狼，莽曰伏狄。夕阳，有铁官。莽曰夕阴。昌城，莽曰淑武。骊成，大揭石山在县西南。莽曰揭石。广成，莽曰平虏。聚阳，莽曰笃睦。平明。莽曰平阳。

辽西郡，秦置。有小水四十八，并行三千四十六里。属幽州。户七万二千六百五十四，口三十五万二千三百二十五。县十四：且虑，有高庙。莽曰鉏虑。海阳，龙鲜水东入封大水。封大水、缓虚水皆南入海。有盐官。新安平，夷水东入塞外。柳城，马首山在西南。参柳水北入海。西部都尉治。令支，有孤竹城。莽曰令氏亭。肥如，玄水东入濡水。濡水南入海阳。又有卢水，南入玄。莽曰肥而。宾从，莽曰勉武。交黎，渝水首受塞外，南入海。东部都尉治。莽白禽虏。阳乐，狐苏，唐就水至徒河入海。徒河，莽曰河福。文成，莽曰言虏。临渝，渝水首受白狼，东入塞外。又有侯水，北入渝。莽曰冯德。累。下官水南入海。又有揭石水、宾水，皆南入官。莽曰选武。

辽东郡，秦置。属幽州。户五万五千九百七十二，口二十七万二千五百三十九。县十八：襄平，有牧师官。莽曰昌平。新昌，无虑，西部都尉治。望平，大辽水出塞外，南至安市入海。行千二百五十里。莽曰长说。房，候城，中部都尉治。辽队，莽曰顺睦。辽阳，大梁水西南至辽阳入辽。莽曰辽阴。险渎，居就，室伪山，室伪水所出，北至襄平入梁也。高显，安市，武次，东部都尉治。莽曰桓次。平郭，有铁官、盐官。西安平，莽曰北安平。文，莽曰文亭。番汗，沛水出塞外，西南入海。沓氏。

玄菟郡，武帝元封四年开。高句骊，莽曰下句骊。属幽州。户四万五千六，口二十二万一千八百四十五。县三：高句骊，辽山，辽水所出，西南至辽队入大辽水。又有南苏水，西北经塞外。上殷台，莽曰下殷。西盖马。马訾水西北入盐难水，西南至西安平入海，过郡二，行二千一百里。莽曰玄菟亭。

乐浪郡，武帝元封三年开。莽曰乐鲜。属幽州。户六万二千八百一十二，口四十万六千七百四十八。有云鄣。县二十五：朝鲜，讲邯，浿水，水西至增地入海。莽曰乐鲜亭。含资，带水西至带方入海。黏蝉，遂成，增地，莽曰增土。带方，驷望，海冥，莽曰海桓。列口，长岑，屯有，昭明，南部都尉治。镂方，提奚，浑弥，吞列，分黎山，列水所出，西至黏蝉入海，行八百二十里。东暆，不而，东部都尉治。蚕台，华丽，邪头昧，前莫，夫租。

南海郡，秦置。秦败，尉佗王此地。武帝元鼎六年开，属交州。户万九千六百一十三，口九万四千二百五十三。有圃羞官。县六：番禺，尉佗都。有盐官。博罗，中宿，有洭浦官。龙川，四会，揭阳。莽曰南海亭。

郁林郡，故秦桂林郡，属尉佗。武帝元鼎六年开，更名。有小溪川水七，并行三千一百一十里。莽曰郁平。属交州。户万二千四百一十五，口七万一千一百六十二。县十二：布山，安广，阿林，广郁，郁水首受夜郎豚水，东至四会入海，过郡四，行四千三十里。中留，桂林，潭中，莽曰中潭。临尘，朱涯水入领方。又有斤南水。又有侵离水，行七百里。莽曰监尘。定周，周水首受无敛，东入潭，行七百九十里。增食，驩水首受牂柯东界，入朱涯水，行五百七十里。领方，斤南水入郁。又有埗水。都尉治。雍鸡。有关。

苍梧郡，武帝元鼎六年开。莽曰新广。属交州。有离水关。户二万四千三百七十九，口十四万六千一百六十。县十：广信，莽曰广信亭。谢沐，有关。高要，有盐官。封阳，临贺，莽曰大贺。端溪，冯乘，富川，荔浦，有荔平关。猛陵。龙山，合水所出，南至布山入海。莽曰猛陆。

交趾郡，武帝元鼎六年开，属交州。户九万二千四百四十，口七十四万六千二百三十七。县十：羸陵，有羞官。安定，苟屚，麊泠，都尉治。曲易，北带，稽徐，西于，龙编，朱䳒。

合浦郡，武帝元鼎六年开，莽曰桓合。属交州。户万五千三百九十八，口七万八千九百八十。县五：徐闻，高凉，合浦，有关。莽曰桓亭。临允，牢水北入高要入郁，过郡三，行五百三十里。莽曰大允。朱卢。都尉治。

九真郡，武帝元鼎六年开。有小水五十二，并行八千五百六十里。户三万五千七百四十三，口十六万六千一十三。有界关。县七：胥浦，莽曰驩成。居风，都庞，馀发，咸驩，无切，都尉治。无编。莽曰九真亭。

日南郡，故秦象郡，武帝元鼎六年开，更名。有小水十六，并行三千一百八十里。属交州。户万五千四百六十，口六万九千四百八十五。县五：朱吾，比景，卢容，西卷，水入海，有竹，可为杖。莽曰日南亭。象林。

赵国，故秦邯郸郡，高帝四年为赵国，景帝三年复为邯郸郡，五年复故。莽曰桓亭。属冀州。户八万四千二百二，口三十四万九千九百五十二。县四：邯郸，堵山，牛首水所出，东入白渠。赵敬侯自中牟徙此。易阳，柏人，莽曰寿仁。襄国。故邢国。西山，渠水所出，东北至任入浸。又有蓼水、冯水，皆东至朝平入湡。

广平国，武帝征和二年置为平干国，宣帝五凤二年复故。莽曰富昌。属冀州。户二万七千九百八十四，口十九万八千五百五十八。县十六：广平，张，朝平，南和，列葭水东入滱。列人，莽曰列治。斥章，任，曲周，武帝建元四年置。莽曰直周。南曲，曲梁，侯国。莽曰直梁。广乡，平利，平乡，阳台，侯国。广年，莽曰富昌。城乡。

真定国，武帝元鼎四年置。属冀州。户三万七千一百二十六，口十七万八千六百一十六。县四：真定，故东垣，高帝十一年更名。莽曰思治。稿城，莽曰槁实。肥累，故肥子国，绵曼。斯洨水首受太白渠，东至鄡入河。莽曰绵延。

中山国，高帝郡，景帝三年为国。莽曰常山。属冀州。户十六万八百七十三，口六十六万八千八十。县十四：卢奴，北平，徐水东至高阳入博。又有卢水，亦至高阳入河。有铁官。莽曰善和。北新成，桑钦言易水出西北，东入滱。莽曰朔平。唐，尧山在南。莽曰和亲。深泽，莽曰翼和。苦陉，莽曰北陉。安国，莽曰兴睦。曲逆，蒲阳山，蒲水所出，东入濡。又有苏水，亦东入濡。莽曰顺平。望都，博水东至高阳入河。莽曰顺调。新市，新处，毋极，陆成，安险。莽曰宁险。

信都国，景帝二年为广川国，宣帝甘露三年复故。莽曰新博。属冀州。户六万五千五百五十六，口三十万四千三百八十四。县十七：信都，王都。故章河、故虖池皆在北，东入海。《禹贡》绛水亦入海。莽曰新博亭。历，莽曰历宁。扶柳，辟阳，莽曰乐信。南宫，莽曰序下。下博，莽曰闰博。武邑，莽曰顺桓。观津，莽曰朔定亭。高隄，广川，乐乡，侯国。莽曰乐丘。平隄，侯国。桃，莽曰桓分。西梁，侯国。昌成，侯国。东昌，侯国。莽曰田昌。修。莽曰修治。

河间国，故赵，文帝二年别为国。莽曰朔定。户四万五千四十三，口十八万七千六百六十二。县四：乐成，虖池别水首受虖池河，东至东光入虖池河。莽曰陆信。候井，武隧，莽曰桓隧。弓高。虖池别河首受虖池河，东至平舒入海。莽曰乐成。

广阳国，高帝燕国，昭帝元凤元年为广阳郡，宣帝本始元年更为国。莽曰广有。户二万七百四十，口七万六百五十八。县四：蓟，故燕国，召公所封。莽曰伐戎。方城，广阳，阴乡。莽曰阴顺。

甾川国，故齐，文帝十八年别为国。后并北海。户五万二百八十九，口二十二万七千三十一。县三：剧，义山，蕤水所出，北至寿光入海。莽曰俞。东安平，菟头山，女水出，东北至临甾入巨定。楼乡。

胶东国，故齐，高帝元年别为国，五月复属齐国，文帝十六年复为国。莽曰郁秩。户七万二千二，口三十二万三千三百三十一。县八：即墨，有天室山祠。莽曰即善。昌武，下密，有三石山祠。壮武，莽曰晓武。郁秩，有铁官。挺，观阳，邹卢。莽曰始斯。

高密国，故齐，文帝十六年别为胶西国，宣帝本始元年更为高密国。户四万五百三十一，口十九万二千五百三十六。县五：高密，莽曰章牟。昌安，石泉，莽曰养信。夷安，莽曰原亭。成乡。莽曰顺成。

城阳国，故齐。文帝二年别为国。莽曰莒陵。属兖州。户五万六千六百四十二，口二十万五千七百八十四。县四：莒，故国，盈姓，三十世为楚所灭。少昊后。有铁官。莽曰莒陵。阳都，东安，虑。莽曰著善。

淮阳国，高帝十一年置。莽曰新平。属兖州。户十三万五千五百四十四，口九十八万一千四百二十三。县九：陈，故国，舜后，胡公所封，为楚所灭。楚顷襄王自郢徙此。莽曰陈陵。苦，莽曰赖陵。阳夏，宁平，扶沟，涡水首受狼汤渠，东至向入淮，过郡三，行千里。固始，圉，新平，柘。

梁国，故秦砀郡，高帝五年为梁国。莽曰陈定。属豫州。户三万八千七百九，口十万六千七百五十二。县八：砀，山出文石。莽曰节砀。甾，故戴国。莽曰嘉穀。杼秋，莽曰予秋。蒙，获水首受甾获渠，东北至彭城入泗，过郡五，行五百五十里。莽曰蒙恩。已氏，莽曰已善。虞，莽曰陈定亭。下邑，莽曰下洽。睢阳。故宋国，微子所封。《禹贡》盟诸译在东北。

东平国，故梁国，景帝中六年别为济东国，武帝元鼎元年为大河郡，宣帝甘露二年为东平国。莽曰有盐。属兖州。户十三万一千七百五十三，口六十万七千九百七十六。有铁官。县七：无盐，有郈乡。莽曰有盐亭。任城，故任国，太昊后，风姓。莽曰延就亭。东平陆，富城，莽曰成富。章，亢父，诗亭，故诗国。莽曰顺父。樊。

鲁国，故秦薛郡，高后元年为鲁国。属豫州。户十一万八千四十五，口六十万七千三百八十一。县六：鲁，伯禽所封。户五万二千。有铁官。卞，泗水西南至方与入沛，过郡三，行五百里，青州川。汶阳，莽曰汶亭。蕃，南梁水西至胡陵入沛渠。驺，故邾国，曹姓，二十九世为楚所灭。峄山在北。莽曰驺亭。薛。夏车正奚仲所国，后迁于邳，汤相仲虺居之。

楚国，高帝置，宣帝地节元年更为彭城郡，黄龙元年复故。莽曰和乐。属徐州。户十一万四千七百三十八，口四十九万七千八百四。县七：彭城，古彭祖国。户四万一百九十六。有铁官。留，梧，莽曰吾治。傅阳，故逼阳国。莽曰辅阳。吕，武原，莽曰和乐亭。甾丘。莽曰善丘。

泗水国，故东海郡，武帝元鼎四年别为泗水国。莽曰水顺。户二万五千二十五，口十一万九千一百一十四。县三：凌，莽曰生夌。泗阳，莽曰淮平亭。于。莽曰于屏。

广陵国，高帝六年属荆州，十一年更属吴，景帝四年更名江都，武帝元狩三年更名广陵。莽曰江平。属徐州。户三万六千七百七十三，口十四万七百二十二。有铁官。县四：广陵，江都易王非、广陵厉王胥皆都此，并得鄣郡，而不得吴。莽曰安定。江都，有江水祠。渠水首受江，北至射阳入湖。高邮，平安。莽曰杜乡。

六安国，故楚，高帝元年别为衡山国，五年属淮南。文帝十六年复为衡山，武帝元狩二年别为六安国。莽曰安风。户三万八千三百四十五，口十七万八千六百一十六。县五：六，故国，皋繇后，偃姓，为楚所灭。如溪水首受沘，东北至寿春入芍陂。蓼，故国，皋繇后，为楚所灭。安丰，《禹贡》大别山在西南。莽曰美丰。安风，莽曰安风亭。阳泉。

长沙国，秦郡，高帝五年为国。莽曰填蛮。属荆州。户四万三千四百七十，口二十三万五千八百二十五。县十三：临湘，莽曰抚睦。罗，连道，益阳，湘山在北。下隽，莽曰闰隽。攸，酃，承阳，湘南，《禹贡》衡山在东南，荆州山。昭陵，荼陵。泥水西入湘，行七百里。莽曰声乡。容陵，安成。庐水东至庐陵，入湖汉。莽曰思成。

本秦京师为内史，分天下作三十六郡。汉兴，以其郡太大，稍复开置，又立诸侯王国。武帝开广三边。故自高祖增二十六，文、景各六，武帝二十八，昭帝一，讫于孝平，凡郡国一百三，县邑千三百一十四，道三十二，侯国二百四十一。地东西九千三百二里，南北万三千三百六十八里。提封田一万万四千五百一十三万六千四百五顷，其一万万二百五十二万八千八百八十九顷，邑居道路，山川林泽，群不可垦，其三千二百二十九万九百四十七顷，可垦不可垦，定垦田八百二十七万五百三十六顷。民户千二百二十三万三千六十二，口五千九百五十九万四千九百七十八。汉极盛矣。

凡民函五常之性，而其刚柔缓急，音声不同，系水土之风气，故谓之风；好恶取舍，动静亡常，随君上之情欲，故谓之俗。孔子曰："移风易俗，莫善于乐。"言圣王在上，统理人伦，必移其本，而易其末，此混同天下一之乎中和，然后王教成也。汉承百王之末，国土变改，民人迁徙，成帝时刘向略言其地分，丞相张禹使属颍川朱赣条其风俗，犹未宣究，故辑而论之。终其本末著于篇。

秦地，于天官东井、舆鬼之分野也。其界自弘农故关以西，京兆、扶风、冯翊、北地、上郡、西河、安定、天水、陇西，南有巴、蜀、广汉、犍为、武都，西有金城、武威、张掖、酒泉、敦煌，又西南有牂柯、越嶲、益州，皆宜属焉。

秦之先曰柏益，出自帝颛顼，尧时助禹治水，为舜朕虞，养育草木鸟兽，赐姓嬴氏，历夏、殷为诸侯。至周有造父，善驭习马，得华骝、绿耳之乘，幸于穆王，封于赵城，故更为赵氏。后有非子，为周孝王养马汧、渭之间。孝王曰："昔伯益知禽兽，子孙不绝。"乃封为附庸，邑之于秦，今陇西秦亭秦谷是也。至玄孙，氏为庄公，破西戎，有其地。子襄公时，幽王为犬戎所败，平王东迁雒邑。襄公将兵救周有功，赐受郊、酆之地，列为诸侯。后八世，穆公称伯，以河为竟。十余世，孝公用商君，制辕田，开仟伯，东雄诸侯。子惠公初称王，得上郡、西河。孙昭王开巴蜀，灭周，取九鼎。昭王曾孙政并六国，称皇帝，负力怙威，燔书坑儒，自任私智。至子胡亥，天下畔之。

故秦地于《禹贡》时跨雍、梁二州，《诗·风》兼秦、豳两国。昔后稷封斄，公刘处豳，大王徙郊，文王作酆，武王治镐，其民有先王遗风，好稼穑，务本业，故《豳诗》言农桑衣食之本甚备。有鄠、杜竹林，南山檀柘，号称陆海，为九州膏腴。始皇之初，郑国穿渠，引泾水溉田，沃野千里，民以富饶。汉兴，立都长安，徙齐诸田，楚昭、屈、景及诸功臣家于长陵。后世世徙吏二千石、高訾富人及豪桀并兼之家于诸陵。盖亦以强干弱支，非独为奉山园也。是故五方杂厝，风俗不纯。其世家则好礼文，富人则商贾为利，豪桀则游侠通奸。濒南山，近夏阳，多阻险轻薄，易为盗贼，常为天下剧。又郡国辐凑，浮食者多，民去本就末，列侯贵人车服僭上，众庶放效，羞不相及，嫁娶尤崇侈靡，送死过度。

天水、陇西，山多林木，民以板为室屋。及安定、北地、上郡、西河，皆迫近戎狄，修习战备，高上气力，以射猎为先。故《秦诗》曰“在其板屋”；又曰“王于兴师，修我甲兵，与子偕行”。及《车辚》、《四载》、《小戎》之篇，皆言车马田狩之事。汉兴，六郡良家子选给羽林、期门，以材力为官，名将多出焉。孔子曰：“君子有勇而亡谊则为乱，小人有勇而亡谊则为盗。”故此数郡，民俗质木，不耻寇盗。

自武威以西，本匈奴昆邪王、休屠王地，武帝时攘之，初置四郡，以通西域，鬲绝南羌、匈奴。其民或以关东下贫，或以报怨过当，或以誖逆亡道，家属徙焉。习俗颇殊，地广民稀，水草宜畜牧，故凉州之畜为天下饶。保边塞，二千石治之，咸以兵马为务；酒礼之会，上下通焉，吏民相亲。是以其俗风雨时节，谷籴常贱，少盗贼，有和气之应，贤于内郡。此政宽厚，吏不苛刻之所致也。

巴、蜀、广汉本南夷，秦并以为郡，土地肥美，有江水沃野，山林竹木疏食果实之饶。南贾滇、僰僮，西近邛、莋马旄牛。民食稻鱼，亡凶年忧，俗不愁苦，而轻易淫泆，柔弱褊厄。景、武间，文翁为蜀守，教民读书法令，未能笃信道德，反以好文刺讥，贵慕权势。及司马相如游宦京师诸侯，以文辞显于世，乡党慕循其迹。后有王褒、严遵、扬雄之徒，文章冠天下。由文翁倡其教，相如为之师，故孔子曰："有教亡类。"

武都地杂氐、羌，及犍为、牂柯、越巂，皆西南外夷，武帝初开置。民俗略与巴、蜀同，而武都近天水，俗颇似焉。

故秦地天下三分之一，而人众不过什三，然量其富居什六。吴札观乐，为之歌《秦》，曰："此之谓夏声。夫能夏则大，大之至也，其周旧乎？"

自井十度至柳三度，谓之鹑首之次，秦之分也。

魏地，觜觿、参之分野也。其界自高陵以东，尽河东、河内，南有陈留及汝南之召陵、㶏强、新汲、西华、长平，颍川之舞阳、郾、许、傿陵、河南之开封、中牟、阳武、酸枣、卷，皆魏分也。

河内本殷之旧都，周既灭殷，分其畿内为三国，《诗·风》邶、庸、卫国是也。鄁，以封纣子武庚；庸，管叔尹之；卫，蔡叔尹之：以临殷民，谓之三监。故《书序》曰"武王崩，三监畔"，周公诛之，尽以其地封弟康叔，号曰孟侯，以夹辅周室；迁邶、庸之民于洛邑，故邶、庸、卫三国之诗相与同风。《邶诗》曰"在浚之下"；《庸》曰"在浚之郊"；《邶》又曰"亦流于淇"，"河水洋洋"，《庸》曰："送我淇上"，"在彼中河"。《卫》曰："瞻彼淇奥"，"河水洋洋"。故吴公子札聘鲁观周乐，闻《邶》、《庸》、《卫》之歌，曰："美哉渊乎！吾闻康叔之德如是，是其《卫风》乎？"至十六世，懿公亡道，为狄所灭。齐桓公帅诸侯伐狄，而更封卫于河南曹、楚丘，是为文公。而河内殷虚，更属于晋。康叔之风既歇，而纣之化犹存，故俗刚强，多豪桀侵夺，薄恩礼，好生分。

河东土地平易，有盐铁之饶，本唐尧所居，《诗·风》唐、魏之国也。周武王子唐叔在母未生，武王梦帝谓己曰："余名而子曰虞，将与之唐，属之参。"及生，名之曰虞。至成王灭唐，而封叔虞。唐有晋水，及叔虞子燮为晋侯云，故参为晋星。其民有先王遗教，君子深思，小人俭陋。故《唐诗·蟋蟀》、《山枢》、《葛生》之篇曰："今我不乐，日月其迈"；"宛其死矣，它人是媮"；"百岁之后，归于其居"。皆思奢俭之中，念死生之虑。吴札闻《唐》之歌，曰："思深哉！其有陶唐氏之遗民乎？"

魏国，亦姬姓也，在晋之南河曲，故其诗曰"彼汾一曲"；"寘诸河之侧"。自唐叔十六世至献公，灭魏以封大夫毕万，灭耿以封大夫赵夙，及大夫韩武子食采于韩原，晋于是始大。至于文公，伯诸侯，尊周室，始有河内之土。吴札闻《魏》之歌，曰："美哉沨沨乎！以德辅此，则明主也。"文公后十六世为韩、魏、赵所灭，三家皆自立为诸侯，是为三晋。赵与秦同祖，韩、魏皆姬姓也。自毕万后十世称侯，至孙称王，徙都大梁，故魏一号为梁，七世为秦所灭。

周地，柳、七星、张之分野也。今之河南雒阳、穀城、平阴、偃师、巩、缑氏，是其分也。

昔周公营雒邑，以为在于土中，诸侯蕃屏四方，故立京师。至幽王淫褒姒，以灭宗周，子平王东居雒邑。其后五伯更是帅诸侯以尊周室，故周于三代最为长久。八百余年至于赧王，乃为秦所兼。初，雒邑与宗周通封畿，东西长而南北短，短长相覆为千里。至襄王以河内赐晋文公，又为诸侯所侵，故其分地小。周人之失，巧伪趋利，贵财贱义，高富下贫，喜为商贾，不好仕宦。

自柳三度至张十二度，谓之鹑火之次，周之分也。

韩地，角、亢、氐之分野也。韩分晋得南阳郡及颍川之父城、定陵、襄城、颍阳、颍阴、长社、阳翟、郏，东接汝南，西接弘农得新安、宜阳，皆韩分也。及《诗·风》陈、郑之国，与韩同星分焉。

郑国，今河南之新郑，本高辛氏火正祝融之虚也。及成皋、荥阳，颍川之崇高、阳城，皆郑分也。本周宣王弟友为周司徒，食采于宗周畿内，是为郑。郑桓公问于史伯曰："王室多故，何所可以逃死？"史伯曰："四方之国，非王母弟甥舅则夷狄，不可入也。其济、洛、河、颍之间乎！子男之国，虢、会为大，恃势与险，崈侈贪冒，君若寄帑与贿，周乱而敝，必将背君；君以成周之众，奉辞伐罪，亡不克矣。"公曰："南方不可乎？"对曰："夫楚，重黎之后也，黎为高辛氏火正，昭显天地，以生柔嘉之材。姜、嬴、荆、芈，实与诸姬代相干也。姜，伯夷之后也；嬴，伯益之后也。伯夷能礼于神以佐尧，伯益能仪百物以佐舜，其后皆不失祠，而未有兴者，周衰将起，不可逼也。"桓公从其言，乃东寄帑与贿，虢、会受之。后三年，幽王败，桓公死，其子武公与平王东迁，卒定虢、会之地，右雒左泲，食溱、洧焉。土狭而险，山居谷汲，男女亟聚会，故其俗淫。《郑诗》曰："出其东门，有女如云。"又曰："溱与洧方灌灌兮，士与女方秉菅兮。""恂盱且乐，惟士与女，伊其相谑。"此其风也。吴札闻《郑》之歌，曰：

“美哉！其细已甚，民弗堪也。是其先亡乎？”自武公后二十三世，为韩所灭。

陈国，今淮阳之地。陈本太昊之虚，周武王封舜后妫满于陈，是为胡公，妻以元女大姬。妇人尊贵，好祭祀，用史巫，故其俗巫鬼。《陈诗》曰：“坎其击鼓，宛丘之下，亡冬亡夏，值其鹭羽。”又曰：“东门之枌，宛丘之栩，子仲之子，婆娑其下。”此其风也。吴札闻《陈》之歌，曰：“国亡主，其能久乎！”自胡公后二十三世为楚所灭。陈虽属楚，于天文自若其故。

颍川、南阳，本夏禹之国。夏人上忠，其敝鄙朴。韩自武子后七世称侯，六世称王，五世而为秦所灭。秦既灭韩，徙天下不轨之民于南阳，故其俗夸奢，上气力，好商贾渔猎，藏匿难制御也。宛，西通武关，东受江、淮，一都之会也。宣帝时，郑弘、召信臣为南阳太守，治皆见纪。信臣劝民农桑，去末归本，郡以殷富。颍川，韩都。士有申子、韩非，刻害余烈，高仕宦，好文法，民以贪遴争讼生分为失。韩延寿为太守，先之以敬让，黄霸继之，教化大行，狱或八年亡重罪囚。南阳好商贾，召父富以本业；颍川好争讼分异，黄、韩化以笃厚。“君子之德风也，小人之德草也”，信矣！

自东井六度至亢六度，谓之寿星之次，郑之分野，与韩同分。

赵地，昴、毕之分野。赵分晋，得赵国。北有信都、真定、常山、中山，又得涿郡之高阳、鄚、州乡；东有广平、钜鹿、清河、河间，又得渤海郡之东平舒、中邑、文安、束州、成平、章武，河以北也；南至浮水、繁阳、内黄、斥丘；西有太原、定襄、云中、五原、上党。上党，本韩之别郡也，远韩近赵，后卒降赵，皆赵分也。

自赵夙后九世称侯，四世敬侯徙都邯郸，至曾孙武灵王称王，五世为秦所灭。

赵、中山地薄人众，犹有沙丘纣淫乱余民。丈夫相聚游戏，悲歌忼慨，起则椎剽掘冢，作奸巧，多弄物，为倡优。女子弹弦跕躧，游媚富贵，遍诸侯之后宫。

邯郸北通燕、涿，南有郑、卫，漳、河之间一都会也。其土广俗杂，大率精急，高气势，轻为奸。

太原、上党又多晋公族子孙，以诈力相倾，矜夸功名，报仇过直，嫁取送死奢靡。汉兴，号为难治，常择严猛之将，或任杀伐为威。父兄被诛，子弟怨愤，至告讦刺史二千石，或报杀其亲属。

钟、代、石、北，迫近胡寇，民俗懻忮，好气为奸，不事农商，自全晋时，已患其剽悍，而武灵王又益厉之。故冀州之部，盗贼常为它州剧。

定襄、云中、五原，本戎狄地，颇有赵、齐、卫、楚之徙。其民鄙朴，少礼文，好射猎。雁门亦同俗，于天文别属燕。

燕地，尾、箕分野也。武王定殷，封召公于燕，其后三十六世与六国俱称王。东有渔阳、右北平、辽西、辽东，西有上谷、代郡、雁门，南得涿郡之易、容城、范阳、北新城、胡安、涿县、良乡、新昌，及勃海之安次，皆燕分也。乐浪、玄菟，亦宜属焉。

燕称王十世，秦欲灭六国，燕王太子丹遣勇士荆轲西刺秦王，不成而诛，秦遂举兵灭燕。

蓟，南通齐、赵，勃、碣之间一都会也。初，太子丹宾养勇士，不爱后宫美女，民化以为俗，至今犹然。宾客相过，以妇侍宿，嫁取之夕，男女无别，反以为荣。后稍颇止，然终未改。其俗愚悍少虑，轻薄无威，亦有所长，敢于急人，燕丹遗风也。

上谷至辽东，地广民希，数被胡寇，俗与赵、代相类，有渔盐枣栗之饶。北隙乌丸、夫馀，东贾真番之利。

玄菟、乐浪，武帝时置，皆朝鲜、濊貉、句骊蛮夷。殷道衰，箕子去之朝鲜，教其民以礼义，田蚕织作。乐浪朝鲜民犯禁八条：相杀以当时偿杀；相伤以谷偿；相盗者男没入为其家奴，女子为婢，欲自赎者，人五十万。虽免为民，俗犹羞之，嫁取无所雠，是以其民终不相盗，无门户之闭，妇人贞信不淫辟。其田民饮食以笾豆，都邑颇放效吏及内郡贾人，往往以杯器食。郡初取吏于辽东，吏见民无闭臧，及贾人往者，夜则为盗，俗稍益薄。今于犯禁浸多，至六十余条。可贵哉，仁贤之化也！然东夷天性柔顺，异于三方之外，故孔子悼道不行，设浮于海，欲居九夷，有以也夫！乐浪海中有倭人，分为百余国，以岁时来献见云。

自危四度至斗六度，谓之析木之次，燕之分也。

齐地，虚、危之分野也。东有甾川、东莱、琅邪、高密、胶东，南有泰山、城阳，北有千乘，清河以南，勃海之高乐、高城、重合、阳信，西有济南、平原，皆齐分也。

少昊之世有爽鸠氏，虞、夏时有季萴，汤时有逢公柏陵，殷末有薄姑氏，皆为诸侯，国此地。至周成王时，薄姑氏与四国共作乱，成王灭之，以封师尚父，是为太公。《诗·风》齐国是也。临甾名营丘，故《齐诗》曰："子之营兮，遭我乎嶩之间兮。"又曰："俟我于著乎而。"此亦其舒缓之体也。吴札闻《齐》之歌，曰："泱泱乎，大风也哉！其太公乎？国未可量也。"

古有分土，亡分民。太公以齐地负海舄卤，少五谷而人民寡，乃劝以女工之业，通鱼盐之利，而人物辐凑。后十四世，桓公用管仲，设轻重以富国，合诸侯成伯功，身在陪臣而取三归。故其俗弥侈，织作冰纨绮绣纯丽之物，号为冠带衣履天下。

初，太公治齐，修道术，尊贤智，赏有功，故至今其土多好经术，矜功名，舒缓阔达而足智。其失夸奢朋党，言与行缪，虚诈不情，急之则离散，缓之则放纵。始桓公兄襄公淫乱，姑姊妹不嫁，于是令国中民家长女不得嫁，名曰"巫儿"，为家主祠，嫁者不利其家，民至今以为俗。痛乎，道民之道，可不慎哉！

昔太公始封，周公问："何以治齐？"太公曰："举贤而上功。"周公曰："后世必有篡杀之臣。"其后二十九世为强臣田和所灭，而和自立为齐侯。初，和之先陈公子完有罪来奔齐，齐桓公以为大夫，更称田氏。九世至和而篡齐，至孙威王称王，五世为秦所灭。

临甾，海、岱之间一都会也，其中具五民云。

鲁地，奎、娄之分野也。东至东海，南有泗水，至淮，得临淮之下相、睢陵、僮、取虑，皆鲁分也。

周兴，以少昊之虚曲阜封周公子伯禽为鲁侯，以为周公主。其民有圣人之教化，故孔子曰"齐一变至于鲁，鲁一变至于道"，言近正也。濒洙泗之水，其民涉度，幼者扶老而代其任。俗既益薄，长老不自安，与幼少相让，故曰："鲁道衰，洙泗之间龂龂如也。"孔子闵王道将废，乃修六经，以述唐虞三代之道，弟子受业而通者七十有七人。是以其民好学，上礼义，重廉耻。周公始封，太公问："何以治鲁？"周公曰："尊尊而亲亲。"太公曰："后世浸弱矣。"故鲁自文公以后，禄去公室，政在大夫，季氏逐昭公，陵夷微弱，三十四世而为楚所灭。然本大国故自为分野。

今去圣久远，周公遗化销微，孔氏庠序衰坏。地狭民众，颇有桑麻之业，亡林泽之饶。俗俭啬爱财，趋商贾，好訾毁，多巧伪，丧祭之礼文备实寡，然其好学犹愈于它俗。

汉兴以来，鲁东海多至卿相。东平、须昌、寿良，皆在济东，属鲁，非宋地也，当考。

宋地，房、心之分野也。今之沛、梁、楚、山阳、济阴、东平及东郡之须昌、寿张，皆宋分也。

周封微子于宋，今之睢阳是也，本陶唐氏火正阏伯之虚也。济阴定陶，《诗·风》曹国也。武王封弟叔振铎于曹，其后稍大，得山阳、陈留，二十余世为宋所灭。

昔尧作游成阳，舜渔雷泽，汤止于亳，故其民犹有先王遗风，重厚多君子，好稼穑，恶衣食，以致畜藏。

宋自微子二十余世，至景公灭曹，灭曹后五世亦为齐、楚、魏所灭，三分其地。魏得其梁、陈留，齐得其济阴、东平，楚得其沛。故今之楚彭城，本宋也，《春秋经》曰"围宋彭城"。宋虽灭，本大国，故自为分野。

沛楚之失，急疾颛己，地薄民贫，而山阳好为奸盗。

卫地，营室、东壁之分野也。今之东郡及魏郡黎阳，河内之野王、朝歌，皆卫分也。

卫本国既为狄所灭，文公徙封楚丘，三十余年，子成公徙于帝丘。故《春秋经》曰"卫迁于帝丘"，今之濮阳是也。本颛顼之虚，故谓之帝丘。夏后之世，昆吾氏居之。成公后十余世，为韩、魏所侵，尽亡其旁邑，独有濮阳。后秦灭濮阳，置东郡，徙之于野王。始皇既并天下，犹独置卫君，二世时乃废为庶人。凡四十世，九百年，最后绝，故独为分野。

卫地有桑间濮上之阻，男女亦亟聚会，声色生焉，故俗称郑、卫之音。周末有子路、夏育，民人慕之，故其俗刚武，上气力。汉兴，二千石治者亦以杀戮为威。宣帝时韩延寿为东郡太守，承圣恩，崇礼义，尊谏争，至今东郡号善为吏，延寿之化也。其失颇奢靡，嫁取送死过度，而野王好气任侠，有濮上风。

楚地，翼、轸之分野也。今之南郡、江夏、零陵、桂阳、武陵、长沙及汉中、汝南郡，尽楚分也。

周成王时，封文、武先师鬻熊之曾孙熊绎于荆蛮，为楚子，居丹阳。后十余世至熊达，是为武王，浸以强大。后五世至严王，总帅诸侯，观兵周室，并吞江、汉之间，内灭陈、鲁之国。后十余世，顷襄王东徙于陈。

楚有江汉川泽山林之饶；江南地广，或火耕水耨。民食鱼稻，以渔猎山伐为业，果蓏蠃蛤，食物常足。故呰窳偷生，而亡积聚，饮食还给，不忧冻饿，亦亡千金之家。信巫鬼，重淫祀。而汉中淫失枝柱，与巴、蜀同俗。汝南之别，皆急疾有气势。江陵，故郢都，西通巫、巴，东有云梦之饶，亦一都会也。

吴地，斗分野也。今之会稽、九江、丹阳、豫章、庐江、广陵、六安，临淮郡，尽吴分也。

殷道既衰，周大王亶父兴郊梁之地，长子大伯，次曰仲雍，少曰公季。公季有圣子昌，大王欲传国焉。大伯、仲雍辞行采药，遂奔荆蛮。公季嗣位，至昌为西伯，受命而王。故孔子美而称曰："大伯，可谓至德也已矣！三以天下让，民无得而称焉。"谓"虞仲夷逸，隐居放言，身中清，废中权"。大伯初奔荆蛮，荆蛮归之，号曰句吴。大伯卒，仲雍立，至曾孙周章，而武王克殷，因而封之。又封周章弟中于河北，是为北吴，后世谓之虞，十二世为晋所灭。后二世而荆蛮之吴子寿梦盛大称王。其少子则季札，有贤材。兄弟欲传国，札让而不受。自寿梦称王六世，阖庐举伍子胥、孙武为将，战胜攻取，兴伯名于诸侯。至子夫差，诛子胥，用宰嚭，为粤王句践所灭。

吴、粤之君皆好勇，故其民至今好用剑，轻死易发。

粤既并吴，后六世为楚所灭。后秦又击楚，徙寿春，至子为秦所灭。

寿春、合肥受南北湖皮革、鲍、木之输，亦一都会也。始楚贤臣屈原被谗放流，作《离骚》诸赋以自伤悼。后有宋玉、唐勒之属慕而述之，皆以显名。汉兴，高祖王兄子濞于吴，招致天下之娱游子弟，枚乘、邹阳、严夫子之徒兴于文、景之际。而淮南王安亦都寿春，招宾客著书。而吴有严助、朱买臣，贵显汉朝，文辞并发，故世传《楚辞》。其失巧而少信。初淮南王异国中民家有女者，以待游士而妻之，故至今多女而少男。本吴、粤与楚接比，数相并兼，故民俗略同。

吴东有海盐章山之铜，三江五湖之利，亦江东之一都会也。豫章出黄金，然堇堇物之所有，取之不足以更费。江南卑湿，丈夫多夭。

会稽海外有东鳀人，分为二十余国，以岁时来献见云。

粤地，牵牛、婺女之分野也。今之苍梧、郁林、合浦、交阯、九真、南海、日南，皆粤分也。

其君禹后，帝少康之庶子云，封于会稽，文身断发，以避蛟龙之害。后二十世，至句践称王，与吴王阖庐战，败之隽李。夫差立，句践乘胜复伐吴，吴大破之，栖会稽，臣服请平。后用范蠡、大夫种计，遂伐灭吴，兼并其地。度淮与齐、晋诸侯会，致贡于周。周元王使使赐命为伯，诸侯毕贺。后五世为楚所灭，子孙分散，君服于楚。后十世，至闽君摇，佐诸侯平秦。汉兴，复立摇为越王。是时，秦南海尉赵佗亦自王，传国至武帝时，尽灭以为郡云。

处近海，多犀、象、毒冒、珠玑、银、铜、果、布之凑，中国往商贾者多取富焉。番禺，其一都会也。

自合浦徐闻南入海，得大州，东西南北方千里，武帝元封元年略以为儋耳、珠厓郡。民皆服布如单被，穿中央为贯头。男子耕农，种禾稻、纻麻，女子桑蚕织绩。亡马与虎，民有五畜，山多麈麖。兵则矛、盾、刀、木弓弩、竹矢，或骨为镞。自初为郡县，吏卒中国人多侵陵之，故率数岁一反。元帝时，遂罢弃之。

自日南障塞、徐闻、合浦船行可五月，有都元国；又船行可四月，有邑卢没国；又船行可二十余日，有谌离国；步行可十余日，有夫甘都卢国。自夫甘都卢国船行可二月余，有黄支国，民俗略与珠厓相类。其州广大，户口多，多异物，自武帝以来皆献见。有译长，属黄门，与应募者俱入海市明珠、璧流离、奇石异物，赍黄金杂缯而往。所至国皆禀食为耦，蛮夷贾船，转送致之。亦利交易，剽杀人。又苦逢风波溺死，不者数年来还。大珠至围二寸以下。平帝元始中，王莽辅政，欲耀威德，厚遗黄支王，令遣使献生犀牛。自黄支船行可八月，到皮宗；船行可二月，到日南、象林界云。黄支之南，有已程不国，汉之译使自此还矣。

汉书卷二十九

沟洫志第九

《夏书》：禹堙洪水十三年，过家不入门。陆行载车，水行乘舟，泥行乘毳，山行则梮，以别九州；随山浚川，任土作贡；通九道，陂九泽，度九山。然河灾之羡溢，害中国尤甚。唯是为务，故道河自积石，历龙门，南到华阴，东下底柱，及盟津、雒内，至于大伾。于是禹以为河所从来者高，水湍悍，难以行平地，数为败，乃釃二渠以引其河，北载之高地，过洚水，至于大陆，播为九河，同为迎河，入于勃海。九川既疏，九泽既陂，诸夏乂安，功施乎三代。

自是之后，荥阳下引河东南为鸿沟，以通宋、郑、陈、蔡、曹、卫，与济、汝、淮、泗会。于楚，西方则通渠汉川、云梦之际，东方则通沟江、淮之间。于吴，则通渠三江、五湖。于齐，则通淄、济之间。于蜀，则蜀守李冰凿离堆，避沫水之害，穿二江成都中。此渠皆可行舟，有余则用溉，百姓飨其利。至于它，往往引其水，用溉田，沟渠甚多，然莫足数也。

魏文侯时，西门豹为邺令，有令名。至文侯曾孙襄王时，与群臣饮酒，王为群臣祝曰：“令吾臣皆如西门豹之为人臣也！”史起进曰：“魏氏之行田也以百亩，邺独二百亩，是田恶也。漳水在其旁，西门豹不知用，是不智也。知而不兴，是不仁也。仁智豹未之尽，何足法也！”于是以史起为邺令，遂引漳水溉邺，以富魏之河内。民歌之曰：“邺有贤令兮为史公，决漳水兮灌邺旁，终古舄卤兮生稻粱。”

其后韩闻秦之好兴事，欲罢之，无令东伐。乃使水工郑国间说秦，令凿泾水，自中山西邸瓠口为渠，并北山，东注洛，三百余里，欲以溉田。中作而觉，秦欲杀郑国。郑国曰：“始臣为间，然渠成亦秦之利也。臣为韩延数岁之命，而为秦建万世之功。”秦以为然，卒使就渠。渠成而用注填阏之水，溉舄卤之地四万余顷，收皆亩余一钟。于是关中为沃野，无凶年，秦以富强，卒并诸侯，因名曰郑国渠。

汉兴三十有九年，孝文时河决酸枣，东溃金堤，于是东郡大兴卒塞之。

其后三十六岁，孝武元光中，河决于瓠子，东南注巨野，通于淮、泗。上使汲黯、郑当时兴人徒塞之，辄复坏。是时，武安侯田蚡为丞相，其奉邑食鄃。鄃居河北，河决而南则鄃无水灾，邑收入多。蚡言于上曰：“江、河之决皆天事，未易以人力强塞，强塞之未必应天。”而望气用数者亦以为然，是以久不复塞也。

时郑当时为大司农，言：“异时关东漕粟从渭上，度六月罢，而渭水道九百余里，时有难处。引渭穿渠起长安，旁南山下，至河三百余里，径，易漕，度可令三月罢；而渠下民田万余顷又可得以溉。此损漕省卒，而益肥关中之地，得谷。”上以为然，令齐人水工徐伯表，发卒数万人穿漕渠，三岁而通。以漕，大便利。其后漕稍多，而渠下之民颇得以溉矣。

后河东守番系言："漕从山东西，岁百余万石，更底柱之艰，败亡甚多而烦费。穿渠引汾溉皮氏、汾阴下，引河溉汾阴、蒲坂下，度可得五千顷。故尽河壖弃地，民茭牧其中耳，今溉田之，度可得谷二百万石以上。谷从渭上，与关中无异，而底柱之东可毋复漕。"上以为然，发卒数万人作渠田。数岁，河移徙，渠不利，田者不能偿种。久之，河东渠田废，予越人，令少府以为稍入。

其后人有上书，欲通褒斜道及漕，事下御史大夫张汤。汤问之，言："抵蜀从故道，故道多阪，回远。今穿褒斜道，少阪，近四百里；而褒水通沔，斜水通渭，皆可以行船漕。漕从南阳上沔入褒，褒绝水至斜，间百余里，以车转，从斜下渭。如此，汉中谷可致，而山东从沔无限，便于底柱之漕。且褒斜材木竹箭之饶，似于巴蜀。"上以为然。拜汤子卬为汉中守，发数万人作褒斜道五百余里。道果便近，而水多湍石，不可漕。

其后，严熊言："临晋民愿穿洛以溉重泉以东万余顷故恶地。诚即得水，可令亩十石。"于是为发卒万人穿渠，自徵引洛水至商颜下。岸善崩，乃凿井，深者四十余丈，往往为井，井下相通行水。水隤以绝商颜，东至山领十余里间。井渠之生自此始。穿得龙骨，故名曰龙首渠。作之十余岁，渠颇通，犹未得其饶。

自河决瓠子后二十余岁，岁因以数不登，而梁楚之地尤甚。上既封禅，巡祭山川，其明年，干封少雨。上乃使汲仁、郭昌发卒数万人塞瓠子决河。于是上以用事万里沙，则还自临决河，湛白马玉璧，令群臣从官自将军以下皆负薪寘决河。是时，东郡烧草，以故薪柴少，而下淇园之竹以为揵。上既临河决，悼功不成，乃作歌曰：

瓠子决兮将奈何？浩浩洋洋，虑殚为河。殚为河兮地不得宁，功无已时兮吾山平。吾山平兮巨野溢，鱼弗郁兮柏冬日。正道弛兮离常流，蛟龙骋兮放远游。归旧川兮神哉沛，不封禅兮安知外！皇谓河公兮何不仁，泛滥不止兮愁吾人！啮桑浮兮淮、泗满，久不反兮水维缓。

一曰：

河汤汤兮激潺湲，北渡回兮迅流难。搴长茭兮湛美玉，河公许兮薪不属。薪不属兮卫人罪，烧萧条兮噫乎何以御水！隤林竹兮揵石菑，宣防塞兮万福来。

于是卒塞瓠子，筑宫其上，名曰宣防。而道河北行二渠，复禹旧迹，而梁、楚之地复宁，无水灾。

自是之后，用事者争言水利。朔方、西河、河西、酒泉皆引河及川谷以溉田。而关中灵轵、成国、沣渠引诸川，汝南、九江引淮，东海引巨定，泰山下引汶水，皆穿渠为溉田，各万余顷。它小渠及陂山通道者，不可胜言也。

自郑国渠起，至元鼎六年，百三十六岁，而兒宽为左内史，奏请穿凿六辅渠，以益溉郑国傍高卬之田。上曰："农，天下之本也。泉流灌浸，所以育五谷也。左、右内史地，名山川原甚众，细民未知其利，故为通沟渎，畜陂泽，所以备旱也。今内史稻田租挈重，不与郡同，其议减。令吏民勉农，尽地利，平繇行水，勿使失时。"

后十六岁，太始二年，赵中大夫白公复奏穿渠。引泾水，首起谷口，尾入栎阳，注渭中，袤二百里，溉田四千五百余顷，因名曰白渠。民得其饶，歌之曰："田于何所？池阳、谷口。郑国在前，白渠起后。举臿为云，决渠为雨。泾水一石，其泥数斗。且溉且粪，长我禾黍。衣食京师，亿万之口。"言此两渠饶也。

是时，方事匈奴，兴功利，言便宜者甚众。齐人延年上书言："河出昆仑，经中国，注勃海。是其地势西北高而东南下也。可案图书，观地形，令水工准高下，开大河上领，出之胡中，东注之海。如此，关东长无水灾，北边不忧匈奴，可以省堤防备塞，士卒转输，胡寇侵盗，覆军杀将，暴骨原野之患。天下常备匈奴而不忧百越者，以其水绝壤断也。此功一成，万世大利。"书奏，上壮之，报曰："延年计议甚深。然河乃大禹之所道也，圣人作事，为万世功，通于神明，恐难改更。"

自塞宣房后，河复北决于馆陶，分为屯氏河，东北经魏郡、清河、信都、勃海入海，广深与大河等，故因其自然，不堤塞也。此开通后，馆陶东北四五郡虽时小被水害，而兖州以南六郡无水忧。宣帝地节中，光禄大夫郭昌使行河。北曲三所水流之势皆邪直贝丘县。恐水盛，堤防不能禁，乃各更穿渠，直东，经东郡界中，不令北曲。渠通利，百姓安之。元帝永光五年，河决清河灵鸣犊口，而屯氏河绝。

成帝初，清河都尉冯逡奏言："郡承河下流，与兖州东郡分水为界，城郭所居尤卑下，土壤轻脆易伤。顷所以阔无大害者，以屯氏河通，两川分流也。今屯氏河塞，灵鸣犊口又益不利，独一川兼受数河之任，虽高增堤防，终不能泄。如有霖雨，旬日不霁，必盈溢。灵鸣犊口在清河东界，所在处下，虽令通利，犹不能为魏郡、清河减损水害。禹非不爱民力，以地形有势，故穿九河，今既灭难明，屯氏河不流行七十余年，新绝未久，其处易浚。又其口所居高，于以分流杀水力，道里便宜，可复浚以助大河泄暴水，备非常。又地节时郭昌穿直渠，后三岁，河水更从故第二曲间北可六里，复南合。今其曲势复邪直贝丘，百姓寒心，宜复穿渠东行。不豫修治，北决病四五郡，南决病十余郡，然后忧之，晚矣。”事下丞相、御史，白博士许商治《尚书》，善为算，能度功用。遣行视，以为屯氏河盈溢所为，方用度不足，可且勿浚。

后三岁，河果决于馆陶及东郡金堤，泛滥兖、豫，入平原、千乘、济南，凡灌四郡三十二县，水居地十五万余顷，深者三丈，坏败官亭室庐且四万所。御史大夫尹忠对方略疏阔，上切责之，忠自杀。遣大司农非调调均钱谷河决所灌之郡，谒者二人发河南以东漕船五百樓，徙民避水居丘陵，九万七千余口。河堤使者王延世使塞，以竹落长四丈，大九围，盛以小石，两船夹载而下之。三十六日，河堤成。上曰：“东郡河决，流漂二州，校尉延世堤防三旬立塞。其以五年为河平元年。卒治河者为著外繇六月。惟延世长于计策，功费约省，用力日寡，朕甚嘉之。其以延世为光禄大夫，秩中二千石，赐爵关内侯，黄金百斤。”

后二岁，河复决平原，流入济南、千乘，所坏败者半建始时，复遣王延世治之。杜钦说大将军王凤，以为：“前河决，丞相史杨焉言延世受焉术以塞之，蔽不肯见。今独任延世，延世见前塞之易，恐其虑害不深。又审如焉言，延世之巧，反不如焉。且水势各异，不博议利害而任一人，如使不及今冬成，来春桃华水盛，必羡溢，有填淤反壤之害。如此，数郡种不得下，民人流散，盗贼将生，虽重诛延世，无益于事。宜遣焉及将作大匠许商、谏大夫乘马延年杂作。延世与焉必相破坏，深论便宜，以相难极。商、延年皆明计算，能商功利，足以分别是非，择其善而从之，必有成功。”凤如钦言，白遣焉等作治，六月乃成。复赐延世黄金百斤。治河卒非受平贾者，为著外繇六月。后九岁，鸿嘉四年，杨焉言：“从河上下，患底柱隘，可镌广之。”上从其言，使焉镌之。镌之裁没水中，不能去，而令水益湍怒，为害甚于故。

是岁，勃海、清河、信都河水湓溢，灌县邑三十一，败官亭民舍四万余所。河堤都尉许商与丞相史孙禁共行视，图方略。禁以为：“今河溢之害数倍于前决平原时。今可决平原金堤间，开通大河，令入故笃马河。至海五百余里，水道浚利，又干三郡水地，得美田且二十余万顷，足以偿所开伤民田庐处，又省吏卒治堤救水，岁三万人以上。”许商以为：“古说九河之名，有徒骇、胡苏、鬲津，今见在成平、东光、鬲界中。自鬲以北至徒骇间，相去二百余里，今河虽数移徙，不离此域。孙禁所欲开者，在九河南笃马河，失水之迹，处势平夷，旱则淤绝，水则为败，不可许。”公卿皆从商言。

先是，谷永以为：“河，中国之经渎，圣王兴则出图书，王道废则竭绝。今溃溢横流，漂没陵阜，异之大者也。修政以应之，灾变自除。”是时，李寻、解光亦言：“阴气盛则水为之长，故一日之间，昼减夜增，江河满溢，所谓水不润下，虽常于卑下之地，犹日月变见于朔望，明天道有因而作也。众庶见王延世蒙重赏，竞言便巧，不可用。议者常欲求索九河故迹而穿之，今因其自决，可且勿塞，以观水势。河欲居之，当稍自成川，跳出沙土，然后顺天心而图之，必有成功，而用财力寡。”于是遂止不塞。满昌、师丹等数言百姓可哀，上数遣使者处业振赡之。

哀帝初，平当使领河堤，奏言：“九河今皆寘灭，按经义治水，有决河深川，而无堤防雍塞之文。河从魏郡以东，北多溢决，水迹难以分明。四海之众不可诬，宜博求能浚川疏河者。”下丞相孔光、大司空何武，奏请部刺史、三辅、三河、弘农太守举吏民能者，莫有应书。待诏贾让奏言：

治河有上、中、下策。古者立国居民，疆理土地，必遗川泽之分，度水势所不及。大川无防，小水得入，陂障卑下，以为污泽，使秋水多，得有所休息，左右游波，宽缓而不迫。夫土之有川，犹人之有口也。治土而防其川，犹止儿啼而塞其口，岂不遽止，然其死可立而待也。故曰：“善为川者，决之使道；善为民者，宣之使言。”盖堤防之作，近起战国，雍防百川，各以自利。齐与赵、魏，以河为竟。赵、魏濒山，齐地卑下，作堤去河二十五里。河水东抵齐堤，则西泛赵、魏，赵、魏亦为堤去河二十五里。虽非其正，水尚有所游荡。时至而去，则填淤肥美，民耕田之。或久无害，稍筑室宅，遂成聚落。大水时至漂没，则更起堤防以自救，稍去其城郭，排水泽而居之，湛溺自其宜也。今堤防狭者去水数百步，远者数里。近黎阳南故大金堤，从河西西北行，至西山南头，乃折东，与东山相属。民居金堤东，为庐舍，往十余岁更起堤，从东山南头直南与故大堤会。又内黄界中有泽，方数十里，环之有堤，往十余岁太守以赋民，民今起庐舍其中，此臣新所见者也。东郡白马故大堤亦复数重，民皆居其间。从黎阳北尽魏界，故大堤去河远者数十里，内亦数重，此皆前世所排也。河从河内北至黎阳为石堤，激使东抵东郡平刚；又为石堤，使西北抵黎阳、观下；又为石堤，使东北抵东郡津北；又为石堤，使西北抵魏郡昭阳；又是石堤，激使东北。百余里间，河再西三东，迫厄如此，不得安息。

今行上策，徙冀州之民当水冲者，决黎阳遮害亭，放河使北入海。河西薄大山，东薄金堤，势不能远泛滥，期月自定。难者将曰："若如此，败坏城郭田庐冢墓以万数，百姓怨恨。"昔大禹治水，山陵当路者毁之，故凿龙门，辟伊阙，析底柱，破碣石，堕断天地之性。此乃人功所造，何足言也！今濒河十郡治堤岁费且万万，及其大决，所残元数。如出数年治河之费，以业所徙之民，遵古圣之法，定山川之位，使神人各处其所，而不相奸。且以大汉方制万里，岂其与水争咫尺之地哉？此功一立，河定民安，千载无患，故谓之上策。

若乃多穿漕渠于冀州地，使民得以溉田，分杀水怒，虽非圣人法，然亦救败术也。难者将曰："河水高于平地，岁增堤防，犹尚决溢，不可以开渠。"臣窃按视遮害亭西十八里，至淇水口，乃有金堤，高一丈。自是东，地稍下，堤稍高，至遮害亭，高四五丈。往六七岁，河水大盛，增丈七尺，坏黎阳南郭门，入至堤下。水未逾堤二尺所，从堤上北望，河高出民屋，百姓皆走上山。水留十三日，堤溃，吏民塞之。臣循堤上，行视水势，南七十余里，至淇口，水适至堤半，计出地上五尺所。今可从淇口以东为石堤，多张水门。初元中，遮害亭下河去堤足数十步，至今四十余岁，适至堤足。由是言之，其地坚矣。恐议者疑河大川难禁制，荥阳漕渠足以卜之，其水门但用木与土耳，今据坚地作石堤，势必完安。冀州渠首尽当卬此水门。治渠非穿地也，但为东方一堤，北行三百余里，入漳水中，其西因山足高地，诸渠皆往往股引取之；旱则开东方下水门溉冀州，水则开西方高门分河流。通渠有三利，不通有三害。民常罢于救水，半失作业；水行地上，凑润上彻，民则病湿气，木皆立枯，卤不生谷；决溢有败，为鱼鳖食：此三害也。若有渠溉，则盐卤下湿，填淤加肥；故种禾麦，更为粳稻，高田五倍，下田十倍；转漕舟船之便：此三利也。今濒河堤吏卒郡数千人，伐买薪石之费岁数千万，足以通渠成水门；又民利其溉灌，相率治渠，虽劳不罢。民田适治，河堤亦成，此诚富国安民，兴利除害，支数百岁，故谓之中策。若乃缮完故堤，增卑倍薄，劳费无已，数逢其害，此最下策也。

王莽时，征能治河者以百数，其大略异者，长水校尉平陵关并言："河决率常于平原、东郡左右，其地形下而土疏恶。闻禹治河时，本空此地，以为水猥，盛则放溢，少稍自索，虽时易处，犹不能离此。上古难识，近察秦、汉以来，河决曹、卫之域，其南北不过百八十里者，可空此地，勿以为官亭民室而已。"大司马史长安张戎言："水性就下，行疾则自刮除成空而稍深。河水重浊，号为一石水而六斗泥。今西方诸郡，以至京师东行，民皆引河、渭山川水溉田。春夏干燥，少水时也，故使河流迟，贮淤而稍浅；雨多水暴至，则溢决。而国家数堤塞之，稍益高于平地，犹筑垣而居水也。可各顺从其性，毋复灌溉，则百川流行，水道自利，无溢决之害矣。"御史临淮韩牧以为"可略于《禹贡》九河处穿之，纵不能为九，但为四五，宜有益"。大司空掾王横言：

“河入勃海，勃海地高于韩牧所欲穿处。往者天尝连雨，东北风，海水溢，西南出，浸数百里，九河之地已为海所渐矣。禹之行河水，本随西山下东北去。《周谱》云定王五年河徙，则今所行非禹之所穿也。又秦攻魏，决河灌其都，决处遂大，大可复补。宜却徙完平处，更开空，使缘西山足乘高地而东北入海，乃无水灾。”沛郡桓谭为司空掾，曲其议，为甄丰言：“凡此数者，必有一是。宜详考验，皆可豫见，计定然后举事，费不过数亿万，亦可以事诸浮食无产业民。空居与行役，同当衣食；衣食县官，而为之作，乃两便，可以上继禹功，下除民疾。”王莽时，但崇空语，无施行者。

赞曰：古人有言：“微禹之功，吾其鱼乎!”中国川原以百数，莫著于四渎，而河为宗。孔子曰：“多闻而志之，知之次也。”国之利害，故备论其事。

汉书卷三十

艺文志第十

昔仲尼没而微言绝，七十子丧而大义乖。故《春秋》分为五，《诗》分为四，《易》有数家之传。战国从衡，真伪分争，诸子之言纷然殽乱。至秦患之，乃燔灭文章，以愚黔首。汉兴，改秦之败，大收篇籍，广开献书之路。迄孝武世，书缺简脱，礼坏乐崩，圣上喟然而称曰："朕甚闵焉！"于是建藏书之策，置写书之官，下及诸子传说，皆充秘府。至成帝时，以书颇散亡，使谒者陈农求遗书于天下。诏光禄大夫刘向校经传诸子诗赋，步兵校尉任宏校兵书，太史令尹咸校数术，侍医李柱国校方技。每一书已，向辄条其篇目，撮其指意，录而奏之。会向卒，哀帝复使向子侍中奉车都尉歆卒父业。歆于是总群书而奏其《七略》，故有《辑略》，有《六艺略》，有《诸子略》，有《诗赋略》，有《兵书略》，有《术数略》，有《方技略》。今删其要，以备篇辑。

《易经》十二篇，施、孟、梁丘三家。　　《易传·周氏》二篇。字王孙也。《服氏》二篇。《杨氏》二篇。名何，字叔元，菑川人。《蔡公》二篇。卫人，事周王孙。《韩氏》二篇。名婴。

《王氏》二篇。名同。《丁氏》八篇。名宽，字子襄，梁人也。《古五子》十八篇。自甲子至壬子，说《易》阴阳。《淮南道训》二篇。淮南王安聘明《易》者九人，号九师说。《古杂》八十篇，《杂灾异》三十五篇，《神输》五篇，图一。　《孟氏京房》十一篇，《灾异孟氏京房》六十六篇，五鹿充宗《略说》三篇，《京氏段嘉》十二篇。《章句》施、孟、梁丘氏各二篇。

凡《易》十三家，二百九十四篇。

《易》曰："宓戏氏仰观象于天，俯观法于地，观鸟兽之文，与地之宜，近取诸身，远取诸物，于是始作八卦，以通神明之德，以类万物之情。"至于殷、周之际，纣在上位，逆天暴物，文王以诸侯顺命而行道，天人之占可得而效，于是重《易》六爻，作上下篇。孔氏为之《彖》、《象》、《系辞》、《文言》、《序卦》之属十篇。故曰《易》道深矣，人更三圣，世历三古。及秦燔书，而《易》为筮卜之事，传者不绝。汉兴，田何传之。讫于宣、元，有施、孟、梁丘、京氏列于学官，而民间有费、高二家之说。刘向以中《古文易经》校施、孟、梁丘经，或脱去"无咎"、"悔亡"，唯费氏经与古文同。

《尚书古文经》四十六卷。为五十七篇。　《经》二十九卷。大、小夏侯二家。《欧阳经》三十二卷。　《传》四十一篇。《欧阳章句》三十一卷。

大、小《夏侯章句》各二十九卷。　大、小《夏侯解故》二十九篇。《欧阳说义》二篇。　刘向《五行传记》十一卷。　许商《五行传记》一篇。《周书》七十一篇。周史记。《议奏》四十二篇。宣帝时石渠论。

凡《书》九家，四百一十二篇。入刘向《稽疑》一篇。

《易》曰："河出图，雒出书，圣人则之。"故《书》之所起远矣，至孔子纂焉，上断于尧，下讫于秦，凡百篇，而为之序，言其作意。秦燔书禁学，济南伏生独壁藏之。汉兴亡失，求得二十九篇，以教齐鲁之间。讫孝宣世，有《欧阳》、《大小夏侯氏》，立于学官。《古文尚书》者，出孔子壁中。武帝末，鲁共王坏孔子宅，欲以广其宫，而得《古文尚书》及《礼记》、《论语》、《孝经》凡数十篇，皆古字也。共王往入其宅，闻鼓琴瑟钟磬之音，于是惧，乃止不坏。孔安国者，孔子后也。悉得其书，以考二十九篇，得多十六篇。安国献之。遭巫蛊事，未列于学官。刘向以中古文校欧阳、大小夏侯三家经文，《酒诰》脱简一，《召诰》脱简二。率简二十五字者，脱亦二十五字，简二十二字者，脱亦二十二字，文字异者七百有余，脱字数十。《书》者，古之号令，号令于众，其言不立具，则听受施行者弗晓。古文读应尔雅，故解古今语而可知也。

《诗经》二十八卷，鲁、齐、韩三家。　《鲁故》二十五卷。　《鲁说》二十八卷。　《齐后氏故》二十卷。　《齐孙氏故》二十七卷。　《齐后氏传》三十九卷。　《齐孙氏传》二十八卷。　《齐杂记》十八卷。　《韩故》三十六卷。　《韩内传》四卷。　《韩外传》六卷。　《韩说》四十一卷。　《毛诗》二十九卷。　《毛诗故训传》三十卷。

凡《诗》六家，四百一十六卷。

《书》曰："诗言志，歌咏言。"故哀乐之心感，而歌咏之声发。诵其言谓之诗，咏其声谓之歌。故古有采诗之官，王者所以观风俗，知得失，自考正也。孔子纯取周诗，上采殷，下取鲁，凡三百五篇，遭秦而全者，以其讽诵，不独在竹帛故也。汉兴，鲁申公为《诗》训故，而齐辕固、燕韩生皆为之传。或取《春秋》，采杂说，咸非其本义。与不得已，鲁最为近之。三家皆列于学官。又有毛公之学，自谓子夏所传，而河间献王好之，未得立。

《礼古经》五十六卷，《经》十七篇。后氏、戴氏。　《记》百三十一篇。七十子后学者所记也。　《明堂阴阳》三十三篇。古明堂之遗事。　《王史氏》二十一篇。七十子后学者。　《曲台后仓》九篇。　《中庸说》二篇。《明堂阴阳说》五篇。《周官经》六篇。王莽时刘歆置博士。　《周官传》四篇。《军礼司马法》百五十五篇。　《古封禅群祀》二十二篇。《封禅议对》十九篇。武帝时也。　《汉封禅群祀》三十六篇。　《议奏》三十八篇。石渠。

凡《礼》十三家，五百五十五篇。入《司马法》一家，百五十五篇。

《易》曰："有夫妇父子君臣上下，礼义有所错。"而帝王质文世有损益，至周曲为之防，事为之制，故曰："礼经三百，威仪三千。"及周之衰，诸侯将逾法度，恶其害己，皆灭去其籍，自孔子时而不具，至秦大坏。汉兴，鲁高堂生传《士礼》十七篇。讫孝宣世，后仓最明。戴德、戴圣、庆普皆其弟子，三家立于学官。《礼古经》者，出于鲁淹中及孔氏，与十七篇文相似，多三十九篇。及《明堂阴阳》、《王史氏记》所见，多天子、诸侯、卿、大夫之制，虽不能备，犹瘉仓等推《士礼》而致于天子之说。

《乐记》二十三篇。　《王禹记》二十四篇。　《雅歌诗》

四篇。《雅琴赵氏》七篇。名定，勃海人，宣帝时丞相魏相所奏。 《雅琴师氏》八篇。名中，东海人，传言师旷后。 《雅琴龙氏》九十九篇。名德，梁人。

凡《乐》六家，百六十五篇。出淮南刘向等《琴颂》七篇。

《易》曰："先王作乐崇德，殷荐之上帝，以享祖考。"故自黄帝下至三代，乐各有名。孔子曰："安上治民，莫善于礼；移风易俗，莫善于乐。"二者相与并行。周衰俱坏，乐尤微眇，以音律为节，又为郑、卫所乱故无遗法。汉兴，制氏以雅乐声律，世在乐官，颇能纪其铿锵鼓舞，而不能言其义。六国之君，魏文侯最为好古，孝文时得其乐人窦公，献其书，乃《周官·大宗伯》之《大司乐》章也。武帝时，河间献王好儒，与毛生等共采《周官》及诸子言乐事者，以作《乐记》，献八佾之舞，与制氏不相远。其内史丞王定传之，以授常山王禹。禹，成帝时为谒者，数言其义，献二十四卷记。刘向校书，得《乐记》二十三篇，与禹不同，其道寖以益微。

《春秋古经》十二篇，《经》十一卷。公羊、穀梁二家。 《左氏传》三十卷。左丘明，鲁太史。 《公羊传》十一卷。公羊子，齐人。《穀梁传》十一卷。穀梁子，鲁人。 《邹氏传》十一卷。 《夹氏传》十一卷。有录无书。《左氏微》二篇。 《铎氏微》三篇。楚太傅铎椒也。 《张氏微》十篇。 《虞氏微传》二篇。赵相虞卿。 《公羊外传》五十篇。 《穀梁外传》二十篇。 《公羊章句》三十八篇。 《穀梁章句》三十三篇。《公羊杂记》八十三篇。 《公羊颜氏记》十一篇。 《公羊董仲舒治狱》十六篇。 《议奏》三十九篇。石渠论。 《国语》二十一篇。左丘明著。　《新国语》五十四篇。刘向分《国语》。　《世本》十五篇。古史官记黄帝以来讫春秋时诸侯大夫。　《战国策》三十三篇。记春秋后。　《奏事》二十篇。秦时大臣奏事，及刻石名山文也。　《楚汉春秋》九篇。陆贾所记。　《太史公》百三十篇。　十篇有录无书。　冯商所续《太史公》七篇。　《太古以来年纪》二篇。　《汉著记》百九十卷。　《汉大年纪》五篇。

凡《春秋》二十三家，九百四十八篇。省《太史公》四篇。

古之王者世有史官，君举必书，所以慎言行，昭法式也。左史记言，右史记事，事为《春秋》，言为《尚书》，帝王靡不同之。周室既微，载籍残缺，仲尼思存前圣之业，乃称曰："夏礼吾能言之，杞不足征也；殷礼吾能言之，宋不足征也。文献不足故也，足则吾能征之矣。"以鲁周公之国，礼文备物，史官有法，故与左丘明观其史记，据行事，仍人道，因兴以立功，就败以成罚，假日月以定历数，借朝聘以正礼乐。有所褒讳贬损，不可书见，口授弟子，弟子退而异言。丘明恐弟子各安其意，以失其真，故论本事而作传，明夫子不以空言说经也。《春秋》所贬损大人当世君臣，有威权势力，其事实皆形于传，是以隐其书而不宣，所以免时难也。及末世口说流行，故有《公羊》、《穀梁》、《邹》、《夹》之《传》。四家之中，《公羊》、《穀梁》立于学官，邹氏无师，夹氏未有书。

《论语》古二十一篇。出孔子壁中，两《子张》。　《齐》二十二篇。多《问王》、《知道》。　《鲁》二十篇，《传》十九篇。　《齐说》二十九篇。　《鲁夏侯说》二十一篇。　《鲁安昌侯说》二十一篇。　《鲁王骏说》二十篇。《燕传说》三卷。《议奏》十八篇。石渠论。　《孔子家语》二十七卷。　《孔子三朝》七篇。　《孔子徒人图法》二卷。

凡《论语》十二家，二百二十九篇。

《论语》者，孔子应答弟子时人及弟子相与言而接闻于夫子之语也。当时弟子各有所记。夫子既卒，门人相与辑而论纂，故谓之《论语》。汉兴，有齐、鲁之说。传《齐论》者，昌邑中尉王吉、少府宋畸、御史大夫贡禹、尚书令五鹿充宗、胶东庸生，唯王阳名家。传《鲁论语》者，常山都尉龚奋、长信少府夏侯胜、丞相韦贤、鲁扶卿、前将军萧望之、安昌侯张禹，皆名家。张氏最后而行于世。

《孝经古孔氏》一篇。二十二章。　《孝经》一篇。十八章。长孙氏、江氏、后氏、翼氏四家。　《长孙氏说》二篇。　《江氏说》一篇。　《翼氏说》一篇。　《后氏说》一篇。　《杂传》四篇。　《安昌侯说》一篇。《五经杂议》十八篇。石渠论。《尔雅》三卷二十篇。　《小尔雅》一篇，《古今字》一卷。《弟子职》一篇。　《说》三篇。

凡《孝经》十一家，五十九篇。

《孝经》者，孔子为曾子陈孝道也。夫孝，天之经，地之义，民之行也。举大者言，故曰《孝经》。汉兴，长孙氏、博士江翁、少府后仓、谏大夫翼奉、安昌侯张禹传之，各自名家。经文皆同，唯孔氏壁中古文为异。“父母生之，续莫大焉”，“故亲生之膝下”，诸家说不安处，古文字读皆异。

《史籀》十五篇。周宣王太史作大篆十五篇，建武时亡六篇矣。《八体六技》。《苍颉》一篇。上七章，秦丞相李斯作；《爰历》六章，车府令赵高作；《博学》七章，太史令胡母敬作。《凡将》一篇。司马相如作。《急就》一篇。元帝时黄门令史游作。《元尚》一篇。成帝时将作大匠李长作。《训纂》一篇。扬雄作。《别字》十三篇。《苍颉传》一篇。扬雄《苍颉训纂》一篇。杜林《苍颉训纂》一篇。杜林《苍颉故》一篇。

凡小学十家，四十五篇。入扬雄、杜林二家二篇。

《易》曰："上古结绳以治，后世圣人易之以书契，百官以治，万民以察，盖取诸《夬》。""夬，扬于王庭"，言其宣扬于王者朝廷，其用最大也。古者八岁入小学，故《周官》保氏掌养国子，教之六书，谓象形、象事、象意、象声、转注、假借，造字之本也。汉兴，萧何草律，亦著其法，曰："太史试学童，能讽书九千字以上，乃得为史。又以六体试之，课最者以为尚书、御史史书令史。吏民上书，字或不正，辄举劾。"六体者，古文、奇字、篆书、隶书、缪篆、虫书，皆所以通知古今文字，摹印章，书幡信也。古制，书必同文，不知则阙，问诸故老，至于衰世，是非无正，人用其私。故孔子曰："吾犹及史之阙文也，今亡矣夫！"盖伤其寖不正。《史籀篇》者，周时史官教学童书也，与孔氏壁中古文异体。《苍颉》七章者，秦丞相李斯所作也；《爰历》六章者，车府令赵高所作也；《博学》七章者，太史令胡母敬所作也：文字多取《史籀篇》，而篆体复颇异，所谓秦篆者也。是时始造隶书矣，起于官狱多事，苟趋省易，施之于徒隶也。汉兴，闾里书师合《苍颉》、《爰历》、《博学》三篇，断六十字以为一章，凡五十五章，并为《苍颉篇》。武帝时司马相如作《凡将篇》，无复字。元帝时黄门令史游作《急就篇》，成帝时将作大匠李长作《元尚篇》，皆《苍颉》中正字也。《凡将》则颇有出矣。至元始中，征天下通小学者以百数，各令记字于庭中。扬雄取其有用者以作《训纂篇》，顺续《苍颉》，又易《苍颉》中重复之字，凡八十九章。臣复续扬雄作十三章，凡一百二章，无复字，六艺群书所载略备矣。《苍颉》多古字，俗师失其读，宣帝时征齐人能正读者，张敞从受之，传至外孙之子杜林，为作训故，并列焉。

凡六艺一百三家，三千一百二十三篇。入三家，一百五十九篇；出重十一篇。

六艺之文：《乐》以和神，仁之表也；《诗》以正言，义之用也；《礼》以明体，明者著见，故无训也；《书》以广听，知之术也；《春秋》以断事，信之符也。五者，盖五常之道，相须而备，而《易》为之原。故曰“《易》不可见，则乾坤或几乎息矣”，言与天地为终始也。至于五学，世有变改，犹五行之更用事焉。古之学者耕且养，三年而通一艺，存其大体，玩经文而已，是故用日少而畜德多，三十而五经立也。后世经传既已乖离，博学者又不思多闻阙疑之义，而务碎义逃难，便辞巧说，破坏形体；说五字之文，至于二三万言。后进弥以驰逐，故幼童而守一艺，白首而后能言，安其所习，毁所不见，终以自蔽。此学者之大患也。序六艺为九种。

《晏子》八篇。名婴，谥平仲，相齐景公，孔子称善与人交，有《列传》。《子思》二十三篇。名伋，孔子孙，为鲁缪公师。

《曾子》十八篇。名参，孔子弟子。 《漆雕子》十三篇。孔子弟子漆雕启后。 《宓子》十六篇。名不齐，字子贱，孔子弟子。 《景子》三篇。说宓子语，似其弟子。 《世子》二十一篇。名硕，陈人也，七十子之弟子。 《魏文侯》六篇。《李克》七篇。子夏弟子，为魏文侯相。 《公孙尼子》二十八篇。七十子之弟子。 《孟子》十一篇。名轲，邹人，子思弟子，有《列传》。 《孙卿子》三十三篇。名况，赵人，为齐稷下祭酒，有《列传》。 《芈子》十八篇。名婴，齐人，七十子之后。 《内业》十五篇。不知作书者。 《周史六弢》六篇。惠、襄之间，或曰显王时，或曰孔子问焉。 《周政》六篇。周时法度政教。 《周法》 九篇。法天地，立百官。 《河间周制》十八篇。似河间献王所述也。 《谰言》十篇。不知作者，陈人君法度。 《功议》四篇。不知作者，论功德事。 《甯越》一篇。中牟人，为周威王师。 《王孙子》一篇。一曰《巧心》。《公孙固》一篇。十八章，齐闵王失国，问之，固因为陈古今成败也。 《李氏春秋》二篇。 《羊子》四篇。百章。故秦博士。《董子》一篇。名无心，难墨子。 《俟子》一篇。 《徐子》四十二篇。宋外黄人。《鲁仲连子》十四篇。有《列传》。《平原君》七篇。朱建也。《虞氏春秋》十五篇。虞卿也。 《高祖传》十三篇。高祖与大臣述古语及诏策也。 《陆贾》二十三篇。 《刘敬》三篇。 《孝文传》十一篇。文帝所称及诏策。 《贾山》八篇。 《太常蓼侯孔藏》 十篇。父聚，高祖时以功臣封，臧嗣爵。 《贾谊》五十八篇。 河间献王《对上下三雍宫》三篇。 《董仲舒》百二十三篇。 《兒宽》九篇。

《公孙弘》十篇。《终军》八篇。　《吾丘寿王》六篇。　《虞丘说》一篇。难孙卿也。《庄助》四篇。　《臣彭》四篇。《钩盾冗从李步昌》八篇。宣帝时数言事。　《儒家言》十八篇。不知作者。　桓宽《盐铁论》六十篇。　刘向所序六十七篇。《新序》、《说苑》、《世说》、《列女传颂图》也。　扬雄所序三十八篇。《太玄》十九，《法言》十三，《乐》四，《箴》二。

右儒五十三家，八百三十六篇。入扬雄一家三十八篇。

儒家者流，盖出于司徒之官，助人君顺阴阳明教化者也。游文于六经之中，留意于仁义之际，祖述尧、舜，宪章文、武，宗师仲尼，以重其言，于道最为高。孔子曰："如有所誉，其有所试。"唐、虞之隆，殷、周之盛，仲尼之业，已试之效者也。然惑者既失精微，而辟者又随时抑扬，违离道本，苟以哗众取宠。后进循之，是以《五经》乖析，儒学寖衰，此辟儒之患。

《伊尹》五十一篇。汤相。　《太公》二百三十七篇。吕望为周师尚父，本有道者。或有近世又以为太公术者所增加也。《谋》八十一篇，《言》七十一篇，《兵》八十五篇。　《辛甲》二十九篇。纣臣，七十五谏而去，周封之。《鬻子》二十二篇。名熊，为周师，自文王以下问焉，周封为楚祖。　《筦子》八十六篇。名夷吾，相齐桓公，九合诸侯，不以兵车也。有《列传》。

《老子邻氏经传》四篇。姓李，名耳，邻氏传其学。　《老子傅氏经说》三十七篇。述老子学。　《老子徐氏经说》六篇。字少季，临淮人，传《老子》。　刘向《说老子》四篇。　《文子》九篇。老子弟子。与孔子并时，而称周平王问，似依托者也。《蜎子》十三篇。名渊，楚人，老子弟子。　《关尹子》九篇。

名喜，为关吏，老子过关，喜去吏而从之。　《庄子》五十二篇。名周，宋人。《列子》八篇。名圄寇，先庄子，庄子称之。　《老成子》十八篇。《长卢子》九篇。楚人。　《王狄子》一篇。　《公子牟》四篇。魏之公子也，先庄子，庄子称之。《田子》二十五篇。名骈，齐人，游稷下，号天口骈。《老莱子》十六篇。楚人，与孔子同时。　《黔娄子》四篇。齐隐士，守道不诎，威王下之。　《宫孙子》二篇。　《鹖冠子》一篇。楚人，居深山，以鹖为冠。　《周训》十四篇。　《黄帝四经》四篇。　《黄帝铭》六篇。

《黄帝君臣》十篇。起六国时，与《老子》相似也。　《杂黄帝》五十八篇。六国时贤者所作。　《力牧》二十二篇。六国时所作，托之力牧。力牧，黄帝相。　《孙子》十六篇。六国时。　《捷子》二篇。齐人，武帝时说。《曹羽》二篇。楚人，武帝时说于齐王。　《郎中婴齐》十二篇。武帝时。《臣君子》二篇。蜀人。　《郑长者》一篇。六国时。先韩子，韩子称之。《楚子》三篇。　《道家言》二篇。近世，不知作者。

右道三十七家，九百九十三篇。

道家者流，盖出于史官，历记成败存亡祸福古今之道，然后知秉要执本，清虚以自守，卑弱以自持，此君人南面之术也。合于尧之克攘，《易》之嗛嗛。一谦而四益，此其所长也。及放者为之，则欲绝去礼学，兼弃仁义，曰独任清虚可以为治。

《宋司星子韦》三篇。景公之史。　《公梼生终始》十四篇。传邹奭《始终》书。　《公孙发》二十二篇。六国时。　《邹子》四十九篇。名衍，齐人，为燕昭王师，居稷下，号谈天衍。

《邹子终始》五十六篇。　《乘丘子》五篇。六国时。　《杜文公》五篇。六国时。　《黄帝泰素》二十篇。六国时韩诸公子所作。　《南公》三十一篇。六国时。　《容成子》十四篇。《张苍》十六篇。　丞相北平侯。　《邹奭子》十二篇。齐人，号曰雕龙奭。　《闾丘子》十三篇。名快，魏人，在南公前。《冯促》十三篇。郑人。　《将巨子》五篇。六国时。先南公，南公称之。　《五曹官制》五篇。汉制，似贾谊所条。　《周伯》十一篇。齐人，六国时。　《卫侯官》十二篇。近世，不知作者。　于长《天下忠臣》九篇。平阴人，近世。　《公孙浑邪》十五篇。平曲侯。　《杂阴阳》三十八篇。不知作者。

右阴阳二十一家，三百六十九篇。

阴阳家者流，盖出于羲和之官，敬顺昊天，历象日月星辰，敬授民时，此其所长也。及拘者为之，则牵于禁忌，泥于小数，舍人事而任鬼神。

《李子》三十二篇。名悝，相魏文侯，富国强兵。　《商君》二十九篇。名鞅，姬姓，卫后也，相秦孝公，有《列传》。《申子》六篇。名不害，京人，相韩昭侯，终其身诸侯不敢侵韩。《处子》九篇。　《慎子》四十二篇。名到，先申、韩，申、韩称之。　《韩子》五十五篇。名非，韩诸公子，使秦，李斯害而杀之。　《游棣子》一篇。　《晁错》三十一篇。　《燕十事》十篇。不知作者。　《法家言》二篇。不知作者。

右法十家，二百一十七篇。

法家者流，盖出于理官，信赏必罚，以辅礼制。《易》曰“先王以明罚饬法”，此其所长也。及刻者为之，则无教化，去仁爱，专任刑法而欲以致治，至于残害至亲，伤恩薄厚。

《邓析》二篇。郑人，与子产并时。　《尹文子》一篇。说齐宣王，先公孙龙。　《公孙龙子》十四篇。赵人。　《成公生》五篇。与黄公等同时。《惠子》一篇。名施，与庄子并时。《黄公》四篇。名疵，为秦博士，作歌诗，在秦时歌诗中。《毛公》九篇。赵人，与公孙龙等并游平原君赵胜家。

右名七家，三十六篇。

名家者流，盖出于礼官。古者名位不同，礼亦异数。孔子曰："必也正名乎！名不正则言不顺，言不顺则事不成。"此其所长也。及謷者为之，则苟钩鈲析乱而已。

《尹佚》二篇。周臣，在成、康时也。　《田俅子》三篇。先韩子。《我子》一篇。　《随巢子》六篇。墨翟弟子。　《胡非子》三篇。墨翟弟子。　《墨子》七十一篇。名翟，为宋大夫，在孔子后。

右墨六家，八十六篇。

墨家者流，盖出于清庙之守。茅屋采椽，是以贵俭；养三老五更，是以兼爱；选士大射，是以上贤；宗祀严父，是以右鬼；顺四时而行，是以非命；以孝视天下，是以上同：此其所长也。及蔽者为之，见俭之利，因以非礼，推兼爱之意，而不知别亲疏。

《苏子》三十一篇。名秦，有《列传》。　《张子》十篇。名仪，有《列传》。《庞煖》二篇。为燕将。　《阙子》一篇。《国筮子》十七篇。　《秦零陵令信》一篇。难秦相李斯。《蒯子》五篇。名通。　《邹阳》七篇。《主父偃》二十八篇。《徐乐》一篇。　《庄安》一篇。　《待诏金马聊苍》三篇。赵人，武帝时。

右从横十二家，百七篇。

从横家者流，盖出于行人之官。孔子曰："诵《诗》三百，使于四方，不能专对，虽多亦奚以为？"又曰："使乎，使乎！"言其当权事制宜，受命而不受辞，此其所长也。及邪人为之，则上诈谖而弃其信。

孔甲《盘盂》二十六篇。黄帝之史，或曰夏帝孔甲，似皆非。　《大禽》三十七篇。传言禹所作，其文似后世语。　《五子胥》八篇。名员，春秋时为吴将，忠直遇谗死。　《子晚子》三十五篇。齐人，好议兵，与《司马法》相似。《由余》三篇。戎人，秦穆公聘以为大夫。　《尉缭》二十九篇。六国时。《尸子》二十篇。名佼，鲁人，秦相商君师之。鞅死，佼逃入蜀。《吕氏春秋》二十六篇。秦相吕不韦辑智略士作。　《淮南内》二十一篇。王安。《淮南外》三十三篇。　《东方朔》二十篇。《伯象先生》一篇。《荆轲论》五篇。轲为燕刺秦王，不成而死，司马相如等论之。　《吴子》一篇。　《公孙尼》一篇。《博士臣贤对》一篇。汉世，难韩子、商君。《臣说》三篇。武帝时作赋。　《解子簿书》三十五篇。　《推杂书》八十七篇。《杂家言》一篇。王伯，不知作者。

右杂二十家，四百三篇。入兵法。

杂家者流，盖出于议官。兼儒、墨，合名、法，知国体之有此，见王治之无不贯，此其所长也。及荡者为之，则漫羡而无所归心。

《神农》二十篇。六国时，诸子疾时怠于农业，道耕农事，托之神农。《野老》十七篇。六国时，在齐、楚间。　《宰氏》十七篇。不知何世。《董安国》十六篇。汉代内史，不知何帝时。《尹都尉》十四篇。不知何世。

《赵氏》五篇。不知何世。　《汜胜之》十八篇。成帝时为议郎。《王氏》六篇。不知何世。　《蔡癸》一篇。宣帝时，以言便宜，至弘农太守。

右农九家，百一十四篇。

农家者流，盖出于农稷之官。播百谷，劝耕桑，以足衣食，故八政一曰食，二曰货。孔子曰“所重民食”，此其所长也。及鄙者为之，以为无所事圣王，欲使君臣并耕，悖上下之序。

《伊尹说》二十七篇。其语浅薄，似依托也。　《鬻子说》十九篇。后世所加。　《周考》七十六篇。考周事也。　《青史子》五十七篇。古史官记事也。　《师旷》六篇。见《春秋》，其言浅薄，本与此同，似因托之。　《务成子》十一篇。称尧问，非古语。　《宋子》十八篇。孙卿道宋子，其言黄、老意。《天乙》三篇。天乙谓汤，其言非殷时，皆依托也。　《黄帝说》四十篇。迂诞依托。　《封禅方说》十八篇。武帝时。《待诏臣饶心术》二十五篇。武帝时。　《待诏臣安成未央术》一篇。　《臣寿周纪》七篇。项国圉人，宣帝时。　《虞初周说》九百四十三篇。河南人，武帝时以方士侍郎号黄车使者。《百家》百三十九卷。

右小说十五家，千三百八十篇。

小说家者流，盖出于稗官。街谈巷语，道听涂说者之所造也。孔子曰：“虽小道，必有可观者焉，致远恐泥，是以君子弗为也。”然亦弗灭也。闾里小知者之所及，亦使缀而不忘。如或一言可采，此亦刍荛狂夫之议也。

凡诸子百八十九家，四千三百二十四篇。出蹴鞠一家，二十五篇。

诸子十家，其可观者九家而已。皆起于王道既微，诸侯力政，时君世主，好恶殊方，是以九家之术蜂出并作，各引一端，崇其所善，以此驰说，取合诸侯。其言虽殊，辟犹水火，相灭亦相生也。仁之与义，敬之与和，相反而皆相成也。《易》曰：“天下同归而殊涂，一致而百虑。”今异家者各推所长，穷知究虑，以明其指，虽有蔽短，合其要归，亦《六经》之支与流裔。使其人遭明王圣主，得其所折中，皆股肱之材已。仲尼有言：“礼失而求诸野。”方今去圣久远，道术缺废，无所更索，彼九家者，不犹愈于野乎？若能修六艺之术，而观此九家之言，合短取长，则可以通万方之略矣。

屈原赋二十五篇。楚怀王大夫，有《列传》。　唐勒赋四篇。楚人。

宋玉赋十六篇。楚人，与唐勒并时，在屈原后也。　赵幽王赋一篇。庄夫子赋二十四篇。名忌，吴人。　贾谊赋七篇。　枚乘赋九篇。司马相如赋二十九篇。　淮南王赋八十二篇。　淮南王群臣赋四十四篇。　太常蓼侯孔臧赋二十篇。　阳丘侯刘隁赋十九篇。　吾丘寿王赋十五篇。　蔡甲赋一篇。　上所自造赋二篇。　兒宽赋二篇。光禄大夫张子侨赋三篇。与王褒同时也。阳成侯刘德赋九篇。　刘向赋三十三篇。　王褒赋十六篇。

右赋二十家，三百六十一篇。

陆贾赋三篇。 枚皋赋百二十篇。 朱建赋二篇。 常侍郎庄匆奇赋十一篇。枚皋同时。 严助赋三十五篇。 朱买臣赋三篇。 宗正刘辟强赋八篇。 司马迁赋八篇。 郎中臣婴齐赋十篇。 臣说赋九篇。 臣吾赋十八篇。 辽东太守苏季赋一篇。 萧望之赋四篇。河内太守徐明赋三篇。字长君，东海人，元、成世历五郡太守，有能名。给事黄门侍郎李息赋九篇。 淮阳宪王赋二篇。 扬雄赋十二篇。待诏冯商赋九篇。 博士弟子杜参赋二篇。 车郎张丰赋三篇。张子侨子。 骠骑将军朱宇赋三篇。

右赋二十一家，二百七十四篇。入杨雄八篇。

孙卿赋十篇。 秦时杂赋九篇。 李思《孝景皇帝颂》十五篇。广川惠王越赋五篇。 长沙王群臣赋三篇。 魏内史赋二篇。 东暆令延年赋七篇。 卫士令李忠赋二篇。 张偃赋二篇。 贾充赋四篇。 张仁赋六篇。 秦充赋二篇。 李步昌赋二篇。 侍郎谢多赋十篇。 平阳公主舍人周长孺赋二篇。 雒阳锜华赋九篇。 眭弘赋一篇。 别栩阳赋五篇。 臣昌市赋六篇。 臣义赋二篇。 黄门书者假史王商赋十三篇。 侍中徐博赋四篇。 黄门书者王广、吕嘉赋五篇。 汉中都尉丞华龙赋二篇。 左冯翊史路恭赋八篇。

右赋二十五家，百三十六篇。

《客主赋》十八篇。 《杂行出及颂德赋》二十四篇。 《杂四夷及兵赋》二十篇。 《杂中贤失意赋》十二篇。 《杂思慕悲哀死赋》十六篇。

《杂鼓琴剑戏赋》十三篇。 《杂山陵水泡云气雨旱赋》十六篇。《杂禽兽六畜昆虫赋》十八篇。 《杂器械草木赋》三十三篇。　《大杂赋》三十四篇。　《成相杂辞》十一篇。　《隐书》十八篇。

右杂赋十二家，二百三十三篇。

《高祖歌诗》二篇。　《泰一杂甘泉寿宫歌诗》十四篇。　《宗庙歌诗》五篇。　《汉兴以来兵所诛灭歌诗》十四篇。　《出行巡狩及游歌诗》十篇。　《临江王及愁思节士歌诗》四篇。　《李夫人及幸贵人歌诗》三篇。《诏赐中山靖王子哙及孺子妾冰未央材人歌诗》四篇。　《吴楚汝南歌诗》十五篇。《燕代讴雁门云中陇西歌诗》九篇。　《邯郸河间歌诗》四篇。　《齐郑歌诗》四篇。　《淮南歌诗》四篇。　《左冯翊秦歌诗》三篇。　《京兆尹秦歌诗》五篇。　《河东蒲反歌诗》一篇。　《黄门倡车忠等歌诗》十五篇。　《杂各有主名歌诗》十篇。　《杂歌诗》九篇。《雒阳歌诗》四篇。　《河南周歌诗》七篇。　《河南周歌声曲折》七篇。《周谣歌诗》七十五篇。《周谣歌诗声曲折》七十五篇。　《诸神歌诗》三篇。　《送迎灵颂歌诗》三篇。　《周歌诗》二篇。　《南郡歌诗》五篇。

右歌诗二十八家，三百一十四篇。

凡诗赋百六家，千三百一十八篇。入扬雄八篇。

传曰："不歌而诵谓之赋，登高能赋可以为大夫。"言感物造端；材知深美，可与图事，故可以为列大夫也。古者诸侯卿大夫交接邻国，以微言相感，当揖让之时，必称《诗》以谕其志，盖以别贤不肖而观盛衰焉。故孔子曰"不学《诗》，无以言"也。春秋之后，周道寖坏，聘问歌咏不行于列国，学《诗》之士逸在布衣，而贤人失志之赋作矣。大儒孙卿及楚臣屈原离谗忧国，皆作赋以风，咸有恻隐古诗之义。其后宋玉、唐勒；汉兴枚乘、司马相如，下及扬子云，竞为侈丽闳衍之词，没其风谕之义。是以扬子悔之，曰："诗人之赋丽以则，辞人之赋丽以淫。如孔氏之门人用赋也，则贾谊登堂，相如入室矣，如其不用何！"自孝武立乐府而采歌谣，于是有代赵之讴，秦楚之风，皆感于哀乐，缘事而发，亦可以观风俗，知薄厚云。序诗赋为五种。

《吴孙子兵法》八十二篇。图九卷。　《齐孙子》八十九篇。图四卷。

《公孙鞅》二十七篇。　《吴起》四十八篇。有《列传》。《范蠡》二篇。越王句践臣也。　《大夫种》二篇。与范蠡俱事句践。　《李子》十篇。　《娷》一篇。　《兵春秋》一篇。《庞煖》三篇。　《兒良》一篇。　《广武君》一篇。李左车。《韩信》三篇。

右兵权谋十三家，二百五十九篇。省伊尹、太公、《管子》、《孙卿子》、《鹖冠子》、《苏子》、蒯通、陆贾、淮南王二百五十九种，出《司马法》入礼也。

权谋者，以正守国，以奇用兵，先计而后战，兼形势，包阴阳，用技巧者也。

《楚兵法》七篇。图四卷。　《蚩尤》二篇。见《吕刑》。《孙轸》五篇。图二卷。　《繇叙》二篇。　《王孙》十六篇。图五卷。　《尉缭》三十一篇。　《魏公子》二十一篇。图十卷。名无忌，有《列传》。　《景子》十三篇。　《李良》三篇。《丁子》一篇。　《项王》一篇。名籍。

右兵形势十一家，九十二篇，图十八卷。

形势者，雷动风举，后发而先至，离合背乡，变化无常，以轻疾制敌者也。

《太壹兵法》一篇。　《天一兵法》三十五篇。　《神农兵法》一篇。《黄帝》十六篇。图三卷。　《封胡》五篇。黄帝臣，依托也。　《风后》十三篇。图二卷。黄帝臣，依托也。　《力牧》十五篇。黄帝臣，依托也。《鹓冶子》一篇。图一卷。《鬼容区》三篇。图一卷。黄帝臣，依托。《地典》六篇。　《孟子》一篇。　《东父》三十一篇。　《师旷》八篇。晋平公臣。《苌弘》十五篇。周史。　《别成子望军气》六篇。图三卷。

《辟兵威胜方》七十篇。右阴阳十六家，二百四十九篇，图十卷。

阴阳者，顺时而发，推刑德，随斗击，因五胜，假鬼神而为助者也。

《鲍子兵法》十篇。图一卷。　《五子胥》十篇。图一卷。《公胜子》五篇。　《苗子》五篇。图一卷。　《逢门射法》二篇。　《阴通成射法》十一篇。　《李将军射法》三篇。《魏氏射法》六篇。　《强弩将军王围射法》五卷。　《望远连弩射法具》十五篇。　《护军射师王贺射书》五篇。　《蒲苴子弋法》四篇。　《剑道》三十八篇。　《手搏》六篇。《杂家兵法》五十七篇。　《蹴鞠》二十五篇。

右兵技巧十三家，百九十九篇。省《墨子》重，入《蹴鞠》也。

技巧者，习手足，便器械，积机关，以立攻守之胜者也。

凡兵书五十三家，七百九十篇，图四十三卷。省十家二百七十一篇重，入《蹴鞠》一家二十五篇，出《司马法》百五十五篇入礼也。

兵家者，盖出古司马之职，王官之武备也。《洪范》八政，八曰师。孔子曰为国者“足食足兵”，“以不教民战，是谓弃之”，明兵之重也。《易》曰“古者弦木为弧，剡木为矢，弧矢之利，以威天下”，其用上矣。后世耀金为刃，割革为甲，器械甚备。下及汤、武受命，以师克乱而济百姓，动之以仁义，行之以礼让，《司马法》是其遗事也。自春秋至于战国，出奇设伏，变诈之兵并作。汉兴，张良、韩信序次兵法，凡百八十二家，删取要用，定著三十五家。诸吕用事而盗取之。武帝时，军政杨仆捃摭遗逸，纪奏兵录，犹未能备。至于孝成，命任宏论次兵书为四种。

《泰壹杂子星》二十八卷。　《五残杂变星》二十一卷。《黄帝杂子气》三十三篇。　《常从日月星气》二十一卷。《皇公杂子星》二十二卷。

《淮南杂子星》十九卷。　《泰壹杂子云雨》三十四卷。《国章观霓云雨》三十四卷。　《泰阶六符》一卷。　《金度玉衡汉五星客流出入》八篇。　《汉五星彗客行事占验》八卷。《汉日旁气行事占验》三卷。《汉流星行事占验》八卷。　《汉日旁气行占验》十三卷。　《汉日食月晕杂变行事占验》十三卷。《海中星占验》十二卷。　《海中五星经杂事》二十二卷。《海中五星顺逆》二十八卷。　《海中二十八宿国分》二十八卷。《海中二十八宿臣分》二十八卷。　《海中日月彗虹杂占》十八卷。　《图书秘记》十七篇。

右天文二十一家，四百四十五卷。

天文者，序二十八宿，步五星日月，以纪吉凶之象，圣王所以参政也。《易》曰："观乎天文，以察时变。"然星事殑悍，非湛密者弗能由也。夫观景以谴形，非明王亦不能服听也。以不能由之臣，谏不能听之王，此所以两有患也。

《皇帝五家历》三十三卷。　《颛顼历》二十一卷。　《颛顼五星历》十四卷。　《日月宿历》十三卷。　《夏殷周鲁历》十四卷。　《天历大历》十八卷。　《汉元殷周谍历》十七卷。　《耿昌月行帛图》二百三十二卷。《耿昌月行度》二卷。《传周五星行度》三十九卷。　《律历数法》三卷。　《自古五星宿纪》三十卷。　《太岁谋日晷》二十九卷。　《帝王诸侯世谱》二十卷。　《古来帝王年谱》五卷。　《日晷书》三十四卷。《许商算术》二十六卷。　《杜忠算术》十六卷。

右历谱十八家，六百六卷。

历谱者，序四时之位，正分至之节，会日月五星之辰，以考寒暑杀生之实。故圣王必正历数，以定三统服色之制，又以探知五星日月之会。凶厄之患，吉隆之喜，其术皆出焉。此圣人知命之术也，非天下之至材，其孰与焉！道之乱也，患出于小人而强欲知天道者，坏大以为小，削远以为近，是以道术破碎而难知也。

《泰一阴阳》二十三卷。　《黄帝阴阳》二十五卷。　《黄帝诸子论阴阳》二十五卷。　《诸王子论阴阳》二十五卷。《太元阴阳》二十六卷。《三典阴阳谈论》二十七卷。　《神农大幽五行》二十七卷。　《四时五行经》二十六卷。　《猛子闾昭》二十五卷。　《阴阳五行时令》十九卷。

《堪舆金匮》十四卷。　《务成子灾异应》十四卷。　《十二典灾异应》十二卷。《钟律灾异》二十六卷。《钟律丛辰日苑》二十三卷。《钟律消息》二十九卷。《黄钟》七卷。《天一》六卷。《泰一》二十九卷。《刑德》七卷。《风鼓六甲》二十四卷。《风后孤虚》二十卷。《六合随典》二十五卷。《转位十二神》二十五卷。《羡门式法》二十卷。《羡门式》二十卷。《文解六甲》十八卷。《文解二十八宿》二十八卷。《五音奇胲用兵》二十三卷。《五音奇胲刑德》二十一卷。《五音定名》十五卷。

右五行三十一家，六百五十二卷。

五行者，五常之形气也。《书》云“初一曰五行，次二曰羞用五事”，言进用五事以顺五行也。貌、言、视、听、思心失，而五行之序乱，五星之变作，皆出于律历之数而分为一者也。其法亦起五德终始，推其极则无不至。而小数家因此以为吉凶，而行于世，寖以相乱。

《龟书》五十二卷。《夏龟》二十六卷。《南龟书》二十八卷。《巨龟》三十六卷。《杂龟》十六卷。《蓍书》二十八卷。《周易》三十八卷。《周易明堂》二十六卷。《周易随曲射匿》五十卷。《大筮衍易》二十八卷。《大次杂易》三十卷。《鼠序卜黄》二十五卷。《於陵钦易吉凶》二十三卷。《任良易旗》七十一卷。《易卦八具》。右蓍龟十五家，四百一卷。

蓍龟者，圣人之所用也。《书》曰：“女则有大疑，谋及卜筮。”《易》曰：“定天下之吉凶，成天下之亹亹者，莫善于蓍龟。”“是故君子将有为也，将有行也，问焉而以言，其受命也如向，无有远近幽深，遂知来物。非天下之至精，其孰能与于此！”及至衰世，解于斋戒，而娄烦卜筮，神明不应。故筮渎不告，《易》以为忌；龟厌不告，《诗》以为刺。

《黄帝长柳占梦》十一卷。　《甘德长柳占梦》二十卷。　《武禁相衣器》十四卷。　《嚏耳鸣杂占》十六卷。　《祯祥变怪》二十一卷。　《人鬼精物六畜变怪》二十一卷。　《变怪诰咎》十三卷。　《执不祥劾鬼物》八卷。　《请官除祅祥》十九卷。　《禳祀天文》十八卷。　《请祷致福》十九卷。　《请雨止雨》二十六卷。　《泰壹杂子候岁》二十二卷。《子赣杂子候岁》二十六卷。　《五法积贮宝臧》二十三卷。　《神农教田相土耕种》十四卷。　《昭明子钓种生鱼鳖》八卷。　《种树臧果相蚕》十三卷。

右杂占十八家，三百一十三卷。

杂占者，纪百事之象，候善恶之征。《易》曰：“占事知来。”众占非一，而梦为大，故周有其官。而《诗》载熊罴虺蛇众鱼旐旟之梦，著明大人之占，以考吉凶，盖参卜筮。《春秋》之说祅也，曰：“人之所忌，其气炎以取之，祅由人兴也。人失常则祅兴，人无衅焉，祅不自作。”故曰：“德胜不祥，义厌不惠。”桑谷共生，大戊以兴；鸲雉登鼎，武丁为宗。然惑者不稽诸躬，而忌祅之见，是以《诗》刺“召彼故老，讯之占梦”，伤其舍本而忧末，不能胜凶咎也。

《山海经》十三篇。　《国朝》七卷。　《宫宅地形》二十卷。　《相人》二十四卷。　《相宝剑刀》二十卷。　《相六畜》三十八卷。

右形法六家，百二十二卷。

形法者，大举九州之势以立城郭室舍形，人及六畜骨法之度数、器物之形容以求其声气贵贱吉凶。犹律有长短，而各征其声，非有鬼神，数自然也。然形与气相首尾，亦有有其形而无其气，有其气而无其形，此精微之独异也。

凡数术百九十家，二千五百二十八卷。

数术者，皆明堂羲和史卜之职也。史官之废久矣，其书既不能具，虽有其书而无其人。《易》曰："苟非其人，道不虚行。"春秋时鲁有梓慎，郑有裨灶，晋有卜偃，宋有子韦。六国时楚有甘公，魏有石申夫。汉有唐都，庶得粗觕。盖有因而成易，无因而成难，故因旧书以序数术为六种。

《黄帝内经》十八卷。　《外经》三十七卷。　《扁鹊内经》九卷。《外经》十二卷。　《白氏内经》三十八卷。　《外经》三十六卷。　《旁篇》二十五卷。

右医经七家，二百一十六卷。

医经者，原人血脉经落骨髓阴阳表里，以起百病之本，死生之分，而用度箴石汤火所施，调百药齐和之所宜。至齐之得，犹慈石取铁，以物相使。拙者失理，以愈为剧，以生为死。

《五藏六府痹十二病方》三十卷。　《五藏六府疝十六病方》四十卷。《五藏六府瘅十二病方》四十卷。　《风寒热十六病方》二十六卷。《泰始黄帝扁鹊俞拊方》二十三卷。　《五藏伤中十一病方》三十一卷。《客疾五藏狂颠病方》十七卷。　《金创瘲瘛方》三十卷。　《妇人婴儿方》十九卷。　《汤液经法》三十二卷。　《神农黄帝食禁》七卷。

右经方十一家，二百七十四卷。

经方者，本草石之寒温，量疾病之浅深，假药味之滋，因气感之宜，辩五苦六辛，致水火之齐，以通闭解结，反之于平。及失其宜者，以热益热，以寒增寒，精气内伤，不见于外，是所独失也。故谚曰："有病不治，常得中医。"

《容成阴道》二十六卷。　《务成子阴道》三十六卷。《尧舜阴道》二十三卷。　《汤盘庚阴道》二十卷。　《天老杂子阴道》二十五卷。《天一阴道》二十四卷。　《黄帝三王养阳方》二十卷。　《三家内房有子方》十七卷。

右房中八家，百八十六卷。

房中者，情性之极，至道之际，是以圣王制外乐以禁内情，而为之节文。传曰："先王之作乐，所以节百事也。"乐而有节，则和平寿考。及迷者弗顾，以生疾而陨性命。

《宓戏杂子道》二十篇。　《上圣杂子道》二十六卷。《道要杂子》十八卷。　《黄帝杂子步引》十二卷。　《黄帝岐伯按摩》十卷。　《黄帝杂子芝菌》十八卷。　《黄帝杂子十九家方》二十一卷。　《泰壹杂子十五家方》二十二卷。　《神农杂子技道》二十三卷。　《泰壹杂子黄治》三十一卷。

右神仙十家，二百五卷。

神仙者，所以保性命之真，而游求于其外者也。聊以荡意平心，同死生之域，而无怵惕于胸中。然而或者专以为务，则诞欺怪迂之文弥以益多，非圣王之所以教也。孔子曰："索隐行怪，后世有述焉，吾不为之矣。"

凡方技三十六家，八百六十八卷。

方技者，皆生生之具，王官之一守也。太古有岐伯、俞拊，中世有扁鹊、秦和，盖论病以及国，原诊以知政。汉兴有仓公。今其技术晻昧，故论其书，以序方技为四种。

大凡书，六略三十八种，五百九十六家，万三千二百六十九卷。入三家，五十篇，省兵十家。

汉书卷三十一

陈胜项籍传第一

陈胜字涉，阳城人。吴广，字叔，阳夏人也。胜少时，尝与人佣耕。辍耕之垄上，怅然甚久，曰："苟富贵，无相忘！"佣者笑而应曰："若为佣耕，何富贵也？"胜太息曰："嗟乎，燕雀安知鸿鹄之志哉！"

秦二世元年秋七月，发闾左戍渔阳九百人，胜、广皆为屯长。行至蕲大泽乡，会天大雨，道不通，度已失期。失期法斩，胜、广乃谋曰："今亡亦死，举大计亦死，等死，死国可乎？"胜曰："天下苦秦久矣。吾闻二世，少子，不当立，当立者乃公子扶苏。扶苏以数谏故不得立，上使外将兵。今或闻无罪，二世杀之。百姓多闻其贤，未知其死。项燕为楚将，数有功，爱士卒，楚人怜之。或以为在。今诚以吾众为天下倡，宜多应者。"广以为然。乃行卜。卜者知其指意，曰："足下事皆成，有功。然足下卜之鬼乎！"胜、广喜，念鬼，曰："此教我先威众耳。"乃丹书帛曰"陈胜王"，置人所罾鱼腹中。卒买鱼亨食，得书，已怪之矣。又间令广之次所旁丛祠中，夜构火，狐鸣呼曰："大楚兴，陈胜王。”卒皆夜惊恐。旦日，卒中往往指目胜、广。

胜、广素爱人，士卒多为用。将尉醉，广故数言欲亡，忿尉，令辱之，以激怒其众。尉果笞广。尉剑挺，广起夺而杀尉。胜佐之，并杀两尉。召令徒属曰：“公等遇雨，皆已失期，当斩。藉弟令毋斩，而戍死者固什六七。且壮士不死则已，死则举大名耳。侯王将相，宁有种乎！”徒属皆曰：“敬受令。”乃诈称公子扶苏、项燕，从民望也。袒右，称大楚。为坛而盟，祭以尉首。胜自立为将军，广为都尉。攻大泽乡，拔之。收兵而攻蕲，蕲下。乃令符离人葛婴将兵徇蕲以东，攻铚、酂、苦、柘、谯，皆下之。行收兵，比至陈，兵车六七百乘，骑千余，卒数万人。攻陈，陈守令皆不在，独守丞与战谯门中。不胜，守丞死。乃入据陈。数日，号召三老豪桀会计事。皆曰：“将军身被坚执锐，伐无道，诛暴秦，复立楚之社稷，功宜为王。”胜乃立为王，号张楚。于是诸郡县苦秦吏暴，皆杀其长吏，将以应胜。乃以广为假王，监诸将以西击荥阳。令陈人武臣、张耳、陈馀徇赵，汝阴人邓宗徇九江郡。当此时，楚兵数千人为聚者不可胜数。

葛婴至东城，立襄强为楚王。后闻胜已立，因杀襄强，还报。至陈，胜杀婴，令魏人周市北徇魏地。广围荥阳，李由为三川守守荥阳，广不能下。胜征国之豪桀与计，以上蔡人房君蔡赐为上柱国。

周文，陈贤人也，尝为项燕军视日，事春申君，自言习兵。胜与之将军印，西击秦。行收兵至关，车千乘，卒十万，至戏，军焉。秦令少府章邯免骊山徒、人奴产子，悉发以击楚军，大败之。周文走出关，止屯曹阳。二月余，章邯追败之，复走黾池。

十余日，章邯击，大破之。周文自刭，军遂不战。

武臣至邯郸，自立为赵王，陈馀为大将军，张耳、召骚为左右丞相。胜怒，捕系武臣等家室，欲诛之。柱国曰："秦未亡而诛赵王将相家属，此生一秦，不如因立之。"胜乃遣使者贺赵，而徙系武臣等家属宫中。而封张耳子敖为成都君，趣赵兵亟入关。赵王将相相与谋曰："王王赵，非楚意也。楚已诛秦，必加兵于赵。计莫如毋西兵，使使北徇燕地以自广。赵南据大河，北有燕、代，楚虽胜秦，不敢制赵，若不胜秦，必重赵。赵承秦、楚之敝，可以得志于天下。"赵王以为然，因不西兵，而遣故上谷卒史韩广将兵北徇燕。燕地贵人豪桀谓韩广曰："楚、赵皆已立王。燕虽小，亦万乘之国也，愿将军立为王。"韩广曰："广母在赵，不可。"燕人曰："赵方西忧秦，南忧楚，其力不能禁我。且以楚之强，不敢害赵王将相之家，今赵独安敢害将军家乎？"韩广以为然，乃自立为燕王。居数月，赵奉燕王母家属归之。

是时，诸将徇地者不可胜数。周市北至狄，狄人田儋杀狄令，自立为齐王，反击周市。市军散，还至魏地，立魏后故宁陵君咎为魏王。咎在胜所，不得之魏。魏地已定，欲立周市为王，市不肯。使者五反，胜乃立宁陵君为魏王，遣之国。周市为相。将军田臧等相与谋曰："周章军已破，秦兵且至，我守荥阳城不能下，秦军至，必大败。不如少遣兵，足以守荥阳，悉精兵迎秦军。今假王骄，不知兵权，不可与计，非诛之，事恐败。"因相与矫陈王令以诛吴广，献其首于胜。胜使赐田臧楚令尹印，使为上将。田臧乃使诸将李归等守荥阳城，自以精兵西迎秦军于敖仓。与战，田臧死，军破。章邯进击李归等荥阳下，破之，李归死。阳城人邓说将兵居郯，章邯别将击破之，邓说走陈。铚人五逢将兵居许，章邯击破之，五逢亦走陈。胜诛邓说。

胜初立时，凌人秦嘉、铚人董緤、符离人朱鸡石、取虑人郑布、徐人丁疾等皆特起，将兵围东海守于郯。胜闻，乃使武平君畔为将军，监郯下军。秦嘉自立为大司马，恶属人，告军吏曰："武平君年少，不知兵事，勿听。"因矫以王命杀武平君畔。

章邯已破五逢，击陈，柱国房君死。章邯又进击陈西张贺军。胜出临战，军破，张贺死。

腊月，胜之汝阴，还至下城父，其御庄贾杀胜以降秦。葬砀，谥曰隐王。胜故涓人将军吕臣为苍头军，起新阳，攻陈，下之，杀庄贾，复以陈为楚。

初，胜令铚人宋留将兵定南阳，入武关。留已徇南阳，闻胜死，南阳复为秦。宋留不能入武关，乃东至新蔡，遇秦军，宋留以军降秦。秦传留至咸阳，车裂留以徇。

秦嘉等闻胜军败，乃立景驹为楚王，引兵之方与，欲击秦军济阴下。使公孙庆使齐王，欲与并力俱进。齐王曰："陈王战败，未知其死生，楚安得不请而立王？"公孙庆曰："齐不请楚而立王，楚何故请齐而立王！且楚首事，当令于天下。"田儋杀公孙庆。秦左右校复攻陈，下之。吕将军走，徼兵复聚，与番盗英布相遇，攻击秦左右校，破之青波，复以陈为楚。会项梁立怀王孙心为楚王。

陈胜王凡六月。初为王，其故人尝与佣耕者闻之，乃之陈，叩宫门曰："吾欲见涉。"宫门令欲缚之。自辩数，乃置，不肯为通。胜出，遮道而呼涉。乃召见，载与归。入宫，见殿屋帷帐，客曰："夥，涉之为王沈沈者！"楚人谓多为夥，故天下传之"夥涉为王"，由陈涉始。客出入愈益发舒，言胜故情。或言"客愚无知，专妄言，轻威"。胜斩之。诸故人皆自引去，由是无亲胜者。以朱防为中正，胡武为司过，主司群臣。诸将徇地，至，令之不是者，系而罪之。以苛察为忠。其所不善者，不下吏，辄自治。胜信用之，诸将以故不亲附。此其所以败也。

胜虽已死，其所置遣侯王将相竟亡秦。高祖时为胜置守冢于砀，至今血食。王莽败，乃绝。

项籍字羽，下相人也。初起，年二十四。其季父梁，梁父即楚名将项燕者也。家世楚将，封于项，故姓项氏。

籍少时，学书不成，去；学剑又不成，去。梁怒之。籍曰："书足记姓名而已。剑一人敌，不足学，学万人敌耳。"于是梁奇其意，乃教以兵法。籍大喜，略知其意，又不肯竟。梁尝有栎阳逮，请蕲狱掾曹咎书抵栎阳狱史司马欣，以故事皆已。梁尝杀人，与籍避仇吴中。吴中贤士大夫皆出梁下。每有大繇役及丧，梁常主办，阴以兵法部勒宾客子弟，以知其能。秦始皇帝东游会稽，渡浙江，梁与籍观。籍曰："彼可取而代也。"梁掩其口，曰："无妄言，族矣！"梁以此奇籍。籍长八尺二寸，力扛鼎，才气过人。吴中子弟皆惮籍。

秦二世元年，陈胜起。九月，会稽假守通素贤梁，乃召与计事。梁曰："方今江西皆反秦，此亦天亡秦时也。先发制人，后发制于人。"守叹曰："闻夫子楚将世家，唯足下耳！"梁曰："吴有奇士桓楚，亡在泽中，人莫知其处，独籍知之。"梁乃戒籍持剑居外待。梁复入，与守语曰："请召籍，使受令召桓楚。"籍入，梁眴籍曰："可行矣！"籍遂拔剑击斩守。梁持守头，佩其印绶。门下惊扰，籍所击杀数十百人。府中皆詟伏，莫敢复起。梁乃召故人所知豪吏，谕以所为，遂举吴中兵。使人收下县，得精兵八千人，部署豪桀为校尉、候、司马。有一人不得官，自言。梁曰："某时某丧，使公主某事，不能办，以故不任公。"众乃皆服。梁为会稽将，籍为裨将，徇下县。

秦二年，广陵人召平为陈胜徇广陵，未下。闻陈胜败走，秦将章邯且至，乃渡江矫陈王令，拜梁为楚上柱国，曰："江东已定，急引兵西击秦。"梁乃以八千人渡江而西。闻陈婴已下东阳，使使欲与连和俱西。陈婴者，故东阳令史，居县，素信，为长者。东阳少年杀其令，相聚数千人，欲立长，无适用，乃请陈婴。婴谢不能，遂强立之，县中从之者得二万人。欲立婴为王，异军苍头特起。婴母谓婴曰："自吾为乃家妇，闻先故未曾贵。今暴得大名不祥，不如有所属，事成犹得封侯，事败易以亡，非世所指名也。"婴乃不敢为王，谓其军吏曰："项氏世世将家，有功于楚，今欲举大事，将非其人，不可。我倚名族，亡秦必矣。"其众从之，乃以其兵属梁。梁渡淮，英布、蒲将军亦以其兵属焉。凡六七万人，军下邳。

是时，秦嘉已立景驹为楚王，军彭城东，欲以距梁。梁谓军吏曰："陈王首事，战不利，未闻所在。今秦嘉背陈王立景驹，大逆亡道。"乃引兵击秦嘉。嘉军败走，追至胡陵。嘉还战一日，嘉死，军降。景驹走死梁地。梁已并秦嘉军，军胡陵，将引而西。章邯至栗，梁使别将朱鸡石、馀樊君与战。馀樊君死。朱鸡石败，亡走胡陵。梁乃引兵入薛，诛朱鸡石。梁前使羽别攻襄城，襄城坚守不下。已拔，皆坑之，还报梁。闻陈王定死，召诸别将会薛计事，时沛公亦从沛往。

居鄛人范增年七十，素好奇计，往说梁曰："陈胜败固当。夫秦灭六国，楚最亡罪，自怀王入秦不反，楚人怜之至今，故南公称曰'楚虽三户，亡秦必楚'。今陈胜首事，不立楚后，其势不长。今君起江东，楚蜂起之将皆争附君者，以君世世楚将，为能复立楚之后也。"于是梁乃求楚怀王孙心，在民间为人牧羊，立以为楚怀王，从民望也。陈婴为上柱国，封五县，与怀王都盱台。梁自号武信君，引兵攻亢父。

初，章邯既杀齐王田儋于临菑，田假复自立为齐王。儋弟荣走保东阿，章邯追围之。梁引兵救东阿，大破秦军东阿。田荣即引兵归，逐王假，假亡走楚，相田角亡走赵。角弟閒，故将，居赵不敢归。田荣立儋子市为齐王。梁已破东阿下军，遂追秦军。数使使趣齐兵俱西。荣曰："楚杀田假，赵杀田角、田閒，乃发兵。"梁曰："田假与国之王，穷来归我，不忍杀。"赵亦不杀角、閒以市于齐。齐遂不肯发兵助楚。梁使羽与沛公别攻城阳，屠之。西破秦军濮阳东，秦兵收入濮阳。沛公、羽攻定陶，定陶未下，去，西略地至雍丘，大破秦军，斩李由。还攻外黄，外黄未下。

梁起东阿，比至定陶，再破秦军，羽等又斩李由，益轻秦，有骄色。宋义谏曰："战胜而将骄卒惰者败。今少惰矣，秦兵日益，臣为君畏之。"梁不听。乃使宋义于齐。道遇齐使者高陵君显，曰："公将见武信君乎？"曰："然。"义曰："臣论武信君军必败。公徐行则免，疾行则及祸。"秦果悉起兵益章邯，夜衔枚击楚，大破之定陶，梁死。沛公与羽去外黄，攻陈留，陈留坚守不下。沛公、羽相与谋曰："今梁军败，士卒恐。"乃与吕臣俱引兵而东。吕臣军彭城东，羽军彭城西，沛公军砀。

章邯已破梁军，则以为楚地兵不足忧，乃渡河北击赵，大破之。当此之时，赵歇为王，陈馀为将，张耳为相，走入钜鹿城。秦将王离、涉閒围钜鹿，章邯军其南，筑甬道而输之粟。陈馀将卒数万人军钜鹿北，所谓河北军也。

宋义所遇齐使者高陵君显见楚怀王曰："宋义论武信君必败，数日果败。军未战先见败征，可谓知兵矣。"王召宋义与计事而说之，因以为上将军；羽为鲁公，为次将，范增为末将。诸别将皆属，号卿子冠军。北救赵，至安阳，留不进。秦三年，羽谓宋义曰："今秦军围钜鹿，疾引兵渡河，楚击其外，赵应其内，破秦军必矣。"宋义曰："不然。夫搏牛之虻不可以破虱。今秦攻赵，战胜则兵罢，我承其敝；不胜，则我引兵鼓行而西，必举秦矣。故不如先斗秦、赵。夫击轻锐，我不如公；坐运筹策，公不如我。"因下令军中曰："猛如虎，佷如羊，贪如狼，强不可令者，皆斩。"遣其子襄相齐，身送之无盐，饮酒高会。天寒大雨，士卒冻饥。羽曰："将戮力而攻秦，久留不行。今岁饥民贫，卒食半日菽，军无见粮，乃饮酒高会，不引兵渡河因赵食，与并力击秦，乃曰'承其敝'。夫以秦之强，攻新造之赵，其势必举赵。赵举秦强，何敝之承！且国兵新破，王坐不安席，扫境内而属将军，国家安危，在此一举。今不恤士卒而徇私，非社稷之臣也。"羽晨朝上将军宋义，即其帐中斩义头。出令军中曰："宋义与齐谋反楚，楚王阴令籍诛之。"诸将耆服，莫敢枝梧。皆曰："首立楚者，将军家也。今将军诛乱。"乃相与共立羽为假上将军。使人追宋义子，及之齐，杀之。使桓楚报命于王。王因使使立羽为上将军。

羽已杀卿子冠军，威震楚国，名闻诸侯。乃遣当阳君、蒲将军将卒二万人渡河救钜鹿。战少利，陈馀复请兵。羽乃悉引兵渡河。已渡，皆湛舡，破釜甑，烧庐舍，持三日粮，视士必死，无还心。于是至则围王离，与秦军遇，九战，绝甬道，大破之，杀苏角，虏王离。涉间不降，自烧杀。当是时，楚兵冠诸侯。诸侯军救钜鹿者十余壁，莫敢纵兵。及楚击秦，诸侯皆从壁上观。楚战士无不一当十，呼声动天地。诸侯军人人惴恐。于是楚已破秦军，羽见诸侯将，入辕门，膝行而前，莫敢仰视。羽由是始为诸侯上将军，兵皆属焉。

章邯军棘原，羽军漳南，相持未战。秦军数却，二世使人让章邯。章邯恐，使长史欣请事。至咸阳，留司马门三日，赵高不见，有不信之心。长史欣恐，还走，不敢出故道。赵高果使人追之，不及。欣至军，报曰："事亡可为者。相国赵高颛国主断。今战而胜，高嫉吾功；不胜，不免于死。愿将军孰计之。"陈馀亦遗章邯书曰："白起为秦将，南并鄢、郢，北坑马服，攻城略地，不可胜计，而卒赐死。蒙恬为秦将，北逐戎人，开榆中地数千里，竟斩阳周，何者？功多，秦不能封，因以法诛之。今将军为秦将三岁矣，所亡失已十万数，而诸侯并起兹益多。彼赵高素谀日久，今事急，亦恐二世诛之，故欲以法诛将军以塞责，使人更代以脱其祸。将军居外久，多内隙，有功亦诛，亡功亦诛。且天之亡秦，无愚智皆知之。今将军内不能直谏，外为亡国将，孤立而欲长存，岂不哀哉！将军何不还兵与诸侯为从，南面称孤，孰与身伏斧质，妻子为戮乎？”章邯狐疑，阴使候始成使羽，欲约。约未成，羽使蒲将军引兵渡三户，军漳南，与秦战，再破之。羽悉引兵击秦军汙水上，大破之。邯使使见羽，欲约。羽召军吏谋曰：“粮少，欲听其约。”军吏皆曰：“善。”羽乃与盟洹水南殷虚上。已盟，章邯见羽流涕，为言赵高。羽乃立章邯为雍王，置军中。使长史欣为上将，将秦军行前。

汉元年，羽将诸侯兵三十余万，行略地至河南，遂西到新安。异时诸侯吏卒徭役屯戍过秦中，秦中遇之多亡状，及秦军降诸侯，诸侯吏卒乘胜奴虏使之，轻折辱秦吏卒。吏卒多窃言曰：“章将军等诈吾属降诸侯，今能入关破秦，大善；即不能，诸侯虏吾属而东，秦又尽诛吾父母妻子。”诸将微闻其计，以告羽。羽乃召英布、蒲将军计曰：“秦吏卒尚众，其心不服，至关不听，事必危，不如击之，独与章邯、长史欣、都尉翳入秦。”于是夜击坑秦军二十余万人。

至函谷关，有兵守，不得入。闻沛公已屠咸阳，羽大怒，使当阳君击关。羽遂入，至戏西鸿门，闻沛公欲王关中，独有秦府库珍宝。亚父范增亦大怒，劝羽击沛公。飨士，旦日合战，羽季父项伯素善张良。良时从沛公，项伯夜以语良。良与俱见沛公，因伯自解于羽。明日，沛公从百余骑至鸿门谢羽，自陈“封秦府库，还军霸上以待大王，闭关以备他盗，不敢背德”。羽意既解，范增欲害沛公，赖张良、樊哙得免。语在《高纪》。

后数日，羽乃屠咸阳，杀秦降王子婴，烧其宫室，火三月不灭；收其宝货，略妇女而东。秦民失望。于是韩生说羽曰：“关中阻山带河，四塞之地，肥饶，可都以伯。”羽见秦宫室皆已烧残，又怀思东归，曰："富贵不归故乡，如衣锦夜行。"韩生曰："人谓楚人沐猴而冠，果然。"羽闻之，斩韩生。

初，怀王与诸将约，先入关者王其地。羽既背约，使人致命于怀王。怀王曰："如约。"羽乃曰："怀王者，吾家武信君所立耳，非有功伐，何以得颛主约？天下初发难，假立诸侯后以伐秦。然身披坚执锐首事，暴露于野三年，灭秦定天下者，皆将相诸君与籍力也。怀王亡功，固当分其地王之。"诸将皆曰："善。"羽乃阳尊怀王为义帝，曰："古之王者，地方千里，必居上游。"徙之长沙，都郴。乃分天下以王诸侯。

羽与范增疑沛公，业已讲解，又恶背约，恐诸侯叛之，阴谋曰："巴、蜀道险，秦之迁民皆居之。"乃曰："巴、蜀亦关中地。"故立沛公为汉王，王巴、蜀、汉中。而参分关中，王秦降将以距塞汉道。乃立章邯为雍王，王咸阳以西。长史司马欣，故栎阳狱吏，尝有德于梁；都尉董翳，本劝章邯降。故立欣为塞王，王咸阳以东至河；立翳为翟王，王上郡。徙魏王豹为西魏王，王河东。瑕丘公申阳者，张耳嬖臣也，先下河南，迎楚河上。立阳为河南王。赵将司马印定河内，数有功。立印为殷王，王河内。徙赵王歇王代。赵相张耳素贤，又从入关，立为常山王，王赵地。当阳君英布为楚将，常冠军。立布为九江王。番君吴芮帅百粤佐诸侯从入关。立芮为衡山王。义帝柱国共敖将兵击南郡，功多，因立为临江王。徙燕王韩广为辽东王。燕将臧荼从楚救赵，因从入关。立荼为燕王。徙齐王田市为胶东王。齐将田都从共救赵，入关。立都为齐王。故秦所灭齐王建孙田安，羽方渡河救赵，安下济北数城，引兵降羽。立安为济北王。田荣者，背梁不肯助楚击秦，以故不得封。陈馀弃将印去，不从入关，然素闻其贤，有功于赵，闻其在南皮，故因环封之三县。番君将梅销功多，故封十万户侯。羽自立为西楚伯王，王梁、楚地九郡，都彭城。诸侯各就国。

田荣闻羽徙齐王市胶东，而立田都为齐王，大怒，不肯遣市之胶东，因以齐反，迎击都。都走楚。市畏羽，乃亡之胶东就国。荣怒，追杀之即墨，自立为齐王。予彭越将军印，令反梁地。越乃击杀济北王田安。田荣遂并王三齐之地。时汉王还定三秦。羽闻汉并关中，且东，齐、梁畔之，大怒，乃以故吴令郑昌为韩王以距汉，令萧公角等击彭越。越败萧公角等。时，张良徇韩，遗项王书曰："汉王失职，欲得关中，如约即止，不敢东。"又以齐、梁反书遗羽，羽以此故无西意，而北击齐。征兵九江王布，布称疾不行，使将将数千人往。

二年，羽阴使九江王布杀义帝。陈馀使张同、夏说说齐王荣，曰："项王为天下宰不平，今尽王故王于丑地，而王群臣诸将善地，逐其故主赵王，乃北居代，馀以为不可。闻大王起兵，且不听不义，愿大王资馀兵，使击常山，以复赵王，请以国为扞蔽。"齐王许之，因遣兵往。陈馀悉三县兵，与齐并力击常山，大破之。张耳走归汉。陈馀迎故赵王歇反之赵。赵王因立馀为代王。羽至城阳，田荣亦将兵会战。荣不胜，走至平原，平原民杀之。羽遂北烧夷齐城郭室屋，皆坑降卒，系虏老弱妇女。徇齐至北海，所过残灭。齐人相聚而畔之。于是田荣弟横收得亡卒数万人，反城阳。羽因留，连战未能下。

汉王劫五诸侯兵，凡五十六万人，东伐楚。羽闻之，即令诸将击齐，而自以精兵三万人南从鲁出胡陵。汉王皆已破彭城，收其货赂美人，日置酒高会。羽乃从萧晨击汉军而东，至彭城，日中，大破汉军。汉军皆走，迫之穀、泗水。汉军皆南走山，楚又追击至灵辟东睢水上。汉军却，为楚所挤，多杀。汉卒十余万皆入睢水，睢水为不流。汉王乃与数十骑遁去。语在《高纪》。太公、吕后间求汉王，反遇楚军。楚军与归，羽常置军中。汉王稍收散卒，萧何亦发关中卒悉诣荥阳，战京、索间，败楚。楚以故不能过荥阳而西。汉军荥阳，筑甬道，取敖仓食。

三年，羽数击绝汉甬道，汉王食乏，请和，割荥阳以西为汉。羽欲听之。历阳侯范增曰："汉易与耳，今不取，后必悔之。"羽乃急围荥阳。汉王患之，乃与陈平金四万斤以间楚君臣。语在《陈平传》。项羽以故疑范增，稍夺之权。范增怒曰："天下事大定矣，君王自为之！愿赐骸骨归。"行未至彭城，疽发背死。于是汉将纪信诈为汉王出降，以诳楚军，故汉王得与数十骑从西门出。令周苛、枞公、魏豹守荥阳。汉王西入关收兵，还出宛、叶间，与九江王黥布行收兵。羽闻之，即引兵南。汉王坚壁不与战。

是时，彭越渡睢，与项声、薛公战下邳，杀薛公。羽乃东击彭越。汉王亦引兵北军成皋。羽已破走彭越，引兵西下荥阳城，亨周苛，杀枞公，虏韩王信，进围成皋。汉王跳，独与滕公得出。北渡河，至修武，从张耳、韩信。楚遂拔成皋。汉王得韩信军，留止，使卢绾、刘贾渡白马津入楚地，佐彭越共击破楚军燕郭西，烧其积聚，攻下梁地十余城。羽闻之，谓海春侯大司马曹咎曰："谨守成皋。即汉欲挑战，慎毋与战，勿令得东而已。我十五日必定梁地，复从将军。"于是引兵东。

四年，羽击陈留、外黄，外黄不下。数日降，羽悉令男子年十五以上诣城东，欲坑之。外黄令舍人儿年十三，往说羽曰："彭越强劫外黄，外黄恐，故且降，待大王。大王至，又皆坑之，百姓岂有所归心哉！从此以东，梁地十余城皆恐，莫肯下矣。"羽然其言，乃赦外黄当坑者。而东至睢阳，闻之皆争下。

汉果数挑楚军战，楚军不出。使人辱之，五六日，大司马怒，渡兵汜水。卒半渡，汉击，大破之，尽得楚国金玉货赂。大司马咎、长史欣皆自刭汜水上。咎故蕲狱掾，欣故塞王，羽信任之。羽至睢阳，闻咎等破，则引兵还。汉军方围钟离眛于荥阳东，羽军至，汉军畏楚，尽走险阻。羽亦军广武相守，乃为高俎，置太公其上，告汉王曰："今不急下，吾亨太公。"汉王曰："吾与若俱北面受命怀王，约为兄弟，吾翁即汝翁。必欲亨乃翁，幸分我一杯羹。"羽怒，欲杀之。项伯曰："天下事未可知。且为天下者不顾家，虽杀之无益，但益怨耳。"羽从之。乃使人谓汉王曰："天下匈匈，徒以吾两人，愿与王挑战，决雌雄，毋徒罢天下父子为也。"汉王笑谢曰："吾宁斗智，不能斗力。"羽令壮士出挑战。汉有善骑射曰楼烦，楚挑战，三合，楼烦辄射杀之。羽大怒，自被甲持戟挑战。楼烦欲射，羽瞋目叱之。楼烦目不能视，手不能发，走还入壁，不敢复出。汉王使间问之，乃羽也，汉王大惊。于是羽与汉王相与临广武间而语。汉王数羽十罪。语在《高纪》。羽怒，伏弩射伤汉王。汉王入成皋。

时，彭越数反梁地，绝楚粮食，又韩信破齐，且欲击楚。羽使从兄子项它为大将，龙且为裨将，救齐。韩信破杀龙且，追至成阳，虏齐王广。信遂自立为齐王。羽闻之，恐，使武涉往说信。

语在《信传》。

时，汉关中兵益出，食多，羽兵食少。汉王使侯公说羽，羽乃与汉王约，中分天下，割鸿沟而西者为汉，东者为楚，归汉王父母妻子。已约，羽解而东。

五年，汉王进兵追羽，至固陵，复为羽所败。汉王用张良计，致齐王信、建成侯、彭越兵，及刘贾入楚地，围寿春。大司马周殷叛楚，举九江兵随刘贾，迎黥布，与齐、梁诸侯皆大会。

羽壁垓下，军少食尽。汉帅诸侯兵围之数重。羽夜闻汉军四面皆楚歌，乃惊曰："汉皆已得楚乎？是何楚人多也！"起饮帐中。有美人姓虞氏，常幸从；骏马名骓，常骑。乃悲歌慷慨，自为歌诗曰："力拔山兮气盖世，时不利兮骓不逝。骓不逝兮可奈何！虞兮虞兮奈若何！"歌数曲，美人和之。羽泣下数行，左右皆泣，莫能仰视。

于是羽遂上马，戏下骑从者八百余人，夜直溃围南出驰。平明，汉军乃觉之，令骑将灌婴以五千骑追羽。羽渡淮，骑能属者百余人。羽至阴陵，迷失道，问一田父，田父绐曰"左"。左，乃陷大泽中，以故汉追及之。羽复引而东，至东城，乃有二十八骑。追者数千，羽自度不得脱，谓其骑曰："吾起兵至今八岁矣，身七十余战，所当者破，所击者服，未尝败北，遂伯有天下。然今卒困于此，此天亡我，非战之罪也。今日固决死，愿为诸军快战，必三胜，斩将，艾旗，乃后死，使诸君知吾非用兵罪，天亡我也。"于是引其骑因四隤山而为圜陈外向，汉骑围之数重。羽谓其骑曰："吾为公取彼一将。"令四面骑驰下，期山东为三处。于是羽大呼驰下，汉军皆披靡。遂杀汉一将。是时，杨喜为郎骑，追羽，羽还叱之，喜人马俱惊，辟易数里。与其骑会三处。汉军不知羽所居，分军为三，复围之。羽乃驰，复斩汉一都尉，杀数十百人。复聚其骑，亡两骑。乃谓骑曰："何如？"骑皆服曰："如大王言。"

于是羽遂引东，欲渡乌江。乌江亭长舣船待，谓羽曰："江东虽小，地方千里，众数十万，亦足王也。愿大王急渡。今独臣有船，汉军至，亡以渡。"羽笑曰："乃天亡我，何渡为！且籍与江东子弟八千人渡而西，今亡一人还，纵江东父兄怜而王我，我何面目见之哉？纵彼不言，籍独不愧于心乎！"谓亭长曰："吾知公长者也，吾骑此马五岁，所当无敌，尝一日千里，吾不忍杀，以赐公。"乃令骑皆去马，步持短兵接战。羽独所杀汉军数百人。羽亦被十余创。顾见汉骑司马吕马童曰："若非吾故人乎？"马童面之，指王翳曰："此项王也。"羽乃曰："吾闻汉购我头千金，邑万户，吾为公得。"乃自刭。王翳取其头，乱相蹂蹈争羽相杀者数十人。最后杨喜、吕马童、郎中吕胜、杨武各得其一体。故分其地以封五人，皆为列侯。

汉王乃以鲁公号葬羽于穀城。诸项支属皆不诛。封项伯等四人为列侯，赐姓刘氏。

赞曰：昔贾生之《过秦》曰：

秦孝公据殽、函之固，拥雍州之地，君臣固守而窥周室，有席卷天下，包举宇内，囊括四海，并吞八荒之心。当是时也，商君佐之，内立法度，务耕织，修守战之备，外连衡而斗诸侯。于是秦人拱手而取西河之外。

孝公既没，惠文、武、昭襄蒙故业，因遗策，南取汉中，西举巴、蜀，东割膏腴之地，收要害之郡。诸侯恐惧，会盟而谋弱秦，不爱珍器重宝肥饶之地，以致天下之士。合从缔交，相与为一。当此之时，齐有孟尝，赵有平原，楚有春申，魏有信陵。此四贤者，皆明智而忠信，宽厚而爱人，尊贤重士，约从离横，兼韩、魏、燕、赵、宋、卫、中山之众。于是六国之士有甯越、徐尚、苏秦、杜赫之属为之谋，齐明、周最、陈轸、召滑、楼缓、翟景、苏厉、乐毅之徒通其意，吴起、孙膑、带他、兒良、王廖、田忌、廉颇、赵奢之朋制其兵。常以十倍之地，百万之军，仰关而攻秦。秦人开关延敌，九国之师遁巡而不敢进。秦无亡矢遗镞之费，而天下已困矣。于是从散约败，争割地而赂秦。秦有余力而制其弊，追亡逐北，伏尸百万，流血漂卤，因利乘便，宰割天下，分裂山河；强国请服，弱国入朝。

施及孝文、庄襄王，享国之日浅，国家亡事。

及至始皇，奋六世之余烈，振长策而驭宇内，吞二周而亡诸侯，履至尊而制六合，执敲扑以鞭笞天下，威震四海。南取百粤之地，以为桂林、象郡。百粤之君俯首系颈，委命下吏。乃使蒙恬北筑长城而守藩篱，却匈奴七百余里，胡人不敢南下而牧马，士不敢弯弓而报怨。于是废先王之道，焚百家之言，以愚黔首。堕名城，杀豪俊，收天下之兵聚之咸阳，销锋锟铸以为金人十二，以弱天下之民。然后践华为城，因河为池，据亿丈之城，临不测之川，以为固。良将劲弩，守要害之处，信臣精卒，陈利兵而谁何。天下已定，始皇之心，自以为关中之固，金城千里，子孙帝王万世之业也。

始皇既没，余威震于殊俗，然而陈涉，瓮牖绳枢之子，甿隶之人，迁徙之徒也，材能不及中庸，非有仲尼、墨翟之知，陶朱、猗顿之富。蹑足行伍之间，而免起阡陌之中，帅罢散之卒，将数百之众，转而攻秦。斩木为兵，揭竿为旗，天下云合响应，赢粮而景从，山东豪俊遂并起而亡秦族矣。

且天下非小弱也；雍州之地，殽、函之固，自若也。陈涉之位，不齿于齐、楚、燕、赵、韩、魏、宋、卫、中山之君；鉏耰棘矜，不敌于钩戟长铩；適戍之众，不亢于九国之师；深谋远虑，行军用兵之道，非及曩时之士也。然而成败异变，功业相反，何也？试使山东之国与陈涉度长絜大，比权量力，不可同年而语矣。然秦以区区之地，致万乘之权，招八州而朝同列，百有余年，然后以六合为家，殽、函为宫。一夫作难而七庙堕，身死人手，为天下笑者，何也？仁谊不施，而攻守之势异也。

周生亦有言，“舜盖重童子”，项羽又重童子，岂其苗裔邪？何其兴之暴也！夫秦失其政，陈涉首难，豪桀蜂起，相与并争，不可胜数。然羽非有尺寸，乘势拔起陇亩之中，三年，遂将五诸侯兵灭秦，分裂天下而威海内，封立王侯，政繇羽出，号为“伯王”，位虽不终，近古以来未尝有也。及羽背关怀楚，放逐义帝，而怨王侯畔己，难矣。自矜功伐，奋其私智而不师古，始霸王之国，欲以力征经营天下，五年卒亡其国，身死东城，尚不觉寤，不自责过失，乃引“天亡我，非用兵之罪”，岂不谬哉！

汉书卷三十二

张耳陈馀传第二

张耳，大梁人也，少时及魏公子毋忌为客。尝亡命游外黄，外黄富人女甚美，庸奴其夫，亡邸父客。父客谓曰：“必欲求贤夫，从张耳。”女听，为请决，嫁之。女家厚奉给耳，耳以故致千里客，宦为外黄令。

陈馀，亦大梁人，好儒术。游赵苦陉，富人公乘氏以其女妻之。馀年少，父事耳，相与为刎颈交。

高祖为布衣时，尝从耳游。秦灭魏，购求耳千金，馀五百金。两人变名姓，俱之陈，为里监门。吏尝以过笞馀，馀欲起，耳摄使受笞。吏去，耳数之曰：“始吾与公言何如？今见小辱而欲死一吏乎？”馀谢罪。

陈涉起蕲至陈，耳、馀上谒涉。涉及左右生平数闻耳、馀贤，见，大喜。陈豪桀说涉曰：“将军被坚执锐，帅士卒以诛暴秦，复立楚社稷，功德宜为王。”陈涉问两人，两人对曰：“将军瞋目张胆，出万死不顾之计，为天下除残。今始至陈而王之，视天下私。愿将军毋王，急引兵而西，遣人立六国后，自为树党。如此，野无交兵，诛暴秦，据咸阳以令诸侯，则帝业成矣。今独王陈，恐天下解也。”涉不听，遂立为王。

耳、馀复说陈王曰：“大王兴梁、楚，务在入关，未及收河北也。臣尝游赵，知其豪桀，愿请奇兵略赵地。”于是陈王许之，以所善陈人武臣为将军，耳、馀为左右校尉，与卒三千人，从白马渡河。至诸县，说其豪桀曰：“秦为乱政虐刑，残灭天下，北为长城之役，南有五领之戍，外内骚动，百姓罢敝，头会箕敛，以供军费，财匮力尽，重以苛法，使天下父子不相聊。今陈王奋臂为天下倡始，莫不向应，家自为怒，各报其怨，县杀其令丞，郡杀其守尉。今以张大楚，王陈，使吴广、周文将卒百万西击秦。于此时而不成封侯之业者，非人豪也。夫因天下之力而攻无道之君，报父兄之怨而成割地之业，此一时也。”豪桀皆然其言。乃行收兵，得数万人，号武信君。下赵十余城，余皆城守莫肯下。乃引兵东北击范阳。范阳人蒯通说其令徐公降武信君，又说武信君以侯印封范阳令。语在《通传》。赵地闻之，不战下者三十余城。

至邯郸，耳、馀闻周章军入关，至戏却；又闻诸将为陈王徇地，多以谗毁得罪诛。怨陈王不以为将军而以为校尉，乃说武臣曰：“陈王非必立六国后。今将军下赵数十城，独介居河北，不王无以填之。且陈王听谗，还报，恐不得脱于祸。愿将军毋失时。”武臣乃听，遂立为赵王。以馀为大将军，耳为丞相。使人报陈王，陈王大怒，欲尽族武臣等家，而发兵击赵。相国房君谏曰：“秦未亡，今又诛武臣等家，此生一秦也。不如因而贺之，使急引兵西击秦。”陈王从其计，徙系武臣等家宫中，封耳子敖为成都君。使使者贺赵，趣兵西入关。耳、馀说武臣曰：“王王赵，非楚意，特以计贺王。楚已灭秦，必加兵于赵。愿王毋西兵，北徇燕、代，南收河内以自广。赵南据大河，北有燕、代，楚虽胜秦，必不敢制赵。”赵王以为然，因不西兵，而使韩广略燕，李良略常山，张黡略上党。

韩广至燕，燕人因立广为燕王。赵王乃与耳、馀北略地燕界。赵王间出，为燕军所得。燕囚之，欲与分地。使者往，燕辄杀之，以固求地。耳、馀患之。有厮养卒谢其舍曰：“吾为二公说燕，与赵王载归。”舍中人皆笑曰：“使者往十辈皆死，若何以能得王？”乃走燕壁。燕将见之，问曰：“知臣何欲？”燕将曰：“若欲得王耳。”曰：“君知张耳、陈馀何如人也？”燕将曰：“贤人也。”曰：“其志何欲？”燕将曰：“欲得其王耳。”赵卒笑曰：“君未知两人所欲也。夫武臣、张耳、陈馀，杖马箠下赵数十城，亦各欲南面而王。夫臣之与主，岂可同日道哉！顾其势初定，且以长少先立武臣，以持赵心。今赵地已服，两人亦欲分赵而王，时未可耳。今君囚赵王，念此两人名为求王，实欲燕杀之，此两人分赵而王。夫以一赵尚易燕，况以两贤王左提右挈，而责杀王，灭燕易矣。”燕以为然，乃归赵王。养卒为御而归。

李良已定常山，还报赵王，赵王复使良略太原。至石邑，秦兵塞井陉，未能前。秦将诈称二世使使遗良书，不封，曰：“良尝事我，得显幸，诚能反赵为秦，赦良罪，贵良。”良得书，疑不信。之邯郸益请兵。未至，道逢赵王姊，从百余骑。良望见，以为王，伏谒道旁。王姊醉，不知其将，使骑谢良。良素贵，起，惭其从官。从官有一人曰：“天下叛秦，能者先立。且赵王素出将军下，今女儿乃不为将军下车，请追杀之。”良以得秦书，欲反赵，未决，因此怒，遣人追杀王姊，遂袭邯郸。邯郸不知，竟杀武臣。赵人多为耳、馀耳目者，故得脱出，收兵得数万人。客有说耳、馀曰："两君羁旅，而欲附赵，难可独立；立赵后，辅以谊，可就功。"乃求得赵歇，立为赵王，居信都。

李良进兵击馀，馀败良。良走归章邯。章邯引兵至邯郸，皆徙其民河内，夷其城郭。耳与赵王歇走入钜鹿城，王离围之。馀北收常山兵，得数万人，军钜鹿北。章邯军钜鹿南棘原，筑甬道属河，饷王离。王离兵食多，急攻钜鹿。钜鹿城中食尽，耳数使人召馀，馀自度兵少，不能敌秦，不敢前。数月，耳大怒，怨馀，使张黡、陈释往让馀曰："始吾与公为刎颈交，今王与耳旦暮死，而公拥兵数万，不肯相救，胡不赴秦俱死？且什有一二相全。"馀曰："所以不俱死，欲为赵王、张君报秦。今俱死，如以肉喂虎，何益？"张黡、陈释曰："事已急，要以俱死立信，安知后虑！"馀曰："吾顾以无益。"乃使五千人令张黡、陈释先尝秦军，至皆没。

当是时，燕、齐、楚闻赵急，皆来救。张敖亦北收代，得万余人来，皆壁馀旁。项羽兵数绝章邯甬道，王离军乏食。项羽悉引兵渡河，破章邯军。诸侯军乃敢击秦军，遂虏王离。于是赵王歇、张耳得出钜鹿，与馀相见，责让馀，问："张黡、陈释所在？"馀曰："黡、释以必死责臣，臣使将五千人先尝秦军，皆没。"耳不信，以为杀之，数问馀。馀怒曰："不意君之望臣深也！岂以臣重去将哉？"乃脱解印绶与耳，耳不敢受。馀起如厕，客有说耳曰："天予不取，反受其咎。今陈将军与君印绶，不受，反天不祥。急取之！"耳乃佩其印，收其麾下。馀还，亦望耳不让，趋出。耳遂收其兵。馀独与麾下数百人之河上泽中渔猎。由此有隙。

赵王歇复居信都。耳从项羽入关。项羽立诸侯，耳雅游，多为人所称。项羽素亦闻耳贤，乃分赵立耳为常山王，治信都。信都更名襄国。

馀客多说项羽："陈馀、张耳一体有功于赵。"羽以馀不从入关，闻其在南皮，即以南皮旁三县封之。而徙赵王歇王代。耳之国，馀愈怒曰："耳与馀功等也，今耳王，馀独侯！"及齐王田荣叛楚，馀乃使夏说说田荣曰："项羽为天下宰不平，尽王诸将善地，徙故王王恶地，今赵王乃居代！愿王假臣兵，请以南皮为扞蔽。"田荣欲树党，乃遣兵从馀。馀悉三县兵，袭常山王耳。耳败走，曰："汉王与我有故，而项王强，立我，我欲之楚。"甘公曰："汉王之入关，五星聚东井。东井者，秦分也。先至必王。楚虽强，后必属汉。"耳走汉，汉亦还定三秦，方围章邯废丘。耳谒汉王，汉王厚遇之。

馀已败耳，皆收赵地，迎赵王于代，复为赵王。赵王德馀，立以为代王。馀为赵王弱，国初定，留傅赵王，而使夏说以相国守代。

汉二年，东击楚，使告赵，欲与俱。馀曰："汉杀张耳乃从。"于是汉求人类耳者，斩其头遗馀，馀乃遣兵助汉。汉败于彭城西，馀亦闻耳诈死，即背汉。汉遣耳与韩信击破赵井陉，斩馀泜水上，追杀赵王歇襄国。

四年夏，立耳为赵王。五年秋，耳薨，谥曰景王。子敖嗣立为王，尚高祖长女鲁元公主，为王后。

七年，高祖从平城过赵，赵王旦暮自上食，体甚卑，有子婿礼，高祖箕踞骂詈，甚慢之。赵相贯高、赵午年六十余，故耳客也，怒曰："吾王孱王也！"说敖曰："天下豪桀并起，能者先立，今王事皇帝甚恭，皇帝遇王无礼，请为王杀之。"敖啮其指出血，曰："君何言之误！且先王亡国，赖皇帝得复国，德流子孙，秋毫皆帝力也。愿君无复出口。"贯高等十余人相谓曰："吾等非也。吾王长者，不背德。且吾等义不辱，今帝辱我王，故欲杀之，何乃污王为？事成归王，事败独身坐耳。"

八年，上从东垣过。贯高等乃壁人柏人，要之置厕。上过欲宿，心动，问曰："县名为何？"曰："柏人。""柏人者，迫于人！"不宿，去。

九年，贯高怨家知其谋，告之。于是上逮捕赵王诸反者。赵午等十余人皆争自刭，贯高独怒骂曰："谁令公等为之！今王实无谋，而并捕王；公等死，谁当白王不反者？"乃槛车与王诣长安。高对狱曰："独吾属为之，王不知也。"吏榜笞数千，刺爇，身无完者，终不复言。吕后数言张王以鲁元故，不宜有此。上怒曰："使张敖据天下，岂少乃女乎！"廷尉以贯高辞闻，上曰："壮士！谁知者，以私问之。"中大夫泄公曰："臣素知之，此固赵国立名义不侵为然诺者也。"上使泄公持节问之箯舆前。卬视泄公，劳苦如平生欢。与语，问："张王果有谋不？"高曰："人情岂不各爱其父母妻子哉？今吾三族皆以论死，岂以王易吾亲哉！顾为王实不反，独吾等为之。"具道本根所以、王不知状。于是泄公具以报上，上乃赦赵王。

上贤高能自立然诺，使泄公赦之，告曰："张王已出，上多足下，故赦足下。”高曰：“所以不死，白张王不反耳。今王已出，吾责塞矣。且人臣有篡弑之名，岂有面目复事上哉！”乃仰绝亢而死。

敖已出，尚鲁元公主如故，封为宣平侯。于是上贤张王诸客，皆以为诸侯相、郡守。语在《田叔传》。及孝惠、高后、文、景时，张王客子孙皆为二千石。

初，孝惠时，齐悼惠王献城阳郡，尊鲁元公主为太后。高后元年，鲁元太后薨。后六年，宣平侯敖薨。吕太后立敖子偃为鲁王，以母为太后故也。又怜其年少孤弱，乃封敖前妇子二人：寿为乐昌侯，侈为信都侯。

高后崩，大臣诛诸吕，废鲁王及二侯。孝文即位，复封故鲁王偃为南宫侯。薨，子生嗣。武帝时，生有罪免，国除。元光中，复封偃孙广国为睢陵侯。薨，子昌嗣。太初中，昌坐不敬免，国除。孝平元始二年，继绝世，封敖玄孙庆忌为宣平侯，食千户。

赞曰：张耳、陈馀，世所称贤，其宾客厮役皆天下俊桀，所居国无不取卿相者。然耳、馀始居约时，相然信死，岂顾问哉！及据国争权，卒相灭亡，何乡者慕用之诚，后相背之盭也！势利之交，古人羞之，盖谓是矣。

汉书卷三十三

魏豹田儋韩王信传第三

魏豹，故魏诸公子也。其兄魏咎，故魏时封为宁陵君，秦灭魏，为庶人。陈胜之王也，咎往从之。胜使魏人周市徇魏地，魏地已下，欲立周市为魏王。市曰：“天下昏乱，忠臣乃见。今天下共畔秦，其谊必立魏王后乃可。”齐、赵使车各五十乘，立市为王。市不受，迎魏咎于陈，五反，陈王乃遣立咎为魏王。

章邯已破陈王，进兵击魏王于临济。魏王使周市请救齐、楚。齐、楚遣项它、田巴将兵，随市救魏。章邯遂击破杀周市等军，围临济。咎为其民约降。约降定，咎自杀。魏豹亡走楚。楚怀王予豹数千人，复徇魏地。项羽已破秦兵，降章邯，豹下魏二十余城，立为魏王。豹引精兵从项羽入关。羽封诸侯，欲有梁地，乃徙豹于河东，都平阳，为西魏王。

汉王还定三秦，渡临晋，豹以国属焉，遂从击楚于彭城。汉王败，还至荥阳，豹请视亲病，至国，则绝河津畔汉。汉王谓郦生曰：“缓颊往说之。”郦生往，豹谢曰：“人生一世间，如白驹过隙。今汉王嫚侮人，骂詈诸侯群臣如奴耳，非有上下礼节，吾不忍复见也。”汉王遣韩信击豹，遂虏之，传豹诣荥阳，以其地为河东、太原、上党郡。汉王令豹守荥阳。楚围之急，周苛曰：“反国之王，难与共守。”遂杀豹。

田儋，狄人也，故齐王田氏之族也。儋从弟荣，荣弟横，皆豪桀，宗强，能得人。陈涉使周市略地，北至狄，狄城守。儋阳为缚其奴，从少年之廷，欲谒杀奴。见狄令，因击杀令，而召豪吏子弟曰：“诸侯皆反秦自立，齐，古之建国，儋，田氏，当王。”遂自立为齐王，发兵击周市。市军还去，儋因率兵东略定齐地。

秦将章邯围魏王咎于临济，急。魏王请救于齐，儋将兵救魏。章邯夜衔枚击，大破齐、楚军，杀儋于临济下。儋从弟荣收儋余兵东走东阿。齐人闻儋死，乃立故齐王建之弟田假为王，田角为相，田间为将，以距诸侯。

荣之走东阿，章邯追围之。项梁闻荣急，乃引兵击破章邯东阿下。章邯走而西，项梁因追之。而荣怒齐之立假，乃引兵归，击逐假。假亡走楚。相角亡走赵。角弟间前救赵，因不敢归。荣乃立儋子市为王，荣相之，横为将，平齐地。

项梁既追章邯，章邯兵益盛，项梁使使趣齐兵共击章邯。荣曰：“楚杀田假，赵杀角、间，乃出兵。”楚怀王曰：“田假与国之王，穷而归我，杀之不谊。”赵亦不杀田角、田间以市于齐。齐王曰：“蝮蘁手则斩手，蘁足则斩足。何者？为害于身也。田假、田角、田间于楚、赵，非手足戚，何故不杀？且秦复得志于天下，则齮龁首用事者坟墓矣。”楚、赵不听齐，齐亦怒，终不肯出兵。章邯果败杀项梁，破楚兵。楚兵东走，而章邯渡河围赵于钜鹿。

项羽由此怨荣。

羽既存赵，降章邯，西灭秦，立诸侯王，乃徙齐王市更王胶东，治即墨。齐将田都从共救赵，因入关，故立都为齐王，治临菑。故齐王建孙田安，项羽方渡河救赵，安下济北数城，引兵降项羽，羽立安为济北王，治博阳。

荣以负项梁，不肯助楚攻秦，故不得王。赵将陈馀亦失职，不得王。二人俱怨项羽。荣使人将兵助陈馀，令反赵地，而荣亦发兵以距击田都，都亡走楚。荣留齐王市毋之胶东。市左右曰："项王强暴，王不就国，必危。"市惧，乃亡就国。荣怒，追击杀市于即墨，还攻杀济北王安，自立为王，尽并三齐之地。

项王闻之，大怒，乃北伐齐。荣发兵距之城阳。荣兵败，走平原，平原民杀荣。项羽遂烧夷齐城郭，所过尽屠破。齐人相聚畔之。荣弟横收齐散兵，得数万人，反击项羽于城阳。而汉王帅诸侯败楚，入彭城。项羽闻之，乃释齐而归击汉于彭城，因连与汉战，相距荥阳。以故横复收齐城邑，立荣子广为王，而横相之，政事无钜细皆断于横。

定齐三年，闻汉将韩信引兵且东击齐，齐使华毋伤、田解军历下以距汉。会汉使郦食其往说王广及相横，与连和。横然之，乃罢历下守备，纵酒，且遣使与汉平。韩信乃渡平原，袭破齐历下军，因入临菑。王广、相横以郦生为卖己而亨之。广东走高密，横走博，守相田光走城阳，将军田既军于胶东。楚使龙且救齐，齐王与合军高密。汉将韩信、曹参破杀龙且，虏齐王广。汉将灌婴追得守相光，至博。而横闻王死，自立为王，还击婴，婴败横军于嬴下。横亡走梁，归彭越。越时居梁地，中立，且为汉，且为楚。韩信已杀龙且，因进兵破杀田既于胶东，灌婴破杀齐将田吸于千乘，遂平齐地。

汉灭项籍，汉王立为皇帝，彭越为梁王。横惧诛，而与其徒属五百余人入海，居隝中。高帝闻之，以横兄弟本定齐，齐人贤者多附焉，今在海中不收，后恐有乱，乃使使赦横罪而召之。横谢曰："臣亨陛下之使郦食其，今闻其弟商为汉将而贤，臣恐惧，不敢奉诏，请为庶人，守海隝中。"使还报，高帝乃诏卫尉郦商曰："齐王横即至，人马从者敢动摇者致族夷！"乃复使使持节具告以诏意，曰："横来，大者王，小者乃侯耳；不来，且发兵加诛。"横乃与其客二人乘传诣雒阳。

至尸乡厩置，横谢使者曰："人臣见天子，当洗沐。"止留。谓其客曰："横始与汉王俱南面称孤，今汉王为天子，而横乃为亡虏，北面事之，其愧固已甚矣。又吾亨人之兄，与其弟并肩而事主，纵彼畏天子之诏，不敢动摇，我独不愧于心乎？且陛下所以欲见我，不过欲壹见我面貌耳。陛下在雒阳，今斩吾头，驰三十里间，形容尚未能败，犹可知也。"遂自刭，令客奉其头，从使者驰奏之高帝。高帝曰："嗟乎，有以！起布衣，兄弟三人更王，岂非贤哉！"为之流涕，而拜其二客为都尉，发卒二千，以王者礼葬横。

既葬，二客穿其冢旁，皆自刭从之。高帝闻而大惊，以横之客皆贤者，"吾闻其余尚五百人在海中"，使使召至，闻横死，亦皆自杀。于是乃知田横兄弟能得士也。

韩王信，故韩襄王孽孙也，长八尺五寸。项梁立楚怀王，燕、齐、赵、魏皆已前王，唯韩无有后，故立韩公子横阳君成为韩王，欲以抚定韩地。项梁死定陶，成奔怀王。沛公引兵击阳城，使张良以韩司徒徇韩地，得信，以为韩将，将其兵从入武关。

沛公为汉王，信从入汉中，乃说汉王曰："项王王诸将，王独居此，迁也。士卒皆山东人，竦而望归，及其蜂东乡，可以争天下。"汉王还定三秦，乃许王信，先拜为韩太尉，将兵略韩地。

项籍之封诸王皆就国，韩王成以不从无功，不遣之国，更封为穰侯，后又杀之。闻汉遣信略韩地，乃令故籍游吴时令郑昌为韩王距汉。汉二年，信略定韩地十余城。汉王至河南，信急击韩王昌，昌降汉。汉乃立信为韩王，常将韩兵从。汉王使信与周苛等守荥阳，楚拔之，信降楚。已得亡归汉，汉复以为韩王，竟从击破项籍。五年春，与信剖符，王颍川。

六年春，上以为信壮武，北近巩、雒，南迫宛、叶，东有淮阳，皆天下劲兵处也，乃更以太原郡为韩国，徙信以备胡，都晋阳。信上书曰："国被边，匈奴数入，晋阳去塞远，请治马邑。"上许之。秋，匈奴冒顿大入围信，信数使使胡求和解。汉发兵救之，疑信数间使，有二心。上赐信书责让之曰："专死不勇，专生不任，寇攻马邑，君王力不足以坚守乎？安危存亡之地，此二者朕所以责于君王。"信得书，恐诛，因与匈奴约共攻汉，以马邑降胡，击太原。

七年冬，上自往击破信军铜鞮，斩其将王喜。信亡走匈奴。其将白土人曼丘臣、王黄立赵苗裔赵利为王，复收信散兵，而与信及冒顿谋攻汉。匈奴使左右贤王将万余骑与王黄等屯广武以南，至晋阳，与汉兵战，汉兵大破之，追至于离石，复破之。匈奴复聚兵楼烦西北。汉令车骑击匈奴，常败走，汉乘胜追北。闻冒顿居代谷，上居晋阳，使人视冒顿，还报曰“可击”。上遂至平城，上白登。匈奴骑围上，上乃使人厚遗阏氏。阏氏说冒顿曰：“今得汉地，犹不能居，且两主不相戹。”居七日，胡骑稍稍引去。天雾，汉使人往来，胡不觉。护军中尉陈平言上曰：“胡者全兵，请令强弩傅两矢外乡，徐行出围。”入平城，汉救兵亦至。胡骑遂解去，汉亦罢兵归。信为匈奴将兵往来击边，令王黄等说误陈豨。

十一年春，信复与胡骑入居参合。汉使柴将军击之，遗信书曰：“陛下宽仁，诸侯虽有叛亡，而后归，辄复故位号，不诛也。大王所知。今王以败亡走胡，非有大罪，急自归。”信报曰：“陛下擢仆闾巷，南面称孤，此仆之幸也。荥阳之事，仆不能死，囚于项籍，此一罪也。寇攻马邑，仆不能坚守，以城降之，此二罪也。今为反寇，将兵与将军争一旦之命，此三罪也。夫种、蠡无一罪，身死亡；仆有三罪，而欲求活，此伍子胥所以偾于吴世也。今仆亡匿山谷间，旦暮乞贰蛮夷，仆之思归，如痿人不忘起，盲者不忘视，势不可耳。”遂战。柴将军屠参合，斩信。

信之入匈奴，与太子俱，及至颓当城，生子，因名曰颓当。韩太子亦生子婴。至孝文时，颓当及婴率其众降。汉封颓当为弓高侯，婴为襄城侯。吴、楚反时，弓高侯功冠诸将。传子至孙，孙无子，国绝。婴孙以不敬失侯。颓当孽孙嫣，贵幸，名显当世。嫣弟说，以校尉击匈奴，封龙额侯。后坐酎金失侯，复以待诏为横海将军，击破东越，封按道侯。太初中，为游击将军屯五原外列城，还为光禄勋，掘蛊太子宫，为太子所杀。子兴嗣，坐巫蛊诛。上曰：“游击将军死事，无论坐者。”乃复封兴弟增为龙额侯。增少为郎，诸曹、侍中、光禄大夫，昭帝时至前将军，与大将军霍光定策立宣帝，益封千户。本始二年，五将征匈奴，增将三万骑出云中，斩首百余级，至期而还。神爵元年，代张安世为大司马车骑将军，领尚书事。增世贵，幼为忠臣，事三主，重于朝廷。为人宽和自守，以温颜逊辞承上接下，无所失意，保身固宠，不能有所建明。五凤二年薨，谥曰安侯。子宝嗣，亡子，国除。成帝时，继功臣后，封增兄子岑为龙额侯。薨，子持弓嗣。王莽败，乃绝。

赞曰：周室既坏，至春秋末，诸侯耗尽，而炎、黄、唐、虞之苗裔尚犹颇有存者。秦灭六国，而上古遗烈扫地尽矣。楚、汉之际，豪桀相王，唯魏豹、韩信、田儋兄弟为旧国之后，然皆及身而绝。横之志节，宾客慕义，犹不能自立，岂非天虖！韩氏自弓高后贵显，盖周烈近与！

汉书卷三十四

韩彭英卢吴传第四

韩信，淮阴人也。家贫无行，不得推择为吏，又不能治生为商贾，常从人寄食。其母死无以葬，乃行营高燥地，令傍可置万家者。信从下乡南昌亭长食，亭长妻苦之，乃晨炊蓐食。食时信往，不为具食。信亦知其意，自绝去。至城下钓，有一漂母哀之，饭信，竟漂数十日。信谓漂母曰：“吾必重报母。”母怒曰：“大丈夫不能自食，吾哀王孙而进食，岂望报乎！”淮阴少年又侮信曰：“虽长大，好带刀剑，怯耳。”众辱信曰：“能死，刺我；不能，出胯下。”于是信孰视，俯出跨下。一市皆笑信，以为怯。

及项梁度淮，信乃杖剑从之，居戏下，无所知名。梁败，又属项羽，为郎中。信数以策干项羽，羽弗用。汉王之入蜀，信亡楚归汉，未得知名，为连敖。坐法当斩，其畴十三人皆已斩，至信，信乃仰视，适见滕公，曰：“上不欲就天下乎？而斩壮士！”滕公奇其言，壮其貌，释弗斩。与语，大说之，言于汉王。汉王以为治粟都尉，上未奇之也。

数与萧何语，何奇之。至南郑，诸将道亡者数十人，信度何等已数言上，不我用，即亡。何闻信亡，不及以闻，自追之。人有言上曰：“丞相何亡。”上怒，如失左右手。居一二日，何来谒。上且怒且喜，骂何曰：“若亡，何也？”何曰：“臣非敢亡，追亡者耳。”上曰：“所追者谁也？”曰：“韩信。”上复骂曰：“诸将亡者以十数，公无所追；追信，诈也。”何曰：“诸将易得，至如信，国士无双。王必欲长王汉中，无所事信；必欲争天下，非信无可与计事者。顾王策安决。”王曰：“吾亦欲东耳，安能郁郁久居此乎？”何曰：“王计必东，能用信，信即留；不能用信，信终亡耳。”王曰：“吾为公以为将。”何曰：“虽为将，信不留。”王曰：“以为大将。”何曰：“幸甚。”于是王欲召信拜之。何曰：“王素嫚无礼，今拜大将如召小儿，此乃信所以去也。王必欲拜之，择日斋戒，设坛场具礼，乃可。”王许之。诸将皆喜，人人各自以为得大将。至拜，乃韩信也，一军皆惊。

信已拜，上坐。王曰：“丞相数言将军，将军何以教寡人计策？”信谢，因问王曰：“今东乡争权天下，岂非项王邪？”上曰：“然。”信曰：“大王自料勇悍仁强孰与项王？”汉王默然良久，曰：“弗如也。”信再拜贺曰：“唯信亦以为大王弗如也。然臣尝事项王，请言项王为人也。项王意乌猝嗟，千人皆废，然不能任属贤将，此特匹夫之勇也。项王见人恭谨，言语姁姁，人有病疾，涕泣分食饮，至使人有功，当封爵，刻印刓，忍不能予，此所谓妇人之仁也。项王虽霸天下而臣诸侯，不居关中而都彭城；又背义帝约，而以亲爱王，诸侯不平。诸侯之见项王逐义帝江南，亦皆归逐其主，自王善地。项王所过亡不残灭，多怨百姓，百姓不附，特劫于威，强服耳。名虽为霸，实失天下心，故曰其强易弱。

今大王诚能反其道，任天下武勇，何不诛！以天下城邑封功臣，何不服！以义兵从思东归之士，何不散！且三秦王为秦将，将秦子弟数岁，而所杀亡不可胜计，又欺其众降诸侯。至新安，项王诈坑秦降卒二十余万人，唯独邯、欣、翳脱。秦父兄怨此三人，痛于骨髓。今楚强以威王此三人，秦民莫爱也。大王之入武关，秋毫亡所害，除秦苛法，与民约法三章耳，秦民亡不欲得大王王秦者。于诸侯之约，大王当王关中，关中民户知之。王失职之蜀，民亡不恨者。今王举而东，三秦可传檄而定也。”于是汉王大喜，自以为得信晚。遂听信计，部署诸将所击。

汉王举兵东出陈仓，定三秦。二年，出关，收魏、河南，韩、殷王皆降。令齐、赵共击楚彭城，汉兵败散而还。信复发兵与汉王会荥阳，复击破楚京、索间，以故楚兵不能西。

汉之败却彭城，塞王欣、翟王翳亡汉降楚，齐、赵、魏亦皆反，与楚和。汉王使郦生往说魏王豹，豹不听，乃以信为左丞相击魏。信问郦生："魏得毋用周叔为大将乎？"曰："柏直也。"信曰："竖子耳！"遂进兵击魏。魏盛兵蒲坂，塞临晋。信乃益为疑兵，陈船欲度临晋，而伏兵从夏阳以木罂缶度军，袭安邑。魏王豹惊，引兵迎信。信遂虏豹，定河东，使人请汉王："愿益兵三万人，臣请以北举燕、赵，东击齐，南绝楚之粮道，西与大王会于荥阳。"汉王与兵三万人，遣张耳与俱，进击赵、代。破代，禽夏说阏与。信之下魏、代，汉辄使人收其精兵，诣荥阳以距楚。

信、耳以兵数万，欲东下井陉击赵。赵王、成安君陈馀闻汉且袭之，聚兵井陉口，号称二十万。广武君李左车说成安君曰："闻汉将韩信涉西河，虏魏王，禽夏说，新喋血阏与。今乃辅以张耳，议欲以下赵，此乘胜而去国远斗，其锋不可当。臣闻：‘千里馈粮，士有饥色；樵苏后爨，师不宿饱。’今井陉之道，车不得方轨，骑不得成列，行数百里，其势粮食必在后。愿足下假臣奇兵三万人，从间路绝其辎重；足下深沟高垒勿与战。彼前不得斗，退不得还，吾奇兵绝其后，野无所掠卤，不至十日，两将之头可致戏下。愿君留意臣之计，必不为二子所禽矣。”成安君，儒者，常称义兵不用诈谋奇计，谓曰：“吾闻兵法‘什则围之，倍则战’。今韩信兵号数万，其实不能，千里袭我，亦以罢矣。今如此避弗击，后有大者，何以距之？诸侯谓吾怯，而轻来伐我。”不听广武君策。

信使间人窥知其不用，还报，则大喜，乃敢引兵遂下。未至井陉口三十里，止舍。夜半传发，选轻骑二千人，人持一赤帜，从间道萆山而望赵军，戒曰：“赵见我走，必空壁逐我，若疾入，拔赵帜，立汉帜。”令其裨将传餐，曰：“今日破赵会食。”诸将皆呒然，阳应曰：“诺。”信谓军吏曰：“赵已先据便地壁，且彼未见大将旗鼓，未肯击前行，恐吾阻险而还。”乃使万人先行，出，背水阵。赵兵望见大笑。平旦，信建大将旗鼓，鼓行出井陉口，赵开壁击之，大战良久。于是信、张耳弃鼓旗，走水上军，复疾战。赵空壁争汉鼓旗，逐信、耳。信、耳已入水上军，军皆殊死战，不可败。信所出奇兵二千骑者，候赵空壁逐利，即驰入赵壁，皆拔赵旗帜，立汉赤帜二千。赵军已不能得信、耳等，欲还归壁，壁皆汉赤帜，大惊，以汉为皆已破赵王将矣，遂乱，遁走。赵将虽斩之，弗能禁。于是汉兵夹击，破虏赵军，斩成安君泜水上，禽赵王歇。信乃令军毋斩广武君，有生得之者，购千金。

顷之，有缚而至戏下者，信解其缚，东乡坐，西乡对，而师事之。

诸校效首虏休，皆贺，因问信曰："兵法有'右背山陵，前左水泽'，今者将军令臣等反背水阵，曰破赵会食，臣等不服。然竟以胜，此何术也？"信曰："此在兵法，顾诸君弗察耳。兵法不曰'陷之死地而后生，投之亡地而后存'乎？且信非得素拊循士大夫，经所谓'驱市人而战之'也，其势非置死地，人人自为战；今即予生地，皆走，宁尚得而用之乎！"诸将皆服曰："非所及也。"

于是问广武君曰："仆欲北攻燕，东伐齐，何若有功？"广武君辞曰："臣闻'亡国之大夫不可以图存，败军之将不可以语勇'。若臣者，何足以权大事乎！"信曰："仆闻之，百里奚居虞而虞亡，之秦而秦伯，非愚于虞而智于秦也，用与不用，听与不听耳。向使成安君听子计，仆亦禽矣。仆委心归计，愿子勿辞。"广武君曰："臣闻'智者千虑，必有一失；愚者千虑，亦有一得。'故曰'狂夫之言，圣人择焉'。顾恐臣计未足用，愿效愚忠。故成安君有百战百胜之计，一日而失之，军败鄗下，身死泜水上。今足下虏魏王，禽夏说，不旬朝破赵二十万众，诛成安君。名闻海内，威震诸侯，众庶莫不辍作怠惰，靡衣偷食，倾耳以待命者。然而众劳卒罢，其实难用也。今足下举倦敝之兵，顿之燕坚城之下，情见力屈，欲战不拔，旷日持久，粮食单竭。若燕不破，齐必距境而以自强。二国相持，则刘、项之权未有所分也。臣愚，窃以为亦过矣。"信曰："然则何由？"广武君对曰："当今之计，不如按甲休兵，百里之内，牛、酒日至，以飨士大夫，北首燕路，然后发一乘之使，奉咫尺之书，以使燕，燕必不敢不听。

从燕而东临齐，虽有智者，亦不知为齐计矣。如是，则天下事可图也。兵故有先声而后实者，此之谓也。”信曰：“善。敬奉教。”于是用广武君策，发使燕，燕从风而靡。乃遣使报汉，因请立张耳王赵以抚其国。汉王许之。

楚数使奇兵度河击赵，王耳、信往来救赵，因行定赵城邑，发卒佐汉。楚方急围汉王荥阳，汉王出，南之宛、叶，得九江王布，入成皋，楚复急围之。四年，汉王出成皋，度河，独与滕公从张耳军修武。至，宿传舍。晨自称汉使，驰入壁。张耳、韩信未起，即其卧，夺其印符，麾召诸将易置之。信、耳起，乃知独汉王来，大惊。汉王夺两人军，即令张耳备守赵地，拜信为相国，发赵兵未发者击齐。

信引兵东，未度平原，闻汉王使郦食其已说下齐。信欲止，蒯通说信令击齐。语在《通传》。信然其计，遂渡河，袭历下军，至临菑。齐王走高密，使使于楚请救。信已定临菑，东追至高密西。楚使龙且将，号称二十万，救齐。

齐王、龙且并军与信战，未合。或说龙且曰：“汉兵远斗，穷寇久战，锋不可当也。齐、楚自居其地战，兵易败散。不如深壁，令齐王使其信臣招所亡城，城闻王在，楚来救，必反汉。汉二千里客居齐，齐城皆反之，其势无所得食，可毋战而降也。”龙且曰：“吾平生知韩信为人，易与耳。寄食于漂母，无资身之策；受辱于跨下，无兼人之勇，不足畏也。且救齐而降之，吾何功？今战而胜之，齐半可得，何为而止！”遂战，与信夹潍水陈。信乃夜令人为万余囊，盛沙以壅水上流，引兵半渡，击龙且。阳不胜，还走。龙且果喜曰：“固知信怯。”遂追渡水。信使人决壅囊，水大至。龙且军太半不得渡，即急击，杀龙且。龙且水东军散走，齐王广亡去。信追北至城阳，虏广。楚卒皆降，遂平齐。

使人言汉王曰："齐夸诈多变，反复之国，南边楚，不为假王以填之，其势不定。今权轻，不足以安之，臣请自立为假王。"当是时，楚方急围汉王于荥阳，使者至，发书，汉王大怒，骂曰："吾困于此，旦暮望而来佐我，乃欲自立为王！"张良、陈平伏后蹑汉王足，因附耳语曰："汉方不利，宁能禁信之自王乎？不如因立，善遇之，使自为守。不然，变生。"汉王亦寤，因复骂曰："大丈夫定诸侯，即为真王耳，何以假为！"遣张良立信为齐王，征其兵使击楚。

楚以亡龙且，项王恐，使盱台人武涉往说信曰："足下何不反汉与楚？楚王与足下有旧故。且汉王不可必，身居项王掌握中数矣，然得脱，背约，复击项王，其不可亲信如此。今足下虽自以为与汉王为金石交，然终为汉王所禽矣。足下所以得须臾至今者，以项王在。项王即亡，次取足下。何不与楚连和，三分天下而王齐？今释此时，自必于汉王以击楚，且为智者固若此邪！"信谢曰："臣得事项王数年，官不过郎中，位不过执戟，言不听，画策不用，故背楚归汉。汉王授我上将军印、数万之众，解衣衣我，推食食我，言听计用，吾得至于此。夫人深亲信我，背之不祥。幸为信谢项王。"武涉已去，蒯通知天下权在于信，深说以三分天下，鼎足而王。语在《通传》。信不忍背汉，又自以功大，汉王不夺我齐，遂不听。

汉王之败固陵，用张良计，征信将兵会陔下。项羽死，高祖袭夺信军，徙信为楚王，都下邳。信至国，召所从食漂母，赐千金。及下乡亭长，钱百，曰："公，小人，为德不竟。"召辱己少年令出跨下者，以为中尉，告诸将相曰："此壮士也。方辱我时，宁不能死？死之无名，故忍而就此。"

项王亡将钟离眛家在伊庐，素与信善。项王败，眛亡归信。汉怨眛，闻在楚，诏楚捕之。信初之国，行县邑，陈兵出入。有变告信欲反，书闻，上患之。用陈平谋，伪游于云梦者，实欲袭信，信弗知。高祖且至楚，信欲发兵，自度无罪；欲谒上，恐见禽。人或说信曰："斩眛谒上，上必喜，亡患。"信见眛计事，眛曰："汉所以不击取楚，以眛在。公若欲捕我自媚汉，吾今死，公随手亡矣。"乃骂信曰："公非长者！"卒自刭。信持其首谒于陈。高祖令武士缚信，载后车。信曰："果若人言，'狡兔死，良狗亨'。"上曰："人告公反。"遂械信。至雒阳，赦以为淮阴侯。

信知汉王畏恶其能，称疾不朝从。由此日怨望，居常鞅鞅，羞与绛、灌等列。尝过樊将军哙。哙趋拜送迎，言称臣，曰："大王乃肯临臣。"信出门，笑曰："生乃与哙等为伍！"

上尝从容与信言诸将能各有差。上问曰："如我，能将几何？"信曰："陛下不过能将十万。"上曰："如公何如？"曰："如臣，多多益办耳。"上笑曰："多多益办，何为为我禽？"信曰："陛下不能将兵，而善将将，此乃信之为陛下禽也。且陛下所谓天授，非人力也。"

后陈豨为代相监边，辞信，信挈其手，与步于庭数匝，仰天而叹曰："子可与言乎？吾欲与子有言。"豨因曰："唯将军命。"信曰："公之所居，天下精兵处也；而公，陛下之信幸臣也。人言公反，陛下必不信；再至，陛下乃疑；三至，必怒而自将。吾为公从中起，天下可图也。”陈豨素知其能，信之，曰：“谨奉教!”

汉十年，豨果反，高帝自将而往，信称病不从。阴使人之豨所，而与家臣谋，夜诈赦诸官徒奴，欲发兵袭吕后、太子。部署已定，待豨报。其舍人得罪信，信囚，欲杀之。舍人弟上书变告信欲反状于吕后。吕后欲召，恐其党不就，乃与萧相国谋，诈令人从帝所来，称豨已破，群臣皆贺。相国绐信曰：“虽病，强入贺。”信入，吕后使武士缚信，斩之长乐钟室。信方斩，曰：“吾不用蒯通计，反为女子所诈，岂非天哉!”遂夷信三族。

高祖已破豨归，至，闻信死，且喜且哀之，问曰：“信死亦何言?”吕后道其语。高祖曰：“此齐辩士蒯通也。”召欲亨之。通至自说，释弗诛。语在《通传》。

彭越字仲，昌邑人也。常渔钜野泽中，为盗。陈胜起，或谓越曰：“豪桀相立畔秦，仲可效之。”越曰：“两龙方斗，且待之。”

居岁余，泽间少年相聚百余人，往从越，“请仲为长”，越谢不愿也。少年强请，乃许。与期旦日日出时，后会者斩。旦日日出，十余人后，后者至日中。于是越谢曰：“臣老，诸君强以为长。今期而多后，不可尽诛，诛最后者一人。”令校长斩之。皆笑曰：“何至是！请后不敢。”于是越乃引一人斩之，设坛祭，令徒属。徒属皆惊，畏越，不敢仰视。乃行略地，收诸侯散卒，得千余人。

沛公之从砀北击昌邑，越助之。昌邑未下，沛公引兵西。越亦将其众居巨野泽中，收魏败散卒。项籍入关，王诸侯，还归，越众万余人无所属。齐王田荣叛项王，汉乃使人赐越将军印，使下济阴以击楚。楚令萧公角将兵击越，越大破楚军。汉二年春，与魏豹及诸侯东击楚，越将其兵三万余人，归汉外黄。汉王曰："彭将军收魏地，得十余城，欲急立魏后。今西魏王豹，魏咎从弟，真魏也。"乃拜越为魏相国，擅将兵，略定梁地。

汉王之败彭城解而西也，越皆亡其所下城，独将其兵北居河上。汉三年，越常往来为汉游兵击楚，绝其粮于梁地。项王与汉王相距荥阳，越攻下睢阳、外黄十七城。项王闻之，乃使曹咎守成皋，自东收越所下城邑，皆复为楚。越将其兵北走穀城。项王南走阳夏，越复下昌邑旁二十余城，得粟十余万斛，以给汉食。

汉王败，使使召越并力击楚，越曰："魏地初定，尚畏楚，未可去。"汉王追楚，为项籍所败固陵。乃谓留侯曰："诸侯兵不从，为之奈何？"留侯曰："彭越本定梁地，功多，始君王以魏豹故，拜越为相国。今豹死亡后，且越亦欲王，而君王不蚤定。今取睢阳以北至穀城，皆许以王彭越。"又言所以许韩信。语在《高纪》。于是汉王发使使越，如留侯策。使者至，越乃引兵会垓下。项籍死，立越为梁王，都定陶。

六年，朝陈。九年、十年，皆来朝长安。陈豨反代地，高帝自往击之，至邯郸，征兵梁。梁王称病，使使将兵诣邯郸。高帝怒，使人让梁王。梁王恐，欲自往谢。其将扈辄曰："王始不往，见让而往，往即为禽，不如遂发兵反。"梁王不听，称病。梁太仆有罪，亡走汉，告梁王与扈辄谋反。于是上使使掩捕梁王，囚之雒阳。有司治反形已具，请论如法。上赦以为庶人，徙蜀青衣。西至郑，逢吕后从长安东，欲之雒阳，道见越。越为吕后泣涕，自言亡罪，愿处故昌邑。吕后许诺，诏与俱东。至雒阳，吕后言上曰："彭越壮士也，今徙之蜀，此自遗患，不如遂诛之。妾谨与俱来。"于是吕后令其舍人告越复谋反。廷尉奏请，遂夷越宗族。

黥布，六人也。姓英氏。少时客相之，当刑而王。及壮，坐法黥，布欣然笑曰："人相我当刑而王，几是乎？"人有闻者，共戏笑之。布以论输骊山，骊山之徒数十万人，布皆与其徒长豪桀交通，乃率其曹耦，亡之江中为群盗。

陈胜之起也，布乃见番君，其众数千人。番君以女妻之。章邯之灭陈胜，破吕臣军，布引兵北击秦左右校，破之青波，引兵而东。闻项梁定会稽，西度淮，布以兵属梁。梁西击景驹、秦嘉等，布常冠军。项梁闻陈涉死，立楚怀王，以布为当阳君。项梁败死，怀王与布及诸侯将皆聚彭城。当是时，秦急围赵，赵数使人请救怀王。怀王使宋义为上将军，项籍与布皆属之，北救赵。及籍杀宋义河上，自立为上将军，使布先涉河，击秦军，数有利。籍乃悉引兵从之，遂破秦军，降章邯等。楚兵常胜，功冠诸侯。诸侯兵皆服属楚者，以布数以少败众也。

项籍之引兵西至新安，又使布等夜击坑章邯秦卒二十余万人。至关，不得入，又使布等先从间道破关下军，遂得入。至咸阳，布为前锋。项王封诸将，立布为九江王，都六。尊怀王为义帝，徙都长沙，乃阴令布击之。布使将追杀之郴。

齐王田荣叛楚，项王往击齐，征兵九江，布称病不往，遣将将数千人行。汉之败楚彭城，布又称病不佐楚。项王由此怨布，数使使者谯让召布，布愈恐，不敢往。项王方北忧齐、赵，西患汉，所与者独布，又多其材，欲亲用之，以故未击。

汉王与楚大战彭城，不利，出梁地，至虞，谓左右曰："如彼等者，无足与计天下事者。”谒者随何进曰：“不审陛下所谓。”汉王曰：“孰能为我使淮南，使之发兵背楚，留项王于齐数月，我之取天下可以万全。”随何曰：“臣请使之。”乃与二十人俱使淮南。至，太宰主之，三日不得见。随何因说太宰曰：“王之不见何，必以楚为强，以汉为弱，此臣之所为使。使何得见，言之而是邪，是大王所欲闻也；言之而非邪，使何等二十人伏斧质淮南市，以明背汉而与楚也。”太宰乃言之王，王见之。随何曰：“汉王使使臣敬进书大王御者，窃怪大王与楚何亲也。”淮南王曰：“寡人北乡而臣事之。”随何曰：“大王与项王俱列为诸侯，北乡而臣事之，必以楚为强，可以托国也。项王伐齐，身负版筑，以为士卒先。大王宜悉淮南之众，身自将，为楚军前锋，今乃发四千人以助楚。夫北面而臣事人者，固若是乎？夫汉王战于彭城，项王未出齐也，大王宜扫淮南之众，日夜会战彭城下。今抚万人之众，无一人渡淮者，阴拱而观其孰胜。夫托国于人者，固若是乎？大王提空名以乡楚，而欲厚自托，臣窃为大王不取也。然大王不背楚者，以汉为弱也。夫楚兵虽强，天下负之以不义之名，以其背明约而杀义帝也。然而楚王特以战胜自强。汉王收诸侯，还守成皋、荥阳，下蜀、汉之粟，深沟壁垒，分卒守徼乘塞。楚人还兵，间以梁地，深入敌国八九百里，欲战则不得，攻城则力不能，老弱转粮千里之外。楚兵至荥阳、成皋，汉坚守而不动，进则不得攻，退则不能解，故楚兵不足罢也。使楚兵胜汉，则诸侯自危惧而相救。夫楚之强，适足以致天下之兵耳。故楚不如汉，其势易见也。今大王不与万全之汉，而自托于危亡之楚，臣窃为大王或之。臣非以淮南之兵足以亡楚也。夫大王发兵而背楚，项王必留；留数月，汉之取天下可以万全。臣请与大王杖剑而归汉王，汉王必裂地而分大王，又况淮南，必大王有也。故汉王敬使使臣进愚计，愿大王之留意也。”淮南王曰：“请奉命。”阴许叛楚与汉，未敢泄。

楚使者在，方急责布发兵，随何直入曰：“九江王已归汉，楚何以得发兵！”布愕然。楚使者起，何因说布曰：“事已构，独可遂杀楚使，毋使归，而疾走汉并力。”布曰：“如使者教。”因起兵而攻楚。楚使项声、龙且攻淮南，项王留而攻下邑。数月，龙且攻淮南，破布军。布欲引兵走汉，恐项王击之，故间行与随何俱归汉。至，汉王方踞床洗，而召布入见。布大怒，悔来，欲自杀。出就舍，张御食饮从官如汉王居，布又大喜过望。于是乃使人之九江。楚已使项伯收九江兵，尽杀布妻子。布使者颇得故人幸臣，将众数千人归汉。汉益分布兵而与俱北，收兵至成皋。

四年秋七月，立布为淮南王，与击项籍。布使人之九江，得数县。五年，布与刘贾入九江，诱大司马周殷，殷反楚。遂举九江兵与汉击楚，破垓下。

项籍死，上置酒对众折随何曰：“腐儒！为天下安用腐儒哉！”随何跪曰：“夫陛下引兵攻彭城，楚王未去齐也，陛下发步卒五万人、骑五千，能以取淮南乎？”曰：“不能。”随何曰：“陛下使何与二十人使淮南，如陛下之意，是何之功贤于步卒数万、骑五千也。然陛下谓何‘腐儒’，‘为天下安用腐儒’，何也？”上曰：“吾方图子之功。”乃以随何为护军中尉。布遂剖符为淮南王，都六，九江、庐江、衡山、豫章郡皆属焉。

六年，朝陈。七年，朝雒阳。九年，朝长安。

十一年，高后诛淮阴侯，布因心恐。夏，汉诛梁王彭越，盛其醢以遍赐诸侯。至淮南，淮南王方猎，见醢，因大恐，阴令人部聚兵，候伺旁郡警急。

布有所幸姬病，就医。医家与中大夫贲赫对门，赫乃厚馈遗，从姬饮医家。姬侍王，从容语次，誉赫长者也。王怒曰："女安从知之？"具道，王疑与乱。赫恐，称病。王愈怒，欲捕赫。赫上变事，乘传诣长安。布使人追，不及。赫至，上变，言"布谋反有端，可先未发诛也"。上以其书语萧相国，萧相国曰："布不宜有此，恐仇怨妄诬之。请系赫，使人微验淮南王。"布见赫以罪亡上变，已疑其言国阴事，汉使又来，颇有所验，遂族赫家，发兵反。

反书闻，上乃赦赫，以为将军。召诸侯问："布反，为之奈何？"皆曰："发兵坑竖子耳，何能为！"汝阴侯滕公以问其客薛公，薛公曰："是固当反。"滕公曰："上裂地而封之，疏爵而贵之，南面而立万乘之主，其反何也？"薛公曰："前年杀彭越，往年杀韩信，三人皆同功一体之人也。自疑祸及身，故反耳。"滕公言之上曰："臣客故楚令尹薛公，其人有筹策，可问。"上乃见问薛公，对曰："布反不足怪也。使布出于上计，山东非汉之有也；出于中计，胜负之数未可知也；出于下计，陛下安枕而卧矣。"上曰："何谓上计？"薛公对曰："东取吴，西取楚，并齐取鲁，传檄燕、赵，固守其所，山东非汉之有也。""何谓中计？""东取吴，西取楚，并韩取魏，据敖仓之粟，塞成皋之险，胜败之数未可知也。""何谓下计？""东取吴，西取下蔡，归重于越，身归长沙，陛下安枕而卧，汉无事矣。”上曰：“是计将安出？”薛公曰：“出下计。”上曰：“胡为废上计而出下计？”薛公曰：“布故骊山之徒也，致万乘之主，此皆为身，不顾后为百姓万世虑者也，故出下计。”上曰：“善。”封薛公千户。遂发兵自将东击布。

布之初反，谓其将曰：“上老矣，厌兵，必不能来。使诸将，诸将独患淮阴、彭越，今已死，余不足畏。”故遂反。果如薛公揣之，东击荆，荆王刘贾走死富陵。尽劫其兵，度淮击楚。楚发兵与战徐、僮间，为三军，欲以相救为奇。或说楚将曰：“布善用兵，民素畏之。且兵法，诸侯自战其地为散地。今别为三，彼败吾一，余皆走，安能相救！”不听。布果破其一军，二军散走。遂西，与上兵遇蕲西，会甀。布兵精甚，上乃壁庸城，望布军置陈如项籍军。上恶之，与布相望见，隃谓布：“何苦而反？”布曰：“欲为帝耳。”上怒骂之，遂战，破布军。布走度淮，数止战，不利，与百余人走江南。布旧与番君婚，故长沙哀王使人诱布，伪与俱亡走越，布信而随至番阳。番阳人杀布兹乡，遂灭之。封贲赫为列侯，将率封者六人。

卢绾，丰人也，与高祖同里。绾亲与高祖太上皇相爱，及生男，高祖、绾同日生，里中持羊、酒贺两家。及高祖、绾壮，学书，又相爱也。里中嘉两家亲相爱，生子同日，壮又相爱，复贺羊、酒。高祖为布衣时，有吏事避宅，绾常随上下。及高祖初起沛，绾以客从，入汉为将军，常侍中。从东击项籍，以太尉常从，出入卧内，衣被食饮赏赐，群臣莫敢望。虽萧、曹等，特以事见礼，至其亲幸，莫及绾者。封为长安侯。长安，故咸阳也。

项籍死，使绾别将，与刘贾击临江王共尉，还，从击燕王臧荼，皆破平。时诸侯非刘氏而王者七人。上欲王绾，为群臣觖望。及虏臧荼，乃下诏，诏诸将相列侯择群臣有功者以为燕王。群臣知上欲王绾，皆曰："太尉长安侯卢绾常从平定天下，功最多，可王。"上乃立绾为燕王。诸侯得幸莫如燕王者。绾立六年，以陈豨事见疑而败。

豨者，宛句人也，不知始所以得从。及韩王信反入匈奴，上至平城还，豨以郎中封为列侯，以赵相国将监赵、代边，边兵皆属焉。豨少时，常称慕魏公子，及将守边，招致宾客。常告过赵，宾客随之者千余乘，邯郸官舍皆满。豨所以待客，如布衣交，皆出客下。赵相周昌乃求入见上，具言豨宾客盛，擅兵于外，恐有变。上令人复案豨客居代者诸为不法事，多连引豨。豨恐，阴令客通使王黄、曼丘臣所。汉十年秋，太上皇崩，上因是召豨。豨称病，遂与王黄等反，自立为代王，劫略赵、代。上闻，乃赦吏民为豨所诖误劫略者。上自击豨，破之。语在《高纪》。

初，上如邯郸击豨，燕王绾亦击其东北。豨使王黄求救匈奴，绾亦使其臣张胜使匈奴，言豨等军破。胜至胡，故燕王臧荼子衍亡在胡，见胜曰："公所以重于燕者，以习胡事也。燕所以久存者，以诸侯数反，兵连不决也。今公为燕欲急灭豨等，豨等已尽，次亦至燕，公等亦且为虏矣。公何不令燕且缓豨，而与胡连和？事宽，得长王燕，即有汉急，可以安国。"胜以为然，乃私令匈奴兵击燕。绾疑胜与胡反，上书请族胜。胜还报，具道所以为者。绾寤，乃诈论他人，以脱胜家属，使得为匈奴间。而阴使范齐之豨所，欲令久连兵毋决。

汉既斩豨，其禆将降，言燕王绾使范齐通计谋豨所。上使使召绾，绾称病。又使辟阳侯审食其、御史大夫赵尧往迎绾，因验问其左右。绾愈恐，闳匿，谓其幸臣曰："非刘氏而王者，独我与长沙耳。往年汉族淮阴，诛彭城，皆吕后计。今上病，属任吕后。吕后妇人，专欲以事诛异姓王者及大功臣。"乃称病不行，其左右皆亡匿。语颇泄，辟阳侯闻之，归具报，上益怒。又得匈奴降者，言张胜亡在匈奴，为燕使。于是上曰："绾果反矣！"使樊哙击绾。绾悉将其宫人家属，骑数千，居长城下候伺，幸上病愈，自入谢。高祖崩，绾遂将其众亡入匈奴，匈奴以为东胡卢王。为蛮夷所侵夺，常思复归。居岁余，死胡中。

高后时，绾妻与其子亡降，会高后病，不能见，舍燕邸，为欲置酒见之。高后竟崩，绾妻亦病死。

孝景帝时，绾孙它人以东胡王降，封为恶谷侯。传至曾孙，有罪，国除。

吴芮，秦时番阳令也，甚得江湖间民心，号曰番君。天下之初叛秦也，黥布归芮，芮妻之，因率越人举兵以应诸侯。沛公攻南阳，乃遇芮之将梅鋗，与偕攻析、郦，降之。及项羽相王，以芮率百越佐诸侯，从入关，故立芮为衡山王，都邾。其将梅鋗功多，封十万户，为列侯。项籍死，上以鋗有功，从入武关，故德芮，徙为长沙王，都临湘，一年薨，谥曰文王，子成王臣嗣。薨，子哀王回嗣。薨，子共王右嗣。薨，子靖王差嗣。孝文后七年薨，无子，国除。初，文王芮，高祖贤之，制诏御史："长沙王忠，其定著令。"至孝惠、高后时，封芮庶子二人为列侯，传国数世绝。

赞曰：昔高祖定天下，功臣异姓而王者八国。张耳、吴芮、彭越、黥布、臧荼、卢绾与两韩信，皆徼一时之权变，以诈力成功，咸得裂土，南面称孤。见疑强大，怀不自安，事穷势迫，卒谋叛逆，终于灭亡。张耳以智全，至子亦失国。唯吴芮之起，不失正道，故能传号五世，以无嗣绝，庆流支庶，有以矣夫，著于甲令而称忠也！

汉书卷三十五

荆燕吴传第五

荆王刘贾，高帝从父兄也，不知其初起时。汉元年，还定三秦，贾为将军，定塞地，从东击项籍。

汉王败成皋，北度河，得张耳、韩信军，军修武，深沟高垒，使贾将二万人，骑数百，击楚，度白马津入楚地，烧其积聚，以破其业，无以给项王军食。已而楚兵击之，贾辄避不肯与战，而与彭越相保。汉王追项籍至固陵，使贾南度淮围寿春。还至，使人间招楚大司马周殷。周殷反楚，佐贾举九江，迎英布兵，皆会垓下，诛项籍。汉王因使贾将九江兵，与太尉卢绾西南击临江王共尉，尉死，以临江为南郡。

贾既有功，而高祖子弱，昆弟少，又不贤，欲王同姓以填天下，乃下诏曰："将军刘贾有功，及择子弟可以为王者。"群臣皆曰："立刘贾为荆王，王淮东。"立六年，而淮南王黥布反，东击荆。贾与战，弗胜，走富陵，为布军所杀。

燕王刘泽，高祖从祖昆弟也。高祖三年，泽为郎中。十一年，以将军击陈豨将王黄，封为营陵侯。

高后时，齐人田生游乏资，以画奸泽。泽大说之，用金二百斤为田生寿。田生已得金，即归齐。二岁，泽使人谓田生曰："弗与矣。"田生如长安，不见泽，而假大宅，令其子求事吕后所幸大谒者张卿。居数月，田生子请张卿临，亲修具。张卿往，见田生帷帐具置如列侯。张卿惊。酒酣，乃屏人说张卿曰："臣观诸侯邸第百余，皆高帝一切功臣。今吕氏雅故本推毂高帝就天下，功至大，又有亲戚太后之重。太后春秋长，诸吕弱，太后欲立吕产为吕王，王代。太后又重发之，恐大臣不听。今卿最幸，大臣所敬，何不风大臣以闻太后，太后必喜。诸吕以王，万户侯亦卿之有。太后心欲之，而卿为内臣，不急发，恐祸及身矣。"张卿大然之，乃风大臣语太后。太后朝，因问大臣。大臣请立吕产为吕王。太后赐张卿千金，张卿以其半进田生。田生弗受，因说之曰："吕产王也，诸大臣未大服。今营陵侯泽，诸刘长，为大将军，独此尚觖望。今卿言太后，裂十余县王之，彼得王喜，于诸吕王益固矣。"张卿入言之。又太后女弟吕须女亦为营陵侯妻，故遂立营陵侯泽为琅邪王。琅邪王与田生之国，急行毋留。出关，太后果使人追之。已出，即还。

泽王琅邪二年，而太后崩，泽乃曰："帝少，诸吕用事，诸刘孤弱。"引兵与齐王合谋西，欲诛诸吕。至梁，闻汉灌将军屯荥阳，泽还兵备西界，遂跳驱至长安。代王亦从代至。诸将相与琅邪王共立代王，是为孝文帝。文帝元年，徙泽为燕王，而复以琅邪归齐。

泽王燕二年，薨，谥曰敬王。子康王嘉嗣，九年薨。子定国嗣。定国与父康王姬奸，生子男一人。夺弟妻为姬。与子女三人奸。定国有所欲诛杀臣肥如令郢人，郢人等告定国。定国使谒者以它法劾捕格杀郢人灭口。至元朔中，郢人昆弟复上书具言定国事。下公卿，皆议曰：“定国禽兽行，乱人伦，逆天道，当诛。”上许之。定国自杀，立四十二年，国除。哀帝时继绝世，乃封敬王泽玄孙之孙无终公士归生为营陵侯，更始中为兵所杀。

吴王濞，高帝兄仲之子也。高帝立仲为代王。匈奴攻代，仲不能坚守，弃国间行，走雒阳，自归，天子不忍致法，废为合阳侯。子濞，封为沛侯。黥布反，高祖自将往诛之。濞年二十，以骑将从破布军。荆王刘贾为布所杀，无后。上患吴会稽轻悍，无壮王填之，诸子少，乃立濞于沛，为吴王，王三郡五十三城。已拜受印，高祖召濞相之，曰：“若状有反相。”独悔，业已拜，因拊其背曰：“汉后五十年东南有乱，岂若邪？然天下同姓一家，慎无反！”濞顿首曰：“不敢。”

会孝惠、高后时天下初定，郡国诸侯各务自拊循其民。吴有豫章郡铜山，即招致天下亡命者盗铸钱，东煮海水为盐，以故无赋，国用饶足。

孝文时，吴太子入见，得侍皇太子饮博。吴太子师傅皆楚人，轻悍，又素骄。博争道，不恭，皇太子引博局提吴太子，杀之。于是遣其丧归葬吴。吴王愠曰：“天下一宗，死长安即葬长安，何必来葬！”复遣丧之长安葬。吴王由是怨望，稍失藩臣礼，称疾不朝。京师知其以子故，验问实不病，诸吴使来，辄系责治之。吴王恐，所谋滋甚。及后使人为秋请，上复责问吴使者。使者曰：“察见渊中鱼，不祥。今吴王始诈疾，及觉，见责急，愈益闭，恐上诛之，计乃无聊。唯上与更始。”于是天子皆赦吴使者归之，而赐吴王几杖，老，不朝。吴得释，其谋亦益解。然其居国以铜盐故，百姓无赋。卒践更，辄予平贾。岁时存问茂材，赏赐闾里，它郡国吏欲来捕亡人者，颂共禁不与。如此者三十余年，以故能使其众。

朝错为太子家令，得幸皇太子，数从容言吴过可削。数上书说之，文帝宽，不忍罚，以此吴王日益横。及景帝即位，错为御史大夫，说上曰："昔高帝初定天下，昆弟少，诸子弱，大封同姓，故孽子悼惠王王齐七十二城，庶弟元王王楚四十城，兄子王吴五十余城。封三庶孽，分天下半。今吴王前有太子之隙，诈称病不朝，于古法当诛。文帝不忍，因赐几杖，德至厚也。不改过自新，乃益骄恣，公即山铸钱，煮海为盐，诱天下亡人谋作乱逆。今削之亦反，不削亦反。削之，其反亟，祸小；不削之，其反迟，祸大。"三年冬，楚王来朝，错因言楚王戊往年为薄太后服，私奸服舍，请诛之。诏赦，削东海郡。及前二年，赵王有罪，削其常山郡。胶西王卬以卖爵事有奸，削其六县。

汉廷臣方议削吴，吴王恐削地无已，因欲发谋举事。念诸侯无足与计者，闻胶西王勇，好兵，诸侯皆畏惮之，于是乃使中大夫应高口说胶西王曰："吴王不肖，有夙夜之忧，不敢自外，使使臣谕其愚心。"王曰："何以教之？"高曰："今者主上任用邪臣，听信谗贼，变更律令，侵削诸侯，征求滋多，诛罚良重，日以益甚。语有之曰：'狧糠及米。'吴与胶西，知名诸侯也，一时见察，不得安肆矣。吴王身有内疾，不能朝请二十余年，常患见疑，无以自白，胁肩累足，犹惧不见释。窃闻大王以爵事有过，所闻诸侯削地，罪不至此，此恐不止削地而已。"王曰："有之，子将奈何？”高曰：“同恶相助，同好相留，同情相求，同欲相趋，同利相死。今吴王自以与大王同忧，愿因时循理，弃躯以除患于天下，意亦可乎？”胶西王瞿然骇曰：“寡人何敢如是？主上虽急，固有死耳，安得不事？”高曰：“御史大夫朝错营或天子，侵夺诸侯，蔽忠塞贤，朝廷疾怨，诸侯皆有背叛之意，人事极矣。彗星出，蝗虫起，此万世一时，而愁劳，圣人所以起也。吴王内以朝错为诛，外从大王后车，方洋天下，所向者降，所指者下，莫敢不服。大王诚幸而许之一言，则吴王率楚王略函谷关，守荥阳敖仓之粟，距汉兵，治次舍，须大王。大王幸而临之，则天下可并，两主分割，不亦可乎？”王曰：“善。”归报吴王，犹恐其不果，乃身自为使者，至胶西面约之。

胶西群臣或闻王谋，谏曰：“诸侯地不能为汉十二，为叛逆以忧太后，非计也。今承一帝，尚云不易，假令事成，两主分争，患乃益生。”王不听，遂发使约齐、菑川、胶东、济南，皆许诺。

诸侯既新削罚，震恐，多怨错。及削吴会稽、豫章郡书至，则吴王先起兵，诛汉吏二千石以下。胶西、胶东、菑川、济南、楚、赵亦皆反，发兵西。齐王后悔，背约城守。济北王城坏未完，其郎中令劫守王，不得发兵。胶西王、胶东王为渠率，与菑川、济南共攻围临菑。赵王遂亦阴使匈奴与连兵。

七国之发也，吴王悉其士卒，下令国中曰：“寡人年六十二，身自将。少子年十四，亦为士卒先。诸年上与寡人同，下与少子等，皆发！”二十余万人。南使闽、东越，闽、东越亦发兵从。

孝景前三年正月甲子，初起兵于广陵。西涉淮，因并楚兵。发使遗诸侯书曰：“吴王刘濞敬问胶西王、胶东王、菑川王、济南王、赵王、楚王、淮南王、衡山王、庐江王、故长沙王子：幸教！以汉有贼臣错，无功天下，侵夺诸侯之地，使吏劾系讯治，以侵辱之为故，不以诸侯人君礼遇刘氏骨肉，绝先帝功臣，进任奸人，诳乱天下，欲危社稷。陛下多病志逸，不能省察。欲举兵诛之，谨闻教。敝国虽狭，地方三千里；人民虽少，精兵可具五十万。寡人素事南越三十余年，其王诸君皆不辞分其兵以随寡人，又可得三十万。寡人虽不肖，愿以身从诸王。南越直长沙者，因王子定长沙以北，西走蜀、汉中。告越、楚王、淮南三王，与寡人西面；齐诸王与赵王定河间、河内，或入临晋关，或与寡人会雒阳；燕王、赵王故与胡王有约，燕王北定代、云中，转胡众入萧关，走长安，匡正天下，以安高庙。愿王勉之。楚元王子、淮南三王或不沐洗十余年，怨入骨髓，欲壹有所出久矣，寡人未得诸王之意，未敢听。今诸王苟能存亡继绝，振弱伐暴，以安刘氏，社稷所愿也。吴国虽贫，寡人节衣食用，积金钱，修兵革，聚粮食，夜以继日，三十余年矣。凡皆为此，愿诸王勉之。能斩捕大将者，赐金五千斤，封万户；列将，三千斤，封五千户；裨将，二千斤，封二千户；二千石，千斤，封千户：皆为列侯。其以军若城邑降者，卒万人，邑万户，如得大将；人户五千，如得列将；人户三千，如得裨将；人户千，如得二千石；其小吏皆以差次受爵金。它封赐皆倍军法。其有故爵邑者，更益勿因。愿诸王明以令士大夫，不敢欺也。寡人金钱在天下者往往而有，非必取于吴，诸王日夜用之不能尽。有当赐者告寡人，寡人且往遗之。敬以闻。”

七国反书闻，天子乃遣太尉条侯周亚夫将三十六将军往击吴、楚；遣曲周侯郦寄击赵，将军栾布击齐，大将军窦婴屯荥阳监齐、赵兵。

初，吴、楚反书闻，兵未发，窦婴言故吴相爰盎。召入见，上问以吴、楚之计，盎对曰："吴、楚相遗书，曰'贼臣朝错擅適诸侯，削夺之地'，以故反，名为'西共诛错，复故地而罢'。方今计独斩错，发使赦七国，复其故地，则兵可毋血刃而俱罢。"上从其议，遂斩错。语具在《盎传》。以盎为泰常，奉宗庙，使吴王，吴王弟子德侯为宗正，辅亲戚。使至吴，吴、楚兵已攻梁壁矣。宗正以亲故，先入见，谕吴王拜受诏。吴王闻盎来，亦知其欲说，笑而应曰："我已为东帝，尚谁拜？"不肯见盎而留军中，欲劫使将。盎不肯，使人围守，且杀之。盎得夜亡走梁，遂归报。

条侯将乘六乘传，会兵荥阳。至雒阳，见剧孟，喜曰："七国反，吾乘传至此，不自意全。又以为诸侯已得剧孟。孟今无动，吾据荥阳，荥阳以东无足忧者。"至淮阳，问故父绛侯客邓都尉曰："策安出？"客曰："吴兵锐甚，难与争锋。楚兵轻，不能久。方今为将军计，莫若引兵东北壁昌邑，以梁委吴，吴必尽锐攻之。将军深沟高垒，使轻兵绝淮泗口，塞吴饷道。使吴、梁相敝而粮食竭，乃以全制其极，破吴必矣。"条侯曰："善。"从其策，遂坚壁昌邑南，轻兵绝吴饷道。

吴王之初发也，吴臣田禄伯为大将军。田禄伯曰："兵屯聚而西，无它奇道，难以立功。臣愿得五万人，别循江、淮而上，收淮南、长沙，入武关，与大王会，此亦一奇也。"吴王太子谏曰："王以反为名，此兵难以藉人，人亦且反王，奈何？且擅兵而别，多它利害，徒自损耳。"吴王即不许田禄伯。

吴少将桓将军说王曰："吴多步兵，步兵利险；汉多车骑，车骑利平地。愿大王所过城不下，直去，疾西据雒阳武库，食敖仓粟，阻山河之险以令诸侯，虽无入关，天下固已定矣。大王徐行，留下城邑，汉军车骑至，驰入梁、楚之郊，事败矣。"吴王问吴老将，老将曰："此年少推锋可耳，安知大虑！"于是王不用桓将军计。

王专并将其兵，未度淮，诸宾客皆得为将、校尉、行间候、司马，独周丘不用。周丘者，下邳人，亡命吴，酤酒无行，王薄之，不任。周丘乃上谒，说王曰："臣以无能，不得待罪行间。臣非敢求有所将也，愿请王一汉节，必有以报。"王乃予之。周丘得节，夜驰入下邳。下邳时闻吴反，皆城守。至传舍，召令入户，使从者以罪斩令。遂召昆弟所善豪吏告曰："吴反兵且至，屠下邳不过食顷。今先下，家室必完，能者封侯至矣。"出乃相告，下邳皆下。周丘一夜得三万人，使人报吴王，遂将其兵北略城邑。比至城阳，兵十余万，破城阳中尉军。闻吴王败走，自度无与共成功，即引兵归下邳。未至，痈发背死。

二月，吴王兵既破，败走，于是天子制诏将军："盖闻为善者天报以福，为非者天报以殃。高皇帝亲垂功德，建立诸侯，幽王、悼惠王绝无后，孝文皇帝哀怜加惠，王幽王子遂、悼惠王子卬等，令奉其先王宗庙，为汉藩国，德配天地，明并日月。而吴王濞背德反义，诱受天下亡命罪人，乱天下币，称疾不朝二十余年。有司数请濞罪，孝文皇帝宽之，欲其改行为善。今乃与楚王戊、赵王遂、胶西王卬、济南王辟光、菑川王贤、胶东王雄渠约从谋反，为逆无道，起兵以危宗庙，贼杀大臣及汉使者，迫劫万民，伐杀无罪，烧残民家，掘其丘垄，甚为虐暴。而卬等又重逆无道，烧宗庙，卤御物，朕甚痛之。朕素服避正殿，将军其劝士大夫击反虏。击反虏者，深入多杀为功，斩首捕虏比三百石以上皆杀，无有所置。敢有议诏及不如诏者，皆要斩。”

初，吴王之度淮，与楚王遂西败棘壁，乘胜而前，锐甚。梁孝王恐，遣将军击之，又败梁两军，士卒皆还走。梁数使使条侯求救，条侯不许。又使使诉条侯于上，上使告条侯救梁，又守便宜不行，梁使韩安国及楚死事相弟张羽为将军，乃得颇败吴兵。吴兵欲西，梁城守，不敢西，即走条侯军，会下邑。欲战，条侯壁，不肯战。吴粮绝，卒饥，数挑战，遂夜奔条侯壁，惊东南。条侯使备西北，果从西北。不得入，吴大败，士卒多饥死叛散。于是吴王乃与其戏下壮士千人夜亡去，度淮走丹徒，保东越。东越兵可万余人，使人收聚亡卒。汉使人以利啖东越，东越即绐吴王，吴王出劳军，使人鏦杀吴王，盛其头，驰传以闻。吴王太子驹亡走闽越。吴王之弃军亡也，军遂溃，往往稍降太尉条侯及梁军。楚王戊军败，自杀。

三王之围齐临菑也，三月不能下。汉兵至，胶西、胶东、菑川王各引兵归国。胶西王徒跣，席稿，饮水，谢太后。王太子德曰：“汉兵还，臣观之以罢，可袭，愿收王余兵击之，不胜而逃入海，未晚也。”王曰：“吾士卒皆已坏，不可用之。”不听。汉将弓高侯颓当遗王书曰：“奉诏诛不义，降者赦，除其罪，复故；不降者灭之。王何处？须以从事。”王肉袒叩头汉军壁，谒曰：“臣卬奉法不谨，惊骇百姓，乃苦将军远道至于穷国，敢请菹醢之罪。”弓高侯执金鼓见之，曰：“王苦军事，愿闻王发兵状。”王顿首膝行对曰："今者，朝错天子用事臣，变更高皇帝法令，侵夺诸侯地。卬等以为不义，恐其败乱天下，七国发兵，且以诛错。今闻错已诛，卬等谨已罢兵归。"将军曰："王苟以错为不善，何不以闻？及未有诏虎符，擅发兵击义国。以此观之，意非徒欲诛错也！"乃出诏书为王读之，曰："王其自图之。"王曰："如卬等死有余罪。"遂自杀。太后、太子皆死。胶东、菑川、济南王皆伏诛。郦将军攻赵，十月而下之，赵王自杀。济北王以劫故，不诛。

初，吴王首反，并将楚兵，连齐、赵。正月起，三月皆破灭。

赞曰：荆王王也，由汉初定，天下未集，故虽疏属，以策为王，镇江、淮之间。刘泽发于田生，权激吕氏，然卒南面称孤者三世。事发相重，岂不危哉！吴王擅山海之利，能薄敛以使其众，逆乱之萌，自其子兴。古者诸侯不过百里，山海不以封，盖防此矣。朝错为国远虑，祸反及身。"毋为权首，将受其咎"，岂谓错哉！

汉书卷三十六

楚元王传第六

楚元王交字游，高祖同父少弟也。好书，多材艺。少时尝与鲁穆生、白生、申公俱受《诗》于浮丘伯。伯者，孙卿门人也。及秦焚书，各别去。

高祖兄弟四人，长兄伯，次仲，伯蚤卒。高祖既为沛公，景驹自立为楚王。高祖使仲与审食其留侍太上皇，交与萧、曹等俱从高祖见景驹，遇项梁，共立楚怀王。因西攻南阳，入武关，与秦战于蓝田。至霸上，封交为文信君，从入蜀汉，还定三秦，诛项籍。即帝位，交与卢绾常侍上，出入卧内，传言语诸内事隐谋。而上从父兄刘贾数别将。

汉六年，既废楚王信，分其地为二国，立贾为荆王，交为楚王，王薛郡、东海、彭城三十六县，先有功也。后封次兄仲为代王，长子肥为齐王。

初，高祖微时，常避事，时时与宾客过其丘嫂食。嫂厌叔与客来，阳为羹尽，轑釜，客以故去。已而视釜中有羹，繇是怨嫂。及立齐、代王，而伯子独不得侯。太上皇以为言，高祖曰："某非敢忘封之也，为其母不长者。”七年十月，封其子信为羹颉侯。

元王既至楚，以穆生、白生、申公为中大夫。高后时，浮丘伯在长安，元王遣子郢客与申公俱卒业。文帝时，闻申公为《诗》最精，以为博士。元王好《诗》，诸子皆读《诗》，申公始为《诗》传，号《鲁诗》。元王亦次之《诗》传，号曰《元王诗》，世或有之。

高后时，以元王子郢客为宗正，封上邳侯。元王立二十三年薨，太子辟非先卒，文帝乃以宗正上邳侯郢客嗣，是为夷王。申公为博士，失官，随郢客归，复以为中大夫。立四年薨，子戊嗣。文帝尊宠元王，子生，爵比皇子。景帝即位，以亲亲封元王宠子五人：子礼为平陆侯，富为休侯，岁为沈犹侯，埶为宛朐侯，调为棘乐侯。

初，元王敬礼申公等，穆生不耆酒，元王每置酒，常为穆生设醴。及王戊即位，常设，后忘设焉。穆生退曰："可以逝矣！醴酒不设，王之意怠，不去，楚人将钳我于市。”称疾卧。申公、白生强起之曰："独不念先王之德与？今王一旦失小礼，何足至此！”穆生曰："《易》称‘知几其神乎！几者动之微，吉凶之先见者也。君子见几而作，不俟终日’。先王之所以礼吾三人者，为道之存故也；今而忽之，是忘道也。忘道之人，胡可与久处！岂为区区之礼哉？”遂谢病去。申公、白生独留。

王戊稍淫暴，二十年，为薄太后服私奸，削东海、薛郡，乃与吴通谋。二人谏，不听，胥靡之，衣之赭衣，使杵臼雅舂于市。休侯使人谏王，王曰："季父不吾与，我起，先取季父矣。”休侯惧，乃与母太夫人奔京师。二十一年春，景帝之三年也，削书到，遂应吴王反。其相张尚、太傅赵夷吾谏，不听。遂杀尚、夷吾，起兵会吴西攻梁，破棘壁，至昌邑南，与汉将周亚夫战。汉绝吴、楚粮道，士饥，吴王走，戊自杀，军遂降汉。

汉已平吴、楚，景帝乃立宗正平陆侯礼为楚王，奉元王后，是为文王。四年薨，子安王道嗣。二十二年薨，子襄王注嗣。十四年薨，子节王纯嗣。十六年薨，子延寿嗣。宣帝即位，延寿以为广陵王胥武帝子，天下有变必得立，阴欲附倚辅助之，故为其后母弟赵何齐取广陵王女为妻。与何齐谋曰："我与广陵王相结，天下不安，发兵助之，使广陵王立，何齐尚公主，列侯可得也。"因使何齐奉书遗广陵王曰："愿长耳目，毋后人有天下。"何齐父长年上书告之。事下有司，考验辞服，延寿自杀。立三十二年，国除。

初，休侯富既奔京师，而王戊反，富等皆坐免侯，削属籍。后闻其数谏戊，乃更封为红侯。太夫人与窦太后有亲，惩山东之寇，求留京师，诏许之。富子辟强等四人供养，仕于朝。太夫人薨，赐茔，葬灵户。富传国至曾孙，无子，绝。

辟强字少卿，亦好读《诗》，能属文。武帝时，以宗室子随二千石论议，冠诸宗室。清静少欲，常以书自娱，不肯仕。昭帝即位，或说大将军霍光曰："将军不见诸吕之事乎？处伊尹、周公之位，摄政擅权，而背宗室，不与共职，是以天下不信，卒至于灭亡。今将军当盛位，帝春秋富，宜纳宗室，又多与大臣共事，反诸吕道，如是则可以免患。"光然之，乃择宗室可用者。辟强子德待诏丞相府，年三十余，欲用之。或言父见在，亦先帝之所宠也。遂拜辟强为光禄大夫，守长乐卫尉，时年已八十矣。徙为宗正，数月卒。

德字路叔，修黄老术，有智略。少时数言事，召见甘泉宫，武帝谓之“千里驹”。昭帝初，为宗正丞，杂治刘泽诏狱。父为宗正，徙大鸿胪丞，迁太中大夫，后复为宗正，杂案上官氏、盖主事。德常持《老子》“知足”之计。妻死，大将军光欲以女妻之，德不敢取，畏盛满也。盖长公主孙谭遮德自言，德数责以公主起居无状。侍御史以为光望不受女，承指劾德诽谤诏狱，免为庶人，屏居山田。光闻而恨之，复白召德守青州刺史。岁余，复为宗正，与立宣帝，以定策赐爵关内侯。地节中，以亲亲行谨厚封为阳城侯。子安民为郎中右曹，宗家以德得官宿卫者二十余人。

德宽厚，好施生，每行京兆尹事，多所平反罪人。家产过百万，则以振昆弟宾客食饮，曰：“富，民之怨也。”立十一年，子向坐铸伪黄金，当伏法，德上书讼罪。会薨，大鸿胪奏德讼子罪，失大臣体，不宜赐谥置嗣。制曰：“赐谥缪侯，为置嗣。”传至孙庆忌，复为宗正、太常。薨，子岑嗣，为诸曹中郎将，列校尉，至太常。薨，传子，至王莽败，乃绝。

向字子政，本名更生。年十二，以父德任为辇郎。既冠，以行修饬擢为谏大夫。是时，宣帝循武帝故事，招选名儒俊材置左右。更生以通达能属文辞，与王褒、张子侨等并进对，献赋颂凡数十篇。上复兴神仙方术之事，而淮南有枕中《鸿宝苑秘书》。书言神仙使鬼物为金之术，及邹衍重道延命方，世人莫见，而更生父德武帝时治淮南狱得其书。更生幼而读诵，以为奇，献之，言黄金可成。上令典尚方铸作事，费甚多，方不验。上乃下更生吏，吏劾更生铸伪黄金，系当死。更生兄阳城侯安民上书，入国户半，赎更生罪。上亦奇其材，得逾冬减死论。会初立《穀梁春秋》，征更生受《穀梁》，讲论《五经》于石渠。复拜为郎中、给事黄门，迁散骑、谏大夫、给事中。

元帝初即位，太傅萧望之为前将军，少傅周堪为诸吏光禄大夫，皆领尚书事，甚见尊任。更生年少于望之、堪，然二人重之，荐更生宗室忠直，明经有行，擢为散骑、宗正、给事中，与侍中金敞拾遗于左右。四人同心辅政，患苦外戚许、史在位放纵，而中书宦官弘恭、石显弄权。望之、堪、更生议，欲白罢退之。未白而语泄，遂为许、史及恭、显所谮诉，堪、更生下狱，及望之皆免官。语在《望之传》。其春地震，夏，客星见昴、卷舌间。上感悟，下诏赐望之爵关内侯，奉朝请。秋，征堪、向，欲以为谏大夫，恭、显白皆为中郎。冬，地复震。时恭、显、许、史子弟侍中诸曹，皆侧目于望之等，更生惧焉，乃使其外亲上变事，言：

窃闻故前将军萧望之等，皆忠正无私，欲致大治，忤于贵戚尚书。今道路人闻望之等复进，以为且复见毁谗，必曰尝有过之臣不宜复用，是大不然。臣闻春秋地震，为在位执政太盛也，不为三独夫动，亦已明矣。且往者高皇帝时，季布有罪，至于夷灭，后赦以为将军，高后、孝文之间卒为名臣。孝武帝时，兒宽有重罪系，按道侯韩说谏曰："前吾丘寿王死，陛下至今恨之；今杀宽，后将复大恨矣！"上感其言，遂贳宽，复用之，位至御史大夫，御史大夫未有及宽者也。又董仲舒坐私为灾异书，主父偃取奏之，下吏，罪至不道，幸蒙不诛，复为太中大夫、胶西相，以老病免归。汉有所欲兴，常有诏问。仲舒为世儒宗，定议有益天下。孝宣皇帝时，夏侯胜坐诽谤系狱三年，免为庶人。宣帝复用胜，至长信少府、太子太傅，名敢直言，天下美之。若乃群臣，多此比类，难一二记。有过之臣，无负国家，有益天下，此四臣者，足以观矣。

前弘恭奏望之等狱决，三月，地大震。恭移病出，后复视事，天阴雨雪。由是言之，地动殆为恭等。

臣愚以为宜退恭、显以章蔽善之罚，进望之等以通贤者之路。如此，太平之门开，灾异之原塞矣。

书奏，恭、显疑其更生所为，白请考奸诈。辞果服，遂逮更生系狱，下太傅韦玄成、谏大夫贡禹，与廷尉杂考。劾更生前为九卿，坐与望之、堪谋排车骑将军高、许、史氏侍中者，毁离亲戚，欲退去之，而独专权。为臣不忠，幸不伏诛，复蒙恩征用，不悔前过，而教令人言变事，诬罔不道。更生坐免为庶人。而望之亦坐使子上书自冤前事，恭、显白令诣狱置对。望之自杀。天子甚悼恨之，乃擢周堪为光禄勋，堪弟子张猛光禄大夫、给事中，大见信任。恭、显惮之，数谮毁焉。更生见堪、猛在位，几己得复进，惧其倾危，乃上封事谏曰：

臣前幸得以骨肉备九卿，奉法不谨，乃复蒙恩。窃见灾异并起，天地失常，征表为国。欲终不言，念忠臣虽在甽亩，犹不忘君，惓惓之义也。况重以骨肉之亲，又加以旧恩未报乎！欲竭愚诚，又恐越职，然惟二恩未报，忠臣之义，一抒愚意，退就农亩，死无所恨。

臣闻舜命九官，济济相让，和之至也。众贤和于朝，则万物和于野。故箫《韶》九成，而凤皇来仪；击石拊石，百兽率舞。

四海之内，靡不和宁。及至周文，开基西郊，杂遝众贤，罔不肃和，崇推让之风，以销分争之讼。文王既没，周公思慕，歌咏文王之德。其《诗》曰："于穆清庙，肃雍显相；济济多士，秉文之德。"当此之时，武王、周公继政，朝臣和于内，万国欢于外，故尽得其欢心，以事其先祖。其《诗》曰："有来雍雍，至止肃肃，相维辟公，天子穆穆。"言四方皆以和来也。诸侯和于下，天应报于上，故《周颂》曰"降福穰穰"，又曰"饴我釐辫"。釐辫，大麦也，始自天降。此皆以和致和，获天助也。

下至幽、厉之际，朝廷不和，转相非怨，诗人疾而忧之曰："民之无良，相怨一方。"众小在位而从邪议，歙歙相是而背君子，故其《诗》曰："歙歙訿訿，亦孔之哀！谋之其臧，则具是违；谋之不臧，则具是依！"君子独处守正，不桡众枉，勉强以从王事则反见憎毒谗诉，故其《诗》曰："密勿从事，不敢告劳，无罪无辜，谗口嗷嗷！"当是之时，日月薄蚀而无光，其《诗》曰："朔日辛卯，日有蚀之，亦孔之丑！"又曰："彼月而微，此日而微，今此下民，亦孔之哀！"又曰："日月鞠凶，不用其行；四国无政，不用其良！"天变见于上，地变动于下，水泉沸腾，山谷易处。其《诗》曰："百川沸腾，山冢卒崩，高岸为谷，深谷为陵。哀今之人，胡憯莫惩！"霜降失节，不以其时，其《诗》曰："正月繁霜，我心忧伤；民之讹言，亦孔之将！"言民以是为非，甚众大也。此皆不和，贤不肖易位之所致也。

自此之后，天下大乱，篡杀殃祸并作，厉王奔彘，幽王见杀。至乎平王末年，鲁隐之始即位也，周大夫祭伯乖离不和，出奔于鲁，而《春秋》为讳，不言来奔，伤其祸殃自此始也。是后尹氏世卿而专恣，诸侯背畔而不朝，周室卑微。二百四十二年之间，日食三十六，地震五，山陵崩阤二，彗星三见，夜常星不见，夜中星陨如雨一，火灾十四。长狄入三国，五石陨坠，六鹢退飞，多麋，有蜮、蜚，鸜鹆来巢者，皆一见。昼冥晦。雨木冰。李梅冬实。七月霜降，草木不死。八月杀菽。大雨雹。雨雪雷霆失序相乘。水、旱、饥，蝝、螽、螟蜂午并起。当是时，祸乱辄应，弑君三十六，亡国五十二，诸侯奔走，不得保其社稷者，不可胜数也。周室多祸：晋败其师于贸戎；伐其郊；郑伤桓王；戎执其使；卫侯朔召不往，齐逆命而助朔；五大夫争权，三君更立，莫能正理。遂至陵夷不能复兴。

由此观之，和气致祥，乖气致异；祥多者其国安，异众者其国危，天地之常经，古今之通义也。今陛下开三代之业，招文学之士，优游宽容，使得并进。今贤不肖浑殽，白黑不分，邪正杂糅，忠谗并进。章交公车，人满北军。朝臣舛午，胶戾乖剌，更相谗诉，转相是非。传授增加，文书纷纠，前后错缪，毁誉浑乱。所以营惑耳目，感移心意，不可胜载。分曹为党，往往群朋，将同心以陷正臣。正臣进者，治之表也；正臣陷者，乱之机也。乘治乱之机，未知孰任，而灾异数见，此臣所以寒心者也。夫乘权藉势之人，子弟鳞集于朝，羽翼阴附者众，辐凑于前，毁誉将必用，以终乖离之咎。是以日月无光，雪霜夏陨，海水沸出，陵谷易处，列星失行，皆怨气之所致也。夫遵衰周之轨迹，循诗人之所刺，而欲以成太平，致雅颂，犹却行而求及前人也。初元以来六年矣，案《春秋》六年之中，灾异未有稠如今者也。夫有《春秋》之异，无孔子之救，犹不能解纷，况甚于《春秋》乎？

原其所以然者，谗邪并进也。谗邪之所以并进者，由上多疑心，既已用贤人而行善政，如或谮之，则贤人退而善政还。夫执狐疑之心者，来谗贼之口；持不断之意者，开群枉之门。谗邪进则众贤退，群枉盛则正士消。故《易》有“否”、“泰”。小人道长，君子道消，君子道消，则政日乱，故为“否”。否者，闭而乱也。君子道长，小人道消，小人道消，则政日治，故为“泰”。泰者，通而治也。《诗》又云“雨雪麃麃，见晛聿消”，与《易》同义。昔者鲧、共工、驩兜与舜、禹杂处尧朝，周公与管、蔡并居周位，当是时，迭进相毁，流言相谤，岂可胜道哉！帝尧、成王能贤舜、禹、周公而消共工、管、蔡，故以大治，荣华至今。孔子与季、孟偕仕于鲁，李斯与叔孙俱宦于秦，定公、始皇贤季、孟、李斯而消孔子、叔孙，故以大乱，污辱至今。故治乱荣辱之端，在所信任；信任既贤，在于坚固而不移。《诗》云“我心匪石，不可转也”，言守善笃也。《易》曰“涣汗其大号”，言号令如汗，汗出而不反者也。今出善令，未能逾时而反，是反汗也；用贤未能三旬而退，是转石也。《论语》曰：“见不善如探汤。”今二府奏佞谄不当在位，历年而不去。故出令则如反汗，用贤则如转石，去佞则如拔山，如此望阴阳之调，不亦难乎！

是以群小窥见间隙，缘饰文字，巧言丑诋，流言飞文，哗于民间。故《诗》云：“忧心悄悄，愠于群小。”下人成群，诚足愠也。昔孔子与颜渊、子贡更相称誉，不为朋党；禹、稷与皋陶传相汲引，不为比周。何则？忠于为国，无邪心也。故贤人在上位，则引其类而聚之于朝，《易》曰“飞龙在天，大人聚也”；在下位，则思与其类俱进，《易》田“拔茅茹以其汇，征吉”。在上则引其类，在下则推其类，故汤用伊尹，不仁者远，而众贤至，类相致也。今佞邪与贤臣并在交戟之内，合党共谋，违善依恶，歙歙泚泚，数设危险之言，欲以倾移主上。如忽然用之，此天地之所以先戒，灾异之所以重至者也。

自古明圣，未有无诛而治者也，故舜有四放之罚，而孔子有两观之诛，然后圣化可得而行也。今以陛下明知，诚深思天地之心，迹察两观之诛，览“否”、“泰”之卦，观雨雪之诗，历周、唐之所进以为法，原秦、鲁之所消以为戒，考祥应之福，省灾异之祸，以揆当世之变，放远佞邪之党，坏散险诐之聚，杜闭群枉之门，广开众正之路，决断狐疑，分别犹豫，使是非炳然可知，则百异消灭，而众祥并至，太平之基，万世之利也。

臣幸得托肺附，诚见阴阳不调，不敢不通所闻。窃推《春秋》灾异，以救今事一二，条其所以，不宜宣泄。臣谨重封昧死上。

恭、显见其书，愈与许、史比而怨更生等。堪性公方，自见孤立，遂直道而不曲。是岁夏寒，日青无光，恭、显及许、史皆言堪、猛用事之咎。上内重堪，又患众口之浸润，无所取信。时长安令杨兴以材能幸，常称誉堪。上欲以为助，乃见问兴：“朝臣龂龂不可光禄勋，何邪？”兴者，倾巧士，谓上疑堪，因顺指曰：“堪非独不可于朝廷，自州里亦不可也。臣见众人闻堪前与刘更生等谋毁骨肉，以为当诛，故臣前言堪不可诛伤，为国养恩也。”上曰：“然此何罪而诛？今宜奈何？”兴曰：“臣愚以为可赐爵关内侯，食邑三百户，勿令典事。明主不失师傅之恩，此最策之得者也。”上于是疑。会城门校尉诸葛丰亦言堪、猛短，上因发怒免丰。语在其《传》。又曰："丰言堪、猛贞信不立，朕闵而不治，又惜其材能未有所效，其左迁堪为河东太守，猛槐里令。"

显等专权日甚。后三岁余，孝宣庙阙灾，其晦，日有蚀之。于是上召诸前言日变在堪、猛者责问，皆稽首谢。乃因下诏曰："河东太守堪，先帝贤之，命而傅朕。资质淑茂，道术通明，论议正直，秉心有常，发愤悃愊，信有忧国之心。以不能阿尊事贵，孤特寡助，抑厌遂退，卒不克明。往者众臣见异，不务自修，深惟其故，而反晻昧说天，托咎此人。朕不得已，出而试之，以彰其材。堪出之后，大变仍臻，众亦嘿然。堪治未期年，而三老官属有识之士咏颂其美，使者过郡，靡人不称。此固足以彰先帝之知人，而朕有以自明也。俗人乃造端作基，非议诋欺，或引幽隐，非所宜明，意疑以类，欲以陷之，朕亦不取也。朕迫于俗，不得专心，乃者天著大异，朕甚惧焉。今堪年衰岁暮，恐不得自信，排于众人，将安究之哉？其征堪诣行在所。"拜为光禄大夫，秩中二千石，领尚书事。猛复为太中大夫给事中。显干尚书事，尚书五人，皆其党也。堪希得见，常因显白事，事决显口。会堪疾瘖，不能言而卒。显诬谮猛，令自杀于公车。更生伤之，乃著《疾谗》、《擿要》、《救危》及《世颂》，凡八篇，依兴古事，悼己及同类也。遂废十余年。

成帝即位，显等伏辜，更生乃复进用，更名向。向以故九卿召拜为中郎，使领护三辅都水。数奏封事，迁光禄大夫。是时，帝元舅阳平侯王凤为大将军，秉政，倚太后，专国权。兄弟七人皆封为列侯。时数有大异，向以为外戚贵盛，凤兄弟用事之咎。而上方精于《诗》、《书》，观古文，诏向领校中《五经》秘书。

向见《尚书·洪范》，箕子为武王陈五行阴阳休咎之应。向乃集合上古以来历春秋六国至秦、汉符瑞灾异之记，推迹行事，连传祸福，著其占验，比类相从，各有条目，凡十一篇，号曰《洪范五行传论》，奏之。天子心知向忠精，故为凤兄弟起此论也，然终不能夺王氏权。

久之，营起昌陵，数年不成，复还归延陵，制度泰奢。向上疏谏曰：

臣闻《易》曰："安不忘危，存不忘亡，是以身安而国家可保也。"故贤圣之君，博观终始，穷极事情，而是非分明。王者必通三统，明天命所授者博，非独一姓也。孔子论《诗》，至于"殷士肤敏，祼将于京"，喟然叹曰："大哉天命！善不可不传于子孙，是以富贵无常；不如是，则王公其何以戒慎，民萌何以劝勉？"盖伤微子之事周，而痛殷之亡也。虽有尧、舜之圣，不能化丹朱之子；虽有禹、汤之德，不能训末孙之桀、纣。自古及今，未有不亡之国也。昔高皇帝既灭秦，将都雒阳，感寤刘敬之言，自以德不及周，而贤于秦，遂徙都关中，依周之德，因秦之阻。世之长短，以德为效，故常战栗，不敢讳亡。孔子所谓"富贵无常"，盖谓此也。

孝文皇帝居霸陵，北临厕，意凄怆悲怀，顾谓群臣曰："嗟乎！以北山石为椁，用纻絮斫陈漆其间，岂可动哉！"张释之进曰："使其中有可欲，虽锢南山犹有隙；使其中无可欲，虽无石椁，又何戚焉？"夫死者无终极，而国家有废兴，故释之之言，为无穷计也。孝文寤焉，遂薄葬，不起山坟。

《易》曰："古之葬者，厚衣之以薪，臧之中野，不封不树。

后世圣人易之以棺椁。”棺椁之作，自黄帝始。黄帝葬于桥山，尧葬济阴，丘垅皆小，葬具甚微。舜葬苍梧，二妃不从。禹葬会稽，不改其列。殷汤无葬处。文、武、周公葬于毕，秦穆公葬于雍橐泉宫祈年馆下，樗里子葬于武库，皆无丘陇之处。此圣帝明王贤君智士远览独虑无穷之计也。其贤臣孝子亦承命顺意而薄葬之，此诚奉安君父，忠孝之至也。

夫周公，武王弟也，葬兄甚微。孔子葬母于防，称古墓而不坟，曰："丘，东西南北之人也，不可不识也。"为四尺坟，遇雨而崩。弟子修之，以告孔子，孔子流涕曰："吾闻之，古者不修墓。"盖非之也。延陵季子适齐而反，其子死，葬于嬴、博之间，穿不及泉，敛以时服，封坟掩坎，其高可隐，而号曰："骨肉归复于土，命也，魂气则无不之也。"夫嬴、博去吴千有余里，季子不归葬。孔子往观曰："延陵季子于礼合矣。"故仲尼孝子，而延陵慈父，舜、禹忠臣，周公弟弟，其葬君亲骨肉，皆微薄矣；非苟为俭，诚便于体也。宋桓司马为石椁，仲尼曰"不如速朽"。秦相吕不韦集知略之士而造《春秋》，亦言薄葬之义，皆明于事情者也。

逮至吴王阖闾，违礼厚葬，十有余年，越人发之。及秦惠文、武、昭、孝文、严襄五王，皆大作丘陇，多其瘗臧，咸尽发掘暴露，甚足悲也。秦始皇帝葬于骊山之阿，下锢三泉，上崇山坟，其高五十余丈，周回五里有余；石椁为游馆，人膏为灯烛，水银为江海，黄金为凫雁。珍宝之臧，机械之变，棺椁之丽，宫馆之盛，不可胜原。又多杀宫人，生薶工匠，计以万数。天下苦其役而反之，骊山之作未成，而周章百万之师至其下矣。项籍燔其宫室营宇，往者咸见发掘。其后牧儿亡羊，羊入其凿，牧者持火照求羊，失火烧其臧椁。自古至今，葬未有盛如始皇者也，数年之间，外被项籍之灾，内离牧竖之祸，岂不哀哉！

是故德弥厚者葬弥薄，知愈深者葬愈微。无德寡知，其葬愈厚，丘陇弥高，宫庙甚丽，发掘必速。由是观之，明暗之效，葬之吉凶，昭然可见矣。周德既衰而奢侈，宣王贤而中兴，更为俭宫室，小寝庙。诗人美之，《斯干》之诗是也，上章道宫室之如制，下章言子孙之众多也。及鲁严公刻饰宗庙，多筑台囿，后嗣再绝，《春秋》刺焉。周宣如彼而昌，鲁、秦如此而绝，是则奢俭之得失也。

陛下即位，躬亲节俭，始营初陵，其制约小，天下莫不称贤明。及徙昌陵，增埤为高，积土为山，发民坟墓，积以万数，营起邑居，期日迫卒，功费大万百余。死者恨于下，生者愁于上，怨气感动阴阳，因之以饥馑，物故流离以十万数，臣甚惽焉。以死者为有知，发人之墓，其害多矣；若其无知，又安用大？谋之贤知则不说，以示众庶则苦之；若苟以说愚夫淫侈之人，又何为哉！陛下慈仁笃美甚厚，聪明疏达盖世，宜弘汉家之德，崇刘氏之美，光昭五帝、三王，而顾与暴秦乱君竞为奢侈，比方丘垅，说愚夫之目，隆一时之观，违贤知之心，亡万世之安，臣窃为陛下羞之。唯陛下上览明圣黄帝、尧、舜、禹、汤、文、武、周公、仲尼之制，下观贤知穆公、延陵、樗里、张释之之意。孝文皇帝去坟薄葬，以俭安神，可以为则；秦昭、始皇增山厚臧，以侈生害，足以为戒。初陵之模，宜从公卿大臣之议，以息众庶。书奏，上甚感向言，而不能从其计。向睹俗弥奢淫，而赵、卫之属起微贱，逾礼制。向以为王教由内及外，自近者始。故采取《诗》、《书》所载贤妃贞妇，兴国显家可法则，及孽嬖乱亡者，序次为《列女传》，凡八篇，以戒天子。及采传记行事，著《新序》、《说苑》凡五十篇奏之。数上疏言得失，陈法戒。书数十上，以助观览，补遗阙。上虽不能尽用，然内嘉其言，常嗟叹之。

时上无继嗣，政由王氏出，灾异浸甚。向雅奇陈汤智谋，与相亲友，独谓汤曰："灾异如此，而外家日盛，其渐必危刘氏。吾幸得同姓末属，累世蒙汉厚恩，身为宗室遗老，历事三主。上以我先帝旧臣，每进见常加优礼，吾而不言，孰当言者？"向遂上封事极谏曰：

臣闻人君莫不欲安，然而常危；莫不欲存，然而常亡：失御臣之术也。夫大臣操权柄，持国政，未有不为害者也。昔晋有六卿，齐有田、崔，卫有孙、甯，鲁有季、孟，常掌国事，世执朝柄。终后田氏取齐；六卿分晋；崔杼弑其君光；孙林父、甯殖出其君衎，弑其君剽；季氏八佾舞于庭，三家者以《雍》彻，并专国政，卒逐昭公。周大夫尹氏管朝事，浊乱王室，子朝、子猛更立，连年乃定。故经曰"王室乱"，又曰"尹氏杀王子克"，甚之也。《春秋》举成败，录祸福，如此类甚众，皆阴盛而阳微，下失臣道之所致也。故《书》曰："臣之有作威作福，害于而家，凶于而国。"孔子曰："禄去公室，政逮大夫"，危亡之兆。秦昭王舅穰侯及泾阳、叶阳君专国擅势，上假太后之威，三人者权重于昭王，家富于秦国，国甚危殆，赖寤范雎之言，而秦复存。二世委任赵高，专权自恣，壅蔽大臣，终有阎乐望夷之祸，秦遂以亡。近事不远，即汉所代也。

汉兴，诸吕无道，擅相尊王。吕产、吕禄席太后之宠，据将相之位，兼南北军之众，拥梁、赵王之尊，骄盈无厌，欲危刘氏。赖忠正大臣绛侯、朱虚侯等竭诚尽节以诛灭之，然后刘氏复安。今王氏一姓乘朱轮华毂者二十三人，青紫貂蝉充盈幄内，鱼鳞左右。大将军秉事用权，五侯骄奢僭盛，并作威福，击断自恣，行污而寄治，身私而托公，依东宫之尊，假甥舅之亲，以为威重。尚书、九卿、州牧、郡守皆出其门，管执枢机，朋党比周。称誉者登进，忤恨者诛伤；游谈者助之说，执政者为之言。排摈宗室，孤弱公族，其有智能者，尤非毁而不进。远绝宗室之任，不令得给事朝省，恐其与己分权；数称燕王、盖主以疑上心，避讳吕、霍而弗肯称。内有管、蔡之萌，外假周公之论，兄弟据重，宗族磐互。历上古至秦、汉，外戚僭贵未有如王氏者也。虽周皇甫、秦穰侯、汉武安、吕、霍、上官之属，皆不及也。

物盛必有非常之变先见，为其人微象。孝昭帝时，冠石立于泰山，仆柳起于上林。而孝宣帝即位，今王氏先祖坟墓在济南者，其梓柱生枝叶，扶疏上出屋，根垂地中，虽立石起柳，无以过此之明也。事势不两大，王氏与刘氏亦且不并立，如下有泰山之安，则上有累卵之危。陛下为人子孙，守持宗庙，而令国祚移于外亲，降为皂隶，纵不为身，奈宗庙何！妇人内夫家，外父母家，此亦非皇太后之福也。孝宣皇帝不与舅平昌、乐昌侯权，所以安全之也。

夫明者，起福于无形，销患于未然。宜发明诏，吐德音，援近宗室，亲而纳信，黜远外戚，毋授以政，皆罢令就第，以则效先帝之所行，厚安外戚，全其宗族，诚东宫之意，外家之福也。

王氏永存，保其爵禄，刘氏长安，不失社稷，所以褒睦外内之姓，子子孙孙无疆之计也。如不行此策，田氏复见于今，六卿必起于汉，为后嗣忧，昭昭甚明，不可不深图，不可不蚤虑。《易》曰："君不密，则失臣；臣不密，则失身；几事不密，则害成。"唯陛下深留圣思，审固几密，览往事之戒，以折中取信，居万安之实，用保宗庙，久承皇太后，天下幸甚。

书奏，天子召见向，叹息悲伤其意，谓曰："君且休矣，吾将思之。"以向为中垒校尉。

向为人简易无威仪，廉靖乐道，不交接世俗，专积思于经术，昼诵书传，夜观星宿，或不寐达旦。元延中，星孛东井，蜀郡岷山崩雍江。向恶此异，语在《五行志》。怀不能已，复上奏，其辞曰：

臣闻帝舜戒伯禹，毋若丹朱敖；周公戒成王，毋若殷王纣。《诗》曰"殷监不远，在夏后之世"，亦言汤以桀为戒也。圣帝明王常以败乱自戒，不讳废兴，故臣敢极陈其愚，唯陛下留神察焉。

谨案春秋二百四十二年，日蚀三十六，襄公尤数，率三岁五月有奇而壹食。汉兴讫竟宁，孝景帝尤数，率三岁一月而一食。臣向前数言日当食，今连三年比食。自建始以来，二十岁间而八食，率二岁六月而一发，古今罕有。异有小大希稠，占有舒疾缓急，而圣人所以断疑也。《易》曰："观乎天文，以察时变。"昔孔子对鲁哀公，并言夏桀、殷纣暴虐天下，故历失则摄提失方，孟陬无纪，此皆易姓之变也。秦始皇之末至二世时，日月薄食，山陵沦亡，辰星出于四孟，太白经天而行，无云而雷，枉矢夜光，荧惑袭月，孽火烧宫，野禽戏廷，都门内崩，长人见临洮，石陨于东郡，星孛大角，大角以亡。观孔子之言，考暴秦之异，天命信可畏也。

及项籍之败，亦孛大角。汉之入秦，五星聚于东井，得天下之象也。孝惠时，有雨血，日食于冲，灭光星见之异。孝昭时，有泰山卧石自立，上林僵柳复起，大星如月西行，众星随之，此为特异。孝宣兴起之表，天狗夹汉而西，久阴不雨者二十余日，昌邑不终之异也。皆著于《汉纪》。观秦、汉之易世，览惠、昭之无后，察昌邑之不终，视孝宣之绍起，天之去就，岂不昭昭然哉！高宗、成王亦有雊雉拔木之变，能思其故，故高宗有百年之福，成王有复风之报。神明之应，应若景响，世所同闻也。

臣幸得托末属，诚见陛下宽明之德，冀销大异，而兴高宗、成王之声，以崇刘氏，故狠狠数奸死亡之诛。今日食尤屡，星孛东井，摄提炎及紫宫，有识长老莫不震动，此变之大者也。其事难一二记，故《易》曰“书不尽言，言不尽意”，是以设卦指爻，而复说义。《书》曰“伻来以图”，天文难以相晓，臣虽图上，犹须口说，然后可知，愿赐清燕之闲，指图陈状。

上辄入之，然终不能用也。向每召见，数言：“公族者国之枝叶，枝叶落则本根无所庇荫；方今同姓疏远，母党专政，禄去公室，权在外家，非所以强汉宗、卑私门、保守社稷、安固后嗣也。”向自见得信于上，故常显讼宗室，讥刺王氏及在位大臣，其言多痛切，发于至诚。上数欲用向为九卿，辄不为王氏居位者及丞相御史所持，故终不迁。居列大夫官前后三十余年，年七十二卒。卒后十三岁而王氏代汉。

向三子皆好学：长子伋，以《易》教授，官至郡守；中子赐，九卿丞，蚤卒；少子歆，最知名。

歆字子骏，少以通《诗》、《书》能属文召，见成帝，待诏宦者署，为黄门郎。河平中，受诏与父向领校秘书，讲六艺传记，诸子、诗赋、数术、方技，无所不究。向死后，歆复为中垒校尉。

哀帝初即位，大司马王莽举歆宗室有材行，为侍中太中大夫，迁骑都尉、奉车光禄大夫，贵幸。复领《五经》，卒父前业。歆乃集六艺群书，种别为《七略》。语在《艺文志》。

歆及向始皆治《易》，宣帝时，诏向受《穀梁春秋》，十余年，大明习。及歆校秘书，见古文《春秋左氏传》，歆大好之。时丞相史尹咸以能治《左氏》，与歆共校经传。歆略从咸及丞相翟方进受，质问大义。初《左氏传》多古字古言，学者传训故而已，及歆治《左氏》，引传文以解经，转相发明，于是章句义理备焉。歆亦湛靖有谋，父子俱好古，博见强志，过绝于人。歆以为左丘明好恶与圣人同，亲见夫子，而公羊、穀梁在七十子后，传闻之与亲见之，其详略不同。歆数以难向，向不能非间也，然犹自持其《穀梁》义。及歆亲近，欲建立《左氏春秋》及《毛诗》、《逸礼》、《古文尚书》皆列于学官。哀帝令歆与《五经》博士讲论其义，诸博士或不肯置对，歆因移书太常博士，责让之曰：

昔唐、虞既衰，而三代迭兴，圣帝明王，累起相袭，其道甚著。周室既微而礼乐不正，道之难全也如此。是故孔子忧道之不行，历国应聘。自卫反鲁，然后乐正，《雅》、《颂》乃得其所；修《易》，序《书》，制作《春秋》，以纪帝王之道。及夫子没而微言绝，七十子终而大义乖。重遭战国，弃笾豆之礼，更军旅之陈，孔氏之道抑，而孙、吴之术兴。陵夷至于暴秦，燔经书，杀儒士，设挟书之法，行是古之罪，道术由是遂灭。

汉兴，去圣帝明王遐远，仲尼之道绝，法度无所因袭。时独有一叔孙通略定礼仪，天下唯有《易》卜，未有它书。至孝惠之世，乃除挟书之律，然公卿大臣绛、灌之属咸介胄武夫，莫以为意。至孝文皇帝，始使掌故朝错从伏生受《尚书》。《尚书》初出于屋壁，朽折散绝，今其书见在，时师传读而已。《诗》始萌牙。天下众书往往颇出，皆诸子传说，犹广立于学官，为置博士。在汉朝之儒，唯贾生而已。至孝武皇帝，然后邹、鲁、梁、赵颇有《诗》、《礼》、《春秋》先师，皆起于建元之间。当此之时，一人不能独尽其经，或为《雅》，或为《颂》，相合而成。《泰誓》后得，博士集而读之。故诏书称曰："礼坏乐崩，书缺简脱，朕闵焉。"时汉兴已七八十年，离于全经，固已远矣。

及鲁恭王坏孔子宅，欲以为宫，而得古文于坏壁之中，《逸礼》有三十九篇，《书》十六篇。天汉之后，孔安国献之，遭巫蛊仓卒之难，未及施行。及《春秋》左氏丘明所修，皆古文旧书，多者二十余通，臧于秘府，伏而未发。孝成皇帝闵学残文缺，稍离其真，乃陈发秘臧，校理旧文，得此三事，以考学官所传，经或脱简，传或间编。传问民间，则有鲁国桓公、赵国贯公、胶东庸生之遗学与此同，抑而未施。此乃有识者之所惜闵，士君子之所嗟痛也。往者缀学之士不思废绝之阙，苟因陋就寡，分文析字，烦言碎辞，学者罢老且不能究其一艺。信口说而背传记，是末师而非往古，至于国家将有大事，若立辟雍、封禅、巡狩之仪，则幽冥而莫知其原。犹欲保残守缺，挟恐见破之私意，而无从善服义之公心，或怀妒嫉，不考情实，雷同相从，随声是非，抑此三学，以《尚书》为备，谓左氏为不传《春秋》，岂不哀哉！

今圣上德通神明，继统扬业，亦闵文学错乱，学士若兹，虽昭其情，犹依违谦让，乐与士君子同之。故下明诏，试《左氏》可立不，遣近臣奉指衔命，将以辅弱扶微，与二三君子比意同力，冀得废遗。今则不然，深闭固距，而不肯试，猥以不诵绝之，欲以杜塞余道，绝灭微学。夫可与乐成，难与虑始，此乃众庶之所为耳，非所望士君子也。且此数家之事，皆先帝所亲论，今上所考视，其古文旧书，皆有征验，外内相应，岂苟而已哉！

夫礼失求之于野，古文不犹愈于野乎？往者博士《书》有欧阳，《春秋》公羊，《易》则施、孟，然孝宣皇帝犹复广立《穀梁春秋》，《梁丘易》，《大小夏侯尚书》，义虽相反，犹并置之。何则？与其过而废之也，宁过而立之。传曰："文武之道未坠于地，在人；贤者志其大者，不贤者志其小者。"今此数家之言所以兼包大小之义，岂可偏绝哉！若必专己守残，党同门，妒道真，违明诏，失圣意，以陷于文吏之议，甚为二三君子不取也。

其言甚切，诸儒皆怨恨。是时，名儒光禄大夫龚胜以歆移书上疏深自罪责，愿乞骸骨罢。及儒者师丹为大司空，亦大怒，奏歆改乱旧章，非毁先帝所立。上曰："歆欲广道术，亦何以为非毁哉！"歆由是忤执政大臣，为众儒所讪，惧诛，求出补吏，为河内太守。以宗室不宜典三河，徙守五原，后复转在涿郡，历三郡守。数年，以病免官，起家复为安定属国都尉。会哀帝崩，王莽持政，莽少与歆俱为黄门郎，重之，白太后。太后留歆为右曹太中大夫，迁中垒校尉、羲和、京兆尹，使治明堂辟雍，封红休侯。典儒林史卜之官，考定律历，著《三统历谱》。

初，歆以建平元年改名秀，字颖叔云。及王莽篡位，歆为国师，后事皆在《莽传》。

赞曰：仲尼称“材难，不其然与！”自孔子后，缀文之士众矣，唯孟轲、孙况、董仲舒、司马迁、刘向、扬雄，此数公者，皆博物洽闻，通达古今，其言有补于世。传曰“圣人不出，其间必有命世者焉”，岂近是乎？刘氏《洪范论》发明《大传》，著天人之应；《七略》剖判艺文，总百家之绪；《三统历谱》考步日月五星之度，有意其推本之也。呜虖！向言山陵之戒，于今察之，哀哉！指明梓柱以推废兴，昭矣！岂非直谅多闻，古之益友与！

汉书卷三十七

季布栾布田叔传第七

季布，楚人也，为任侠有名。项籍使将兵，数窘汉王。项籍灭，高祖购求布千金，敢有舍匿，罪三族。布匿濮阳周氏，周氏曰："汉求将军急，迹且至臣家，能听臣，臣敢进计；即否，愿先自刭。"布许之，乃髡钳布，衣褐，置广柳车中，并与其家僮数十人，之鲁朱家所卖之。朱家心知其季布也，买置田舍。乃之雒阳见汝阴侯滕公，说曰："季布何罪？臣各为其主用，职耳。项氏臣岂可尽诛邪？今上始得天下，而以私怨求一人，何示不广也！且以季布之贤，汉求之急如此，此不北走胡，南走越耳。夫忌壮士以资敌国，此伍子胥所以鞭荆平之墓也。君何不从容为上言之？"滕公心知朱家大侠，意布匿其所，乃许诺。侍间，果言如朱家指。上乃赦布。当是时，诸公皆多布能摧刚为柔，朱家亦以此名闻当世。布召见，谢，拜郎中。

孝惠时，为中郎将。单于尝为书谩吕太后，太后怒，召诸将议之。上将军樊哙曰："臣愿得十万众，横行匈奴中。"诸将皆阿吕太后，以哙言为然。布曰："樊哙可斩也！夫以高帝兵三十余万，困于平城，哙时亦在其中。今哙奈何以十万众横行匈奴中，面谩！且秦以事胡，陈胜等起。今疮痍未瘳，哙又面谀，欲摇动天下。”是时，殿上皆恐，太后罢朝，遂不复议击匈奴事。

布为河东守。孝文时，人有言其贤，召欲以为御史大夫。人又言其勇，使酒难近。至，留邸一月，见罢。布进曰：“臣待罪河东，陛下无故召臣，此人必有以臣欺陛下者。今臣至，无所受事，罢去，此人必有毁臣者。夫陛下以一人誉召臣，一人毁去臣，臣恐天下有识者闻之，有以窥陛下。”上默然，惭曰：“河东吾股肱郡，故特召君耳。”布之官。

辩士曹丘生数招权顾金钱，事贵人赵谈等，与窦长君善。布闻，寄书谏长君曰：“吾闻曹丘生非长者，勿与通。”及曹丘生归，欲得书请布。窦长君曰：“季将军不说足下，足下无往。”固请书，遂行。使人先发书，布果大怒，待曹丘。曹丘至，则揖布曰：“楚人谚曰‘得黄金百，不如得季布诺’，足下何以得此声梁、楚之间哉！且仆与足下俱楚人，使仆游扬足下名于天下，顾不美乎？何足下距仆之深也！”布乃大说。引入，留数月，为上客，厚送之。布名所以益闻者，曹丘扬之也。

布弟季心气盖关中，遇人恭谨，为任侠，方数千里，士争为死。尝杀人，亡吴，从爰丝匿，长事爰丝，弟畜灌夫、籍福之属。尝为中司马，中尉郅都不敢加。少年多时时窃借其名以行。当是时，季心以勇，布以诺，闻关中。

布母弟丁公，为项羽将，逐窘高祖彭城西。短兵接，汉王急，顾谓丁公曰：“两贤岂相厄哉！”丁公引兵而还。及项王灭，丁公谒见高祖，以丁公徇军中，曰：“丁公为项王臣不忠，使项王失天下者也。”遂斩之，曰：“使后为人臣无效丁公也！”

栾布，梁人也。彭越为家人时，尝与布游，穷困，卖庸于齐，为酒家保。数岁别去，而布为人所略，卖为奴于燕。为其主家报仇，燕将臧荼举以为都尉。荼为燕王，布为将。及荼反，汉击燕，虏布。梁王彭越闻之，乃言上，请赎布为梁大夫。使于齐，未反，汉召彭越责以谋反，夷三族，枭首雒阳，下诏“有收视者辄捕之”。布还，奏事彭越头下，祠而哭之。吏捕以闻。上召布骂曰：“若与彭越反邪？吾禁人勿收，若独祠而哭之，与反明矣。趣亨之。”方提趋汤，顾曰：“愿一言而死。”上曰：“何言？”布曰：“方上之困彭城，败荥阳、成皋间，项王所以不能遂西，徒以彭王居梁地，与汉合从苦楚也。当是之时，彭王壹顾，与楚则汉破，与汉则楚破。且垓下之会，微彭王，项氏不亡。天下已定，彭王剖符受封，欲传之万世。今帝一征兵于梁，彭王病不行，而疑以为反。反形未见，以苛细诛之，臣恐功臣人人自危也。今彭王已死，臣生不如死，请就亨。”上乃释布，拜为都尉。

孝文时，为燕相，至将军。布称曰：“穷困不能辱身，非人也；富贵不能快意，非贤也。”于是尝有德，厚报之；有怨，必以法灭之。吴、楚反时，以功封为鄃侯，复为燕相。燕、齐之间皆为立社，号曰“栾公社”。

布薨，子贲嗣侯，孝武时坐为太常牺牲不如令，国除。

田叔，赵陉城人也。其先，齐田氏也。叔好剑，学黄老术于乐巨公。为人廉直，喜任侠。游诸公，赵人举之赵相赵午，言之赵王张敖，以为郎中。数岁，赵王贤之，未及迁。

会赵午、贯高等谋弑上，事发觉，汉下诏捕赵王及群臣反者。

赵有敢随王，罪三族。唯田叔、孟舒等十余人赭衣自髡钳，随王至长安。赵王敖事白，得出，废王为宣平侯，乃进言叔等十人。上召见，与语，汉廷臣无能出其右者。上说，尽拜为郡守、诸侯相。叔为汉中守十余年。

孝文帝初立，召叔问曰：“公知天下长者乎？”对曰：“臣何足以知之！”上曰：“公长者，宜知之。”叔顿首曰：“故云中守孟舒，长者也。”是时，孟舒坐虏大入云中免。上曰：“先帝置孟舒云中十余年矣，虏常一入，孟舒不能坚守，无故士卒战死者数百人。长者固杀人乎？”叔叩头曰：“夫贯高等谋反，天子下明诏：‘赵有敢随张王者，罪三族！’然孟舒自髡钳，随张王，以身死之，岂自知为云中守哉！汉与楚相距，士卒罢敝，而匈奴冒顿新服北夷，来为边寇，孟舒知士卒罢敝，不忍出言，士争临城死敌，如子为父，以故死者数百人，孟舒岂驱之哉！是乃孟舒所以为长者。”于是上曰：“贤哉孟舒！”复召以为云中守。

后数岁，叔坐法失官。梁孝王使人杀汉议臣爰盎，景帝召叔案梁，具得其事。还报，上曰：“梁有之乎？”对曰：“有之。”“事安在？”叔曰：“上无以梁事为问也。今梁王不伏诛，是废汉法也；如其伏诛，太后食不甘味，卧不安席，此忧在陛下。”于是上大贤之，以为鲁相。

相初至官，民以王取其财物自言者百余人。叔取其渠率二十人笞，怒之曰：“王非汝主邪？何敢自言主！”鲁王闻之，大惭，发中府钱，使相偿之。相曰：“王自使人偿之，不尔，是王为恶而相为善也。”

鲁王好猎，相常从入苑中，王辄休相就馆。相常暴坐苑外，终不休，曰：“吾王暴露，独何为舍？”王以故不大出游。

数年以官卒，鲁以百金祠，少子仁不受，曰：“义不伤先人名。”

仁以壮勇为卫将军舍人，数从击匈奴。卫将军进言仁为郎中，至二千石、丞相长史，失官。后使刺三河，还，奏事称意，拜为京辅都尉。月余，迁司直。数岁，戾太子举兵，仁部闭城门，令太子得亡，坐纵反者族。

赞曰：以项羽之气，而季布以勇显名楚，身履军搴旗者数矣，可谓壮士。及至困厄奴僇，苟活而不变，何也？彼自负其材，受辱不羞，欲有所用其未足也，故终为汉名将。贤者诚重其死。夫婢妾贱人，感慨而自杀，非能勇也，其画无俚之至耳。栾布哭彭越，田叔随张敖，赴死如归，彼诚知所处，虽古烈士，何以加哉！

汉书卷三十八

高五王传第八

高皇帝八男：吕后生孝惠帝，曹夫人生齐悼惠王肥，薄姬生孝文帝，戚夫人生赵隐王如意，赵姬生淮南厉王长，诸姬生赵幽王友、赵共王恢、燕灵王建。淮南厉王长自有传。

齐悼惠王肥，其母高祖微时外妇也。高祖六年立，食七十余城。诸民能齐言者皆与齐。孝惠二年，入朝。帝与齐王燕饮太后前，置齐王上坐，如家人礼。太后怒，乃令人酌两卮鸩酒置前，令齐王为寿。齐王起，帝亦起，欲俱为寿。太后恐，自起反卮。齐王怪之，因不敢饮，阳醉去。问，知其鸩，乃忧，自以为不得脱长安。内史士曰："太后独有帝与鲁元公主，今王有七十余城，而公主乃食数城。王诚以一郡上太后为公主汤沐邑，太后必喜，王无患矣。"于是齐王献城阳郡以尊公主为王太后。吕太后喜而许之。乃置酒齐邸，乐饮，遣王归国。后十三年薨，子襄嗣。

赵隐王如意，九年立。四年，高祖崩，吕太后征王到长安，鸩杀之。无子，绝。

赵幽王友，十一年立为淮阳王。赵隐王如意死，孝惠元年，徙友王赵，凡立十四年。友以诸吕女为后，不爱，爱它姬。诸吕女怒去，谗之于太后曰："王曰'吕氏安得王？太后百岁后，吾必击之'。"太后怒，以故召赵王。赵王至，置邸不见，令卫围守之，不得食。其群臣或窃馈之，辄捕论之。赵王饿，乃歌曰："诸吕用事兮，刘氏微；迫胁王侯兮，强授我妃。我妃既妒兮，诬我以恶；谗女乱国兮，上曾不寤。我无忠臣兮，何故弃国？自快中野兮，苍天与直！于嗟不可悔兮，宁早自贼！为王饿死兮，谁者怜之？吕氏绝理兮，托天报仇！"遂幽死。以民礼葬之长安。

高后崩，孝文即位，立幽王子遂为赵王。二年，有司请立皇子为王。上曰："赵幽王幽死，朕甚怜之。已立其长子遂为赵王。遂弟辟强及齐悼惠王子朱虚侯章、东牟侯兴居有功，皆可王。"于是取赵之河间立辟强，是为河间文王。文王立十三年薨，子哀王福嗣。一年薨，无子，国除。

赵王遂立二十六年，孝景时鼂错以过削赵常山郡，诸侯怨，吴、楚反，遂与合谋起兵。其相建德、内史王悍谏，不听。遂烧杀德、悍，发兵住其西界，欲待吴、楚俱进，北使匈奴与连和。汉使曲周侯郦寄击之，赵王城守邯郸，相距七月。吴、楚败，匈奴闻之，亦不肯入边。栾布自破齐还，并兵引水灌赵城。城坏，王遂自杀，国除。景帝怜赵相、内史守正死，皆封其子为列侯。

赵共王恢。十一年，梁王彭越诛，立恢为梁王。十六年，赵幽王死，吕后徙恢王赵，恢心不乐。太后以吕产女为赵王后，王后从官皆诸吕也，内擅权，微司赵王，王不得自恣。王有爱姬，王后鸩杀之。王乃为歌诗四章，令乐人歌之。王悲思，六月自杀。太后闻之，以为用妇人故自杀，无思奉宗庙礼，废其嗣。

燕灵王建。十一年，燕王卢绾亡入匈奴，明年，立建为燕王。十五年薨，有美人子，太后使人杀之，绝后。

齐悼惠王子，前后凡九人为王：太子襄为齐哀王，次子章为城阳景王，兴居为济北王，将闾为齐王，志为济北王，辟光为济南王，贤为菑川王，卬为胶西王，雄渠为胶东王。

齐哀王襄，孝惠六年嗣立。明年，惠帝崩，吕太后称制。元年，以其兄子鄜侯吕台为吕王，割齐之济南郡为吕王奉邑。明年，哀王弟章入宿卫于汉，高后封为朱虚侯，以吕禄女妻之。后四年，封章弟兴居为东牟侯，皆宿卫长安。高后七年，割齐琅邪郡，立营陵侯刘泽为琅邪王。是岁，赵王友幽死于邸。三赵王既废，高后立诸吕为三王，擅权用事。

章年二十，有气力，忿刘氏不得职。尝入侍燕饮，高后令章为酒吏。章自请曰："臣，将种也，请得以军法行酒。"高后曰："可。"酒酣，章进歌舞，已而曰："请为太后言耕田。"高后儿子畜之，笑曰："顾乃父知田耳，若生而为王子，安知田乎？"章曰："臣知之。"太后曰："试为我言田意。"章曰："深耕穊种，立苗欲疏；非其种者，锄而去之。"太后默然。顷之，诸吕有一人醉，亡酒，章追，拔剑斩之，而还报曰："有亡酒一人，臣谨行军法斩之。"太后左右大惊。业已许其军法，亡以罪也。因罢酒。自是后，诸吕惮章，虽大臣皆依朱虚侯。刘氏为强。

其明年，高后崩。赵王吕禄为上将军，吕王产为相国，皆居长安中，聚兵以威大臣，欲为乱。章以吕禄女为妇，知其谋，乃使人阴出告其兄齐王，欲令发兵西，朱虚侯、东牟侯欲从中与大臣为内应，以诛诸吕，因立齐王为帝。

齐王闻此计，与其舅驷钧、郎中令祝午、中尉魏勃阴谋发兵。齐相召平闻之，乃发兵入卫王宫。魏勃给平曰："王欲发兵，非有汉虎符验也。而相君围王，固善。勃请为君将兵卫卫王。"召平信之，乃使魏勃将。勃既将，以兵围相府。召平曰："嗟乎！道家之言'当断不断，反受其乱'。"遂自杀。于是齐王以驷钧为相，魏勃为将军，祝午为内史，悉发国中兵。使祝午给琅邪王曰："吕氏为乱，齐王发兵欲西诛之。齐王自以儿子，年少，不习兵革之事，愿举国委大王。大王自高帝将也，习战事。齐王不敢离兵，使臣请大王幸之临菑见齐王计事，并将齐兵以西平关中之乱。"琅邪王信之，以为然，乃驰见齐王。齐王与魏勃等因留琅邪王，而使祝午尽发琅邪国而并将其兵。

琅邪王刘泽既欺，不得反国，乃说齐王曰："齐悼惠王，高皇帝长子也，推本言之，大王高皇帝適长孙也，当立。今诸大臣狐疑未有所定，而泽于刘氏最为长年，大臣固待泽决计。今大王留臣无为也，不如使我入关计事。"齐王以为然，乃益具车送琅邪王。

琅邪王既行，齐遂举兵西攻吕国之济南。于是齐王遗诸侯王书曰："高帝平定天下，王诸子弟。悼惠王薨，惠帝使留侯张良立臣为齐王。惠帝崩，高后用事，春秋高，听诸吕擅废帝更立，又杀三赵王，灭梁、赵、燕，以王诸吕，分齐国为四。忠臣进谏，上或乱不听。今高后崩，皇帝春秋富，未能治天下，固待大臣诸侯。今诸吕又擅自尊官，聚兵严威，劫列侯忠臣，挢制以令天下，宗庙以危。寡人帅兵入诛不当为王者。"汉闻之，相国吕产等遣大将军颍阴侯灌婴将兵击之。婴至荥阳，乃谋曰："诸吕举兵关中，欲危刘氏而自立，今我破齐还报，是益吕氏资也。”乃留兵屯荥阳，使人谕齐王及诸侯，与连和，以待吕氏之变而共诛之。齐王闻之，乃屯兵西界待约。

吕禄、吕产欲作乱，朱虚侯章与太尉勃、丞相平等诛之。章首先斩吕产，太尉勃等乃尽诛诸吕。而琅邪王亦从齐至长安。

大臣议欲立齐王，皆曰：“母家驷钧恶戾，虎而冠者也。访以吕氏故，几乱天下，今又立齐王，是欲复为吕氏也。代王母家薄氏，君子长者，且代王，高帝子，于今见在，最为长。以子则顺，以善人则大臣安。”于是大臣乃谋迎代王，而遣章以诛吕氏事告齐王，令罢兵。

灌婴在荥阳，闻魏勃本教齐王反，既诛吕氏，罢齐兵，使使召责问魏勃。勃曰：“失火之家，岂暇先言丈人后救火乎！”因退立，股战而栗。恐不能言者，终无他语。灌将军孰视，笑曰：“人谓魏勃勇，妄庸人耳，何能为乎！”乃罢勃。勃父以善鼓琴见秦皇帝。及勃少时，欲求见齐相曹参，家贫无以自通，乃常独早扫齐相舍人门外。舍人怪之，以为物而司之，得勃。勃曰：“愿见相君无因，故为子扫，欲以求见。”于是舍人见勃，曹参因以为舍人。壹为参御言事，以为贤，言之悼惠王。王召见，拜为内史。始悼惠王得自置二千石。及悼惠王薨，哀王嗣，勃用事重于相。

齐王既罢兵归，而代王立，是为孝文帝。

文帝元年，尽以高后时所割齐之城阳、琅邪、济南郡复予齐，而徙琅邪王王燕。益封朱虚侯、东牟侯各二千户，黄金千斤。

是岁，齐哀王薨，子文王则嗣。十四年薨，无子，国除。

城阳景王章，孝文二年以朱虚侯与东牟侯兴居俱立，二年薨。

子共王喜嗣。孝文十二年，徙王淮南，五年，复还王城阳，凡立三十三年薨。子顷王延嗣，二十六年薨。子敬王义嗣，九年薨。子惠王武嗣，十一年薨。子荒王顺嗣，四十六年薨。子戴王恢嗣，八年薨。子孝王景嗣，二十四年薨。子哀王云嗣，一年薨，无子，国绝。成帝复立云兄俚为城阳王，王莽时绝。

济北王兴居初以东牟侯与大臣共立文帝于代邸，曰："诛吕氏，臣无功，请与太仆滕公俱入清宫。"遂将少帝出，迎皇帝入宫。

始诛诸吕时，朱虚侯章功尤大，大臣许尽以赵地王章，尽以梁地王兴居。及文帝立，闻朱虚、东牟之初欲立齐王，故黜其功。二年，王诸子，乃割齐二郡以王章、兴居。章、兴居意自以失职夺功。岁余，章薨，而匈奴大入边，汉多发兵，丞相灌婴将击之，文帝亲幸太原。兴居以为天子自击胡，遂发兵反，上闻之，罢兵归长安，使棘蒲侯柴将军击破，虏济北王。王自杀，国除。

文帝悯济北王逆乱以自灭，明年，尽封悼惠王诸子罢军等七人为列侯。至十五年，齐文王又薨，无子。时悼惠王后尚有城阳王在，文帝怜悼惠工適嗣之绝，丁是乃分齐为六国，尽立前所封悼惠王子列侯见在者六人为王。齐孝王将闾以杨虚侯立，济北王志以安都侯立，菑川王贤以武成侯立，胶东王雄渠以白石侯立，胶西王印以平昌侯立，济南王辟光以扐侯立。孝文十六年，六王同日俱立。

立十一年，孝景三年，吴、楚反，胶东、胶西、菑川、济南王皆发兵应吴、楚。欲与齐，齐孝王狐疑，城守不听。三国兵共围齐，齐王使路中大夫告于天子。天子复令路中大夫还报，告齐王坚守，汉兵今破吴、楚矣。路中大夫至，三国兵围临菑数重，无从入。三国将与路中大夫盟曰："若反言汉已破矣，齐趣下三国，不且见屠。"路中大夫既许，至城下，望见齐王，曰："汉已发兵百万，使太尉亚夫击破吴、楚，方引兵救齐，齐必坚守无下！"三国将诛路中大夫。

齐初围急，阴与三国通谋，约未定，会路中大夫从汉来，其大臣乃复劝王无下三国。会汉将栾布、平阳侯等兵至齐，击破三国兵，解围。已后闻齐初与三国有谋，将欲移兵伐齐。齐孝王惧，饮药自杀。而胶东、胶西、济南、菑川王皆伏诛，国除。独济北王在。

齐孝王之自杀也，景帝闻之，以为齐首善，以迫劫有谋，非其罪也，召立孝王太子寿，是为懿王。二十三年薨，子厉王次昌嗣。其母曰纪太后。太后取其弟纪氏女为王后，王不爱。纪太后欲其家重宠。令其长女纪翁主入王宫正其后宫无令得近王，欲令爱纪氏女。王因与其姊翁主奸。

齐有宦者徐甲，入事汉皇太后。皇太后有爱女曰脩成君，脩成君非刘氏子，太后怜之。脩成君有女娥，太后欲嫁之于诸侯。宦者甲乃请使齐，必令王上书请娥。皇太后大喜，使甲之齐。时主父偃知甲之使齐以取后事，亦因谓甲："即事成，幸言偃女愿得充王后宫。"甲至齐，风以此事。纪太后怒曰："王有后，后宫备具。且甲，齐贫人，及为宦者入事汉，初无补益，乃欲乱吾王家！且主父偃何为者？乃欲以女充后宫！"甲大穷，还报皇太后曰："王已愿尚娥，然事有所害，恐如燕王。"燕王者，与其子昆弟奸，坐死。故以燕感太后。太后曰："毋复言嫁女齐事！"事浸淫闻于上。主父偃由此与齐有隙。

偃方幸用事，因言："齐临菑十万户，市租千金，人众殷富，巨于长安，非天子亲弟爱子不得王此。今齐王于亲属益疏。"乃从容言吕太后时齐欲反，及吴、楚时孝王几为乱。今闻齐王与其姊乱。于是武帝拜偃为齐相，且正其事。偃至齐，急治王后宫宦者为王通于姊翁主所者，辞及王。王年少，惧以罪为吏所执诛，乃饮药自杀。

是时，赵王惧主父偃壹出败齐，恐其渐疏骨肉，乃上书言偃受金及轻重之短，天子亦因囚偃。公孙弘曰："齐王以忧死，无后，非诛偃无以塞天下之望。"偃遂坐诛。

厉王立五年，国除。

济北王志，吴、楚反时初亦与通谋，后坚守不发兵，故得不诛，徙王菑川。元朔中，齐国绝。悼惠王后唯有二国：城阳、菑川。菑川地比齐，武帝为悼惠王冢园在齐，乃割临菑东圜悼惠王冢园邑尽以予菑川，令奉祭祀。

志立三十五年薨，是为懿王。子靖王建嗣，二十年薨。子顷王遗嗣，三十五年薨。子思王终古嗣。五凤中，青州刺史奏终古使所爱奴与八子及诸御婢奸，终古或参与被席，或白昼使裸伏，犬马交接，终古亲临观。产子，辄曰："乱不可知，使去其子。"事下丞相、御史，奏终古位诸侯王，以令置八子，秩比六百石，所以广嗣重祖也。而终古禽兽行，乱君臣夫妇之别，悖逆人伦，请逮捕。有诏：削四县。二十八年薨。子考王尚嗣，五年薨。子孝王横嗣，三十一年薨。子怀王交嗣，六年薨。子永嗣，王莽时绝。

赞曰：悼惠之王齐，最为大国。以海内初定，子弟少，激秦孤立亡藩辅，故大封同姓，以填天下。时诸侯得自除御史大夫群卿以下众官，如汉朝，汉独为置丞相。自吴、楚诛后，稍夺诸侯权，左官附益阿党之法设。其后诸侯唯得衣食租税，贫者或乘牛车。

汉书卷三十九

萧何曹参传第九

萧何，沛人也。以文毋害为沛主吏掾。高祖为布衣时，数以吏事护高祖。高祖为亭长，常佑之。高祖以吏繇咸阳，吏皆送奉钱三，何独以五。秦御史监郡者，与从事辨之。何乃给泗水卒史事，第一。秦御史欲入言征何，何固请，得毋行。

及高祖起为沛公，何尝为丞督事。沛公至咸阳，诸将皆争走金、帛、财物之府，分之，何独先入收秦丞相、御史律令图书藏之。沛公具知天下厄塞、户口多少、强弱处、民所疾苦者，以何得秦图书也。

初，诸侯相与约，先入关破秦者王其地。沛公既先定秦，项羽后至，欲攻沛公，沛公谢之得解。羽遂屠烧咸阳，与范增谋曰："巴、蜀道险，秦之迁民皆居蜀。"乃曰："蜀汉亦关中地也。"故立沛公为汉王，而三分关中地，王秦降将以距汉王。汉王怒，欲谋攻项羽。周勃、灌婴、樊哙皆劝之，何谏之曰："虽王汉中之恶，不犹愈于死乎？"汉王曰："何为乃死也？"何曰："今众弗如，百战百败，不死何为？《周书》曰‘天予不取，反受其咎’。

语曰‘天汉’，其称甚美。夫能诎于一人之下，而信于万乘之上者，汤、武是也。臣愿大王王汉中，养其民以致贤人，收用巴、蜀，还定三秦，天下可图也。”汉王曰：“善。”乃遂就国，以何为丞相。何进韩信，汉王以为大将军，说汉王令引兵东定三秦。语在《信传》。

何以丞相留收巴、蜀，填抚谕告，使给军食。汉二年，汉王与诸侯击楚，何守关中，侍太子，治栎阳。为令约束，立宗庙、社稷、宫室、县邑，辄奏，上可许以从事，即不及奏，辄以便宜施行，上来以闻。计户转漕给军，汉王数失军遁去，何常兴关中卒，辄补缺。上以此剸属任何关中事。

汉三年，与项羽相距京、索间，上数使使劳苦丞相。鲍生谓何曰：“今王暴衣露盖，数劳苦君者，有疑君心。为君计，莫若遣君子孙昆弟能胜兵者悉诣军所，上益信君。”于是何从其计，汉王大说。

汉五年，已杀项羽，即皇帝位，论功行封，群臣争功，岁余不决。上以何功最盛，先封为酂侯，食邑八千户。功臣皆曰：“臣等身被坚执兵，多者百余战，少者数十合，攻城略地，大小各有差。今萧何未有汗马之劳，徒持文墨议论，不战，顾居臣等上，何也?”上曰：“诸君知猎乎?”曰：“知之。”“知猎狗乎?”曰：“知之。”上曰：“夫猎，追杀兽者狗也，而发纵指示兽处者人也。今诸君徒能走得兽耳，功狗也；至如萧何，发纵指示，功人也。且诸君独以身从我，多者三两人；萧何举宗数十人皆随我，功不可忘也!”群臣后皆莫敢言。

列侯毕已受封，奏位次，皆曰：“平阳侯曹参身被七十创，攻城略地，功最多，宜第一。”上已桡功臣多封何，至位次未有以复难之，然心欲何第一。关内侯鄂秋时为谒者，进曰：“群臣议皆误。夫曹参虽有野战略地之功，此特一时之事。夫上与楚相距五岁，失军亡众，跳身遁者数矣，然萧何常从关中遣军补其处。非上所诏令召，而数万众会上乏绝者数矣。夫汉与楚相守荥阳数年，军无见粮，萧何转漕关中，给食不乏。陛下虽数亡山东，萧何常全关中待陛下，此万世功也。今虽无曹参等百数，何缺于汉？汉得之不必待以全。奈何欲以一旦之功加万世之功哉！萧何当第一，曹参次之。”上曰：“善。”于是乃令何第一，赐带剑履上殿，入朝不趋。上曰：“吾闻进贤受上赏，萧何功虽高，待鄂君乃得明。”于是因鄂秋故所食关内侯邑二千户，封为安平侯。是日，悉封何父母兄弟十余人，皆食邑。乃益封何二千户，“以尝繇咸阳时何送我独赢钱二也”。

陈豨反，上自将，至邯郸。而韩信谋反关中，吕后用何计诛信。语在《信传》。上已闻诛信，使使拜丞相为相国，益封五千户，令卒五百人一都尉为相国卫。诸君皆贺，召平独吊。召平者，故秦东陵侯。秦破，为布衣，贫，种瓜长安城东，瓜美，故世谓“东陵瓜”，从召平始也。平谓何曰：“祸自此始矣。上暴露于外，而君守于内，非被矢石之难，而益君封置卫者，以今者淮阴新反于中，有疑君心。夫置卫卫君，非以宠君也。愿君让封勿受，悉以家私财佐军。”何从其计，上说。

其秋，黥布反，上自将击之，数使使问相国何为。曰：“为上在军，拊循勉百姓，悉所有佐军，如陈豨时。”客又说何曰：“君灭族不久矣。夫君位为相国，功第一，不可复加。然君初入关，本得百姓心，十余年矣。皆附君，尚复孳孳得民和。上所谓数问君，畏君倾动关中。今君胡不多买田地，贱贳贰以自污？上心必安。”于是何从其计，上乃大说。

上罢布军归，民道遮行，上书言相国强贱买民田宅数千人。上至，何谒。上笑曰：“今相国乃利民！”民所上书皆以与何，曰：“君自谢民。”后何为民请曰：“长安地狭，上林中多空地，弃，愿令民得入田，毋收稿为兽食。”上大怒曰：“相国多受贾人财物，为请吾苑！”乃下何廷尉，械系之。数日，王卫尉侍，前问曰：“相国胡大罪，陛下系之暴也？”上曰：“吾闻李斯相秦皇帝，有善归主，有恶自予。今相国多受贾竖金，为请吾苑，以自媚于民。故系治之。”王卫尉曰：“夫职事苟有便于民而请之，真宰相事也。陛下奈何乃疑相国受贾人钱乎！且陛下距楚数岁，陈豨、黥布反时，陛下自将往，当是时相国守关中，关中摇足则关西非陛下有也。相国不以此时为利，乃利贾人之金乎？且秦以不闻其过亡天下，夫李斯之分过，又何足法哉！陛下何疑宰相之浅也！”上不怿。是日，使使持节赦出何。何年老，素恭谨，徒跣入谢。上曰：“相国休矣！相国为民请吾苑不许，我不过为桀纣主，而相国为贤相。吾故系相国，欲令百姓闻吾过。”

高祖崩，何事惠帝。何病，上亲自临视何疾，因问曰：“君即百岁后，谁可代君？”对曰：“知臣莫如主。”帝曰：“曹参何如？”何顿首曰：“帝得之矣，何死不恨矣！”

何买田宅必居穷辟处，为家不治垣屋。曰：“令后世贤，师吾俭；不贤，毋为势家所夺。”

孝惠二年，何薨，谥曰文终侯。子禄嗣，薨，无子。高后乃封何夫人同为酂侯，小子延为筑阳侯。孝文元年，罢同，更封延为酂侯。薨，子遗嗣。薨，无子。文帝复以遗弟则嗣，有罪免。景帝二年，制诏御史："故相国萧何，高皇帝大功臣，所与为天下也。今其祀绝，朕甚怜之。其以武阳县户二千封何孙嘉为列侯。"嘉，则弟也。薨，子胜嗣，后有罪免。武帝元狩中，复下诏御史："以酂户二千四百封何曾孙庆为酂侯，布告天下，令明知朕报萧相国德也。"庆，则子也。薨，子寿成嗣，坐为太常牺牲瘦免。宣帝时，诏丞相、御史求问萧相国后在者，得玄孙建世等十二人，复下诏以酂户二千封建世为酂侯。传子至孙获，坐使奴杀人减死论。成帝时，复封何玄孙之子南䜌长喜为酂侯。传子至曾孙，王莽败乃绝。

曹参，沛人也。秦时为狱掾，而萧何为主吏，居县为豪吏矣。高祖为沛公也，参以中涓从。击胡陵、方与，攻秦监公军，大破之。东下薛，击泗水守军薛郭西。复攻胡陵，取之。徙守方与。方与反为魏，击之。丰反为魏，攻之。赐爵七大夫。北击司马欣军砀东，取狐父、祁善置。又攻下邑以西，至虞，击秦将章邯车骑。攻辕戚及亢父，先登。迁为五大夫。北救东阿，击章邯军，陷陈，追至濮阳。攻定陶，取临济。南救雍丘，击李由军，破之，杀李由，虏秦候一人。章邯破杀项梁也，沛公与项羽引兵而东。楚怀王以沛公为砀郡长，将砀郡兵。于是乃封参执帛，号曰建成君。迁为戚公，属砀郡。

其后，从攻东郡尉军，破之成武南。击王离军成阳南，又攻杠里，大破之。追北，西至开封，击赵贲军，破之，围赵贲开封城中。西击秦将杨熊军于曲遇，破之，虏秦司马及御史各一人。

迁为执珪。从西攻阳武，下轘辕、缑氏，绝河津。击赵贲军尸北，破之。从南攻犨，与南阳守𬺈战阳城郭东，陷陈，取宛，虏𬺈，定南阳郡。从西攻武关、峣关，取之。前攻秦军蓝田南，又夜击其北军，大破之，遂至咸阳，破秦。

项羽至，以沛公为汉王。汉王封参为建成侯。从至汉中，迁为将军。从还定三秦，攻下辨、故道、雍、斄。击章平军于好畤南，破之，围好畤，取壤乡。击三秦军壤东及高栎，破之。复围章平，平出好畤走。因击赵贲、内史保军，破之。东取咸阳，更名曰新城。参将兵守景陵二十三日，三秦使章平等攻参，参出击，大破之。赐食邑于宁秦。以将军引兵围章邯废丘；以中尉从汉王出临晋关。至河内，下修武，度围津，东击龙且、项佗定陶，破之。东取砀、萧、彭城。击项籍军，汉军大败走。参以中尉围取雍丘。王武反于外黄，程处反于燕，往击，尽破之。柱天侯反于衍氏，进破取衍氏。击羽婴于昆阳，追至叶。还攻武强，因至荥阳。参自汉中为将军中尉，从击诸侯及项王，败，还至荥阳。

汉二年，拜为假左丞相，入屯兵关中。月余，魏王豹反，以假左丞相别与韩信东攻魏将孙遬东张，大破之。因攻安邑，得魏将王襄。击魏王于曲阳，追至东垣，生获魏王豹。取平阳，得豹母妻子，尽定魏地，凡五十二县。赐食邑平阳。因从韩信击赵相国夏说军于邬东，大破之，斩夏说。韩信与故常山王张耳引兵下井陉，击成安君陈馀，而令参还围赵别将戚公于邬城中。戚公出走，追斩之。乃引兵诣汉王在所。韩信已破赵，为相国，东击齐，参以左丞相属焉。攻破齐历下军，遂取临淄。还定济北郡，收著、漯阴、平原、鬲、卢。已而从韩信击龙且军于上假密，大破之，斩龙且，虏亚将周兰。定齐郡，凡得七十县。得故齐王田广相田光，其守相许章，及故将军田既。韩信立为齐王，引兵东诣陈，与汉王共破项羽，而参留平齐未服者。

汉王即皇帝位，韩信徙为楚王，参归相印焉。高祖以长子肥为齐王，而以参为相国。高祖六年，与诸侯剖符，赐参爵列侯，食邑平阳万六百三十户，世世勿绝。

参以齐相国击陈豨将张春，破之。黥布反，参从悼惠王将车骑十二万，与高祖会击黥布军，大破之。南至蕲，还定竹邑、相、萧、留。

参功：凡下二国，县百二十二；得王二人，相三人，将军六人，大莫嚻、郡守、司马、候、御史各一人。

孝惠元年，除诸侯相国法，更以参为齐丞相。参之相齐，齐七十城。天下初定，悼惠王富于春秋，参尽召长老诸先生，向所以安集百姓。而齐故诸儒以百数，言人人殊。参未知所定。闻胶西有盖公，善治黄、老言，使人厚币请之。既见盖公，盖公为言“治道贵清静而民自定”，推此类具言之。参于是避正堂，舍盖公焉。其治要用黄、老术，故相齐九年，齐国安集，大称贤相。

萧何薨，参闻之，告舍人趣治行，“吾且入相”。居无何，使者果召参。参去，属其后相曰：“以齐狱市为寄，慎勿扰也。”后相曰：“治无大于此者乎？”参曰：“不然。夫狱市者，所以并容也，今君扰之，奸人安所容乎？吾是以先之。”

始参微时，与萧何善，及为宰相，有隙。至何且死，所推贤唯参。参代何为相国，举事无所变更，壹遵何之约束。择郡国吏长大，讷于文辞。谨厚长者，即召除为丞相史。吏言文刻深，欲务声名，辄斥去之。日夜饮酒。卿大夫以下吏及宾客见参不事事，来者皆欲有言。至者，参辄饮以醇酒，度之欲有言，复饮酒，醉而后去，终莫得开说，以为常。

相舍后园近吏舍，吏舍日饮歌呼。从吏患之，无如何，乃请参游后园。闻吏醉歌呼，从吏幸相国召按之。乃反取酒张坐饮，大歌呼与相和。

参见人之有细过，掩匿覆盖之，府中无事。

参子窋为中大夫。惠帝怪相国不治事，以为“岂少朕与”？乃谓窋曰：“女归，试私从容问乃父曰：‘高帝新弃群臣，帝富于春秋，君为相国，日饮，无所请事，何以忧天下？’然无言吾告女也。”窋既洗沐归，时间，自从其所谏参。参怒而笞之二百，曰：“趣入侍，天下事非乃所当言也！”至朝时，帝让参曰：“与窋胡治乎？乃者我使谏君也。”参免冠谢曰：“陛下自察圣武孰与高皇帝？”上曰：“朕乃安敢望先帝！”参曰：“陛下观参孰与萧何贤？”上曰：“君似不及也。”参曰：“陛下言之是也。且高皇帝与萧何定天下，法令既明具，陛下垂拱，参等守职，遵而勿失，不亦可乎？”惠帝曰：“善。君休矣！”

参为相国三年，薨，谥曰懿侯。百姓歌之曰：“萧何为法，讲若画一，曹参代之，守而勿失。载其清靖，民以宁壹。”

窋嗣侯，高后时至御史大夫。传国至曾孙襄，武帝时为将军，击匈奴，薨。子宗嗣，有罪，完为城旦。至哀帝时，乃封参玄孙之孙本始为平阳侯，二千户，王莽时薨。子宏嗣，建武中先降河北，封平阳侯。至今八侯。

赞曰：“萧何、曹参皆起秦刀笔吏，当时录录未有奇节。汉兴，依日月之末光，何以信谨守管籥，参与韩信俱征伐。天下既定，因民之疾秦法，顺流与之更始，二人同心，遂安海内。淮阴、黥布等已灭，唯何、参擅功名，位冠群臣，声施后世，为一代之宗臣，庆流苗裔，盛矣哉！

汉书卷四十

张陈王周传第十

张良字子房，其先韩人也。大父开地，相韩昭侯、宣惠王、襄哀王。父平，相釐王、悼惠王。悼惠王二十三年，平卒。卒二十岁，秦灭韩。良少，未宦事韩。韩破，良家僮三百人，弟死不葬，悉以家财求客刺秦王，为韩报仇，以五世相韩故。

良尝学礼淮阳，东见仓海君，得力士，为铁椎重百二十斤。秦皇帝东游，至博狼沙中，良与客狙击秦皇帝，误中副车。秦皇帝大怒，大索天下，求贼急甚。良乃更名姓，亡匿下邳。

良尝间从容步游下邳圯下，有一老父，衣褐，至良所，直堕其履圯下，顾谓良曰："孺子下取履!"良愕然，欲欧之。为其老，乃强忍，下取履，因跪进。父以足受之，笑去。良殊大惊。父去里所，复还，曰："孺子可教矣。后五日平明，与我期此。"良因怪，跪曰："诺。"五日平明，良往。父已先在，怒曰："与老人期，后，何也？去，后五日蚤会。"五日，鸡鸣往。父又先在，复怒曰："后，何也？去，后五日复蚤来。"五日，良夜半往。有顷，父亦来，喜曰："当如是。"出一编书，曰："读是则为王者师。后十年兴。十三年，孺子见我，济北穀城山下黄石即我已。”遂去不见。旦日视其书，乃《太公兵法》。良因异之，常习读诵。

居下邳，为任侠。项伯尝杀人，从良匿。

后十年，陈涉等起，良亦聚少年百余人。景驹自立为楚假王，在留。良欲往从之，行道遇沛公。沛公将数千人略地下邳，遂属焉。沛公拜良为厩将。良数以《太公兵法》说沛公，沛公喜，常用其策。良为它人言，皆不省。良曰：“沛公殆天授。”故遂从不去。

沛公之薛，见项梁，共立楚怀王。良乃说项梁曰：“君已立楚后，韩诸公子横阳君成贤，可立为王，益树党。”项梁使良求韩成，立为韩王。以良为韩司徒，与韩王将千余人西略韩地，得数城，秦辄复取之，往来为游兵颍川。

沛公之从雒阳南出轘辕，良引兵从沛公，下韩十余城，击杨熊军。沛公乃令韩王成留守阳翟，与良俱南，攻下宛，西入武关。沛公欲以二万人击秦峣关下军，良曰：“秦兵尚强，未可轻。臣闻其将屠者子，贾竖易动以利。愿沛公且留壁，使人先行，为五万人具食，益张旗帜诸山上，为疑兵，令郦食其持重宝啖秦将。”秦将果欲连和俱西袭咸阳，沛公欲听之。良曰：“此独其将欲叛，士卒恐不从。不从必危，不如因其解击之。”沛公乃引兵击秦军，大破之。逐北至蓝田，再战，秦兵竟败。遂至咸阳，秦王子婴降沛公。

沛公入秦，宫室帷帐狗马重宝妇女以千数，意欲留居之。樊哙谏，沛公不听。良曰：“夫秦为无道，故沛公得至此。为天下除残去贼，宜缟素为资。今始入秦，即安其乐，此所谓‘助桀为虐’。且‘忠言逆耳利于行，毒药苦口利于病’，愿沛公听樊哙言。”沛公乃还军霸上。

项羽至鸿门，欲击沛公，项伯夜驰至沛公军，私见良，欲与俱去。良曰：“臣为韩王送沛公，今事有急，亡去不义。”乃具语沛公。沛公大惊，曰：“为之奈何？良曰：“沛公诚欲背项王邪？”沛公曰：“鲰生说我距关毋内诸侯，秦地可王也，故听之。”良曰：“沛公自度能却项王乎？”沛公默然，曰：“今为奈何？”良因要项伯见沛公。沛公与伯饮，为寿，结婚，令伯具言沛公不敢背项王，所以距关者，备它盗也。项羽后解，语在《羽传》。

汉元年，沛公为汉王，王巴、蜀，赐良金百溢，珠二斗，良具以献项伯。汉王亦因令良厚遗项伯，使请汉中地。项王许之。汉王之国，良送至褒中，遣良归韩。良因说汉王烧绝栈道，示天下无还心，以固项王意。乃使良还。行，烧绝栈道。

良归至韩，闻项羽以良从汉王故，不遣韩王成之国，与俱东，至彭城杀之。时汉王还定三秦，良乃遗项羽书曰：“汉王失职，欲得关中，如约即止，不敢复东。”又以齐反书遗羽，曰：“齐与赵欲并灭楚。”项羽以故北击齐。良乃间行归汉。汉王以良为成信侯，从东击楚。至彭城，汉王兵败而还。至下邑，汉王下马踞鞍而问曰：“吾欲捐关已东等弃之，谁可与共功者？”良曰：“九江王布，楚枭将，与项王有隙，彭越与齐王田荣反梁地，此两人可急使。而汉王之将独韩信可属大事，当一面。即欲捐之，捐之此三人，楚可破也。”汉王乃遣随何说九江王布，而使人连彭城。及魏王豹反，使韩信特将北击之，因举燕、代、齐、赵。然卒破楚者，此三人力也。

良多病，未尝特将兵，常为画策臣，时时从。

汉三年，项羽急围汉王于荥阳，汉王忧恐，与郦食其谋桡楚权。郦生曰："昔汤伐桀，封其后杞；武王诛纣，封其后宋。今秦无道，伐灭六国，无立锥之地。陛下诚复立六国后，此皆争戴陛下德义，愿为臣妾。德义已行，南面称伯，楚必敛衽而朝。"汉王曰："善。趣刻印，先生因行佩之。"

郦生未行，良从外来谒汉王。汉王方食，曰："客有为我计桡楚权者。"具以郦生计告良曰："于子房何如？"良曰："谁为陛下画此计者？陛下事去矣！"汉王曰："何哉？"良曰："臣请借前箸以筹之。昔汤、武伐桀、纣封其后者，度能制其死命也。今陛下能制项籍死命乎？其不可一矣。武王入殷，表商容闾，式箕子门，封比干墓，今陛下能乎？其不可二矣。发巨桥之粟，散鹿台之财，以赐贫穷，今陛下能乎？其不可三矣。殷事以毕，偃革为轩，倒载干戈，示不复用，今陛下能乎？其不可四矣。休马华山之阳，示无所为，今陛下能乎？其不可五矣。息牛桃林之野，示天下不复输积，今陛下能乎？其不可六矣。且夫天下游士，离亲戚，弃坟墓，去故旧，从陛下者，但日夜望咫尺之地。今乃立六国后，唯无复立者，游士各归事其主，从亲戚，反故旧，陛下谁与取天下乎？其不可七矣。且楚唯毋强，六国复桡而从之，陛下焉得而臣之？其不可八矣。诚用此谋，陛下事去矣。"汉王辍食吐哺，骂曰："竖儒，几败乃公事！"令趣销印。

后韩信破齐欲自立为齐王，汉王怒。良说汉王，汉王使良授齐王信印。语在《信传》。

五年冬，汉王追楚至阳夏南，战不利，壁固陵，诸侯期不至。良说汉王，汉王用其计，诸侯皆至。语在《高纪》。

汉六年，封功臣。良未尝有战斗功，高帝曰："运筹策帷幄中，决胜千里外，子房功也。自择齐三万户。"良曰："始臣起下邳，与上会留，此天以臣授陛下。陛下用臣计，幸而时中，臣愿封留足矣，不敢当三万户。"乃封良为留侯，与萧何等俱封。

上已封大功臣二十余人，其余日夜争功而不决，未得行封。上居雒阳南宫，从复道望见诸将往往数人偶语。上曰："此何语？"良曰："陛下不知乎？此谋反耳。"上曰："天下属安定，何故而反？"良曰："陛下起布衣，与此属取天下，今陛下已为天子，而所封皆萧、曹故人所亲爱，而所诛者皆平生仇怨。今军吏计功，天下不足以遍封，此属畏陛下不能尽封，又恐见疑过失及诛，故相聚而谋反耳。"上乃忧曰："为将奈何？"良曰："上平生所憎，群臣所共知，谁最甚者？"上曰："雍齿与我有故怨，数窘辱我，我欲杀之，为功多，不忍。"良曰："今急先封雍齿，以示群臣，群臣见雍齿先封，则人人自坚矣。"于是上置酒，封雍齿为什方侯，而急趣丞相、御史定功行封。群臣罢酒，皆喜曰："雍齿且侯，我属无患矣。"

刘敬说上都关中，上疑之。左右大臣皆山东人，多劝上都雒阳："雒阳东有成皋，西有殽、黾，背河乡雒，其固亦足恃。"良曰："雒阳虽有此固，其中小，不过数百里，田地薄，四面受敌，此非用武之国。夫关中左殽、函，右陇、蜀，沃野千里，南有巴、蜀之饶，北有胡苑之利，阻三面而固守，独以一面东制诸侯。诸侯安定，河、渭漕挽天下，西给京师；诸侯有变，顺流而下，足以委输。此所谓金城千里，天府之国。刘敬说是也。”于是上即日驾，西都关中。

良从入关。性多疾，即道引不食谷，闭门不出岁余。

上欲废太子，立戚夫人子赵王如意。大臣多争，未能得坚决也。吕后恐，不知所为。或谓吕后曰：“留侯善画计，上信用之。”吕后乃使建成侯吕泽劫良，曰：“君常为上谋臣，今上日欲易太子，君安得高枕而卧?”良曰：“始上数在急困之中，幸用臣策；今天下安定，以爱欲易太子，骨肉之间，虽臣等百人何益!”吕泽强要曰：“为我画计。”良曰：“此难以口舌争也。顾上有所不能致者四人。四人年老矣，皆以上嫚侮士，故逃匿山中，义不为汉臣。然上高此四人。今公诚能毋爱金玉璧帛，令太子为书，卑辞安车，因使辩士固请，宜来。来，以为客，时从入朝，令上见之，则一助也。”于是吕后令吕泽使人奉太子书，卑辞厚礼，迎此四人。四人至，客建成侯所。

汉十一年，黥布反，上疾，欲使太子往击之。四人相谓曰：“凡来者，将以存太子。太子将兵，事危矣。”乃说建成侯曰：“太子将兵，有功即位不益，无功则从此受祸。且太子所与俱诸将，皆与上定天下枭将也，今乃使太子将之，此无异使羊将狼，皆不肯为用，其无功必矣。臣闻‘母爱者子抱’，今戚夫人日夜侍御，赵王常居前，上曰‘终不使不肖子居爱子上’，明其代太子位必矣。君何不急请吕后承间为上泣言：‘黥布，天下猛将，善用兵，今诸将皆陛下故等夷，乃令太子将，此属莫肯为用，且布闻之，鼓行而西耳。上虽疾，强载辎车，卧而护之，诸将不敢不尽力。上虽苦，强为妻子计。’”于是吕泽夜见吕后。吕后承间为上泣而言，如四人意。上曰："吾惟之，竖子固不足遣，乃公自行耳。"于是上自将而东，群臣居守，皆送至霸上。良疾，强起至曲邮，见上曰："臣宜从，疾甚。楚人剽疾，愿上慎毋与楚争锋。"因说上令太子为将军监关中兵。上谓"子房虽疾，强卧傅太子"。是时，叔孙通已为太傅，良行少傅事。

汉十二年，上从破布归，疾益甚，愈欲易太子。良谏不听，因疾不视事。叔孙太傅称说引古，以死争太子。上阳许之，犹欲易之。及宴，置酒，太子侍。四人者从太子，年皆八十有余，须眉皓白，衣冠甚伟。上怪，问曰："何为者？"四人前对，各言其姓名。上乃惊曰："吾求公，避逃我，今公何自从吾儿游乎？"四人曰："陛下轻士善骂，臣等义不辱，故恐而亡匿。今闻太子仁孝，恭敬爱士，天下莫不延颈愿为太子死者，故臣等来。"上曰："烦公幸卒调护太子。"

四人为寿已毕，趋去。上目送之，召戚夫人指视曰："我欲易之，彼四人为之辅，羽翼已成，难动矣。吕氏真乃主矣。"戚夫人泣涕，上曰："为我楚舞，吾为若楚歌。"歌曰："鸿鹄高飞，一举千里。羽翼以就，横绝四海。横绝四海，又可奈何！虽有矰缴，尚安所施！"歌数阕，戚夫人歔欷流涕。上起去，罢酒。竟不易太子者，良本招此四人之力也。

良从上击代，出奇计下马邑，及立萧相国，所与从容言天下事甚众，非天下所以存亡，故不著。良乃称曰："家世相韩，及韩灭，不爱万金之资，为韩报仇强秦，天下震动。今以三寸舌为帝者师，封万户，位列侯，此布衣之极，于良足矣。愿弃人间事，欲从赤松子游耳。"乃学道，欲轻举。高帝崩，吕后德良，乃强食之，曰："人生一世间，如白驹之过隙，何自苦如此！"良不得已，强听食。后六岁薨。谥曰文成侯。

良始所见下邳圯上老父与书者，后十三岁从高帝过济北，果得穀城山下黄石，取而宝祠之。及良死，并葬黄石。每上冢伏腊祠黄石。

子不疑嗣侯。孝文三年坐不敬，国除。

陈平，阳武户牖乡人也。少时家贫，好读书，治黄帝、老子之术。有田三十亩，与兄伯居。伯常耕田，纵平使游学。平为人长大美色。人或谓平："贫何食而肥若是？"其嫂疾平之不亲家生产，曰："亦食糠核耳。其叔如此，不如无有！"伯闻之，逐其妇弃之。

及平长，可取妇，富人莫与者，贫者平亦愧之。久之，户牖富人张负有女孙，五嫁夫辄死，人莫敢取，平欲得之。邑中有大丧，平家贫侍丧，以先往后罢为助。张负既见之丧所，独视伟平，平亦以故后去。负随平至其家，家乃负郭穷巷，以席为门，然门外多长者车辙。张负归，谓其子仲曰："吾欲以女孙予陈平。"仲曰："平贫不事事，一县中尽笑其所为，独奈何予之女？"负曰："固有美如陈平长贫者乎？"卒与女。为平贫，乃假贷币以聘，予酒肉之资以内妇。负戒其孙曰："毋以贫故，事人不谨。事兄伯如事乃父，事嫂如事乃母。"平既取张氏女，资用益饶，游道日广。

里中社，平为宰，分肉甚均。里父老曰："善，陈孺子之为宰！"平曰："嗟乎，使平得宰天下，亦如此肉矣！"

陈涉起王，使周市略地，立魏咎为魏王，与秦军相攻于临济。平已前谢兄伯，从少年往事魏王咎，为太仆。说魏王，王不听，人或谗之，平亡去。

项羽略地至河上，平往归之，从入破秦，赐爵卿。项羽之东王彭城也，汉王还定三秦而东。殷王反楚，项羽乃以平为信武君，将魏王客在楚者往击，殷降而还。项王使项悍拜平为都尉，赐金二十溢。居无何，汉攻下殷。项王怒，将诛定殷者。平惧诛，乃封其金与印，使使归项王，而平身间行杖剑亡。度河，船人见其美丈夫，独行，疑其亡将，要下当有宝器金玉，目之，欲杀平。平心恐，乃解衣裸而佐刺船。船人知其无有，乃止。

平遂至修武降汉，因魏无知求见汉王，汉王召入。是时，万石君石奋为中涓，受平谒。平等十人俱进，赐食。王曰："罢，就舍矣。"平曰："臣为事来，所言不可以过今日。"于是汉王与语而说之，问曰："子居楚何官？"平曰："为都尉。"是日拜平为都尉，使参乘，典护军。诸将尽欢，曰："大王一日得楚之亡卒，未知高下，而即与共载，使监护长者！"汉王闻之，愈益幸平，遂与东伐项王。至彭城，为楚所败，引师而还。收散兵至荥阳，以平为亚将，属韩王信，军广武。

绛、灌等或谗平曰："平虽美丈夫，如冠玉耳，其中未必有也。闻平居家时盗其嫂；事魏王不容，亡而归楚；归楚不中，又亡归汉。今大王尊官之，令护军。臣闻平使诸将，金多者得善处，金少者得恶处。平，反复乱臣也，愿王察之。"汉王疑之，以让无知，问曰："有之乎？"无知曰："有。"汉王曰："公言其贤人何也？"对曰："臣之所言者，能也；陛下所问者，行也。今有尾生、孝已之行，而无益于胜败之数，陛下何暇用之乎？今楚、汉相距，臣进奇谋之士，顾其计诚足以利国家耳。盗嫂、受金又安足疑乎?”汉王召平而问曰:“吾闻先生事魏不遂,事楚而去,今又从吾游,信者固多心乎?”平曰:“臣事魏王,魏王不能用臣说,故去事项王。项王不信人,其所任爱,非诸项即妻之昆弟,虽有奇士不能用。臣居楚闻汉王之能用人,故归大王。裸身来,不受金无以为资。诚臣计画有可采者,愿大王用之,使无可用者,大王所赐金具在,请封输官,得请骸骨。”汉王乃谢,厚赐,拜以为护军中尉,尽护诸将。诸将乃不敢复言。

其后,楚急击,绝汉甬道,围汉王于荥阳城。汉王患之,请割荥阳以西和。项王弗听。汉王谓平曰:“天下纷纷,何时定乎?”平曰:“项王为人,恭敬爱人,士之廉节好礼者多归之。至于行功赏爵邑,重之,士亦以此不附。今大王嫚而少礼,士之廉节者不来;然大王能饶人以爵邑,士之顽顿耆利无耻者亦多归汉。诚各去两短,集两长,天下指麾即定矣。然大王资侮人,不能得廉节之士。顾楚有可乱者,彼项王骨鲠之臣亚父、钟离昧、龙且、周殷之属,不过数人耳。大王能出捐数万斤金,行反间,间其君臣,以疑其心,项王为人意忌信谗,必内相诛。汉因举兵而攻之,破楚必矣。”汉王以为然,乃出黄金四万斤予平,恣所为,不问出入。

平既多以金纵反间于楚军,宣言诸将钟离昧等为项王将,功多矣,然终不得列地而王,欲与汉为一,以灭项氏,分王其地。项王果疑之,使使至汉。汉为太牢之具,举进,见楚使,即阳惊曰:“以为亚父使,乃项王使也!”复持去,以恶草具进楚使。使归,具以报项王,果大疑亚父。亚父欲急击下荥阳城,项王不信,不肯听亚父。亚父闻项王疑之,乃大怒曰:“天下事大定矣,君王自为之！愿乞骸骨归！”归未至彭城，疽发背而死。

平乃夜出女子二千人荥阳东门，楚因击之，平乃与汉王从城西门出去。遂入关，收聚兵而复东。

明年，淮阴侯信破齐，自立为假齐王，使使言之汉王。汉王怒而骂，平蹑汉王。汉王寤，乃复遇齐使，使张良往立信为齐王。于是封平以户牖乡。用其计策，卒灭楚。

汉六年，人有上书告楚王韩信反。高帝问诸将，诸将曰：“亟发兵坑竖子耳。”高帝默然。以问平，平固辞谢，曰：“诸将云何？”上具告之。平曰：“人之上书言信反，人有闻知者乎？”曰：“未有。”曰：“信知之乎？”曰：“弗知。”平曰：“陛下兵精孰与楚？”上曰：“不能过也。”平曰：“陛下将用兵有能敌韩信者乎？”上曰：“莫及也。”平曰：“今兵不如楚精，将弗及，而举兵击之，是趣之战也，窃为陛下危之。”上曰：“为之奈何？”平曰：“古者天子巡狩，会诸侯。南方有云梦，陛下第出伪游云梦，会诸侯于陈。陈，楚之西界，信闻天子以好出游，其势必郊迎谒。而陛下因禽之，特一力士之事耳。”高帝以为然，乃发使告诸侯会陈，“吾将南游云梦”。上因随以行。行至陈，楚王信果郊迎道中。高帝豫具武士，见信，即执缚之。语在《信传》。

遂会诸侯于陈。还至雒阳，与功臣剖符定封，封平为户牖侯，世世勿绝。平辞曰：“此非臣之功也。”上曰：“吾用先生计谋，战胜克敌，非功而何？”平曰：“非魏无知臣安得进？”上曰：“若子可谓不背本矣！”乃复赏魏无知。

其明年，平从击韩王信于代。至平城，为匈奴围，七日不得食。高帝用平奇计，使单于阏氏解，围以得开。高帝既出，其计秘，世莫得闻。高帝南过曲逆，上其城，望室屋甚大，曰：“壮哉县！吾行天下，独见雒阳与是耳。”顾问御史：“曲逆户口几何?”对曰：“始秦时三万余户，间者兵数起，多亡匿，今见五千余户。”于是诏御史，更封平为曲逆侯，尽食之，除前所食户牖。

平自初从，至天下定后，常以护军中尉从击臧荼、陈豨、黥布。凡六出奇计，辄益邑封。奇计或颇秘，世莫得闻也。

高帝从击布军还，病创，徐行至长安。燕王卢绾反，上使樊哙以相国将兵击之。既行，人有短恶哙者。高帝怒曰：“哙见吾病，乃几我死也!”用平计，召绛侯周勃受诏床下，曰：“陈平乘驰传载勃代哙将，平至军中即斩哙头!”二人既受诏，驰传未至军，行计曰：“樊哙，帝之故人，功多，又吕后女弟吕须夫，有亲且贵，帝以忿怒故欲斩之，即恐后悔。宁囚而致上，令上自诛之。”未至军，为坛，以节召樊哙。哙受诏，即反接，载槛车诣长安，而令周勃代将兵定燕。

平行闻高帝崩，平恐吕后及吕须怒，乃驰传先去。逢使者诏平与灌婴屯于荥阳。平受诏，立复驰至宫，哭殊悲，因奏事丧前。吕后哀之，曰：“君出休矣!”平畏谗之就，因固请之，得宿卫中。太后乃以为郎中令，日傅教帝。是后，吕须谗乃不得行。樊哙至，即赦复爵邑。

惠帝六年，相国曹参薨，安国侯王陵为右丞相，平为左丞相。

王陵，沛人也。始为县豪，高祖微时兄事陵。及高祖起沛，入咸阳，陵亦聚党数千人，居南阳，不肯从沛公。及汉王之还击项籍，陵乃以兵属汉。项羽取陵母置军中，陵使至，则东乡坐陵母，欲以招陵。陵母既私送使者，泣曰：“愿为老妾语陵，善事汉王。汉王长者，毋以老妾故持二心。妾以死送使者。”遂伏剑而死。项王怒，亨陵母。陵卒从汉王定天下。以善雍齿，雍齿，高祖之仇。陵又本无从汉之意，以故后封陵，为安国侯。

陵为人少文任气，好直言，为右丞相二岁，惠帝崩。高后欲立诸吕为王，问陵。陵曰：“高皇帝刑白马而盟曰：‘非刘氏而王者，天下共击之’。今王吕氏，非约也。”太后不说。问左丞相平及绛侯周勃等，皆曰：“高帝定天下，王子弟；今太后称制，欲王昆弟诸吕，无所不可。”太后喜。罢朝，陵让平、勃曰：“始与高帝唼血而盟，诸君不在邪？今高帝崩，太后女主，欲王吕氏，诸君纵欲阿意背约，何面目见高帝于地下乎！”平曰：“于面折廷争，臣不如君；全社稷，定刘氏后，君亦不如臣。”陵无以应之。于是吕太后欲废陵，乃阳迁陵为帝太傅，实夺之相权。陵怒，谢病免，杜门竟不朝请，十年而薨。

陵之免，吕太后徙平为右丞相，以辟阳侯审食其为左丞相。食其亦沛人也。汉王之败彭城西，楚取太上皇、吕后为质，食其以舍人侍吕后。其后从破项籍为侯，幸于吕太后。及为相，不治，监宫中，如郎中令，公卿百官皆因决事。

吕须常以平前为高帝谋执樊哙，数谗平曰：“为丞相不治事，日饮醇酒，戏妇人。”平闻，日益甚。吕太后闻之，私喜。面质吕须于平前，曰：“鄙语曰‘儿妇人口不可用’，顾君与我何如耳，无畏吕须之谮。”

吕太后多立诸吕为王，平伪听之。及吕太后崩，平与太尉勃合谋，卒诛诸吕，立文帝，平本谋也。审食其免相，文帝立，举以为相。太尉勃亲以兵诛吕氏，功多，平欲让勃位，乃谢病。文帝初立，怪平病，问之。平曰："高帝时，勃功不如臣，及诛诸吕，臣功亦不如勃。愿以相让勃。"于是乃以太尉勃为右丞相，位第一；平徙为左丞相，位第二。赐平金千斤，益封三千户。

居顷之，上益明习国家事，朝而问右丞相勃曰："天下一岁决狱几何？"勃谢不知。问："天下钱谷一岁出入几何？"勃又谢不知。汗出洽背，愧不能对。上亦问左丞相平。平曰："各有主者。"上曰："主者为谁乎？"平曰："陛下即问决狱，责廷尉；问钱谷，责治粟内史。"上曰："苟各有主者，而君所主何事也？"平谢曰："主臣！陛下不知其驽下，使待罪宰相。宰相者，上佐天子理阴阳，顺四时，下遂万物之宜，外填抚四夷诸侯，内亲附百姓，使卿大夫各得任其职也。"上称善。勃大惭，出而让平曰："君独不素教我乎！"平笑曰："君居其位，独不知其任邪？且陛下即问长安盗贼数，又欲强对邪？"于是绛侯自知其能弗如平远矣。居顷之，勃谢免相，而平颛为丞相。

孝文二年，平薨，谥曰献侯。传子至曾孙何，坐略人妻弃市。王陵亦至玄孙，坐酎金国除。辟阳侯食其免后三岁而为淮南王所杀，文帝令其子平嗣侯。淄川王反，辟阳近淄川，平降之，国除。

始，平曰："我多阴谋，道家之所禁。吾世即废，亦已矣，终不能复起，以吾多阴祸也。"其后曾孙陈掌以卫氏亲戚贵，愿得续封，然终不得也。

周勃，沛人。其先卷人也，徙沛。勃以织薄曲为生，常以吹箫给丧事，材官引强。

高祖为沛公初起，勃以中涓从攻胡陵，下方与。方与反，与战，却敌。攻丰。击秦军砀东。还军留及萧。复攻砀，破之。下下邑，先登，赐爵五大夫。攻蒙、虞，取之。击章邯车骑殿。略定魏地，攻辕戚、东缗，以往至栗，取之。攻啮桑，先登。击秦军阿下，破之。追至濮阳，下甄城。攻都关、定陶，袭取宛朐，得单父令。夜袭取临济，攻寿张，以前至卷，破李由雍丘下。攻开封，先至城下为多。后章邯破项梁，沛公与项羽引兵东如砀。自初起沛还至砀，一岁二月。楚怀王封沛公号武安侯，为砀郡长。沛公拜勃为襄贲令。从沛公定魏地，攻东郡尉于成武，破之。攻长社，先登。攻颍阳、缑氏，绝河津。击赵贲军尸北。南攻南阳守齮，破武关、峣关。攻秦军于蓝田。至咸阳，灭秦。

项羽至，以沛公为汉王。汉王赐勃爵为威武侯。从入汉中，拜为将军。还定三秦，赐食邑怀德。攻槐里、好畤，最。北击赵贲、内史保于咸阳，最。北救漆。击章平、姚印军。西定汧。还下郿，频阳。围章邯废丘，破之。西击益已军，破之。攻上邽。东守汧关。击项籍。攻曲遇，最。还守敖仓，追籍。籍已死，因东定楚地泗水、东海郡，凡得二十二县。还守雒阳、栎阳，赐与颍阴侯共食钟离。以将军从高祖击燕王臧荼，破之易下。所将卒当驰道为多。赐爵列侯，剖符世世不绝。食绛八千二百八十户。

以将军从高帝击韩王信于代，降下霍人。以前至武泉，击胡骑，破之武泉北。转攻韩信军铜鞮，破之。还，降太原六城。击韩信胡骑晋阳下，破之，下晋阳。后击韩信军于硰石，破之，追北八十里，还攻楼烦三城，因击胡骑平城下，所将卒当驰道为多。勃迁为太尉。击陈豨，屠马邑。所将卒斩豨将军乘马降。转击韩信、陈豨、赵利军于楼烦，破之。得豨将宋最、雁门守圂。因转攻得云中守圂、丞相箕肆、将军博。定雁门郡十七县、云中郡十二县。因复击豨灵丘，破之，斩豨、丞相程纵、将军陈武、都尉高肆。定代郡九县。

燕王卢绾反，勃以相国代樊哙将，击下蓟，得绾大将抵、丞相偃、守陉、太尉弱、御史大夫施屠浑都。破绾军上兰，后击绾军沮阳。追至长城，定上谷十二县、右北平十六县、辽东二十九县、渔阳二十二县。最从高帝得相国一人，丞相二人，将军、二千石各三人；别破军二，下城三，定郡五、县七十九，得丞相、大将各一人。

勃为人木强敦厚，高帝以为可属大事。勃不好文学，每召诸生说士，东乡坐责之："趣为我语。"其椎少文如此。

勃既定燕而归，高帝已崩矣，以列侯事惠帝。惠帝六年，置太尉官，以勃为太尉。十年，高后崩。吕禄以赵王为汉上将军，吕产以吕王为相国，秉权，欲危刘氏。勃与丞相平、朱虚侯章共诛诸吕。语在《高后纪》。

于是阴谋以为"少帝及济川、淮阳、恒山王皆非惠帝子，吕太后以计诈名它人子，杀其母，养之后宫，令孝惠子之，立以为后，用强吕氏。今已灭诸吕，少帝即长用事，吾属无类矣，不如视诸侯贤者立之"。遂迎立代王，是为孝文皇帝。

东牟侯兴居，朱虚侯章弟也，曰："诛诸吕，臣无功，请得除宫。"乃与太仆汝阴侯滕公入宫。滕公前谓少帝曰："足下非刘氏，不当立。"乃顾麾左右执戟，皆仆兵罢。有数人不肯去，宦者令张释谕告，亦去。滕公召乘舆车载少帝出。少帝曰："欲持我安之乎？"滕公曰："就舍少府。"乃奉天子法驾，迎皇帝代邸，报曰："宫谨除。"皇帝入未央宫，有谒者十人持戟卫端门，曰：

“天子在也，足下何为者？”不得入。太尉往喻，乃引兵去，皇帝遂入。是夜，有司分部诛济川、淮阳、常山王及少帝于邸。

文帝即位，以勃为右丞相，赐金五千斤，邑万户。居十余月，人或说勃曰：“君既诛诸吕，立代王，威震天下，而君受厚赏、处尊位以厌之，则祸及身矣。”勃惧，亦自危，乃谢请归相印。上许之。岁余，陈丞相平卒，上复用勃为相。十余月，上曰：“前日吾召列侯就国，或颇未能行，丞相朕所重，其为朕率列侯之国。”乃免相就国。

岁余，每河东守尉行县至绛，绛侯勃自畏恐诛，常被甲，令家人持兵以见。其后人有上书告勃欲反，下廷尉，逮捕勃治之。勃恐，不知置辞。吏稍侵辱之。勃以千金与狱吏，狱吏乃书牍背示之，曰“以公主为证”。公主者，孝文帝女也，勃太子胜之尚之，故狱吏教引为证。初，勃之益封，尽以予薄昭。及系急，薄昭为言薄太后，太后亦以为无反事。文帝朝，太后以冒絮提文帝，曰：“绛侯绾皇帝玺，将兵于北军，不以此时反，今居一小县，顾欲反邪！”文帝既见勃狱辞，乃谢曰：“吏方验而出之。”于是使使持节赦勃，复爵邑。勃既出，曰：“吾尝将百万军，安知狱吏之贵也！”

勃复就国，孝文十一年薨，谥曰武侯。子胜之嗣，尚公主不相中，坐杀人，死，国绝。一年，文帝乃择勃子贤者河内太守亚夫复为侯。

亚夫为河内守时，许负相之：“君后三岁而侯。侯八岁，为将相，持国秉，贵重矣，于人臣无二。后九年而饿死。”亚夫笑曰：“臣之兄以代父侯矣，有如卒，子当代，我何说侯乎？然既已贵如负言，又何说饿死？指视我。”负指其口曰：“从理入口，此饿死法也。”居三岁，兄绛侯胜之有罪，文帝择勃子贤者，皆推亚夫，乃封为条侯。

文帝后六年，匈奴大入边。以宗正刘礼为将军军霸上，祝兹侯徐厉为将军军棘门，以河内守亚夫为将军军细柳，以备胡。上自劳军，至霸上及棘门军，直驰入，将以下骑出入送迎。已而之细柳军，军士吏披甲，锐兵刃，彀弓弩持满。天子先驱至，不得入。先驱曰：“天子且至！”军门都尉曰：“军中闻将军之令，不闻天子之诏。”有顷，上至，又不得入。于是上使使持节诏将军曰：“吾欲劳军。”亚夫乃传言开壁门。壁门士请车骑曰：“将军约，军中不得驱驰。”于是天子乃按辔徐行。至中营，将军亚夫揖，曰：“介胄之士不拜，请以军礼见。”天子为动，改容式车，使人称谢：“皇帝敬劳将军。”成礼而去。既出军门，群臣皆惊。文帝曰：“嗟乎，此真将军矣！乡者霸上、棘门如儿戏耳，其将固可袭而虏也。至于亚夫，可得而犯邪！”称善者久之。月余，三军皆罢。乃拜亚夫为中尉。

文帝且崩时，戒太子曰：“即有缓急，周亚夫真可任将兵。”文帝崩，亚夫为车骑将军。

孝景帝三年，吴、楚反。亚夫以中尉为太尉，东击吴、楚。因自请上曰：“楚兵剽轻，难与争锋。愿以梁委之，绝其食道，乃可制也。”上许之。

亚夫既发，至霸上，赵涉遮说亚夫曰：“将军东诛吴、楚，胜则宗庙安，不胜则天下危，能用臣之言乎？”亚夫下车，礼而问之。涉曰：“吴王素富，怀辑死士久矣。此知将军且行，必置间人于殽、黾厄狭之间。且兵事上神密，将军何不从此右去，走蓝田，出武关，抵雒阳，间不过差一二日，直入武库，击鸣鼓。诸侯闻之，以为将军从天而下也。”太尉如其计。至雒阳，使吏搜殽、黾间，果得吴伏兵。乃请涉为护军。

亚夫至，会兵荥阳。吴方攻梁，梁急，请救。亚夫引兵东北走昌邑，深壁而守。梁王使使请亚夫，亚夫守便宜，不往。梁上书言景帝，景帝诏使救梁。亚夫不奉诏，坚壁不出，而使轻骑兵弓高侯等绝吴、楚兵后食道。吴、楚兵乏粮，饥，欲退，数挑战，终不出。夜，军中惊，内相攻击扰乱，至于帐下。亚夫坚卧不起。顷之，复定。吴奔壁东南陬，亚夫使备西北。已而其精兵果奔西北，不得入。吴、楚既饿，乃引而去。亚夫出精兵追击，大破吴王濞。吴王濞弃其军，与壮士数千人亡走，保于江南丹徒。汉兵因乘胜，遂尽虏之，降其县，购吴王千金。月余，越人斩吴王头以告。凡相守攻三月，而吴、楚破平。于是诸将乃以太尉计谋为是。由此梁孝王与亚夫有隙。

归，复置太尉官。五岁，迁为丞相，景帝甚重之。上废栗太子，亚夫固争之，不得。上由此疏之。而梁孝王每朝，常与太后言亚夫之短。窦太后曰：“皇后兄王信可侯也。”上让曰：“始南皮及章武先帝不侯，及臣即位，乃侯之，信未得封也。”窦太后曰：“人生各以时行耳。窦长君在时，竟不得侯，死后，乃其子彭祖顾得侯。吾甚恨之。帝趣侯信也！”上曰：“请得与丞相计之。”亚夫曰：“高帝约‘非刘氏不得王，非有功不得侯。不如约，天下共击之’。今信虽皇后兄，无功，侯之，非约也。”上默然而沮。

其后匈奴王徐卢等五人降汉，上欲侯之以劝后。亚夫曰：“彼背其主降陛下，陛下侯之，即何以责人臣不守节者乎？”上曰：“丞相议不可用。”乃悉封徐卢等为列侯。亚夫因谢病免相。

顷之，上居禁中，召亚夫赐食。独置大胾，无切肉，又不置箸。亚夫心不平，顾谓尚席取箸。上视而笑曰：“此非不足君所乎？”亚夫免冠谢上。上曰：“起。”亚夫因趋出。上目送之，曰：“此鞅鞅，非少主臣也！”

居无何，亚夫子为父买工官尚方甲楯五百被可以葬者。取庸苦之，不与钱。庸知其盗买县官器，怨而上变告子，事连污亚夫。书既闻，上下吏。吏簿责亚夫，亚夫不对。上骂之曰：“吾不用也。”召诣廷尉。廷尉责问曰：“君侯欲反何？”亚夫曰：“臣所买器，乃葬器也，何谓反乎？”吏曰：“君纵不欲反地上，即欲反地下耳。”吏侵之益急。初，吏捕亚夫，亚夫欲自杀，其夫人止之，以故不得死，遂入廷尉，因不食五日，欧血而死。国绝。

一岁，上乃更封绛侯勃它子坚为平曲侯，续绛侯后。传子建德，为太子太傅，坐酎金免官。后有罪，国除。

亚夫果饿死。死后，上乃封王信为盖侯。至平帝元始二年，继绝世，复封勃玄孙之子恭为绛侯，千户。

赞曰：闻张良之智勇，以为其貌魁梧奇伟，反若妇人女子。故孔子称“以貌取人，失之子羽”。学者多疑于鬼神，如良受书老父，亦异矣。高祖数离困厄，良常有力，岂可谓非天乎！陈平之志，见于社下，倾侧扰攘楚、魏之间，卒归于汉，而为谋臣。及吕后时，事多故矣，平竟自免，以智终。王陵廷争，杜门自绝，亦各其志也。周勃为布衣时，鄙朴庸人，至登辅佐，匡国家难，诛诸吕，立孝文，为汉伊、周，何其盛也！始吕后问宰相，高祖曰："陈平智有余，王陵少戆，可以佐之；安刘氏者必勃也。"又问其次，云"过此以后，非乃所及"。终皆如言，圣矣夫！

汉书卷四十一

樊郦滕灌傅靳周传第十一

樊哙，沛人也，以屠狗为事。后与高祖俱隐于芒砀山泽间。

陈胜初起，萧何、曹参使哙求迎高祖，立为沛公。哙以舍人从攻胡陵、方与，还守丰，击泗水监丰下，破之。复东定沛，破泗水守薛西。与司马尼战砀东，却敌，斩首十五级，赐爵国大夫。常从，沛公击章邯军濮阳，攻城先登，斩首二十三级，赐爵列大夫。从攻城阳，先登。下户牖，破李由军，斩首十六级，赐上闻爵。后攻圉都尉、东郡守尉于成武，却敌，斩首十四级，捕虏十六人，赐爵五大夫。从攻秦军，出亳南。河间守军于杠里，破之。击破赵贲军开封北，以却敌先登，斩侯一人，首六十八级，捕虏二十六人，赐爵卿。从攻破扬熊于曲遇。攻宛陵，先登，斩首八级，捕虏四十四人，赐爵封号贤成君。从攻长社、轘辕，绝河津，东攻秦军尸乡，南攻秦军于犨。破南阳守齮于阳城。东攻宛城，先登。西至郦，以却敌，斩首十四级，捕虏四十人，赐重封。攻武关，至霸上，斩都尉一人，首十级，捕虏百四十六人，降卒二千九百人。

项羽在戏下，欲攻沛公。沛公从百余骑因项伯面见项羽，谢无有闭关事。项羽既飨军士，中酒，亚父谋欲杀沛公，令项庄拔剑舞坐中，欲击沛公，项伯常屏蔽之。时，独沛公与张良得入坐，樊哙居营外，闻事急，乃持盾入。初入营，营卫止哙，哙直撞入，立帐下。项羽目之，问为谁。张良曰："沛公参乘樊哙也。"项羽曰："壮士！"赐之卮酒彘肩。哙既饮酒，拔剑切肉食之。项羽曰："能复饮乎？"哙曰："臣死且不辞，岂特卮酒乎！且沛公先入定咸阳，暴师霸上，以待大王。大王今日至，听小人之言，与沛公有隙，臣恐天下解心疑大王也！"项羽默然。沛公如厕，麾哙去。既出，沛公留车骑，独骑马，哙等四人步从，从山下走归霸上军，而使张良谢项羽。羽亦因遂已，无诛沛公之心。是日微樊哙奔入营谯让项羽，沛公几殆。

后数日，项羽入屠咸阳，立沛公为汉王。汉王赐哙爵为列侯，号临武侯。迁为郎中，从入汉中。

还定三秦，别击西丞白水北，雍轻车骑雍南，破之。从攻雍、斄城，先登。击章平军好畤，攻城，先登陷阵，斩县令丞各一人，首十一级，虏二十人，迁为郎中骑将。从击秦车骑壤东，却敌，迁为将军。攻赵贲，下郿、槐里、柳中、咸阳；灌废丘，最。至栎阳，赐食邑杜之樊乡。从攻项籍，屠煮枣，击破王武、程处军于外黄。攻邹、鲁、瑕丘、薛。项羽败汉王于彭城，尽复取鲁、梁地。哙还至荥阳，益食平阴二千户，以将军守广武一岁。项羽引东，从高祖击项籍，下阳夏，虏楚周将军卒四千人。围攻籍陈，大破之。屠胡陵。

项籍死，汉王即皇帝位，以哙有功，益食邑八百户。其秋，燕王臧荼反，哙从攻虏荼，定燕地。楚王韩信反，哙从至陈，取信，定楚。更赐爵列侯，与剖符，世世勿绝，食舞阳，号为舞阳侯，除前所食。以将军从攻反者韩王信于代。自霍人以往至云中，与绛侯等共定之，益食千五百户。因击陈豨与曼丘臣军，战襄国，破柏人，先登，降定清河、常山凡二十七县，残东垣，迁为左丞相。破得綦母卬、尹潘军于无终、广昌。破豨别将胡人王黄军代南，因击韩信军参合。军所将卒斩韩信，击豨胡骑横谷，斩将军赵既，虏代丞相冯梁、守孙奋、大将王黄、将军一人、太仆解福等十人。与诸将共定代乡邑七十三。后燕王卢绾反，哙以相国击绾，破其丞相抵蓟南，定燕县十八、乡邑五十一。益食千三百户，定食舞阳五千四百户。从，斩首百七十六级，虏二百八十七人。别，破军七，下城五，定郡六、县五十二，得丞相一人，将军十三人，二千石以下至三百石十二人。

哙以吕后弟吕须为妇，生子伉，故其比诸将最亲。先黥布反时，高帝尝病，恶见人，卧禁中，诏户者无得入群臣。群臣绛、灌等莫敢入。十余日，哙乃排闼直入，大臣随之。上独枕一宦者卧。哙等见上，流涕曰："始，陛下与臣等起丰沛，定天下，何其壮也！今天下已定，又何惫也！且陛下病甚，大臣震恐，不见臣等计事，顾独与一宦者绝乎？且陛下独不见赵高之事乎？"高帝笑而起。

其后卢绾反，高帝使哙以相国击燕。是时，高帝病甚，人有恶哙党于吕氏，即上一日宫车晏驾，则哙欲以兵尽诛戚氏、赵王如意之属。高帝大怒，乃使陈平载绛侯代将，而即军中斩哙。陈平畏吕后，执哙诣长安。至则高帝已崩，吕后释哙，得复爵邑。

孝惠六年，哙薨，谥曰武侯，子伉嗣。而伉母吕须亦为临光侯，高后时用事颛权，大臣尽畏之。高后崩，大臣诛吕须等，因诛伉，舞阳侯中绝数月。孝文帝立，乃复封哙庶子市人为侯，复故邑。薨，谥曰荒侯。子佗广嗣。六岁，其舍人上书言："荒侯市人病不能为人，令其夫人与其弟乱而生佗广，佗广实非荒侯子。"下吏，免。平帝元始二年，继绝世，封哙玄孙之子章为舞阳侯，邑千户。

郦商，高阳人也。陈胜起，商聚少年得数千人。沛公略地六月余，商以所将四千人属沛公于岐。从攻长社，先登，赐爵封信成君。从攻缑氏。绝河津，破秦军雒阳东。从下宛、穰，定十七县。别将攻旬关，西定汉中。

沛公为汉王，赐商爵信成侯，以将军为陇西都尉。别定北地郡，破章邯别将于乌氏、栒邑、泥阳，赐食邑武城六千户。从击项籍军，与钟离眛战，受梁相国印，益食四千户。从击项羽二岁，攻胡陵。

汉王即帝位，燕王臧荼反，商以将军从击荼，战龙脱，先登陷阵，破荼军易下，却敌，迁为右丞相，赐爵列侯，与剖符，世世勿绝，食邑涿郡五千户。别定上谷，因攻代，受赵相国印。与绛侯等定代郡、雁门，得代丞相程纵、守相郭同、将军以下至六百石十九人。还，以将军将太上皇卫一岁。十月，以右丞相击陈豨，残东垣。又从击黥布，攻其前垣，陷两陈，得以破布军，更封为曲周侯，食邑五千一百户，除前所食。凡别破军三，降定郡六，县七十三，得丞相、守相、大将各一人，小将二人，二千石以下至六百石十九人。

商事孝惠帝、吕后。吕后崩，商疾不治事。其子寄，字况，与吕禄善。及高后崩，大臣欲诛诸吕，吕禄为将军，军于北军，太尉勃不得入北军，于是乃使人劫商，令其子寄绐吕禄。吕禄信之，与出游，而太尉勃乃得入据北军，遂以诛诸吕。商是岁薨，谥曰景侯。子寄嗣。天下称郦况卖友。

孝景时，吴、楚、齐、赵反，上以寄为将军，围赵城，七月不能下。栾布自平齐来，乃灭赵。孝景中二年，寄欲取平原君为夫人，景帝怒，下寄吏，免。上乃封商它子坚为缪侯，奉商后。传至玄孙终根，武帝时为太常，坐巫蛊诛，国除。元始中，赐高祖时功臣自郦商以下子孙爵皆关内侯，食邑凡百余人。

夏侯婴，沛人也。为沛厩司御，每送使客，还过泗上亭，与高祖语，未尝不移日也。婴已而试补县吏，与高祖相爱。高祖戏而伤婴，人有告高祖。高祖时为亭长，重坐伤人，告故不伤婴，婴证之。移狱复，婴坐高祖系岁余，掠笞数百，终脱高祖。

高祖之初与徒属欲攻沛也，婴时以县令史为高祖使。上降沛一日，高祖为沛公，赐爵七大夫，以婴为太仆，常奉车。从攻胡陵，婴与萧何降泗水监平，平以胡陵降，赐婴爵五大夫。从击秦军砀东，攻济阳，下户牖，破李由军雍丘，以兵车趣攻战疾，破之，赐爵执帛。从击章邯军东阿、濮阳下，以兵车趣攻战疾，破之，赐爵执圭。从击赵贲军开封，杨熊军曲遇。婴从捕虏六十八人，降卒八百五十人，得印一匮。又击秦军雒阳东，以兵车趣攻战疾，赐爵封，转为滕令。因奉车从攻定南阳，战于蓝田、芷阳，至霸上。沛公为汉王，赐婴爵列侯，号昭平侯，复为太仆，从入蜀汉。

还定三秦，从击项籍。至彭城，项羽大破汉军。汉王不利，驰去。见孝惠、鲁元，载之。汉王急，马罢，虏在后，常跋两儿弃之，婴常收载行，面雍树驰。汉王怒，欲斩婴者十余，卒得脱，而致孝惠、鲁元于丰。汉王既至荥阳，收散兵，复振，赐婴食邑沂阳。击项籍下邑，追至陈，卒定楚。至鲁，益食兹氏。

汉王即帝位，燕王臧荼反，婴从击荼。明年，从至陈，取楚王信。更食汝阴。剖符，世世勿绝。从击代，至武泉、云中，益食千户。因从击韩信军胡骑晋阳旁，大破之。追北至平城，为胡所围，七日不得通。高帝使使厚遗阏氏，冒顿乃开其围一角。高帝出欲驰，婴固徐行，弩皆持满外乡，卒以得脱。益食婴细阳千户。从击胡骑句注北，大破之。击胡骑平城南，三陷陈，功为多，赐所夺邑五百户。从击陈豨、黥布军，陷陈却敌，益千户，定食汝阴六千九百户，除前所食。

婴自上初起沛，常为太仆从，竟高祖崩。以太仆事惠帝。惠帝及高后德婴之脱孝惠、鲁元于下邑间也，乃赐婴北第第一，曰“近我”，以尊异之。惠帝崩，以太仆事高后。高后崩，代王之来，婴以太仆与东牟侯入清宫，废少帝，以天子法驾迎代王代邸，与大臣共立文帝，复为太仆。八岁薨，谥曰文侯。传至曾孙颇，尚平阳公主，坐与父御婢奸，自杀，国除。

初，婴为滕令奉车，故号滕公。及曾孙颇尚主，主随外家姓，号孙公主，故滕公子孙更为孙氏。

灌婴，睢阳贩缯者也。高祖为沛公，略地至雍丘，章邯杀项梁，而沛公还军于砀，婴以中涓从，击破东郡尉于成武及秦军于杠里，疾斗，赐爵七大夫。又从攻秦军亳南、开封、曲遇，战疾力，赐爵执帛，号宣陵君。从攻阳武以西至雒阳，破秦军尸北。北绝河津，南破南阳守齮阳城东，遂定南阳郡。西入武关，战于蓝田，疾力，至霸上，赐爵执圭，号昌文君。

沛公为汉王，拜婴为郎中，从入汉中，十月，拜为中谒者。从还定三秦，下栎阳，降塞王。还围章邯废丘，未拔。从东出临晋关，击降殷王，定其地。击项羽将龙且、魏相项佗军定陶南，疾战，破之。赐婴爵列侯，号昌文侯。

复以中谒者从降下砀，以北至彭城。项羽击破汉王，汉王遁而西，婴从还，军于雍丘。王武、魏公申徒反，从击破之。攻下外黄，西收军于荥阳。楚骑来众，汉王乃择军中可为骑将者；皆推故秦骑士重泉人李必、骆甲习骑兵，今为校尉，可为骑将。汉王欲拜之，必、甲曰："臣故秦民，恐军不信臣，臣愿得大王左右善骑者傅之。"婴虽少，然数力战，乃拜婴为中大夫，令李必、骆甲为左右校尉，将郎中骑兵击楚骑于荥阳东，大破之。受诏别击楚军后，绝其饷道，起阳武至襄邑。击项羽之将项冠于鲁下，破之，所将卒斩右司马、骑将各一人。击破柘公王武军燕西，所将卒斩楼烦将五人，连尹一人。击王武别将桓婴白马下，破之，所将卒斩都尉一人。以骑度河南，送汉王到雒阳，从北迎相国韩信军于邯郸。还至敖仓，婴迁为御史大夫。

三年，以列侯食邑杜平乡。受诏将郎中骑兵东属相国韩信，击破齐军于历下，所将卒虏车骑将华毋伤及将吏四十六人。降下临淄，得相田光。追齐相田横至嬴、博，击破其骑，所将卒斩骑将一人，生得骑将四人。攻下嬴、博，破齐将军田吸于千乘，斩之。东从韩信攻龙且、留公于假密，卒斩龙且，生得右司马、连尹各一人，楼烦将十人，身生得亚将周兰。

齐地已定，韩信自立为齐王，使婴别将击楚将公杲于鲁北，破之。转南，破薛郡长，身虏骑将一人。攻傅阳，前至下相以东南僮、取虑、徐。度淮，尽降其城邑，至广陵。项羽使项声、薛公、郯公复定淮北，婴度淮击破项声、郯公下邳，斩薛公，下下邳、寿春。击破楚骑平阳，遂降彭城。虏柱国项佗，降留、薛、沛、酂、萧、相。攻苦、谯，复得亚将。与汉王会颐乡。从击项籍军陈下，破之。所将卒斩楼烦将二人，虏将八人。赐益食邑二千五百户。

项籍败垓下去也，婴以御史大夫将车骑别追项籍至东城，破之。所将卒五人共斩项籍，皆赐爵列侯。降左右司马各一人，卒万二千人，尽得其军将吏。下东城、历阳。度江破吴郡长吴下，得吴守，遂定吴、豫章、会稽郡。还定淮北，凡五十二县。

汉王即帝位，赐益婴邑三千户。以车骑将军从击燕王荼。明年，从至陈，取楚王信。还，剖符世世勿绝，食颍阴二千五百户。

从击韩王信于代，至马邑，别降楼烦以北六县，斩代左将，破胡骑将于武泉北。复从击信胡骑晋阳下，所将卒斩胡白题将一人。又受诏并将燕、赵、齐、梁、楚车骑，击破胡骑于硰石。至平城，为胡所困。

从击陈豨，别攻豨丞相侯敞军曲逆下，破之，卒斩敞及特将五人。降曲逆、卢奴、上曲阳、安国、安平。攻下东垣。黥布反，以车骑将军先出，攻布别将于相，破之，斩亚将楼烦将三人。又进击破布上柱国及大司马军。又进破布别将肥铢。婴身生得左司马一人，所将卒斩其小将十人，追北至淮上。益食邑二千五百户。

布已破，高帝归，定令婴食颍阴五千户，除前所食邑。

凡从所得二千石二人，别破军十六，降城四十六，定国一、郡二、县五十二，得将军二人，柱国、相各一人，二千石十人。

婴自破布归，高帝崩，以列侯事惠帝及吕后。吕后崩，吕禄等欲为乱。齐哀王闻之，举兵西，吕禄等以婴为大将军往击之。婴至荥阳，乃与绛侯等谋，因屯兵荥阳，风齐王以诛吕氏事，齐兵止不前。绛侯等既诛诸吕，齐王罢兵归。婴自荥阳还，与绛侯、陈平共立文帝。于是益封婴三千户，赐金千斤，为太尉。三岁，绛侯勃免相，婴为丞相，罢太尉官。

是岁，匈奴大入北地，上令丞相婴将骑八万五千击匈奴。匈奴去，济北王反，诏罢婴兵。后岁余，以丞相薨，谥曰懿侯。传至孙强，有罪，绝。武帝复封婴孙贤为临汝侯，奉婴后，后有罪，国除。

傅宽，以魏五大夫骑将从，为舍人，起横阳。从攻安阳、杠里，赵贲军于开封，及击杨熊曲遇、阳武，斩首十二级，赐爵卿。从至霸上。沛公为汉王，赐宽封号共德君。从入汉中，为右骑将。定三秦，赐食邑雕阴。从击项籍，待怀，赐爵通德侯。从击项冠、周兰、龙且，所将卒斩骑将一人敖下，益食邑。

属淮阴，击破齐历下军，击田解。属相国参，残博，益食邑。因定齐地，剖符世世勿绝，封阳陵侯，二千六百户，除前所食。为齐右丞相，备齐。五岁为齐相国。四月，击陈豨，属太尉勃，以相国代丞相哙击豨。一月，徙为相国，将屯。二岁，为丞相，将屯。

孝惠五年，薨，谥曰景侯。传至曾孙偃，谋反，诛，国除。

靳歙，以中涓从，起宛朐。攻济阳。破李由军。击秦军开封东，斩骑千人将一人，首五十七级，捕虏七十三人，赐爵封临平君。又战蓝田北，斩车司马二人，骑长一人，首二十八级，捕虏五十七人。至霸上。沛公为汉王，赐歙爵建武侯，迁骑都尉。

从定三秦。别西击章平军于陇西，破之，定陇西六县，所将卒斩车司马、候各四人，骑长十二人。从东击楚，至彭城。汉军败还，保雍丘，击反者王武等。略梁地，别西击邢说军菑南，破之，身得说都尉二人，司马、候十二人，降吏卒四千六百八十人。破楚军荥阳东。食邑四千二百户。

别之河内，击赵贲军朝歌，破之，所将卒得骑将二人，车马二百五十四。从攻安阳以东，至棘蒲，下十县。别攻破赵军，得其将司马二人，候四人，降吏卒二千四百人。从降下邯郸。别下平阳，身斩守相，所将卒斩兵守、郡守各一人，降邺。从攻朝歌、邯郸，又别击破赵军，降邯郸郡六县。还军敖仓，破项籍军成皋南，击绝楚饷道，起荥阳至襄邑。破项冠鲁下。略地东至鄫、郯、下邳，南至蕲、竹邑。击项悍济阳下。还击项籍军陈下，破之。别定江陵，降柱国、大司马以下八人，身得江陵王，致雒阳，因定南郡。从至陈，取楚王信，剖符世世勿绝，定食四千六百户，为信武侯。

以骑都尉从击代，攻韩信平城下，还军东垣。有功，迁为车骑将军，并将梁、赵、齐、燕、楚车骑，别击陈豨丞相敞，破之，因降曲逆。从击黥布有功，益封，定食邑五千三百户。凡斩首九十级，虏百四十二人，别破军十四，降城五十九，定郡、国各一，县二十三，得王、柱国各一人，二千石以下至五百石三十九人。

高后五年，薨，谥曰肃侯。子亭嗣，有罪，国除。

周緤，沛人也。以舍人从高祖起沛。至霸上，西入蜀汉，还定三秦，常为参乘，赐食邑池阳。从东击项羽荥阳，绝甬道，从出度平阴，遇韩信军襄国，战有利不利，终亡离上心。上以緤为信武侯，食邑三千三百户。

上欲自击陈豨，緤泣曰："始秦攻破天下，未曾自行，今上常自行，是亡人可使者乎？"上以为"爱我"，赐入殿门不趋。十二年，更封緤为蒯城侯。

孝文五年，薨，谥曰贞侯。子昌嗣，有罪，国除。景帝复封緤子应为郸侯，薨，谥曰康侯。子仲居嗣，坐为太常有罪，国除。

赞曰：仲尼称："犁牛之子骍且角，虽欲勿用，山川其舍诸？"言士不系于世类也。语曰"虽有兹基，不如逢时"，信矣！樊哙、夏侯婴、灌婴之徒，方其鼓刀、仆御、贩缯之时，岂自知附骥之尾，勒功帝籍，庆流子孙哉？当孝文时，天下以郦寄为卖友。夫卖友者，谓见利而忘义也。若寄父为功臣而又执劫，虽摧吕禄，以安社稷，谊存君亲，可也。

汉书卷四十二

张周赵任申屠传第十二

张苍，阳武人也，好书律历。秦时为御史，主柱下方书。有罪，亡归。及沛公略地过阳武，苍以客从攻南阳。苍当斩，解衣伏质，身长大，肥白如瓠，时王陵见而怪其美士，乃言沛公，赦勿斩。遂西入武关，至咸阳。

沛公立为汉王，入汉中，还定三秦。陈馀击走常山王张耳，耳归汉，汉以苍为常山守。从韩信击赵，苍得陈馀。赵地已平，汉王以苍为代相，备边寇。已而徙为赵相，相赵王耳。耳卒，相其子敖。复徙相代。燕王臧荼反，苍以代相从攻荼有功，封为北平侯，食邑千二百户。

迁为计相，一月，更以列侯为主计四岁。是时，萧何为相国，而苍乃自秦时为柱下御史，明习天下图书计籍，又善用算律历，故令苍以列侯居相府，领主郡国上计者。黥布反，汉立皇子长为淮南王，而苍相之。十四年，迁为御史大夫。

周昌者，沛人也。其从兄苛，秦时皆为泗水卒史。及高祖起沛，击破泗水守监，于是苛、昌以卒史从沛公，沛公以昌为职志，苛为客。从入关破秦。沛公立为汉王，以苛为御史大夫，昌为中尉。

汉三年，楚围汉王荥阳急，汉王出去，而使苛守荥阳城。楚破荥阳城，欲令苛将，苛骂曰："若趣降汉王！不然，今为虏矣！"项羽怒，亨苛。汉王于是拜昌为御史大夫。常从击破项籍。六年，与萧、曹等俱封，为汾阴侯。苛子成以父死事，封为高景侯。

昌为人强力，敢直言，自萧、曹等皆卑下之。昌尝燕入奏事，高帝方拥戚姬，昌还走。高帝逐得，骑昌项上，问曰："我何如主也？"昌仰曰："陛下即桀、纣之主也。"于是上笑之，然尤惮昌。及高帝欲废太子，而立戚姬子如意为太子，大臣固争莫能得，上以留侯策止。而昌庭争之强，上问其说，昌为人吃，又盛怒，曰："臣口不能言，然臣期期知其不可。陛下欲废太子，臣期期不奉诏。"上欣然而笑，即罢。吕后侧耳于东箱听，见昌，为跪谢曰："微君，太子几废。"

是岁，戚姬子如意为赵王，年十岁，高祖忧万岁之后不全也。赵尧为符玺御史，赵人方与公谓御史大夫周昌曰："君之史赵尧，年虽少，然奇士，君必异之，是且代君之位。"昌笑曰："尧年少，刀笔吏耳，何至是乎！"居顷之，尧侍高祖，高祖独心不乐，悲歌，太子、群臣不知上所以然。尧进请问曰："陛下所为不乐，非以赵王年少，而戚夫人与吕后有隙，备万岁之后而赵王不能自全乎？"高祖曰："我私忧之，不知所出。"尧曰："陛下独为赵王置贵强相，及吕后、太子、群臣素所敬惮者乃可。"高祖曰："然。吾念之欲如是，而群臣谁可者？"尧曰："御史大夫昌，其人坚忍伉直，自吕后、太子及大臣皆素严惮之。独昌可。"高祖曰："善。"于是诏昌谓曰："吾故欲烦公，公强为我相赵。"昌泣曰："臣初起从陛下，陛下独奈何中道而弃之于诸侯乎？"高祖曰："吾极知其左迁，然吾私忧赵，念非公无可者。公不得已强行！"于是徙御史大夫昌为赵相。

既行久之，高祖持御史大夫印弄之，曰："谁可以为御史大夫者？"孰视尧曰："无以易尧。"遂拜尧为御史大夫。尧亦前有军功食邑，及以御史大夫从击陈豨有功，封为江邑侯。

高祖崩，太后使使召赵王，其相昌令王称疾不行。使者三反，昌曰："高帝属臣赵王，王年少，窃闻太后怨戚夫人，欲召赵王并诛之。臣不敢遣王，王且亦疾，不能奉诏。"太后怒，乃使使召赵相。相至，谒太后，太后骂昌曰："尔不知我之怨戚氏乎？而不遣赵王！"昌既被征，高后使使召赵王。王果来，至长安月余，见鸩杀。昌谢病不朝见，三岁而薨，谥曰悼侯。传子至孙意，有罪，国除。景帝复封昌孙左车为安阳侯，有罪，国除。

初，赵尧既代周昌为御史大夫，高祖崩，事惠帝终世。高后元年，怨尧前定赵王如意之画，乃抵尧罪，以广阿侯任敖为御史大夫。

任敖，沛人也，少为狱吏。高祖尝避吏，吏系吕后，遇之不谨。任敖素善高祖，怒，击伤主吕后吏。及高祖初起，敖以客从为御史，守丰二岁。高祖立为汉王，东击项羽，敖迁为上党守。陈豨反，敖坚守，封为广阿侯，食邑千八百户。高后时为御史大夫。三岁免。孝文元年薨，谥曰懿侯。传子至曾孙越人，坐为太常庙酒酸不敬，国除。

初任敖免，平阳侯曹窋代敖为御史大夫。高后崩，与大臣共诛诸吕。后坐事免，以淮南相张苍为御史大夫。苍与绛侯等尊立孝文皇帝，四年，代灌婴为丞相。

汉兴二十余年，天下初定，公卿皆军吏。苍为计相时，绪正律历。以高祖十月始至霸上，故因秦时本十月为岁首，不革。推五德之运，以为汉当水德之时，上黑如故。吹律调乐，入之音声，及以比定律令。若百工，天下作程品。至于为丞相，卒就之。故汉家言律历者本张苍。苍凡好书，无所不观，无所不通，而尤邃律历。

苍德安国侯王陵，及贵，父事陵。陵死后，苍为丞相，洗沐，常先朝陵夫人上食，然后敢归家。

苍为丞相十余年，鲁人公孙臣上书，陈终始五德传，言“汉土德时，其符黄龙见，当改正朔，易服色”。事下苍，苍以为非是，罢之。其后黄龙见成纪，于是文帝召公孙臣以为博士，草立土德时历制度，更元年。苍由此自绌，谢病称老。苍任人为中候，大为奸利，上以为让，苍遂病免。孝景五年薨，谥曰文侯。传子至孙类，有罪，国除。

初苍父长不满五尺，苍长八尺余，苍子复长八尺，及孙类长六尺余。苍免相后，口中无齿，食乳，女子为乳母。妻妾以百数，尝孕者不复幸。年百余岁乃卒。著书十八篇，言阴阳律历事。

申屠嘉，梁人也。以材官蹶张从高帝击项籍，迁为队率。从击黥布，为都尉。孝惠时，为淮阳守。孝文元年，举故以二千石从高祖者，悉以为关内侯，食邑二十四人，而嘉食邑五百户。十六年，迁为御史大夫。张苍免相，文帝以皇后弟窦广国贤有行，欲相之，曰：“恐天下以吾私广国。”久念不可，而高帝时大臣余见无可者，乃以御史大夫嘉为丞相，因故邑封为故安侯。

嘉为人廉直，门不受私谒。是时，太中大夫邓通方爱幸，赏赐累巨万。文帝常燕饮通家，其宠如是。是时，嘉入朝而通居上旁，有怠慢之礼。嘉奏事毕，因言曰："陛下幸爱群臣则富贵之，至于朝廷之礼，不可以不肃！"上曰："君勿言，吾私之。"罢朝坐府中，嘉为檄召通诣丞相府，不来，且斩通。通恐，入言上。上曰："汝第往，吾今使人召若。"通至丞相府，免冠，徒跣，顿首谢嘉。嘉坐自如，弗为礼，责曰："夫朝廷者，高皇帝之朝廷也，通小臣，戏殿上，大不敬，当斩。史今行斩之！"通顿首，首尽出血，不解。上度丞相已困通，使使持节召通，而谢丞相："此吾弄臣，君释之。"邓通既至，为上泣曰："丞相几杀臣。"

嘉为丞相五岁，文帝崩，孝景即位。二年，晁错为内史，贵幸用事，诸法令多所请变更，议以適罚侵削诸侯。而丞相嘉自绌，所言不用，疾错。错为内史，门东出，不便，更穿一门，南出。南出者，太上皇庙堧垣也。嘉闻错穿宗庙垣，为奏请诛错。客有语错，错恐，夜入宫上谒，自归上。至朝，嘉请诛内史错。上曰："错所穿非真庙垣，乃外堧垣，故冗官居其中，且又我使为之，错无罪。"罢朝，嘉谓长史曰："吾悔不先斩错乃请之，为错所卖！"至舍，因呕血而死。谥曰节侯。传子至孙臾，有罪，国除。

自嘉死后，开封侯陶青、桃侯刘舍及武帝时柏至侯许昌、平棘侯薛泽、武强侯庄青翟、商陵侯赵周，皆以列侯继踵，䟫䟫廉谨，为丞相备员而已，无所能发明功名著于世者。

赞曰：张苍文好律历，为汉名相，而专遵用秦之颛顼历，何哉？周昌，木强人也。任敖以旧德用。申屠嘉可谓刚毅守节，然无术学，殆与萧、曹、陈平异矣。

汉书卷四十三

郦陆朱刘叔孙传第十三

郦食其，陈留高阳人也。好读书，家贫落魄，无衣食业。为里监门，然吏县中贤豪不敢役，皆谓之狂生。

及陈胜、项梁等起，诸将徇地过高阳者数十人，食其闻其将皆握齱好荷礼自用，不能听大度之言，食其乃自匿。后闻沛公略地陈留郊，沛公麾下骑士适食其里中子，沛公时时问邑中贤豪。骑士归，食其见，谓曰："吾闻沛公嫚易人，有大略，此真吾所愿从游，莫为我先。若见沛公，谓曰'臣里中有郦生，年六十余，长八尺，人皆谓之狂生'，自谓我非狂。"骑士曰："沛公不喜儒，诸客冠儒冠来者，沛公辄解其冠，溺其中。与人言，常大骂。未可以儒生说也。"食其曰："第言之。"骑士从容言食其所戒者。

沛公至高阳传舍，使人召食其。食其至，入谒，沛公方踞床令两女子洗，而见食其。食其入，即长揖不拜，曰："足下欲助秦攻诸侯乎？欲率诸侯破秦乎？"沛公骂曰："竖儒！夫天下同苦秦久矣，故诸侯相率攻秦，何谓助秦？"食其曰："必欲聚徒合义兵诛无道秦，不宜踞见长者。"于是沛公辍洗，起衣，延食其上坐，谢之。食其因言六国从衡时，沛公喜，赐食其食，问曰："计安出？"食其曰："足下起瓦合之卒，收散乱之兵，不满万人，欲以径入强秦，此所谓探虎口者也。夫陈留，天下之冲，四通五达之郊也，今其城中又多积粟。臣知其令，今请使，令下足下。即不听，足下举兵攻之，臣为内应。"于是遣食其往，沛公引兵随之，遂下陈留。号食其为广野君。

食其言弟商，使将数千人从沛公西南略地。食其常为说客，驰使诸侯。

汉三年秋，项羽击汉，拔荥阳，汉兵遁保巩。楚人闻韩信破赵，彭越数反梁地，则分兵救之。韩信方东击齐，汉王数困荥阳、成皋，计欲捐成皋以东，屯巩、雒以距楚。食其因曰："臣闻之，知天之天者，王事可成；不知天之天者，王事不可成。王者以民为天，而民以食为天。夫敖仓，天下转输久矣，臣闻其下乃有藏粟甚多。楚人拔荥阳，不坚守敖仓，乃引而东，令適卒分守成皋，此乃天所以资汉。方今楚易取而汉反却，自夺便，臣窃以为过矣。且两雄不俱立，楚、汉久相持不决，百姓骚动，海内摇荡，农夫释耒，红女下机，天下之心未有所定也。愿足下急复进兵，收取荥阳，据敖庾之粟，塞成皋之险，杜太行之道，距飞狐之口，守白马之津，以示诸侯形制之势，则天下知所归矣。方今燕、赵已定，唯齐未下。今田广据千里之齐，田间将二十万之众军于历城，诸田宗强，负海岱，阻河济，南近楚，齐人多变诈，足下虽遣数十万师，未可以岁月破也。臣请得奉明诏说齐王使为汉而称东藩。"上曰："善。"

乃从其画，复守敖仓，而使食其说齐王，曰："王知天下之所归乎?”曰:“不知也。”曰:“知天下之所归,则齐国可得而有也;若不知天下之所归,即齐国未可保也。”齐王曰:“天下何归?”食其曰:“天下归汉。”齐王曰:“先生何以言之?”曰:“汉王与项王戮力西面击秦,约先入咸阳者王之,项王背约不与,而王之汉中。项王迁杀义帝,汉王起蜀汉之兵击三秦,出关而责义帝之负处,收天下之兵,立诸侯之后。降城即以侯其将,得赂则以分其士,与天下同其利,豪英贤材皆乐为之用。诸侯之兵四面而至,蜀汉之粟方船而下。项王有背约之名,杀义帝之负;于人之功无所记,于人之罪无所忘;战胜而不得其赏,拔城而不得其封;非项氏莫得用事;为人刻印,玩而不能授;攻城得赂,积财而不能赏。天下畔之,贤材怨之,而莫为之用。故天下之士归于汉王,可坐而策也。夫汉王发蜀汉,定三秦;涉西河之外,授上党之兵;下井陉,诛成安君;破北魏,举三十二城:此黄帝之兵,非人之力,天之福也。今已据敖仓之粟,塞成皋之险,守白马之津,杜太行之厄,距飞狐之口,天下后服者先亡矣。王疾下汉王,齐国社稷可得而保也;不下汉王,危亡可立而待也。”田广以为然,乃听食其,罢历下兵守战备,与食其口纵酒。

韩信闻食其冯轼下齐七十余城,乃夜度兵平原袭齐。齐王田广闻汉兵至,以为食其卖己,乃亨食其,引兵走。

汉十二年,曲周侯郦商以丞相将兵击黥布,有功。高祖举功臣,思食其。食其子疥数将兵,上以其父故,封疥为高梁侯。后更食武阳,卒,子遂嗣。三世,侯平有罪,国除。

陆贾,楚人也。以客从高祖定天下,名有口辩,居左右,常使诸侯。

时中国初定，尉佗平南越，因王之。高祖使贾赐佗印为南越王。贾至，尉佗魋结箕踞见贾。贾因说佗曰："足下中国人，亲戚昆弟坟墓在真定。今足下反天性，弃冠带，欲以区区之越与天子抗衡为敌国，祸且及身矣。夫秦失其正，诸侯豪桀并起，唯汉王先入关，据咸阳。项籍背约，自立为西楚霸王，诸侯皆属，可谓至强矣。然汉王起巴、蜀，鞭笞天下，劫诸侯，遂诛项羽。五年之间，海内平定，此非人力，天之所建也。天子闻君王王南越，而不助天下诛暴逆，将相欲移兵而诛王，天子怜百姓新劳苦，且休之，遣臣授君王印，剖符通使。君王宜郊迎，北面称臣，乃欲以新造未集之越屈强于此。汉诚闻之，掘烧君王先人冢墓，夷种宗族，使一偏将将十万众临越，即越杀王降汉，如反覆手耳。"

于是佗乃蹶然起坐，谢贾曰："居蛮夷中久，殊失礼义。"因问贾曰："我孰与萧何、曹参、韩信贤？"贾曰："王似贤也。"复问曰："我孰与皇帝贤？"贾曰："皇帝起丰沛，讨暴秦，诛强楚，为天下兴利除害，继五帝三王之业，统天下，理中国。中国之人以亿计，地方万里，居天下之膏腴，人众车舆，万物殷富，政由一家，自天地剖判未始有也。今王众不过数万，皆蛮夷，崎岖山海间，譬如汉一郡，王何乃比于汉！"佗大笑曰："吾不起中国，故王此。使我居中国，何遽不若汉？"乃大说贾，留与饮数月。曰："越中无足与语，至生来，令我日闻所不闻。"赐贾橐中装直千金，它送亦千金。贾卒拜佗为南越王，令称臣奉汉约。归报，高帝大说，拜贾为太中大夫。

贾时时前说称《诗》《书》。高帝骂之曰："乃公居马上得之，安事《诗》《书》！"贾曰："马上得之，宁可以马上治乎？且汤、武逆取而以顺守之，文武并用，长久之术也。昔者吴王夫差、智伯极武而亡；秦任刑法不变，卒灭赵氏。乡使秦以并天下，行仁义，法先圣，陛下安得而有之？”高帝不怿，有惭色，谓贾曰：“试为我著秦所以失天下，吾所以得之者，及古城败之国。”贾凡著十二篇。每奏一篇，高帝未尝不称善，左右呼万岁，称其书曰《新语》。

孝惠时，吕太后用事，欲王诸吕，畏大臣及有口者。贾自度不能争之，乃病免。以好畤田地善，往家焉。有五男，乃出所使越橐中装，卖千金，分其子，子二百金，令为生产。贾常乘安车驷马，从歌鼓瑟侍者十人，宝剑直百金，谓其子曰：“与女约：过女，女给人马酒食极欲，十日而更。所死家，得宝剑车骑侍从者。一岁中以往来过它客，率不过再过，数击鲜，毋久溷女为也。”

吕太后时，王诸吕，诸吕擅权，欲劫少主，危刘氏。右丞相陈平患之，力不能争，恐祸及己。平常燕居深念。贾往，不请，直入坐，陈平方念，不见贾。贾曰：“何念深也？”平曰：“生揣我何念？”贾曰：“足下位为上相，食三万户侯，可谓极富贵无欲矣。然有忧念，不过患诸吕、少主耳。”陈平曰：“然。为之奈何？”贾曰：“天下安，注意相；天下危，注意将。将相和，则士豫附；士豫附，天下虽有变，则权不分。权不分，为社稷计，在两君掌握耳。臣常欲谓太尉绛侯，绛侯与我戏，易吾言。君何不交欢太尉，深相结？”为陈平画吕氏数事。平用其计，乃以五百金为绛侯寿，厚具乐饮太尉，太尉亦报如之。两人深相结，吕氏谋益坏。陈平乃以奴婢百人，车马五十乘，钱五百万，遗贾为食饮费。贾以此游汉廷公卿间，名声籍甚。及诛吕氏，立孝文，贾颇有力。

孝文即位，欲使人之南越，丞相平乃言贾为太中大夫，往使尉佗，去黄屋称制，令比诸侯，皆如意指。语在《南越传》。陆生竟以寿终。

朱建，楚人也。故尝为淮南王黥布相，有罪去，后复事布。布欲反时，问建，建谏止之。布不听，听梁父侯，遂反。汉既诛布，闻建谏之，高祖赐建号平原君，家徙长安。

为人辩有口，刻廉刚直，行不苟合，义不取容。辟阳侯行不正，得幸吕太后，欲知建，建不肯见。及建母死，贫未有以发丧，方假贰服具。陆贾素与建善，乃见辟阳侯，贺曰："平原君母死。"辟阳侯曰："平原君母死，何乃贺我？"陆生曰："前日君侯欲知平原君，平原君义不知君，以其母故。今其母死，君诚厚送丧，则彼为君死矣。"辟阳侯乃奉百金裞，列侯贵人以辟阳侯故，往赙凡五百金。

久之，人或毁辟阳侯，惠帝大怒，下吏，欲诛之。太后惭，不可言。大臣多害辟阳侯行，欲遂诛之。辟阳侯困急，使人欲见建。建辞曰："狱急，不敢见君。"建乃求见孝惠幸臣闳籍孺，说曰："君所以得幸帝，天下莫不闻。今辟阳侯幸太后而下吏，道路皆言君谗，欲杀之。今日辟阳侯诛，旦日太后含怒，亦诛君。君何不肉袒为辟阳侯言帝？帝听君出辟阳侯，太后大欢。两主俱幸君，君富贵益倍矣。"于是闳籍孺大恐，从其计，言帝，帝果出辟阳侯。辟阳侯之囚，欲见建，建不见，辟阳侯以为背之，大怒。及其成功出之，大惊。

吕太后崩，大臣诛诸吕，辟阳侯与诸吕至深，卒不诛。计画所以全者，皆陆生、平原君之力也。

孝文时，淮南厉王杀辟阳侯，以党诸吕故。孝文闻其客朱建为其策，使吏捕欲治。闻吏至门，建欲自杀。诸子及吏皆曰："事未可知，何自杀为？"建曰："我死祸绝，不及乃身矣。"遂自刭。文帝闻而惜之，曰："吾无杀建意也。"乃召其子，拜为中大夫。使匈奴，单于无礼，骂单于，遂死匈奴中。

娄敬，齐人也。汉五年，戍陇西，过雒阳，高帝在焉。敬脱挽辂，见齐人虞将军曰："臣愿见上言便宜。"虞将军欲与鲜衣，敬曰："臣衣帛，衣帛见，衣褐，衣褐见，不敢易衣。"虞将军入言上，上召见，赐食。

已而问敬，敬说曰："陛下都雒阳，岂欲与周室比隆哉？"上曰："然。"敬曰："陛下取天下与周异。周之先自后稷，尧封之邰，积德累善十余世。公刘避桀居豳。大王以狄伐故，去豳，杖马箠去居岐，国人争归之。及文王为西伯，断虞、芮讼，始受命，吕望、伯夷自海滨来归之。武王伐纣，不期而会孟津上八百诸侯，遂灭殷。成王即位，周公之属傅相焉，乃营成周都雒，以为此天下中，诸侯四方纳贡职，道里钧矣，有德则易以王，无德则易以亡。凡居此者，欲令务以德致人，不欲阻险，令后世骄奢以虐民也。及周之衰，分而为二，天下莫朝周，周不能制。非德薄，形势弱也。今陛下起丰、沛，收卒三千人，以之径往，卷蜀汉，定三秦，与项籍战荥阳，大战七十，小战四十，使天下之民肝脑涂地，父子暴骸中野，不可胜数，哭泣之声不绝，伤夷者未起，而欲比隆成、康之时，臣窃以为不侔矣。且夫秦地被山带河，四塞以为固，卒然有急，百万之众可具。因秦之故，资甚美膏腴之地，此所谓天府。陛下入关而都之，山东虽乱，秦故地可全而有也。夫与人斗，不搤其亢，拊其背，未能全胜。今陛下入关而都，按秦之故，此亦搤天下之亢而拊其背也。”高帝问群臣，群臣皆山东人，争言周王数百年，秦二世则亡，不如都周。上疑未能决。及留侯明言入关便，即日驾西都关中。于是上曰：“本言都秦地者娄敬，娄者刘也。”赐姓刘氏，拜为郎中，号曰奉春君。

汉七年，韩王信反，高帝自往击。至晋阳，闻信与匈奴欲击汉，上大怒，使人使匈奴。匈奴匿其壮士肥牛马，徒见其老弱及羸畜。使者十辈来，皆言匈奴易击。上使刘敬复往使匈奴，还报曰：“两国相击，此宜夸矜见所长。今臣往，徒见羸胔老弱，此必欲见短，伏奇兵以争利。愚以为匈奴不可击也。”是时汉兵以逾句注，三十余万众，兵已业行。上怒，骂敬曰：“齐虏！以舌得官，乃今妄言沮吾军！”械系敬广武。遂往，至平城，匈奴果出奇兵围高帝白登，七日然后得解。高帝至广武，赦敬，曰：“吾不用公言，以困平城。吾已斩先使十辈言可击者矣。”乃封敬二千户，为关内侯，号建信侯。

高帝罢平城归，韩王信亡入胡。当是时，冒顿单于兵强，控弦四十万骑，数苦北边。上患之，问敬。敬曰：“天下初定，士卒罢于兵革，未可以武服也。冒顿杀父代立，妻群母，以力为威，未可以仁义说也。独可以计久远子孙为臣耳，然陛下恐不能为。”上曰：“诚可，何为不能！顾为奈何？”敬曰：“陛下诚能以適长公主妻单于，厚奉遗之，彼知汉女送厚，蛮夷必慕，以为阏氏，生子必为太子，代单于。何者？贪汉重币。陛下以岁时汉所余彼所鲜数问遗，使辩士风谕以礼节。冒顿在，固为子婿；死，外孙为单于。岂曾闻孙敢与大父亢礼哉？可毋战以渐臣也。若陛下不能遣长公主，而令宗室及后宫诈称公主，彼亦知不肯贵近，无益也。”高帝曰：“善。”欲遣长公主。吕后泣曰：“妾唯以一太子、一女，奈何弃之匈奴！”上竟不能遣长公主，而取家人子为公主，妻单于。使敬往结和亲约。

敬从匈奴来，因言“匈奴河南白羊、楼烦王，去长安近者七百里，轻骑一日一夕可以至。秦中新破，少民，地肥饶，可益实。夫诸侯初起时，非齐诸田，楚昭、屈、景莫与。今陛下虽都关中，实少人。北近胡寇，东有六国强族，一日有变，陛下亦未得安枕而卧也。臣愿陛下徙齐诸田，楚昭、屈、景，燕、赵、韩、魏后，及豪桀名家，且实关中。无事，可以备胡；诸侯有变，亦足率以东伐。此强本弱末之术也。”上曰：“善。”乃使刘敬徙所言关中十余万口。

叔孙通，薛人也。秦时以文学征，待诏博士。数岁，陈胜起，二世诏博士诸儒生问曰：“楚戍卒攻蕲入陈，于公何如？”博士诸生三十余人前曰：“人臣无将，将则反，罪死无赦。愿陛下急发兵击之。”二世怒，作色。通前曰：“诸生言皆非。夫天下为一家，毁郡县城，铄其兵，视天下弗复用。且明主在上，法令具于下，吏人人奉职，四方辐辏，安有反者！此特群盗，鼠窃狗盗，何足置齿牙间哉？郡守尉今捕诛，何足忧？”二世喜，尽问诸生，诸生或言反，或言盗。于是二世令御史按诸生言反者下吏，非所宜言。诸生言盗者皆罢之。乃赐通帛二十匹，衣一袭，拜为博士。通已出，反舍，诸生曰：“生何言之谀也？”通曰：“公不知，我几不免虎口！”乃亡去之薛，薛已降楚矣。

及项梁之薛，通从之。败定陶，从怀王。怀王为义帝，徙长沙，通留事项王。汉二年，汉王从五诸侯入彭城，通降汉王。

通儒服，汉王憎之，乃变其服，服短衣，楚制。汉王喜。

通之降汉，从弟子百余人，然无所进，钊言诸故群盗壮士进之。弟子皆曰："事先生数年，幸得从降汉，今不进臣等，钊言大猾，何也？"通乃谓曰："汉王方蒙矢石争天下，诸生宁能斗乎？故先言斩将搴旗之士。诸生且待我，我不忘矣。"汉王拜通为博士，号稷嗣君。

汉王已并天下，诸侯共尊为皇帝于定陶，通就其仪号。高帝悉去秦仪法，为简易。群臣饮争功，醉或妄呼，拔剑击柱，上患之。通知上亦厌之，说上曰："夫儒者难与进取，可与守成。臣愿征鲁诸生，与臣弟子共起朝仪。"高帝曰："得无难乎？"通曰："五帝异乐，三王不同礼。礼者，因时世人情为之节文者也。故夏、殷、周礼所因损益可知者，谓不相复也。臣愿颇采古礼与秦仪杂就之。"上曰："可试为之，令易知，度吾所能行为之。"

于是通使征鲁诸生三十余人。鲁有两生不肯行，曰："公所事者且十主，皆面腴亲贵。今天下初定，死者未葬，伤者未起，又欲起礼乐。礼乐所由起，百年积德而后可兴也。吾不忍为公所为。公所为不合古，吾不行。公往矣，毋污我！"通笑曰："若真鄙儒，不知时变。"遂与所征三十人西，及上左右为学者与其弟子百余人为绵蕞野外。习之月余，通曰："上可试观。"上使行礼，曰："吾能为此。"乃令群臣习肄，会十月。

汉七年，长乐宫成，诸侯群臣朝十月。仪：先平明，谒者治礼，引以次入殿门，廷中陈车骑戍卒卫官，设兵，张旗志。传曰

“趋”。殿下郎中侠陛。陛数百人。功臣、列侯、诸将军、军吏以次陈西方，东乡；文官丞相以下陈东方，西乡。大行设九宾，胪句传。于是皇帝辇出房，百官执戟传警，引诸侯王以下至吏六百石以次奉贺。自诸侯王以下莫不震恐肃敬。至礼毕，尽伏，置法酒。诸侍坐殿上皆伏抑首，以尊卑次起上寿。觞九行，谒者言“罢酒”。御史执法举不如仪者辄引去。竟朝置酒，无敢欢哗失礼者。于是高帝曰：“吾乃今日知为皇帝之贵也！”拜通为奉常，赐金五百斤。通因进曰：“诸弟子儒生随臣久矣，与共为仪，愿陛下官之。”高帝悉以为郎，通出，皆以五百金赐诸生。诸生乃喜曰：“叔孙生圣人，知当世务。”

九年，高帝徙通为太子太傅。十二年，高帝欲以赵王如意易太子，通谏曰：“昔者晋献公以骊姬故，废太子，立奚齐，晋国乱者数十年，为天下笑。秦以不早定扶苏，胡亥诈立，自使灭祀，此陛下所亲见。今太子仁孝，天下皆闻之；吕后与陛下攻苦食啖，其可背哉！陛下必欲废適而立少，臣愿先伏诛，以颈血污地。”高帝曰：“公罢矣，吾特戏耳。”通曰：“太子天下本，本壹摇天下震动，奈何以天下戏！”高帝曰：“吾听公。”及上置酒，见留侯所招客从太子入见，上遂无易太子志矣。

高帝崩，孝惠即位，乃谓通曰：“先帝园陵寝庙，群臣莫习。”徙通为奉常，定宗庙仪法。及稍定汉诸仪法，皆通所论著也。惠帝为东朝长乐宫，及间往，数跸烦民，作复道，方筑武库南，通奏事，因请间，曰：“陛下何自筑复道高帝寝，衣冠月出游高庙？子孙奈何乘宗庙道上行哉！”

惠帝惧，曰：“急坏之。”通曰：“人主无过举。今已作，百姓皆知之矣。愿陛下为原庙渭北，衣冠月出游之，益广宗庙，大孝之本。”上乃诏有司立原庙。

惠帝常出游离宫，通曰：“古者有春尝果，方今樱桃熟，可献，愿陛下出，因取樱桃献宗庙。”上许之。诸果献由此兴。

赞曰：高祖以征伐定天下，而缙绅之徒骋其知辩，并成大业。语曰“廊庙之材非一木之枝，帝王之功非一士之略”，信哉！刘敬脱挽辂而建金城之安，叔孙通舍枹鼓而立一王之仪，遇其时也。郦生自匿监门，待主然后出，犹不免鼎镬。朱建始名廉直，既距辟阳，不终其节，亦以丧身。陆贾位止大夫，致仕诸吕，不受忧责，从容平、勃之间，附会将相以强社稷，身名俱荣，其最优乎！

汉书卷四十四

淮南衡山济北王传第十四

淮南厉王长，高帝少子也，其母故赵王张敖美人。高帝八年，从东垣过赵，赵王献美人，厉王母也，幸，有身。赵王不敢内宫，为筑外宫舍之。及贯高等谋反事觉，并逮治王，尽捕王母兄弟美人，系之河内。厉王母亦系，告吏曰："日得幸上，有子。"吏以闻，上方怒赵，未及理厉王母。厉王母弟赵兼因辟阳侯言吕后，吕后妒，不肯白，辟阳侯不强争。厉王母已生厉王，恚，即自杀。吏奉厉王诣上，上悔，令吕后母之，而葬其母真定。真定，厉王母家县也。

十一年，淮南王布反，上自将击灭布，即立子长为淮南王。王早失母，常附吕后，孝惠、吕后时以故得幸无患，然常心怨辟阳侯，不敢发。及孝文初即位，自以为最亲，骄蹇，数不奉法。上宽赦之。三年，入朝，甚横。从上入苑猎，与上同辇，常谓上"大兄"。厉王有材力，力扛鼎，乃往请辟阳侯。辟阳侯出见之，即自袖金椎椎之，命从者刑之。驰诣阙下，肉袒而谢曰："臣母不当坐赵时事，辟阳侯力能得之吕后，不争，罪一也。赵王如意子母无罪，吕后杀之，辟阳侯不争，罪二也。吕后王诸吕，欲以危刘氏，辟阳侯不争，罪三也。臣谨为天下诛贼，报母之仇，伏阙下请罪。”文帝伤其志，为亲故不治，赦之。

当是时，自薄太后及太子诸大臣皆惮厉王。厉王以此归国益恣，不用汉法，出入警跸，称制，自作法令，数上书不逊顺。文帝重自切责之。时帝舅薄昭为将军，尊重。上令昭予厉王书谏数之，曰：

窃闻大王刚直而勇，慈惠而厚，贞信多断，是天以圣人之资奉大王也甚盛，不可不察。今大王所行，不称天资。皇帝初即位，易侯邑在淮南者，大王不肯。皇帝卒易之，使大王得三县之实，甚厚。大王以未尝与皇帝相见，求入朝见，未毕昆弟之欢，而杀列侯以自为名。皇帝不使吏与其间，赦大王，甚厚。汉法，二千石缺，辄言汉补，大王逐汉所置，而请自置相、二千石。皇帝委天下正法而许大王，甚厚。大王欲属国为布衣，守冢真定。皇帝不许，使大王毋失南面之尊，甚厚。大王宜日夜奉法度，修贡职，以称皇帝之厚德，今乃轻言恣行，以负谤于天下，甚非计也。

夫大王以千里为宅居，以万民为臣妾，此高皇帝之厚德也。高帝蒙霜露，沬风雨，赴矢石，野战攻城，身被创痍，以为子孙成万世之业，艰难危苦甚矣。大王不思先帝之艰苦，日夜怵惕，修身正行，养牺牲，丰洁粢盛，奉祭祀，以无忘先帝之功德，而欲属国为布衣，甚过。且夫贪让国土之名，轻废先帝之业，不可以言孝。父为之基，而不能守，不贤。不求守长陵，而求之真定，先母后父，不谊。数逆天子之令，不顺。言节行以高兄，无礼。幸臣有罪，大者立断，小者肉刑，不仁。贵布衣一剑之任，贱王侯之位，不知。不好学问大道，触情妄行，不祥。此八者，危亡之路也，而大王行之，弃南面之位，奋诸、贲之勇，常出入危亡之路，臣之所见，高皇帝之神必不庙食于大王之手，明白。

昔者，周公诛管叔，放蔡叔，以安周；齐桓杀其弟，以反国；秦始皇杀两弟，迁其母，以安秦；顷王亡代，高帝夺之国，以便事；济北举兵，皇帝诛之，以安汉。故周、齐行之于古，秦、汉用之于今，大王不察古今之所以安国便事，而欲以亲戚之意望于太上，不可得也。亡之诸侯，游宦事人，及舍匿者，论皆有法。其在王所，吏主者坐。今诸侯子为吏者，御史主；为军吏者，中尉主；客出入殿门者，卫尉大行主；诸从蛮夷来归谊及以亡名数自占者，内史县令主。相欲委下吏，无与其祸，不可得也。王若不改，汉系大王邸，论相以下，为之奈何？夫堕父大业，退为布衣所哀，幸臣皆伏法而诛，为天下笑，以羞先帝之德，甚为大王不取也。

宜急改操易行，上书谢罪，曰："臣不幸早失先帝，少孤，吕氏之世，未尝忘死。陛下即位，臣怙恩德骄盈，行多不轨。追念罪过，恐惧，伏地待诛不敢起。"皇帝闻之必喜。大王昆弟欢欣于上，群臣皆得延寿于下；上下得宜，海内常安。愿孰计而疾行之。行之有疑，祸如发矢，不可追已。

王得书不说。六年，令男子但等七十人与棘蒲侯柴武太子奇谋，以辇车四十乘反谷口，令人使闽越、匈奴。事觉，治之，乃使使召淮南王。

王至长安，丞相张苍，典客冯敬行御史大夫事，与宗正、廷尉杂奏："长废先帝法，不听天子诏，居处无度，为黄屋盖拟天子，擅为法令，不用汉法。及所置吏，以其郎中春为丞相，收聚汉诸侯人及有罪亡者，匿与居，为治家室，赐与财物、爵禄、田宅，爵或至关内侯，奉以二千石所当得。大夫但、士伍开章等七十人与棘蒲侯太子奇谋反，欲以危宗庙社稷，谋使闽越及匈奴发其兵。事觉，长安尉奇等往捕开章，长匿不予，与故中尉蔄忌谋，杀以闭口，为棺椁衣衾，葬之肥陵，谩吏曰‘不知安在’。又阳聚土，树表其上曰‘开章死，葬此下’。及长身自贼杀无罪者一人；令吏论杀无罪者六人；为亡命弃市诈捕命者以除罪；擅罪人，无告劾系治城旦以上十四人；赦免罪人死罪十八人，城旦舂以下五十八人；赐人爵关内侯以下九十四人。前日长病，陛下心忧之，使使者赐枣脯，长不肯见拜使者。南海民处庐江界中者反，淮南吏卒击之。陛下遣使者赍帛五千匹，以赐吏卒劳苦者。长不欲受赐，谩曰‘无劳苦者’。南海王织上书献璧帛皇帝，忌擅燔其书，不以闻。吏请召治忌，长不遣，谩曰‘忌病’。长所犯不轨，当弃市，臣请论如法。”

制曰：“朕不忍置法于王，其与列侯、吏二千石议。”列侯、吏二千石臣婴等四十三人议，皆曰：“宜论如法。”制曰：“其赦长死罪，废勿王。”有司奏：“请处蜀严道邛邮，遣其子、子母从居，县为筑盖家室，皆日三食，给薪菜盐炊食器席蓐。”制曰：“食长，给肉日五斤，酒二斗。令故美人、材人得幸者十人从居。”于是尽诛所与谋者。乃遣长，载以辎车，令县次传。

爰盎谏曰：“上素骄淮南王，不为置严相傅，以故至此。且淮南王为人刚，今暴摧折之，臣恐其逢雾露病死，陛下有杀弟之名，奈何？”上曰：“吾特苦之耳，令复之。”淮南王谓侍者曰：“谁谓乃公勇者？吾以骄不闻过，故至此。”乃不食而死。县传者不敢发车封。至雍，雍令发之，以死闻。上悲哭，谓爰盎曰：“吾不从公言，卒亡淮南王。”盎曰：“淮南王不可奈何，愿陛下自宽。”上曰：“为之奈何？”曰：“独斩丞相、御史以谢天下乃可。”上即令丞相、御史逮诸县传淮南王不发封馈侍者，皆弃市。乃以列侯葬淮南王于雍，置守冢三十家。

孝文八年，怜淮南王，王有子四人，年皆七八岁，乃封子安为阜陵侯，子勃为安阳侯，子赐为阳周侯，子良为东城侯。

十二年，民有作歌歌淮南王曰：“一尺布，尚可缝；一斗粟，尚可舂。兄弟二人，不相容！”上闻之曰：“昔尧、舜放逐骨肉，周公杀管、蔡，天下称圣，不以私害公。天下岂以为我贪淮南地邪？”乃徙城阳王王淮南故地，而追尊谥淮南王为厉王，置园如诸侯仪。

十六年，上怜淮南王废法不轨，自使失国早夭，乃徙淮南王喜复王故城阳，而立厉王三子王淮南故地，三分之：阜陵侯安为淮南王，安阳侯勃为衡山王，阳周侯赐为庐江王。东城侯良前薨，无后。

孝景三年，吴、楚七国反，吴使者至淮南，王欲发兵应之。其相曰：“王必欲应吴，臣愿为将。”王乃属之。相已将兵，因城守，不听王而为汉。汉亦使曲城侯将兵救淮南，淮南以故得完。吴使者至庐江，庐江王不应，而往来使越；至衡山，衡山王坚守无二心。孝景四年，吴、楚已破，衡山王朝，上以为贞信，乃劳苦之曰：“南方卑湿。”徙王王于济北以褒之。及薨，遂赐谥为贞王。庐江王以边越，数使使相交，徙为衡山王，王江北。

淮南王安为人好书，鼓琴，不喜戈猎狗马驰骋，亦欲以行阴德拊循百姓，流名誉。招致宾客方术之士数千人，作为《内书》二十一篇，《外书》甚众，又有《中篇》八卷，言神仙黄白之术，亦二十余万言。时武帝方好艺文，以安属为诸父，辩博善为文辞，甚尊重之。每为报书及赐，常召司马相如等视草乃遣。初，安入朝，献所作《内篇》，新出，上爱秘之。使为《离骚传》，旦受诏，日食时上。又献《颂德》及《长安都国颂》。每宴见，谈说得失及方技赋颂，昏莫然后罢。

安初入朝，雅善太尉武安侯，武安侯迎之霸上，与语曰："方今上无太子，王亲高皇帝孙，行仁义，天下莫不闻。宫车一日晏驾，非王尚谁立者!"淮南王大喜，厚遗武安侯宝赂。其群臣宾客，江淮间多轻薄，以厉王迁死感激安。建元六年，彗星见，淮南王心怪之。或说王曰："先吴军时，彗星出，长数尺，然尚流血千里。今彗星竟天，天下兵当大起。"王心以为上无太子，天下有变，诸侯并争，愈益治攻战具，积金钱赂遗郡国。游士妄作妖言阿谀王，王喜，多赐予之。

王有女陵，慧有口。王爱陵，多予金钱，为中诇长安，约结上左右。元朔二年，上赐淮南王几杖，不朝。后荼爱幸，生子迁为太子，取皇太后外孙修成君女为太子妃。王谋为反具，畏太子妃知而内泄事，乃与太子谋，令诈不爱，三月不同席。王阳怒太子，闭使与妃同内，终不近妃。妃求去，王乃上书谢归之。后荼、太子迁及女陵擅国权，夺民田宅，妄致系人。

太子学用剑。自以为人莫及，闻郎中雷被巧，召与戏，被壹再辞让，误中太子。太子怒，被恐。此时有欲从军者辄诣长安，被即愿奋击匈奴。太子数恶被，王使郎中令斥免，欲以禁后。元朔五年，被遂亡之长安，上书自明。事下廷尉、河南。河南治，逮淮南太子，王、王后计欲毋遣太子，遂发兵。计未定，犹与十余日。会有诏即讯太子，淮南相怒寿春丞留太子逮不遣，劾不敬。王请相，相不听。王使人上书告相，事下廷尉治。从迹连王，王使人候司。汉公卿请逮捕治王，王恐，欲发兵。太子迁谋曰："汉使即逮王，令人衣卫士衣，持戟居王旁，有非是者，即刺杀之，臣亦使人刺杀淮南中尉，乃举兵，未晚也。"是时上不许公卿，而遣汉中尉宏即讯验王。王视汉中尉颜色和，问斥雷被事耳，自度无何，不发。中尉还，以闻。公卿治者曰："淮南王安雍阏求奋击匈奴者雷被等，格明诏，当弃市。"诏不许。请废勿王，上不许。请削五县，可二县。使中尉宏赦其罪，罚以削地。中尉入淮南界，宣言赦王。王初闻公卿请诛之，未知得削地，闻汉使来，恐其捕之，乃与太子谋如前计。中尉至，即贺王，王以故不发。其后自伤曰："吾行仁义见削地，寡人甚耻之。"为反谋益甚。诸使者道长安来，为妄言，言上无男，即喜；言汉廷治，有男，即怒，以为妄言，非也。

日夜与左吴等按舆地图，部署兵所从入。王曰："上无太子，宫车即晏驾，大臣必征胶东王，不即常山王，诸侯并争，吾可以无备乎！且吾高帝孙，亲行仁义，陛下遇我厚，吾能忍之；万世之后，吾宁能北面事竖子乎！"

王有孽子不害，最长，王不爱，后、太子皆不以为子兄数。不害子建，材高有气，常怨望太子不省其父。时，诸侯皆得分子弟为侯，淮南王有两子，一子为太子，而建父不得为侯。阴结交，欲害太子，以其父代之。太子知之，数捕系笞建。建具知太子之欲谋杀汉中尉，即使所善寿春严正上书天子曰："毒药苦口利病，忠言逆耳利行。今淮南王孙建材能高，淮南王后荼、荼子迁常疾害建。建父不害无罪，擅数系，欲杀之。今建在，可征问，具知淮南王阴事。"书既闻，上以其事下廷尉、河南治。是岁元朔六年也。故辟阳侯孙审卿善丞相公孙弘，怨淮南厉王杀其大父，阴求淮南事而搆之于弘。弘乃疑淮南有畔逆计，深探其狱。河南治建，辞引太子及党与。

初，王数以举兵谋问伍被，被告谏之，以吴、楚七国为效。王引陈胜、吴广，被复言形势不同，必败亡。及建见治，王恐国阴事泄，欲发，复问被，被为言发兵权变。语在《被传》。于是王锐欲发，乃令官奴入宫中，作皇帝玺，丞相、御史大夫、将军、吏中二千石、都官令、丞印，及旁近郡太守、都尉印，汉使节法冠。欲如伍被计，使人为得罪而西，事大将军、丞相；一日发兵，即刺大将军卫青，而说丞相弘下之，如发蒙耳，欲发国中兵，恐相、二千石不听，王乃与伍被谋，为失火宫中，相、二千石救火，因杀之。又欲令人衣求盗衣，持羽檄从南方来，呼言曰"南越兵入"，欲因以发兵。乃使人之庐江、会稽为求盗，未决。

廷尉以建辞连太子迁闻，上遣廷尉监与淮南中尉逮捕太子。至，淮南王闻，与太子谋召相、二千石，欲杀而发兵。召相，相至；内史以出为解。中尉曰："臣受诏使，不得见王。"王念独杀相而内史、中尉不来，无益也，即罢相。计犹与未决。太子念所坐者谋杀汉中尉，所与谋杀者已死，以为口绝，乃谓王曰："群臣可用者皆前系，今无足与举事者。王以非时发，恐无功，臣愿会逮。”王亦愈欲休，即许太子。太子自刑，不殊。伍被自诣吏，具告与淮南王谋反。吏因捕太子、王后，围王宫，尽捕王宾客在国中者，索得反具以闻。上下公卿治，所连引与淮南王谋反列侯、二千石、豪桀数千人，皆以罪轻重受诛。

衡山王赐，淮南王弟，当坐收。有司请逮捕衡山王，上曰：“诸侯各以其国为本，不当相坐。与诸侯王列侯议。”赵王彭祖、列侯让等四十三人皆曰：“淮南王安大逆无道，谋反明白，当伏诛。”胶西王端议曰：“安废法度，行邪辟，有诈伪心，以乱天下，营惑百姓，背畔宗庙，妄作妖言。《春秋》曰‘臣毋将，将而诛’。安罪重于将，谋反形已定。臣端所见其书印图及它逆亡道事验明白，当伏法。论国吏二百石以上及比者，宗室近幸臣不在法中者，不能相教，皆当免，削爵为士伍，毋得官为吏。其非吏，它赎死金二斤八两，以章安之罪，使天下明知臣子之道，毋敢复有邪僻背畔之意。”丞相弘、廷尉汤等以闻，上使宗正以符节治王。未至，安自刑杀。后、太子诸所与谋皆收夷。国除为九江郡。

衡山王赐后乘舒生子三人，长男爽为太子，次女无采，少男孝。姬徐来生子男女四人，美人厥姬生子二人。淮南、衡山相责望礼节，间不相能。衡山王闻淮南王作为畔逆具，亦心结宾客以应之，恐为所并。元光六年入朝，谒者卫庆有方术，欲上书事天子，王怒，故劾庆死罪，强榜服之。内史以为非是，却其狱。王使人上书告内史，内史治，言王不直。又数侵夺人田，坏人冢以为田。有司请逮治衡山王，上不许，为置吏二百石以上。衡山王以此恚，与奚慈、张广昌谋，求能为兵法候星气者，日夜纵臾王谋反事。

后乘舒死，立徐来为后，厥姬俱幸。两人相妒，厥姬乃恶徐来于太子，曰：“徐来使婢蛊杀太子母。”太子心怨徐来。徐来兄至衡山，太子与饮，以刃刑伤之。后以此怨太子，数恶之于王。女弟无采嫁，弃归，与客奸。太子数以数让之，无采怒，不与太子通。后闻之，即善遇无采及孝。孝少失母，附后，后以计爱之，与共毁太子，王以故数系笞太子。元朔四年中，人有贼伤后假母者，王疑太子使人伤之，笞太子。后王病，太子时称病不侍。孝、无采恶太子：“实不病，自言，有喜色。”王于是大怒，欲废太子而立弟孝。后知王决废太子，又欲并废孝。后有侍者善舞，王幸之，后欲令与孝乱以污之，欲并废二子而以己子广代之。太子知之，念后数恶己无已时，欲与乱以止其口。后饮太子，太子前为寿，因据后股求与卧。后怒，以告王。王乃召，欲缚笞之。太子知王常欲废己而立孝，乃谓王曰：“孝与王御者奸，无采与奴奸，王强食，请上书。”即背王去。王使人止之，莫能禁，王乃自追捕太子，太子妄恶言，王械系宫中。

孝日益以亲幸。王奇孝材能，乃佩之王印，号曰将军，令居外家，多给金钱；招致宾客。宾客来者，微知淮南、衡山有逆计，皆将养劝之。王乃使孝客江都人枚赫、陈喜作輣车锻矢，刻天子玺，将、相、军吏印。王日夜求壮士如周丘等，数称引吴、楚反时计画约束。衡山王非敢效淮南王求即天子位，畏淮南起并其国，以为淮南已西，发兵定江淮间而有之，望如是。

元朔五年秋，当朝，六年，过淮南。淮南王乃昆弟语，除前隙，约束反具。衡山王即上书谢病，上赐不朝。乃使人上书请废太子爽，立孝为太子。爽闻，即使所善白嬴之长安上书，言衡山王与子谋逆，言孝作兵车锻矢，与王御者奸。至长安未及上书，即吏捕赢，以淮南事系。王闻之，恐其言国阴事，即上书告太子，以为不道。事下沛郡治。

元狩元年冬，有司求捕与淮南王谋反者，得陈喜于孝家。吏劾孝首匿喜。孝以为陈喜雅数与王计反，恐其发之，闻律先自告除其罪，又疑太子使白嬴上书发其事，即先自告所与谋反者枚赫、陈喜等。廷尉治，事验，请逮捕衡山王治。上曰："勿捕。"遣中尉安、大行息即问王，王具以情实对。吏皆围王宫守之。中尉、大行还，以闻。公卿请遣宗正、大行与沛郡杂治王。王闻，即自杀。孝先自告反，告除其罪。孝坐与王御婢奸，及后徐来坐蛊前后乘舒，及太子爽坐告王父不孝，皆弃市。诸坐与王谋反者皆诛。国除为郡。

济北贞王勃者，景帝四年徙。徙二年，因前王衡山，凡十四年薨。子式王胡嗣，五十四年薨。子宽嗣。十二年，宽坐与父式王后光、姬孝儿奸，悖人伦，又祠祭祝诅上，有司请诛。上遣大鸿胪利召王，王以刃自刭死。国除为北安县，属泰山郡。

赞曰：《诗》云"戎狄是膺，荆舒是惩"，信哉是言也！淮南、衡山亲为骨肉，疆土千里，列在诸侯，不务遵蕃臣职，以丞辅天子，而刬怀邪辟之计，谋为畔逆，仍父子再亡国，各不终其身。此非独王也，亦其俗薄，臣下渐靡使然。夫荆楚剽轻，好作乱，乃自古记之矣。

汉书卷四十五

蒯伍江息夫传第十五

蒯通，范阳人也，本与武帝同讳。楚汉初起，武臣略定赵地，号武信君。通说范阳令徐公曰："臣，范阳百姓蒯通也，窃闵公之将死，故吊之。虽然，贺公得通而生也。"徐公再拜曰："何以吊之?"通曰："足下为令十余年矣，杀人之父，孤人之子，断人之足，黥人之首，甚众。慈父孝子所以不敢事刃于公之腹者，畏秦法也。今天下大乱，秦政不施，然则慈父孝子将争接刃于公之腹，以复其怨而成其功名。此通之所以吊者也。"曰："何以贺得子而生也?"曰："赵武信君不知通不肖，使人候问其死生，通且见武信君而说之，曰：'必将战胜而后略地，攻得而后下城，臣窃以为殆矣。用臣之计，毋战而略地，不攻而下城，传檄而千里定，可乎?'彼将曰：'何谓也?'臣因对曰：'范阳令宜整顿其士卒以守战者也，怯而畏死，贪而好富贵，'故欲以其城先下君。先下君而君不利之，则边地之城皆将相告曰'范阳令先降而身死'，必将婴城固守，皆为金城汤池，不可攻也。为君计者，莫若以黄屋朱轮迎范阳令，使驰骛于燕、赵之郊，则边城皆将相告曰'范阳令先下而身富贵'，必相率而降，犹如阪上走丸也。此臣所谓传檄而千里定者也。”徐公再拜，具车马遣通。通遂以此说武臣。武臣以车百乘、骑二百、侯印迎徐公。燕、赵闻之，降者三十余城，如通策焉。

后汉将韩信虏魏王，破赵、代，降燕，定三国，引兵将东击齐。未度平原，闻汉王使郦食其说下齐，信欲止。通说信曰：“将军受诏击齐，而汉独发间使下齐，宁有诏止将军乎？何以得无行！且郦生一士，伏轼掉三寸舌，下齐七十余城，将军将数万之众，乃下赵五十余城。为将数岁，反不如一竖儒之功乎！”于是信然之，从其计，遂度河。齐已听郦生，即留之纵酒，罢备汉守御。信因袭历下军，遂至临菑。齐王以郦生为欺己而亨之，因败走。信遂定齐地，自立为齐假王。汉方困于荥阳，遣张良即立信为齐王，以安固之。项王亦遣武涉说信，欲与连和。

蒯通知天下权在信，欲说信令背汉，乃先微感信曰：“仆尝受相人之术，相君之面，不过封侯，又危而不安；相君之背，贵而不可言。”信曰：“何谓也？”通因请间，曰：“天下初作难也，俊雄豪桀建号壹呼，天下之士云合雾集，鱼鳞杂袭，飘至风起。当此之时，忧在亡秦而已。今刘、项分争，使人肝脑涂地，流离中野，不可胜数。汉王将数十万众，距巩、雒，阻山河，一日数战，无尺寸之功，折北不救，败荥阳，伤成皋，还走宛、叶之间，此所谓智勇俱困者也。楚人起彭城，转斗逐北，至荥阳，乘利席胜，威震天下，然兵困于京、索之间，迫西山而不能进，三年于此矣。锐气挫于险塞，粮食尽于内藏，百姓罢极，无所归命。以臣料之，非天下贤圣，其势固不能息天下之祸。当今之时，两主县命足下。

足下为汉则汉胜，与楚则楚胜。臣愿披心腹，堕肝胆，效愚忠，恐足下不能用也。方今为足下计，莫若两利而俱存之，参分天下，鼎足而立，其势莫敢先动。夫以足下之贤圣，有甲兵之众，据强齐，从燕、赵，出空虚之地以制其后，因民之欲，西乡为百姓请命，天下孰敢不听！足下按齐国之故，有淮、泗之地，怀诸侯以德，深拱揖让，则天下君王相率而朝齐矣。盖闻'天与弗取，反受其咎；时至弗行，反受其殃'。愿足下孰图之。"

信曰："汉遇我厚，吾岂可见利而背恩乎！"通曰："始常山王，成安君故相与为刎颈之交，及争张黡、陈释之事，常山王奉头鼠窜，以归汉王。借兵东下，战于鄗北，成安君死于泜水之南，头足异处。此二人相与，天下之至欢也，而卒相灭亡者，何也？患生于多欲而人心难测也。今足下行忠信以交于汉王，必不能固于二君之相与也，而事多大于张黡、陈释之事者，故臣以为足下必汉王之不危足下，过矣。大夫种存亡越，伯句践，立功名而身死。语曰：'野禽殚，走犬亨；敌国破，谋臣亡。'故以交友言之，则不过张王与成安君；以忠臣言之，则不过大夫种。此二者，宜足以观矣。愿足下深虑之。且臣闻之，勇略震主者身危，功盖天下者不赏。足下涉西河，虏魏王，禽夏说，下井陉，诛成安君之罪，以令于赵，胁燕定齐，南摧楚人之兵数十万众，遂斩龙且，西乡以报，此所谓功无二于天下，略不世出者也。今足下挟不赏之功，戴震主之威，归楚，楚人不信；归汉，汉人震恐。足下欲持是安归乎？夫势在人臣之位，而有高天下之名，切为足下危之。"信曰："生且休矣，吾将念之。"

数日，通复说曰："听者，事之候也；计者，存亡之机也。夫随厮养之役者，失万乘之权；守儋石之禄者，阙卿相之位。计诚知之，而决弗敢行者，百事之祸也。故猛虎之犹与，不如蜂虿之致蠚；孟贲之狐疑，不如童子之必至。此言贵能行之也。夫功者，难成而易败；时者，难值而易失。'时乎时，不再来。'愿足下无疑臣之计。"信犹与不忍背汉，又自以功多，汉不夺我齐，遂谢通。通说不听，惶恐，乃阳狂为巫。

天下既定，后信以罪废为淮阴侯，谋反被诛，临死叹曰："悔不用蒯通之言，死于女子之手！"高帝曰："是齐辩士蒯通。"乃诏齐召蒯通。通至，上欲亨之，曰："昔教韩信反，何也？"通曰："狗各吠非其主。当彼时，臣独知齐王韩信，非知陛下也。且秦失其鹿，天下共逐之，高材者先得。天下匈匈，争欲为陛下所为，顾力不能，可殚诛邪！"上乃赦之。

至齐悼惠王时，曹参为相，礼下贤人，请通为客。

初，齐王田荣怨项羽，谋举兵畔之，劫齐士，不与者死。齐处士东郭先生、梁石君在劫中，强从。及田荣败，二人丑之，相与入深山隐居。客谓通曰："先生之于曹相国，拾遗举过，显贤进能，齐国莫若先生者。先生知梁石君、东郭先生世俗所不及，何不进之于相国乎？"通曰："诺。臣之里妇，与里之诸母相善也。里妇夜亡肉，姑以为盗，怒而逐之。妇晨去，过所善诸母，语以事而谢之。里母曰：'女安行，我今令而家追女矣。'即束缊请火于亡肉家，曰：'昨暮夜，犬得肉，争斗相杀，请火治之。'亡肉家遽追呼其妇。故里母非谈说之士也，束缊乞火非还妇之道也，然物有相感，事有适可。臣请乞火于曹相国。"乃见相国曰："妇人有夫死三日而嫁者，有幽居守寡不出门者，足下即欲求妇，何取？”曰：“取不嫁者。”通曰：“然则求臣亦犹是也，彼东郭先生、梁石君，齐之俊士也，隐居不嫁，未尝卑节下意以求仕也。愿足下使人礼之。”曹相国曰：“敬受命。”皆以为上宾。

通论战国时说士权变，亦自序其说，凡八十一首，号曰《隽永》。

初，通善齐人安其生，安其生尝干项羽，羽不能用其策。而项羽欲封此两人，两人卒不肯受。

伍被，楚人也。或言其先伍子胥后也。被以材能称，为淮南中郎。是时淮南王安好术学，折节下士，招致英隽以百数，被以冠首。

久之，淮南王阴有邪谋，被数微谏。后王坐东宫，召被欲与计事，呼之曰：“将军上。”被曰：“王安得亡国之言乎？昔子胥谏吴王，吴王不用，乃曰‘臣今见麋鹿游姑苏之台也’。今臣亦将见宫中生荆棘，露沾衣也。”于是王怒，系被父母，囚之三月。

王复召被曰：“将军许寡人乎？”被曰：“不，臣将为大王画计耳。臣闻聪者听于无声，明者见于未形，故圣人万举而万全。文王壹动而功显万世，列为三王，所谓因天心以动作者也。”王曰：“方今汉庭治乎？乱乎？”被曰：“天下治。”王不说，曰：“公何言治也？”被对曰：“被窃观朝廷，君臣、父子、夫妇、长幼之序皆得其理，上之举错遵古之道，风俗纪纲未有所缺。重装富贾周流天下，道无不通，交易之道行。南越宾服，羌、僰贡献，东瓯入朝，广长榆，开朔方，匈奴折伤。虽未及古太平时，然犹为治。”王怒，被谢死罪。

王又曰：“山东即有变，汉必使大将军而制山东，公以为大将军何如人也?”被曰:“臣所善黄义,从大将军击匈奴,言大将军遇士大夫以礼,与士卒有恩,众皆乐为用。骑上下山如飞,材力绝人如此,数将习兵,未易当也。及谒者曹梁使长安来,言大将军号令明,当敌勇,常为士卒先;须士卒休,乃舍;穿井得水,乃敢饮;军罢,士卒已逾河,乃度。皇太后所赐金钱,尽以赏赐。虽古名将不过也。”王曰:“夫蓼太子知略不世出,非常人也,以为汉廷公卿列侯皆如沐猴而冠耳。”被曰:“独先刺大将军,乃可举事。”

王复问被曰:“公以为吴举兵非邪?”被曰:“非也。夫吴王赐号为刘氏祭酒,受几杖而不朝,王四郡之众,地方数千里,采山铜以为钱,煮海水以为盐,伐江陵之木以为船,国富民众,行珍宝,赂诸侯,与七国合从,举兵而西,破大梁,败狐父,奔走而还,为越所禽,死于丹徒,头足异处,身灭祀绝,为天下戮。夫以吴众不能成功者,何也?诚逆天违众而不见时也。”王曰:“男子之所死者,一言耳。且吴何知反?汉将一日过成皋者四十余人。今我令缓先要成皋之口,周被下颍川兵塞轘辕、伊阙之道,陈定发南阳兵守武关。河南太守独有雒阳耳,何足忧?然此北尚有临晋关、河东、上党与河内、赵国界者通谷数行。人言‘绝成皋之道,天下不通’。据三川之险,招天下之兵,公以为何如?”被曰:“臣见其祸,未见其福也。”

后汉逮淮南王孙建,系治之。王恐阴事泄,谓被曰:“事至,吾欲遂发。天下劳苦有间矣,诸侯颇有失行,皆自疑,我举兵西乡,必有应者;无应,即还略衡山。势不得不发。”被曰:“略衡山以击庐江,有寻阳之船,守下雉之城,结九江之浦,绝豫章之口，强弩临江而守，以禁南郡之下，东保会稽，南通劲越，屈强江、淮间，可以延岁月之寿耳，未见其福也。”王曰：“左吴、赵贤、朱骄如皆以为什八九成，公独以为无福，何？”被曰：“大王之群臣近幸素能使众者，皆前系诏狱，余无可用者。”王曰：“陈胜、吴广无立锥之地，百人之聚，起于大泽，奋臂大呼，天下响应，西至于戏而兵百二十万。今吾国虽小，胜兵可得二十万，公何以言有祸无福？”被曰：“臣不敢避子胥之诛，愿大王无为吴王之听。往者秦为无道，残贼天下，杀术士，燔《诗》、《书》，灭圣迹，弃礼义，任刑法，转海滨之粟，致于西河。当是之时，男子疾耕不足于粮馈，女子纺绩不足于盖形。遣蒙恬筑长城，东西数千里。暴兵露师，常数十万，死者不可胜数，僵尸满野，流血千里。于是百姓力屈，欲为乱者十室而五。又使徐福入海求仙药，多赍珍宝，童男女三千人，五种百工而行。徐福得平原大泽，止王不来。于是百姓悲痛愁思，欲为乱者十室而六。又使尉佗逾五岭，攻百越，尉佗知中国劳极，止王南越。行者不还，往者莫返，于是百姓离心瓦解，欲为乱者十室而七。兴万乘之驾，作阿房之宫，收太半之赋，发闾左之戍。父不宁子，兄不安弟，政苛刑惨，民皆引领而望，倾耳而听，悲号仰天，叩心怨上，欲为乱者，十室而八。客谓高皇帝曰：‘时可矣。’高帝曰：‘待之，圣人当起东南。’间不一岁，陈、吴大呼，刘、项并和，天下响应，所谓蹈瑕衅，因秦之亡时而动，百姓愿之，若枯旱之望雨，故起于行阵之中，以成帝王之功。今大王见高祖得天下之易也，独不观近世之吴、楚乎！当今陛下临制天下，一齐海内，泛爱蒸庶，布德施惠。口虽未言，声疾雷震；令虽未出，化驰如神。心有所怀，威动千里；下之应上，犹景响也。而大将军材能非直章邯、杨熊也。王以陈胜、吴广论之，被以为过矣。且大王之兵众不能什分吴、楚之一，天下安宁又万倍于秦时。愿王用臣之计。臣闻箕子过故国而悲，作《麦秀》之歌，痛纣之不用王子比干之言也。故孟子曰，纣贵为天子，死曾不如匹夫。是纣先自绝久矣，非死之日天去之也。今臣亦窃悲大王弃千乘之君，将赐绝命之书，为群臣先，身死于东宫也。”被因流涕而起。

后王复召问被：“苟如公言，不可以徼幸邪？”被曰：“必不得已，被有愚计。”王曰：“奈何？”被曰：“当今诸侯无异心，百姓无怨气。朔方之郡土地广美，民徙者不足以实其地。可为丞相、御史请书，徙郡国豪桀及耐罪以上，以赦令除，家产五十万以上者，皆徙其家属朔方之郡，益发甲卒，急其会日。又伪为左右都司空、上林中都官诏狱书，逮诸侯太子及幸臣。如此，则民怨，诸侯惧，即使辩士随而说之，党可以徼幸。”王曰：“此可也。虽然，吾以不至若此，专发而已。”后事发觉，被诣吏自告与淮南王谋反踪迹如此。天子以伍被雅辞多引汉美，欲勿诛。张汤进曰：“被首为王画反计，罪无赦。”遂诛被。

江充字次倩，赵国邯郸人也。充本名齐，有女弟善鼓琴歌舞，嫁之赵太子丹。齐得幸于敬肃王，为上客。久之，太子疑齐以己阴私告王，与齐忤，使吏逐捕齐，不得，收系其父兄，按验，皆弃市。齐遂绝迹亡，西入关，更名充。诣阙告太子丹与同产姊及王后宫奸乱，交通郡国豪猾，攻剽为奸，吏不能禁。书奏，天子怒，遣使者诏郡发吏卒围赵王宫，收捕太子丹，移系魏郡诏狱，与廷尉杂治，法至死。

赵王彭祖，帝异母兄也，上书讼太子罪，言“充逋逃小臣，苟为奸讹，激怒圣朝，欲取必于万乘以复私怨。后虽亨醢，计犹不悔。臣愿选从赵国勇敢士，从军击匈奴，极尽死力，以赎丹罪”。上不许，竟败赵太子。

初，充召见犬台宫，自请愿以所常被服冠见上。上许之。充衣纱縠禅衣，曲裾后垂交输，冠禅缅步摇冠，飞翮之缨。充为人魁岸，容貌甚壮。帝望见而异之，谓左右曰：“燕、赵固多奇士。”既至前，问以当世政事，上说之。充因自请，愿使匈奴。诏问其状，充对曰：“因变制宜，以敌为师，事不可豫图。”上以充为谒者，使匈奴还，拜为直指锈衣使者，督三辅盗贼，禁察逾侈。贵戚近臣多奢僭，充皆举劾，奏请没入车马，令身待北军击匈奴。奏可。充即移书光禄勋、中黄门，逮名近臣侍中诸当诣北军者，移劾门卫，禁止无令得出入宫殿。于是贵戚子弟惶恐，皆见上叩头求哀，愿得入钱赎罪。上许之，令各以秩次输钱北军，凡数千万。上以充忠直，奉法不阿，所言中意。

充出，逢馆陶长公主行驰道中。充呵问之，公主曰：“有太后诏。”充曰：“独公主得行，车骑皆不得。”尽劾没入官。

后充从上甘泉，逢太子家使乘车马行驰道中，充以属吏。太子闻之，使人谢充曰：“非爱车马，诚不欲令上闻之，以教敕亡素者。唯江君宽之！”充不听，遂白奏。上曰：“人臣当如是矣。”大见信用，威震京师。迁为水衡都尉，宗族、知友多得其力者。久之，坐法免。

会阳陵朱安世告丞相公孙贺子太仆敬声为巫蛊事，连及阳石、诸邑公主，贺父子皆坐诛。语在《贺传》。后上幸甘泉，疾病，充见上年老，恐晏驾后为太子所诛，因是为奸，奏言上疾祟在巫蛊。于是上以充为使者治巫蛊。充将胡巫掘地求偶人，捕蛊及夜祠，视鬼，染污令有处，辄收捕验治，烧铁钳灼，强服之。民转相诬以巫蛊，吏辄劾以大逆亡道，坐而死者前后数万人。

是时，上春秋高，疑左右皆为蛊祝诅，有与亡，莫敢讼其冤者。充既知上意，因言宫中有蛊气，先治后宫希幸夫人，以次及皇后，遂掘蛊于太子宫，得桐木人。太子惧，不能自明，收充，自临斩之。骂曰："赵虏！乱乃国王父子不足邪！乃复乱吾父子也！"太子繇是遂败。语在《戾园传》。后武帝知充有诈，夷充三族。

息夫躬字子微，河内河阳人也。少为博士弟子，受《春秋》，通览记书。容貌壮丽，为众所异。

哀帝初即位，皇后父特进孔乡侯傅晏与躬同郡，相友善，躬繇是以为援，交游日广。先是，长安孙宠亦以游说显名，免汝南太守，与躬相结，俱上书，召待诏。是时哀帝被疾，始即位，而人有告中山孝王太后祝诅上，太后及弟宜乡侯冯参皆自杀，其罪不明。是后无盐危山有石自立，开道。躬与宠谋曰："上亡继嗣，体久不平，关东诸侯，心争阴谋。今无盐有大石自立，闻邪臣托往事，以为大山石立而先帝龙兴。东平王云以故与其后日夜祠祭祝诅上，欲求非望。而后舅伍宏反因方术以医技得幸，出入禁门。霍显之谋将行于杯杓，荆轲之变必起于帷幄。事势若此，告之必成；发国奸，诛主雠，取封侯之计也。"躬、宠乃与中郎右师谭，共因中常侍宋弘上变事告焉。上恶之，下有司案验，东平王云、云后谒及伍宏等皆坐诛。上擢宠为南阳太守，谭颍川都尉，弘、躬皆光禄大夫、左曹、给事中。是时，侍中董贤爱幸，上欲侯之，遂下诏云："躬、宠因贤以闻，封贤为高安侯，宠为方阳侯，躬为宜陵侯，食邑各千户。赐谭爵关内侯，食邑。"丞相王嘉内疑东平狱事，争不欲侯贤等，语在《嘉传》。嘉固言董贤泰盛，宠、躬皆倾覆有佞邪材，恐必挠乱国家，不可任用。嘉以此得罪矣。

躬既亲近，数进见言事，论议亡所避。众畏其口，见之仄目。躬上疏历诋公卿大臣，曰："方今丞相王嘉健而蓄缩，不可用。御史大夫贾延堕弱不任职。左将军公孙禄、司隶鲍宣皆外有直项之名，内实騃不晓政事。诸曹以下仆遬不足数。卒有强弩围城，长戟指阙，陛下谁与备之？如使狂夫嘄呼于东崖，匈奴饮马于渭水，边竟雷动，四野风起，京师虽有武蜂精兵，未有能窥左足而先应者也。军书交驰而辐凑，羽檄重迹而押至，小夫愞臣之徒愦眊不知所为。其有犬马之决者，仰药而伏刃，虽加夷灭之诛，何益祸败之至哉！"

躬又言："秦开郑国渠以富国强兵，今京师土地肥饶，可度地势水泉，广溉灌之利。"天子使躬持节领护三辅都水。躬立表，欲穿长安城，引漕注太仓下以省转输。议不可成，乃止。

董贤贵幸日盛，丁、傅害其宠，孔乡侯晏与躬谋，欲求居位辅政。会单于当来朝，遣使言病，愿朝明年。躬因是而上奏，以为："单于当以十一月入塞，后以病为解，疑有他变。乌孙两昆弥弱，卑爰疐强盛，居强煌之地，拥十万之众，东结单于，遣子往侍。如因素强之威，循乌孙就屠之迹，举兵南伐，并乌孙之势也。乌孙并，则匈奴盛，而西域危矣。可令降胡诈为卑爰疐使者来上书曰：'所以遣子侍单于者，非亲信之也，实畏之耳。唯天子哀，告单于归臣侍子。愿助戊己校尉保恶都奴之界。’因下其章诸将军，今匈奴客闻焉。则是所谓‘上兵伐谋，其次伐交’者也。”

书奏，上引见躬，召公卿将军大议。左将军公孙禄以为“中国常以威信怀伏夷狄，躬欲逆诈造不信之谋，不可许。且匈奴赖先帝之德，保塞称蕃。今单于以疾病不任奉朝贺，遣使自陈，不失臣子之礼。臣禄自保没身不见匈奴为边境忧也”。躬掎禄曰：“臣为国家计几先，谋将然，豫图未形，为万世虑。而左将军公孙禄欲以其犬马齿保目所见。臣与禄异议，未可同日语也。”上曰：“善。”乃罢群臣，独与躬议。

因建言：“往年荧惑守心，太白高而芒光，又角星茀于河鼓，其法为有兵乱。是后讹言行诏筹，经历郡国，天下骚动，恐必有非常之变。可遣大将军行边兵，敕武备，斩一郡守，以立威，震四夷，因以厌应变异。”上然之，以问丞相。丞相嘉对曰：“臣闻动民以行不以言，应天以实不以文。下民微细，犹不可诈，况于上天神明而可欺哉！天之见异，所以敕戒人君，欲令觉悟反正，推诚行善。民心说而天意得矣。辩士见一端，或妄以意傅著星历，虚造匈奴、乌孙、西羌之难，谋动干戈，设为权变，非应天之道也。守相有罪，车驰诣阙，交臂就死，恐惧如此，而谈说者云，动安之危，辩口快耳，其实未可从。夫议政者，苦其谄谀倾险辩慧深刻也。谄谀则主德毁，倾险则下怨恨，辩慧则破正道，深刻则伤恩惠。昔秦缪公不从百里奚、蹇叔之言，以败其师，悔过自责，疾诖误之臣，思黄发之言，名垂于后世。唯陛下观览古戒，反覆参考，无以先入之语为主。”

上不听，遂下诏曰：“间者灾变不息，盗贼众多，兵革之征，或颇著见。未闻将军恻然深以为意，简练戎士，缮修干戈。器用盬恶，孰当督之！天下虽安，忘战必危。将军与中二千石举明习兵法有大虑者各一人，将军二人，诣公车。”就拜孔乡侯傅晏为大司马卫将军，阳安侯丁明又为大司马票骑将军。

是日，日有食之，董贤因此沮躬、晏之策。后数日，收晏卫将军印绶，而丞相御史奏躬罪过。上繇是恶躬等，下诏曰："南阳太守方阳侯宠，素亡廉声，有酷恶之资，毒流百姓。左曹光禄大夫宜陵侯躬，虚造诈谖之策，欲以诖误朝廷。皆交游贵戚，趋权门，为名。其免躬、宠官，遣就国。"

躬归国，未有第宅，寄居丘亭。奸人以为侯家富，常夜守之。躬邑人河内掾贾惠往过躬，教以祝盗方，以桑东南指枝为匕，画北斗七星其上，躬夜自被发，立中庭，向北斗，持匕招指祝盗。人有上书言躬怀怨恨，非笑朝廷所进，候星宿，视天子吉凶，与巫同祝诅。上遣侍御史、廷尉监逮躬，系雒阳诏狱。欲掠问，躬仰天大呼，因僵仆。吏就问，云咽已绝，血从鼻耳出。食顷，死。党友谋议相连下狱百余人。躬母圣，坐祠灶祝诅上，大逆不道。圣弃市，妻充汉与家属徙合浦。躬同族亲属素所厚者，皆免废锢。哀帝崩，有司奏："方阳侯宠及右师谭等，皆造作奸谋，罪及王者骨肉，虽蒙赦令，不宜处爵位，在中土。"皆免宠等，徙合浦郡。

初，躬待诏，数危言高论，自恐遭害，著绝命辞曰："玄云泱郁，将安归兮！鹰隼横厉，鸾徘徊兮！矰若浮猋，动则机兮！藂棘栈栈，曷可栖兮！发忠忘身，自绕罔兮！冤颈折翼，庸得往兮！涕泣流兮萑兰，心结愲兮伤肝。虹蜺曜兮日微，孽杳冥兮未开。痛入天兮呜呼，冤际绝兮谁语！仰天光兮自列，招上帝兮我察。

秋风为我吟，浮云为我阴。嗟若是兮欲何留，抚神龙兮揽其须。游旷迥兮反亡期，雄失据兮世我思。”后数年乃死，如其文。

赞曰：仲尼“恶利口之覆邦家”，蒯通一说而丧三俊，其得不亨者，幸也。伍被安于危国，身为谋主，忠不终而诈雠，诛夷不亦宜乎！《书》放四罪，《诗》歌《青蝇》，春秋以来，祸败多矣。昔子翚谋桓而鲁隐危，栾书构郤而晋厉弑。竖牛奔仲，叔孙卒；郈伯毁季，昭公逐；费忌纳女，楚建走；宰嚭谗胥，夫差丧；李园进妹，春申毙；上官诉屈，怀王执；赵高败斯，二世缢；伊戾坎盟，宋痤死；江充造蛊，太子杀；息夫作奸，东平诛：皆自小覆大，繇疏陷亲，可不惧哉！可不惧哉！

汉书卷四十六

万石卫直周张传第十六

万石君石奋，其父赵人也。赵亡，徙温。高祖东击项籍，过河内，时奋年十五，为小吏，侍高祖。高祖与语，爱其恭敬，问曰："若何有？"对旦："有母，不幸失明。家贫。有姊，能鼓瑟。"高祖曰："若能从我乎？"曰："愿尽力。"于是高祖召其姊为美人，以奋为中涓，受书谒。徙其家长安中戚里，以姊为美人故也。

奋积功劳，孝文时官至太中大夫。无文学，恭谨，举无与比。东阳侯张相如为太子太傅，免。选可为傅者，皆推奋为太子太傅。及孝景即位，以奋为九卿。迫近，惮之，徙奋为诸侯相。奋长子建，次甲，次乙，次庆，皆以驯行孝谨，官至二千石。于是景帝曰："石君及四子皆二千石，人臣尊宠乃举集其门。"凡号奋为万石君。

孝景季年，万石君以上大夫禄归老于家，以岁时为朝臣。过宫门阙必下车趋，见路马必轼焉。子孙为小吏，来归谒，万石君必朝服见之，不名。子孙有过失，不诮让，为便坐，对案不食。

然后诸子相责，因长老肉袒固谢罪，改之，乃许。子孙胜冠者在侧，虽燕必冠，申申如也。僮仆訢訢如也，唯谨。上时赐食于家，必稽首俯伏而食，如在上前。其执丧，哀戚甚。子孙遵教，亦如之。万石君家以孝谨闻乎郡国，虽齐、鲁诸儒质行，皆自以为不及也。

建元二年，郎中令王臧以文学获罪皇太后。太后以为儒者文多质少，今万石君家不言而躬行，乃以长子建为郎中令，少子庆为内史。

建老白首，万石君尚无恙。每五日洗沐归谒亲，入子舍，窃问侍者，取亲中裙厕牏，身自浣洒，复与侍者，不敢令万石君知之，以为常。建奏事于上前，即有可言，屏人乃言极切；至廷见，如不能言者。上以是亲而礼之。

万石君徙居陵里。内史庆醉归，入外门不下车。万石君闻之，不食。庆恐，肉袒谢请罪，不许。举宗及兄建肉袒，万石君让曰："内史贵人，入闾里，里中长老皆走匿，而内史坐车中自如，固当！"乃谢罢庆。庆及诸子入里门，趋至家。

万石君元朔五年卒，建哭泣哀思，杖乃能行。岁余，建亦死。诸子孙咸孝，然建最甚，甚于万石君。

建为郎中令，奏事下，建读之，惊恐曰："书'马'者与尾而五，今乃四，不足一，获谴死矣！"其为谨慎，虽他皆如是。

庆为太仆，御出，上问车中几马，庆以策数马毕，举手曰："六马。"庆于兄弟最为简易矣，然犹如此。出为齐相，齐国慕其家行，不治而齐国大治，为立石相祠。

元狩元年，上立太子，选群臣可傅者，庆自沛守为太子太傅，七岁迁御史大夫。元鼎五年，丞相赵周坐酎金免，制诏御史："万石君先帝尊之，子孙至孝，其以御史大夫庆为丞相，封牧丘侯。"是时，汉方南诛两越，东击朝鲜，北逐匈奴，西伐大宛，中国多事。天子巡狩海内，修古神祠，封禅，兴礼乐。公家用少，桑弘羊等致利，王温舒之属峻法，兒宽等推文学，九卿更进用事，事不关决于庆，庆醇谨而已。在位九岁，无能有所匡言。尝欲请治上近臣所忠、九卿咸宣，不能服，反受其过，赎罪。

元封四年，关东流民二百万口，无名数者四十万，公卿议欲请徙流民于边以適之。上以为庆老谨，不能与其议，乃赐丞相告归，而案御史大夫以下议为请者。庆惭不任职，上书曰："臣幸得待罪丞相，疲驽无以辅治。城郭仓廪空虚，民多流亡，罪当伏斧质，上不忍致法。愿归丞相侯印，乞骸骨归，避贤者路。"

上报曰："间者，河水滔陆，泛滥十余郡，堤防勤劳，弗能堙塞，朕甚忧之。是故巡方州，礼嵩岳，通八神，以合宣房。济淮、江，历山滨海，问百年民所疾苦。惟吏多私，征求无已，去者便，居者扰，故为流民法，以禁重赋。乃者封泰山，皇天嘉况，神物并见。朕方荅气应，未能承意，是以切比闾里，知吏奸邪。委任有司，然则官旷民愁，盗贼公行。往年觐明堂，赦殊死，无禁锢，咸自新，与更始。今流民愈多，计文不改，君不绳责长吏，而请以兴徙四十万口，摇荡百姓，孤儿幼年未满十岁，无罪而坐率，朕失望焉。今君上书言仓库城郭不充实，民多贫，盗贼众，请入粟为庶人。夫怀知民贫而请益赋，动危之而辞位，欲安归难乎？君其反室！"

庆素质，见诏报"反室"，自以为得许，欲上印绶。掾史以为见责甚深，而终以反室者，丑恶之辞也。或劝庆宜引决。庆甚惧，不知所出，遂复起视事。

庆为丞相，文深审谨，无他大略。后三岁余薨，谥曰恬侯。中子德，庆爱之。上以德嗣，后为太常，坐法免，国除。庆方为丞相时，诸子孙为小吏至二千石者十三人。及庆死后，稍以罪去，孝谨衰矣。

卫绾，代大陵人也，以戏车为郎，事文帝，功次迁中郎将，醇谨无它。孝景为太子时，召上左右饮，而绾称病不行。文帝且崩时，属孝景曰："绾长者，善遇之。"及景帝立，岁余，不孰何绾，绾日以谨力。

景帝幸上林，诏中郎将参乘，还而问曰："君知所以得参乘乎？"绾曰："臣代戏车士，幸得功次迁，待罪中郎将，不知也。"上问曰："吾为太子时召君，君不肯来，何也？"对曰："死罪，病。"上赐之剑，绾曰："先帝赐臣剑凡六，不敢奉诏。"上曰："剑，人之所施易，独至今乎？"绾曰："具在。"上使取六剑，剑常盛，未尝服也。

郎官有谴，常蒙其罪，不与它将争；有功，常让它将。上以为廉，忠实无它肠，乃拜绾为河间王太傅。吴、楚反，诏绾为将，将河间兵击吴、楚有功，拜为中尉。三岁，以军功封绾为建陵侯。

明年，上废太子，诛栗卿之属。上以绾为长者，不忍，乃赐绾告归，而使郅都治捕栗氏。既已，上立胶东王为太子，召绾拜为太子太傅，迁为御史大夫。五岁，代桃侯舍为丞相，朝奏事如职所奏。然自初宦以至相，终无可言。上以为敦厚可相少主，尊宠之，赏赐甚多。

为丞相三岁，景帝崩，武帝立。建元中，丞相以景帝病时诸官囚多坐不辜者，而君不任职，免之。后薨，谥曰哀侯。子信嗣，坐酎金，国除。

直不疑，南阳人也。为郎，事文帝。其同舍有告归，误持其同舍郎金去。已而同舍郎觉，亡意不疑，不疑谢有之，买金偿。后告归者至而归金，亡金郎大惭，以此称为长者。稍迁至中大夫。朝，廷见，人或毁不疑曰："不疑状貌甚美，然特毋奈其善盗嫂何也！"不疑闻，曰："我乃无兄。"然终不自明也。

吴、楚反时，不疑以二千石将击之。景帝后元年，拜为御史大夫。天子修吴、楚时功，封不疑为塞侯。武帝即位，与丞相绾俱以过免。

不疑学《老子》言。其所临，为官如故，唯恐人之知其为吏迹也。不好立名，称为长者。薨，谥曰信侯。传子至孙彭祖，坐酎金，国除。

周仁，其先任城人也。以医见。景帝为太子时，为舍人，积功迁至太中大夫。景帝初立，拜仁为郎中令。

仁为人阴重不泄。常衣弊补衣溺袴，故为不洁清，以是得幸，入卧内。于后宫秘戏，仁常在旁，终无所言。上时问人，仁曰："上自察之。"然亦无所毁，如此。景帝再自幸其家。家徙阳陵。上所赐甚多，然终常让，不敢受也。诸侯群臣赂遗，终无所受。武帝立，为先帝臣重之。仁乃病免，以二千石禄归老，子孙咸至大官。

张欧字叔，高祖功臣安丘侯说少子也。欧孝文时以治刑名侍太子，然其人长者。景帝时尊重，常为九卿。至武帝元朔中，代韩安国为御史大夫。欧为吏，未尝言按人，刬以诚长者处官。官属以为长者，亦不敢大欺。上具狱事，有可却，却之；不可者，不得已，为涕泣，面而封之。其爱人如此。

老笃，请免，天子亦宠以上大夫禄，归老于家。家阳陵。子孙咸至大官。

赞曰：仲尼有言“君子欲讷于言而敏于行”，其万石君、建陵侯、塞侯、张叔之谓与？是以其教不肃而成，不严而治。至石建之浣衣，周仁为垢污，君子讥之。

汉书卷四十七

文三王传第十七

孝文皇帝四男：窦皇后生孝景帝、梁孝王武，诸姬生代孝王参、梁怀王揖。

梁孝王武以孝文二年与太原王参、梁王揖同日立。武为代王，四年徙为淮阳王，十二年徙梁，自初王通历已十一年矣。

孝王十四年，入朝。十七年、十八年，比年入朝，留。其明年，乃之国。二十一年，入朝。二十二年，文帝崩。二十四年，入朝。二十五年，复入朝。是时，上未置太子，与孝王宴饮，从容言曰："千秋万岁后传于王。"王辞谢。虽知非至言，然心内喜。太后亦然。

其春，吴、楚、齐、赵七国反，先击梁棘壁，杀数万人。梁王城守睢阳，而使韩安国、张羽等为将军以距吴、楚。吴、楚以梁为限，不敢过而西，与太尉亚夫等相距三月。吴、楚破，而梁所杀虏略与汉中分。

明年，汉立太子。梁最亲，有功，又为大国，居天下膏腴地，北界泰山，西至高阳，四十余城，多大县。孝王，太后少子，爱之，赏赐不可胜道。于是孝王筑东苑，方三百余里，广睢阳城七十里，大治宫室，为复道，自宫连属于平台三十余里。得赐天子旌旗，从千乘万骑，出称警，入言跸，拟于天子。招延四方豪桀，自山东游士莫不至：齐人羊胜、公孙诡、邹阳之属。公孙诡多奇邪计，初见日，王赐千金，官至中尉，号曰公孙将军。多作兵弩弓数十万，而府库金钱且百巨万，珠玉宝器多于京师。

二十九年十月，孝王入朝。景帝使使持乘舆驷，迎梁王于关下。既朝，上疏，因留。以太后故，入则侍帝同辇，出则同车游猎上林中。梁之侍中、郎、谒者著引籍出入天子殿门，与汉宦官亡异。

十一月，上废栗太子，太后心欲以梁王为嗣。大臣及爰盎等有所关说于帝，太后议格，孝王不敢复言太后以嗣事。事秘，世莫知，乃辞归国。

其夏，上立胶东王为太子。梁王怨爰盎及议臣，乃与羊胜、公孙诡之属谋，阴使人刺杀爰盎及他议臣十余人。贼未得也。于是天子意梁，逐贼，果梁使之。遣使冠盖相望于道，复案梁事，捕公孙诡、羊胜，皆匿王后宫。使者责二千石急，梁相轩丘豹及内史安国皆泣谏王，王乃令胜、诡皆自杀，出之。上由此怨望于梁王。梁王恐，乃使韩安国因长公主谢罪太后，然后得释。

上怒稍解，因上书请朝。既至关，茅兰说王，使乘布车，从两骑入，匿于长公主园。汉使迎王，王已入关，车骑尽居外，外不知王处。太后泣曰：“帝杀吾子！”帝忧恐。于是梁王伏斧质，之阙下谢罪。然后太后、帝皆大喜，相与泣，复如故。悉召王从官入关。然帝益疏王，不与同车辇矣。

三十五年冬，复入朝。上疏欲留，上弗许。归国，意忽忽不乐。北猎梁山，有献牛，足上出背上，孝王恶之。六月中，病热，六日薨。

孝王慈孝，每闻太后病，口不能食，常欲留长安侍太后。太后亦爱之。及闻孝王死，窦太后泣极哀，不食，曰："帝果杀吾子!"帝哀惧，不知所为。与长公主计之，乃分梁为五国，尽立孝王男五人为王，女五人皆令食汤沐邑。奏之太后，太后乃说，为帝壹餐。

孝王未死时，财以巨万计，不可胜数。及死，藏府余黄金尚四十余万斤，他财物称是。

代孝王参初立为太原王。四年，代王武徙为淮阳王，而参徙为代王，复并得太原，都晋阳如故。五年一朝，凡三朝。十七年薨，子共王登嗣。二十九年薨，子义嗣。元鼎中，汉广关，以常山为阻，徙代王于清河，是为刚王。并前在代凡立四十年薨，子顷王汤嗣。二十四年薨，子年嗣。

地节中，冀州刺史林奏年为太子时与女弟则私通。及年立为王后，则怀年子，其婿使勿举。则曰："自来杀之。"婿怒曰："为王生子，自令王家养之。"则送儿顷太后所。相闻知，禁止则，令不得入宫。年使从季父往来送迎则，连年不绝。有司奏年淫乱，年坐废为庶人，徙房陵，与汤沐邑百户。立三年，国除。

元始二年，新都侯王莽兴灭继绝，白太皇太后，立年弟子如意为广宗王，奉代孝王后。莽篡位，国绝。

梁怀王揖，文帝少子也。好《诗》、《书》，帝爱之，异于他子。五年一朝，凡再入朝。因堕马死，立十年薨。无子，国除。

明年，梁孝王武徙王梁。

梁孝王子五人为王。太子买为梁共王，次子明为济川王，彭离为济东王，定为山阳王，不识为济阴王，皆以孝景中六年同日立。

梁共王买立十年薨，子平王襄嗣。

济川王明以垣邑侯立。七年，坐射杀其中尉，有司请诛，武帝弗忍，废为庶人，徙房陵，国除。

济东王彭离立二十九年。彭离骄悍，昏暮私与其奴亡命少年数十人行剽，杀人取财物以为好。所杀发觉者百余人，国皆知之，莫敢夜行。所杀者子上书告言，有司请诛，武帝弗忍，废为庶人，徙上庸，国除，为大河郡。

山阳哀王定立九年薨。亡子，国除。

济阴哀王不识立一年薨。亡子，国除。

孝王支子四王，皆绝于身。

梁平王襄，母曰陈太后。共王母曰李太后。李太后，亲平王之大母也。而平王之后曰任后，任后甚有宠于襄。

初，孝王有雷尊，直千金，戒后世善宝之，毋得以与人。任后闻而欲得之。李太后曰："先王有命，毋得以尊与人。他物虽百巨万，犹自恣。"任后绝欲得之。王襄直使人开府取尊赐任后，又王及母陈太后事李太后多不顺。有汉使者来，李太后欲自言，王使谒者中郎胡等遮止，闭门。李太后与争门，措指，太后啼呼，不得见汉使者。李太后亦私与食官长及郎尹霸等奸乱，王与任后以此使人风止李太后。李太后亦已，后病薨。病时，任后未尝请疾；薨，又不侍丧。

元朔中，睢阳人犴反，人辱其父，而与睢阳太守客俱出同车。犴反杀其仇车上，亡去。睢阳太守怒，以让梁二千石。二千石以下求反急，执反亲戚。反知国阴事，乃上变告梁王与大母争尊状。时相以下具知之，欲以伤梁长吏，书闻。天子下吏验问，有之。公卿治，奏以为不孝，请诛王及太后。天子曰："首恶失道，任后也。朕置相吏不逮，无以辅王，故陷不谊，不忍致法。"削梁王五县，夺王太后汤沐成阳邑，枭任后首于市，中郎胡等皆伏诛，梁余尚有八城。

襄立四十年薨，子顷王无伤嗣。十一年薨，子敬王定国嗣。四十年薨，子夷王遂嗣。六年薨，子荒王嘉嗣。十五年薨，子立嗣。

鸿嘉中，太傅辅奏："立一日至十一犯法，臣下愁苦，莫敢亲近，不可谏止。愿令王，非耕、祠，法驾毋得出宫，尽出马置外苑，收兵杖藏私府，毋得以金钱财物假赐人。"事下丞相、御史，请许。奏可。后数复驱伤郎，夜私出宫。傅相连奏，坐削或千户或五百户，如是者数焉。

荒王女弟园子为立舅任宝妻，宝兄子昭为立后。数过宝饮食，报宝曰："我好翁主，欲得之。"宝曰："翁主，姑也，法重。"立曰："何能为！"遂与园子奸。

积数岁，永始中，相禹奏立对外家怨望，有恶言。有司案验，因发淫乱事，奏立禽兽行，请诛。太中大夫谷永上疏曰："臣闻'礼，天子外屏，不欲见外'也。是故帝王之意，不窥人闺门之私，听闻中冓之言。《春秋》为亲者讳。《诗》云'戚戚兄弟，莫远具尔'。今梁王年少，颇有狂病，始以恶言按验，既亡事实，而发闺门之私，非本章所指。王辞又不服，猥强劾立，傅致难明之事，独以偏辞成罪断狱，亡益于治道。污蔑宗室，以内乱之恶披布宣扬于天下，非所以为公族隐讳，增朝廷之荣华，昭圣德之风化也。臣愚以为王少，而父同产长，年齿不伦；梁国之富，足以厚聘美女，招致妖丽；父同产亦有耻辱之心。案事者乃验问恶言，何故猥自发舒？以三者揆之，殆非人情，疑有所迫切，过误失言，文吏蹑寻，不得转移。萌牙之时，加恩勿治，上也。既已案验举宪，宜及王辞不服，诏廷尉选上德通理之吏，更审考清问，著不然之效，定失误之法，而反命于下吏，以广公族附疏之德，为宗室刷污乱之耻，甚得治亲之谊。”天子由是寝而不治。

居数岁，元延中，立复以公事怨相掾及睢阳丞，使奴杀之，杀奴以灭口。凡杀三人，伤五人，手驱郎吏二十余人。上书不拜奏。谋篡死罪囚。有司请诛，上不忍，削立五县。

哀帝建平中，立复杀人。天子遣廷尉赏、大鸿胪由持节即讯。至，移书傅、相、中尉曰：“王背策戒，悖暴妄行，连犯大辟，毒流吏民。比比蒙恩，不伏重诛，不思改过，复贼杀人。幸得蒙恩，丞相长史、大鸿胪丞即问。王阳病抵谰，置辞骄嫚，不首主令，与背畔亡异。丞相、御史请收王玺绶，送陈留狱。明诏加恩，复遣廷尉、大鸿胪杂问。今王当受诏置辞，恐复不首实对。《书》曰：‘至于再三，有不用，我降尔命。’傅、相、中尉皆以辅正为职，‘虎兕出于匣，龟玉毁于匮中，是谁之过也？’书到，明以谊晓王。敢复怀诈，罪过益深。傅、相以下，不能辅导，有正法。”

立惶恐，免冠对曰：“立少失父母，孤弱处深宫中，独与宦者婢妾居，渐渍小国之俗，加以质性下愚，有不可移之姿。往者傅、相亦不纯以仁谊辅翼立，大臣皆尚苛刻，刺求微密。谗臣在其间，左右弄口，积使上下不和，更相眄伺。宫殿之里，毛氂过失，亡不暴陈。当伏重诛，以视海内，数蒙圣恩，得见贳赦。今立自知贼杀中郎曹将，冬月迫促，贪生畏死，即诈僵仆阳病，侥幸得逾于须臾。谨以实对，伏须重诛。”时冬月尽，其春大赦，不治。

元始中，立坐与平帝外家中山卫氏交通，新都侯王莽奏废立为庶人，徙汉中。立自杀。二十七年，国除。后二岁，莽白太皇太后立孝王玄孙之曾孙沛郡卒史音为梁王，奉孝王后。莽篡，国绝。

赞曰：梁孝王虽以爱亲故王膏腴之地，然会汉家隆盛，百姓殷富，故能殖其货财，广其宫室车服。然亦僭矣。怙亲亡厌，牛祸告罚，卒用忧死，悲夫！

汉书卷四十八

贾谊传第十八

贾谊，雒阳人也，年十八，以能诵诗书属文称于郡中。河南守吴公闻其秀材，召置门下，甚幸爱。文帝初立，闻河南守吴公治平为天下第一，故与李斯同邑，而尝学事焉，征以为廷尉。廷尉乃言谊年少，颇通诸家之书。文帝召以为博士。

是时，谊年二十余，最为少。每诏令议下，诸老先生未能言，谊尽为之对，人人各如其意所出。诸生于是以为能。文帝说之，超迁，岁中至太中大夫。

谊以为汉兴二十余年，天下和洽，宜当改正朔，易服色制度，定官名，兴礼乐。乃草具其仪法，色上黄，数用五，为官名悉更，奏之。文帝谦让未皇也。然诸法令所更定，及列侯就国，其说皆谊发之。于是天子议以谊任公卿之位。绛、灌、东阳侯、冯敬之属尽害之，乃毁谊曰："雒阳之人年少初学，专欲擅权，纷乱诸事。"于是天子后亦疏之，不用其议，以谊为长沙王太傅。

谊既以適去，意不自得，及渡湘水，为赋以吊屈原。屈原，楚贤臣也，被谗放逐，作《离骚赋》，其终篇曰："已矣！国亡人，莫我知也。”遂自投江而死。谊追伤之，因以自谕。其辞曰：

恭承嘉惠兮，俟罪长沙。仄闻屈原兮，自湛汨罗。造托湘流兮，敬吊先生。遭世罔极兮，乃陨厥身。乌乎哀哉兮，逢时不祥！鸾凤伏窜兮，鸱鸮翱翔。阘茸尊显兮，谗谀得志；贤圣逆曳兮，方正倒植。谓随、夷混兮，谓跖、蹻廉；莫邪为钝兮，铅刀为铦。于嗟默默，生之亡故兮！斡弃周鼎，宝康瓠兮。腾驾罢牛，骖蹇驴兮；骥垂两耳，服盐车兮。章父荐屦，渐不可久兮；嗟苦先生，独离此咎兮！

谇曰：已矣！国其莫吾知兮，子独壹郁其谁语？凤缥缥其高逝兮，夫固自引而远去。袭九渊之神龙兮，沕渊潜以自珍；偭蟂獭以隐处兮，夫岂从虾与蛭蚓？所贵圣之神德兮，远浊世而自臧。使麒麟可系而羁兮，岂云异夫犬羊？般纷纷其离此邮兮，亦夫子之故也！历九州而相其君兮，何必怀此都也？凤皇翔于千仞兮，览德辉而下之；见细德之险征兮，遥增击而去之。彼寻常之污渎兮，岂容吞舟之鱼！横江湖之鳣鲸兮，固将制于蝼蚁。

谊为长沙傅三年，有服飞入谊舍，止于坐隅。服似鸮，不祥鸟也。谊既以適居长沙，长沙卑湿，谊自伤悼，以为寿不得长，乃为赋以自广。其辞曰：单阏之岁，四月孟夏，庚子日斜，服集余舍，止于坐隅，貌甚闲暇。异物来崪，私怪其故，发书占之，谶言其度。曰“野鸟入室，主人将去”。问于子服：“余去何之？吉乎告我，凶言其灾。淹速之度，语余其期。”

服乃太息，举首奋翼，口不能言，请对以意。万物变化，固亡休息。斡流而迁，或推而还。形气转续，变化而嬗。沕穆亡间，胡可胜言！祸兮福所倚，福兮祸所伏；忧喜聚门，吉凶同域。彼吴强大，夫差以败；粤栖会稽，句践伯世。斯游遂成，卒被五刑，傅说胥靡，乃相武丁。夫祸之与福，何异纠缠！命不可说，孰知其极？水激则旱，矢激则远。万物回薄，震荡相转。云烝雨降，纠错相纷。大钧播物，坱圠无垠。天不可与虑，道不可与谋。迟速有命，乌识其时？

且夫天地为炉，造化为工；阴阳为炭，万物为铜，合散消息，安有常则？千变万化，未始有极。忽然为人，何足控揣；化为异物，又何足患！小智自私，贱彼贵我；达人大观，物亡不可。贪夫徇财，列士徇名；夸者死权，品庶每生。怵迫之徒，或趋西东；大人不曲，意变齐同。愚士系俗，僒若囚拘；至人遗物，独与道俱。众人惑惑，好恶积意；真人恬漠，独与道息。释智遗形，超然自丧；寥廓忽荒，与道翱翔。乘流则逝，得坎则止；纵躯委命，不私与己。其生兮若浮，其死兮若休。澹乎若深渊之靓，泛乎若不系之舟。不以生故自保，养空而浮。德人无累，知命不忧。细故蒂芥，何足以疑！

后岁余，文帝思谊，征之。至，入见，上方受釐，坐宣室。上因感鬼神事，而问鬼神之本。谊具道所以然之故。至夜半，文帝前席。既罢，曰："吾久不见贾生，自以为过之，今不及也。"乃拜谊为梁怀王太傅。怀王，上少子，爱，而好书，故令谊傅之，数问以得失。

是时，匈奴强，侵边。天下初定，制度疏阔。诸侯王僭拟，地过古制，淮南、济北王皆为逆诛。谊数上疏陈政事，多所欲匡建，其大略曰：

臣窃惟事势，可为痛哭者一，可为流涕者二，可为长太息者六，若其它背理而伤道者，难遍以疏举。进言者皆曰天下已安已治矣，臣独以为未也。曰安且治者，非愚则谀，皆非事实知治乱之体者也。夫抱火厝之积薪之下而寝其上，火未及燃，因谓之安，方今之势，何以异此！本末舛逆，首尾衡决，国制抢攘，非甚有纪，胡可谓治！陛下何不壹令臣得孰数之于前，因陈治安之策，试详择焉！

夫射猎之娱，与安危之机孰急？使为治，劳智虑，苦身体，乏钟鼓之乐，勿为可也。乐与今同，而加之诸侯轨道，兵革不动，民保首领，匈奴宾服，四荒乡风，百姓素朴，狱讼衰息，大数既得，则天下顺治，海内之气，清和咸理，生为明帝，没为明神，名誉之美，垂于无穷。《礼》祖有功而宗有德，使顾成之庙称为太宗，上配太祖，与汉亡极。建久安之势，成长治之业，以承祖庙，以奉六亲，至孝也；以幸天下，以育群生，至仁也；立经陈纪，轻重同得，后可以为万世法程，虽有愚幼不肖之嗣，犹得蒙业而安，至明也。以陛下之明达，因使少知治体者得佐下风，致此非难也。其具可素陈于前，愿幸无忽。臣谨稽之天地，验之往古，按之当今之务，日夜念此至孰也，虽使禹、舜复生，为陛下计，亡以易此。

夫树国固必相疑之势，下数被其殃，上数爽其忧，甚非所以安上而全下也。今或亲弟谋为东帝，亲兄之子西乡而击，今吴又见告矣。天子春秋鼎盛，行义未过，德泽有加焉，犹尚如是，况莫大诸侯，权力且十此者乎！

然而天下少安，何也？大国之王幼弱未壮，汉之所置傅、相方握其事。数年之后，诸侯之王大抵皆冠，血气方刚，汉之傅、相称病而赐罢，彼自丞、尉以上偏置私人，如此，有异淮南、济北之为邪！此时而欲为治安，虽尧、舜不治。

黄帝曰："日中必熭，操刀必割。"今令此道顺而全安，甚易，不肯早为，已乃堕骨肉之属而抗刭之，岂有异秦之季世乎！夫以天子之位，乘今之时，因天之助，尚惮以危为安，以乱为治，假设陛下居齐桓之处，将不合诸侯而匡天下乎？臣又知陛下有所必不能矣。假设天下如曩时，淮阴侯尚王楚，黥布王淮南，彭越王梁，韩信王韩，张敖王赵，贯高为相，卢绾王燕，陈豨在代，令此六七公者皆亡恙，当是时而陛下即天子位，能自安乎？臣有以知陛下之不能也。天下淆乱，高皇帝与诸公并起，非有仄室之势以豫席之也。诸公幸者，乃为中涓，其次廑得舍人，材之不逮至远也。高皇帝以明圣威武即天子位，割膏腴之地以王诸公，多者百余城，少者乃三四十县，德至渥也，然其后十年之间，反者九起。陛下之与诸公，非亲角材而臣之也，又非身封王之也，自高皇帝不能以是一岁为安，故臣知陛下之不能也。然尚有可诿者，曰疏，臣请试言其亲者。假令悼惠王王齐，元王王楚，中子王赵，幽王王淮阳，共王王梁，灵王王燕，厉王王淮南，六七贵人皆亡恙，当是时陛下即位，能为治乎？臣又知陛下之不能也。若此诸王，虽名为臣，实皆有布衣昆弟之心，虑亡不帝制而天子自为者。擅爵人，赦死罪，甚者或戴黄屋，汉法令非行也。虽行不轨如厉王者，令之不肯听，召之安可致乎！幸而来至，法安可得加！动一亲戚，天下圜视而起，陛下之臣虽有悍如冯敬者，适启其口，匕首已陷其匈矣。陛下虽贤，谁与领此？故疏者必危，亲者必乱，已然之效也。其异姓负强而动者，汉已幸胜之矣，又不易其所以然。同姓袭是迹而动，既有征矣，其势尽又复然。殃祸之变，未知所移，明帝处之尚不能以安，后世将如之何！

屠牛坦一朝解十二牛，而芒刃不顿者，所排击剥割，皆众理解也。至于髋髀之所，非斤则斧。夫仁义恩厚，人主之芒刃也；权势法制，人主之斤斧也。今诸侯王皆众髋髀也，释斤斧之用，而欲婴以芒刃，臣以为不缺则折。胡不用之淮南、济北？势不可也。

臣窃迹前事，大抵强者先反。淮阴王楚最强，则最先反；韩信倚胡，则又反；贯高因赵资，则又反；陈豨兵精，则又反；彭越用梁，则又反；黥布用淮南，则又反；卢绾最弱，最后反。长沙乃在二万五千户耳，功少而最完，势疏而最忠，非独性异人也，亦形势然也。曩令樊、郦、绛、灌据数十城而王，今虽以残亡可也；令信、越之伦列为彻侯而居，虽至今存可也。然则天下之大计可知已。欲诸王之皆忠附，则莫若令如长沙王；欲臣子之勿菹醢，则莫若令如樊、郦等；欲天下之治安，莫若众建诸侯而少其力。力少则易使以义，国小则亡邪心。令海内之势如身之使臂，臂之使指，莫不制从，诸侯之君不敢有异心，辐凑并进而归命天子，虽在细民，且知其安，故天下咸知陛下之明。割地定制，令齐、赵、楚各为若干国，使悼惠王、幽王、元王之子孙毕以次各受祖之分地，地尽而止，及燕、梁它国皆然。其分地众而子孙少者，建以为国，空而置之，须其子孙生者，举使君之。诸侯之地其削颇入汉者，为徙其侯国及封其子孙也，所以数偿之；一寸之地，一人之众，天子亡所利焉，诚以定治而已，故天下咸知陛下之廉。地制壹定，宗室子孙莫虑不王，下无倍畔之心，上无诛伐之志，故天下咸知陛下之仁。法立而不犯，令行而不逆，贯高、利几之谋不生，柴奇、开章之计不萌，细民乡善，大臣致顺，故天下咸知陛下之义。卧赤子天下之上而安，植遗腹，朝委裘，而天下不乱，当时大治，后世诵圣。壹动而五业附，陛下谁惮而久不为此？

天下之势方病大瘇。一胫之大几如要，一指之大几如股，平居不可屈信，一二指搐，身虑亡聊。失今不治，必为锢疾，后虽有扁鹊，不能为已。病非徒瘇也，又苦跖盭。元王之子，帝从弟也；今之王者，从弟之子也。惠王，亲兄子也；今之王者，兄子之子也。亲者或亡分地以安天下，疏者或制大权以逼天子，臣故曰非徒病瘇也，又苦跖盭。可痛哭者，此病是也。

天下之势方倒县。凡天子者，天下之首，何也？上也。蛮夷者，天下之足，何也？下也。今匈奴嫚侮侵掠，至不敬也，为天下患，至亡已也，而汉岁致金絮采缯以奉之。夷狄征令，是主上之操也；天子共贡，是臣下之礼也。足反居上，首顾居下，倒县如此，莫之能解，犹为国有人乎？非亶倒县而已，又类辟，且病痱。夫辟者一面病，痱者一方痛。今西边北边之郡，虽有长爵不轻得复，五尺以上不轻得息，斥候望烽燧不得卧，将吏被介胄而睡，臣故曰一方病矣。医能治之，而上不使，可为流涕者此也。

陛下何忍以帝皇之号为戎人诸侯，势既卑辱，而祸不息，长此安穷！进谋者率以为是，固不可解也，亡具甚矣。臣窃料匈奴之众不过汉一大县，以天下之大困于一县之众，甚为执事者羞之。陛下何不试以臣为属国之官以主匈奴？行臣之计，请必系单于之颈而制其命，伏中行说而笞其背，举匈奴之众唯上之令。今不猎猛敌而猎田彘，不搏反寇而搏畜菟，玩细娱而不图大患，非所以为安也。德可远施，威可远加，而直数百里外威令不信，可为流涕者此也。

今民卖僮者，为之绣衣丝履偏诸缘，内之闲中，是古天子后服，所以庙而不宴者也，而庶人得以衣婢妾。白縠之表，薄纨之里，緁以偏诸，美者黼绣，是古天子之服，今富人大贾嘉会召客者以被墙。古者以奉一帝一后而节适，今庶人屋壁得为帝服，倡优下贱得为后饰，然而天下不屈者，殆未有也。且帝之身自衣皂绨，而富民墙屋被文绣；天子之后以缘其领，庶人孽妾缘其履：此臣所谓舛也。夫百人作之不能衣一人，欲天下亡寒，胡可得也？一人耕之，十人聚而食之，欲天下亡饥，不可得也。饥寒切于民之肌肤，欲其亡为奸邪，不可得也。国已屈矣，盗贼直须时耳，然而献计者曰“毋动”，为大耳。夫俗至大不敬也，至亡等也，至冒上也，进计者犹曰“毋为”，可为长太息者此也。

商君遗礼义，弃仁恩，并心于进取，行之二岁，秦俗日败。故秦人家富子壮则出分，家贫子壮则出赘。借父耰锄，虑有德色；母取箕帚，立而谇语。抱哺其子，与公并倨；妇姑不相说，则反唇而相稽。其慈子耆利，不同禽兽者亡几耳。然并心而赴时，犹曰蹶六国，兼天下。功成求得矣，终不知反廉愧之节，仁义之厚。信并兼之法，遂进取之业，天下大败；众掩寡，智欺愚，勇威怯，壮陵衰，其乱至矣。是以大贤起之，威震海内，德从天下。曩之为秦者，今转而为汉矣。然其遗风余俗，犹尚未改。今世以侈靡相竞，而上亡制度，弃礼谊，捐廉耻，日甚，可谓月异而岁不同矣。逐利不耳，虑非顾行也，今其甚者杀父兄矣。盗者剟寝户之帘，搴两庙之器，白昼大都之中剽吏而夺之金。矫伪者出几十万石粟，赋六百余万钱，乘传而行郡国，此其亡行义之尤至者也。而大臣特以簿书不报，期会之间，以为大故。至于俗流失，世坏败，因恬而不知怪，虑不动于耳目，以为是适然耳。夫移风易俗，使天下回心而乡道，类非俗吏之所能为也。俗吏之所务，在于刀笔筐箧，而不知大体。陛下又不自忧，窃为陛下惜之。

夫立君臣，等上下，使父子有礼，六亲有纪，此非天之所为，人之所设也。夫人之所设，不为不立，不植则僵，不修则坏。《管子》曰："礼义廉耻，是谓四维；四维不张，国乃灭亡。"使管子愚人也则可，管子而少知治体，则是岂可不为寒心哉！秦灭四维而不张，故君臣乖乱，六亲殃戮，奸人并起，万民离叛，凡十三岁，而社稷为虚。今四维犹未备也，故奸人几幸，而众心疑惑。岂如今定经制，令君君臣臣，上下有差，父子六亲各得其宜，奸人亡所几幸，而群臣众信，上不疑惑！此业壹定，世世常安，而后有所持循矣。若夫经制不定，是犹度江河亡维楫，中流而遇风波，船必覆矣。可为长叹息者此也。

夏为天子，十有余世，而殷受之。殷为天子，二十余世，而周受之。周为天子，三十余世，而秦受之。秦为天子，二世而亡。人性不甚相远也，何三代之君有道之长，而秦无道之暴也？其故可知也。古之王者，太子乃生，固举以礼，使士负之，有司齐肃端冕，见之南郊，见于天也。过阙则下，过庙则趋，孝子之道也。故自为赤子而教固已行矣。昔者成王幼在襁抱之中，召公为太保，周公为太傅，太公为太师。保，保其身体；傅，傅之德义；师，道之教训：此三公之职也。于是为置三少，皆上大夫也，曰少保、少傅、少师，是与太子宴者也。故乃孩提有识，三公、三少固明孝仁礼义以道习之，逐去邪人，不使见恶行。于是皆选天下之端士孝悌博闻有道术者以卫翼之，使与太子居处出入。故太子乃生而见正事，闻正言，行正道，左右前后皆正人也。夫习与正人居之，不能毋正，犹生长于齐不能不齐言也；习与不正人居之，不能毋不正，犹生长于楚之地不能不楚言也。故择其所耆，必先受业，乃得尝之；择其所乐，必先有习，乃得为之。孔子曰："少成若天性，习惯如自然。"及太子少长，知妃色，则入于学。学者，所学之官也。《学礼》曰："帝入东学，上亲而贵仁，则亲疏有序而恩相及矣；帝入南学，上齿而贵信，则长幼有差而民不诬矣；帝入西学，上贤而贵德，则圣智在位而功不遗矣；帝入北学，上贵而尊爵，则贵贱有等而下不逾矣；帝入太学，承师问道，退习而考于太傅，太傅罚其不则而匡其不及，则德智长而治道得矣。此五学者既成于上，则百姓黎民化辑于下矣。"及太子既冠成人，免于保傅之严，则有记过之史，彻膳之宰，进善之旌，诽谤之木，敢谏之鼓。瞽史诵诗，工诵箴谏，大夫进谋，士传民语。习与智长，故切而不愧；化与心成，故中道若性。三代之礼；春朝朝日，秋暮夕月，所以明有敬也；春秋入学，坐国老，执酱而亲馈之，所以明有孝也；行以鸾和，步中《采齐》，趣中《肆夏》，所以明有度也；其于禽兽，见其生不食其死，闻其声不食其肉，故远庖厨，所以长恩，且明有仁也。

夫三代之所以长久者，以其辅翼太子有此具也。及秦而不然。其俗固非贵辞让也，所上者告讦也；固非贵礼义也，所上者刑罚也。使赵高傅胡亥而教之狱，所习者非斩劓人，则夷人之三族也。

故胡亥今日即位而明日射人，忠谏者谓之诽谤，深计者谓之妖言，其视杀人若艾草菅然。岂惟胡亥之性恶哉？彼其所以道之者非其理故也。

鄙谚曰："不习为吏，视已成事。"又曰："前车覆，后车诫。"夫三代之所以长久者，其已事可知也；然而不能从者，是不法圣智也。秦世之所以亟绝者，其辙迹可见也；然而不避，是后车又将覆也。夫存亡之变，治乱之机，其要在是矣。天下之命，县于太子；太子之善，在于早谕教与选左右。夫心未滥而先谕教，则化易成也；开于道术智谊之指，则教之力也。若其服习积贯，则左右而已。夫胡、粤之人，生而同声，耆俗不异，及其长而成俗，累数译而不能相通，行者有虽死而不相为者，则教习然也。臣故曰选左右早谕教最急。夫教得而左右正，则太子正矣，太子正而天下定矣。《书》曰："一人有庆，兆民赖之。"此时务也。

凡人之智，能见已然，不能见将然。夫礼者禁于将然之前，而法者禁于已然之后，是故法之所用易见，而礼之所为生难知也。若夫庆赏以劝善，刑罚以惩恶，先王执此之政，坚如金石，行此之令，信如四时，据此之公，无私如天地耳，岂顾不用哉？然而曰礼云礼云者，贵绝恶于未萌，而起教于微眇，使民日迁善远罪而不自知也。孔子曰："听讼，吾犹人也，必也使毋讼乎！"为人主计者，莫如先审取舍；取舍之极定于内，而安危之萌应于外矣。安者非一日而安也，危者非一日而危也，皆以积渐然，不可不察也。人主之所积，在其取舍。以礼义治之者，积礼义；以刑罚治之者，积刑罚。刑罚积而民怨背，礼义积而民和亲。故世主欲民之善同，而所以使民善者或异。或道之以德教，或驱之以法令。

道之以德教者，德教洽而民气乐；驱之以法令者，法令极而民风哀。哀乐之感，祸福之应也。秦王之欲尊宗庙而安子孙，与汤、武同，然而汤、武广大其德行，六七百岁而弗失，秦王治天下，十余岁则大败。此亡它故矣，汤、武之定取舍审而秦王之定取舍不审矣。夫天下，大器也。今人之置器，置诸安处则安，置诸危处则危。天下之情与器亡以异，在天子之所置之。汤、武置天下于仁义礼乐，而德泽洽，禽兽草木广裕，德被蛮貊四夷，累子孙数十世，此天下所共闻也。秦王置天下于法令刑罚，德泽亡一有，而怨毒盈于世，下憎恶之如仇雠，祸几及身，子孙诛绝，此天下之所共见也。是非其明效大验邪！人之言曰："听言之道，必以其事观之，则言者莫敢妄言。"今或言礼谊之不如法令，教化之不如刑罚，人主胡不引殷、周、秦事以观之也？

人主之尊譬如堂，群臣如陛，众庶如地。故陛九级上，廉远地，则堂高；陛亡级，廉近地，则堂卑。高者难攀，卑者易陵，理势然也。故古者圣王制为等列，内有公卿、大夫、士，外有公、侯、伯、子、男，然后有官师小吏，延及庶人，等级分明，而天子加焉，故其尊不可及也。里谚曰："欲投鼠而忌器。"此善谕也。鼠近于器，尚惮不投，恐伤其器，况于贵臣之近主乎！廉耻节礼以治君子，故有赐死而亡戮辱。是以黥、劓之罪不及大夫，以其离主上不远也。礼不敢齿君之路马，蹴其刍者有罚；见君之几杖则起，遭君之乘车则下，入正门则趋；君之宠臣虽或有过，刑戮之罪不加其身者，尊君之故也。此所以为主上豫远不敬也，所以体貌大臣而厉其节也。今自王侯三公之贵，皆天子之所改容而礼之也，古天子之所谓伯父、伯舅也，而令与众庶同黥、劓、髡、刖、笞骂、弃市之法，然则堂不亡陛乎！被戮辱者不泰迫乎？廉耻不行，大臣无乃握重权，大官而有徒隶亡耻之心乎？夫望夷之事，二世见当以重法者，投鼠而不忌器之习也。

臣闻之，履虽鲜不加于枕，冠虽敝不以苴履。夫尝已在贵宠之位，天子改容而体貌之矣，吏民尝俯伏以敬畏之矣，今而有过，帝令废之可也，退之可也，赐之死可也，灭之可也；若夫束缚之，系緤之，输之司寇，编之徒官，司寇小吏詈骂而榜笞之，殆非所以令众庶见也。夫卑贱者习知尊贵者之一旦吾亦乃可以加此也，非所以习天下也，非尊尊贵贵之化也。夫天子之所尝敬，众庶之所尝宠，死而死耳，贱人安宜得如此而顿辱之哉！

豫让事中行之君，智伯伐而灭之，移事智伯。及赵灭智伯，豫让衅面吞炭，必报襄子，五起而不中。人问豫子，豫子曰："中行众人畜我，我故众人事之；智伯国士遇我，我故国士报之。"故此一豫让也，反君事仇，行若狗彘，已而抗节致忠，行出乎列士，人主使然也。故主上遇其大臣如遇犬马，彼将犬马自为也；如遇官徒，彼将官徒自为也。顽顿亡耻，奊诟亡节，廉耻不立，且不自好，苟若而可，故见利则逝，见便则夺。主上有败，则因而挺之矣；主上有患，则吾苟免而已，立而观之耳；有便吾身者，则欺卖而利之耳。人主将何便于此？群下至众，而主上至少也，所托财器职业者粹于群下也。俱亡耻，俱苟妄，则主上最病。故古者礼不及庶人，刑不至大夫，所以厉宠臣之节也。古者大臣有坐不廉而废者，不谓不廉，曰"簠簋不饰"；坐污秽淫乱男女亡别者，不曰污秽，曰"帷薄不修"；坐罢软不胜任者，不谓罢软，曰"下官不职"。故贵大臣定有其罪矣，犹未斥然正以呼之也，尚迁就而为之讳也。故其在大谴大何之域者，闻谴何则白冠氂缨，盘水加剑，造请室而请罪耳，上不执缚系引而行也。其有中罪者，闻命而自弛，上不使人颈盭而加也。其有大罪者，闻命则北面再拜，跪而自裁，上不使捽抑而刑之也，曰："子大夫自有过耳！吾遇子有礼矣。"遇之有礼，故群臣自憙；婴以廉耻，故人矜节行。上设廉耻礼义以遇其臣，而臣不以节行报其上者，则非人类也。故化成俗定，则为人臣者主耳忘身，国耳忘家，公耳忘私，利不苟就，害不苟去，唯义所在。上之化也，故父兄之臣诚死宗庙，法度之臣诚死社稷，辅翼之臣诚死君上，守圄扞敌之臣诚死城郭封疆。故曰圣人有金城者，比物此志也。彼且为我死，故吾得与之俱生；彼且为我亡，故吾得与之俱存；夫将为我危，故吾得与之皆安。顾行而忘利，守节而仗义，故可以托不御之权，可以寄六尺之孤。此厉廉耻行礼谊之所致也，主上何丧焉！此之不为，而顾彼之久行，故曰可为长叹息者此也。

是时，丞相绛侯周勃免就国，人有告勃谋反，逮系长安狱治，卒亡事，复爵邑，故贾谊以此讥上。上深纳其言，养臣下有节。是后大臣有罪，皆自杀，不受刑。至武帝时，稍复入狱，自甯成始。

初，文帝以代王入即位，后分代为两国，立皇子武为代王，参为太原王，小子胜则梁王矣。后又徙代王武为淮阳王，而太原王参为代王，尽得故地。居数年，梁王胜死，亡子。谊复上疏曰：

陛下即不定制，如今之势，不过一传再传，诸侯犹且人恣而不制，豪植而大强，汉法不得行矣。陛下所以为蕃扞及皇太子之所恃者，唯淮阳、代二国耳。代北边匈奴，与强敌为邻，能自完则足矣。而淮阳之比大诸侯，廑如黑子之著面，适足以饵大国耳，不足以有所禁御。方今制在陛下，制国而令子适足以为饵，岂可谓工哉！人主之行异布衣。布衣者，饰小行，竞小廉，以自托于乡党，人主唯天下安社稷固不耳。高皇帝瓜分天下以王功臣，反者如猬毛而起，以为不可，故蕲去不义诸侯而虚其国。择良日，立诸子雒阳上东门之外，毕以为王，而天下安。故大人者，不牵小行，以成大功。

今淮南地远者或数千里，越两诸侯，而县属于汉。其吏民繇役往来长安者，自悉而补，中道衣敝，钱用诸费称此，其苦属汉而欲得王至甚，逋逃而归诸侯者已不少矣。其势不可久。臣之愚计，愿举淮南地以益淮阳，而为梁王立后，割淮阳北边二三列城与东郡以益梁；不可者，可徙代王而都睢阳。梁起于新郪以北著之河，淮阳包陈以南揵之江，则大诸侯之有异心者，破胆而不敢谋。梁足以扞齐、赵，淮阳足以禁吴、楚，陛下高枕，终亡山东之忧矣，此二世之利也。当今恬然，适遇诸侯之皆少，数岁之后，陛下且见之矣。夫秦日夜苦心劳力以除六国之祸，今陛下力制天下，颐指如意，高拱以成六国之祸，难以言智。苟身亡事，畜乱宿祸，孰视而不定，万年之后，传之老母弱子，将使不宁，不可谓仁。臣闻圣主言问其臣而不自造事，故使人臣得毕其愚忠。唯陛下财幸！

文帝于是从谊计，乃徙淮阳王武为梁王，北界泰山，西至高阳，得大县四十余城；徙城阳王喜为淮南王，抚其民。

时又封淮南厉王四子皆为列侯。谊知上必将复王之也，上疏谏曰："窃恐陛下接王淮南诸子，曾不与如臣者孰计之也。淮南王之悖逆亡道，天下孰不知其罪？陛下幸而赦迁之，自疾而死，天下孰以王死之不当？今奉尊罪人之子，適足以负谤于天下耳。此人少壮，岂能忘其父哉？白公胜所为父报仇者，大父与伯父、叔父也。白公为乱，非欲取国代主也，发愤快志，剡手以冲仇人之匈，固为俱靡而已。淮南虽小，黥布尝用之矣，汉存特幸耳。夫擅仇人足以危汉之资，于策不便。虽割而为四，四子一心也。予之众，积之财，此非有子胥、白公报于广都之中，即疑有刳诸、荆轲起于两柱之间，所谓假贼兵为虎翼者也。愿陛下少留计！”

梁王胜坠马死，谊自伤为傅无状，常哭泣，后岁余，亦死。贾生之死，年三十三矣。

后四岁，齐文王薨，亡子。文帝思贾生之言，乃分齐为六国，尽立悼惠王子六人为王；又迁淮南王喜于城阳，而分淮南为三国，尽立厉王三子以王之。后十年，文帝崩，景帝立；三年而吴、楚、赵与四齐王合从举兵，西乡京师，梁王扞之，卒破七国。至武帝时，淮南厉王子为王者两国亦反诛。

孝武初立，举贾生之孙二人至郡守。贾嘉最好学，世其家。

赞曰：刘向称“贾谊言三代与秦治乱之意，其论甚美，通达国体，虽古之伊、管未能远过也。使时见用，功化必盛。为庸臣所害，甚可悼痛”。追观孝文玄默躬行以移风俗，谊之所陈略施行矣。及欲改定制度，以汉为土德，色上黄，数用五，及欲试属国，施五饵三表以系单于，其术固以疏矣。谊亦天年早终，虽不至公卿，未为不遇也。凡所著述五十八篇，掇其切于世事者著于传云。